权利的边界

美国财产法经典案例故事

Property Stories

2nd edition

［美］杰拉尔德·科恩戈尔德
(Gerald Korngold)

　　编

［美］安德鲁·P·莫里斯
(Andrew P. Morriss)

吴香香　译

中国人民大学出版社

·北京·

献给艾丽斯
　　　　——杰拉尔德·科恩戈尔德

献给卡罗尔，我的生命
　　　　——安德鲁·P·莫里斯

内容简介

杰拉尔德·科恩戈尔德/安德鲁·P·莫里斯

第一学年的财产法课程介绍了法律与公共语境中的诸多关键概念。就本质而言，财产法及相关课程关注的核心问题是，在私人之间，以及在私人与团体（也许以政府的面目出现，也许以模糊的"公共利益"观念面目出现）之间，分配所有权的权利与义务。冒着被指责为"财产法沙文主义"的风险，我们认为财产法课程体现了第一学年课程表中最复杂的"重大观念"的复合体——其中包括自由、责任、经济效益、再分配、胁迫、信赖与可预见性。财产法课程内容非常丰富。

此外，财产法领域还涉及广泛的实质性论题——例如，不动产的时效占有（adverse possession）、动产赠与、出租人—承租人关系、土地让与、地役权（easement）、不动产契约（covenants）、分区制（zoning）与规制性征收（regulatory takings）。有时很难发现这些问题领域之间的关联——此与契约法不同，在后者通常以（虽然不可靠）"合理性"概念填补不同论题间的空隙。财产法所关注的问题在相当程度上是对单个财产之上的复杂权利的确认与分配。为了便于说明，法院与评论人士会使用一个比喻修辞——拥有财产就像是拥有"一捆木棍"。每根木棍都代表一种权利或特权，当所有的木棍被捆在一起时就构成了完整的所有权。单独的木棍可以被自愿让与（如地役权与租赁权）或强制让与（如征用或规制）。虽然至少有一家自觉的当代法院认为一捆木棍的比喻"苍白且简陋"[1]，但它仍然提供了一种方式，帮助理解所有权的复杂结构。

本书为读者提供了关于这"一捆木棍"的"一捆故事"——财产法故事。这些文章中涉及的判例代表了第一学年财产法课程中广泛的实质性论题，且很多判例被视为该领域的"经典"。每篇文章都提供了特定判例的背景与独到见解，并阐明了这些判决与当今更广泛的财产法制度得以协调的原因。此外，这些文章还向我们提示了"故事"的重要性——所有财产法理论、规则与概念，都是私人之间，或私人与团体之间的争议。正是在这些关乎真实人类情感与欲望的冲突中，财产法才得以产生并发展。

讲述财产法故事对于当代的学生与教师尤有价值。传统上，财产法案例教材围绕案情展开，集中于概念的历史发展。例如，比较近代的案例教材会使用相当的篇幅追

---

[1] International Business Machines Corp. v. Comdisco, Inc., , 602 A. 2d 74, 76 (Del. 1991).

溯从 1066 年诺曼征服（Norman Conquest）时期的英国法发展至当代美国法的神秘（有时是离奇）故事，包括为了满足新的社会、经济与政治需要而被创设，之后又因其他需要占上风，而被废止的财产权益［如非限嗣继承地产权（fee tail）］。这些案例教材也经常通过提供一系列不同时期的案件，检视当下的问题，如房屋租赁中的适居性担保条款，以呈现从出租人法律义务的缺位到出租人负担适居性担保的法律发展过程。然而，当今的案例法教材恰当地反映了美国财产法的现代化，用更多的篇幅讲授成文法与规章②，并分析法律重述（Restatements of Law）③ 与统一法案（Uniform Acts）④ 中的条文。法律现代化也导致财产法更多关注统一意见，而非不知名的少数判决。最后，法学院第一学年的课程表也发生了改变，为新的主题提供了更多的空间，并压缩了传统财产法的课时。当下大多数法学院的财产法课时为 1 学期，4 学分，而传统的财产法课程则为 1 学年，6 学分。这些因素以及其他因素一起导致了传统财产法的缩减，因而为当代法律人讲述财产法故事变得尤为重要。

在成千上万处理财产争议的上诉判决中，我们——与每篇论文的作者合作——为本书选择了 15 个判例。选取理由有些因为它们被公认为是具有突破性的判例，如嘉文斯案（Javins）或欧几里得镇案（Euclid），在今天仍然适用。有些则并非因其影响力，而是因为它们是研究财产法某一领域的完美工具。这些案例中有很多也出现在其他第一学年财产法案例教材中，我们认为法科生可能会从本书的深入挖掘中受益。本书选取判例的共性在于，它们都是关于人与法之相互关系的伟大故事——有些涉及人类根本的欲望与缺陷；有些涉及深入人类本质的科学前沿；有些关乎重大的社会与政治运动；有些涉及企业家活动与政府规制；有些则关乎我们如何组织并栖身于我们的国家与世界。

开篇的三篇论文分析了三个重要判例，有助于我们理解财产权与所有权的性质。它们关注的是财产权结构下潜在的社会政策，所有权的客体范围，以及在未获原所有权人同意的情形下，所有权之取得与丧失规则。

A. W. B. 辛普森（A. W. B. Simpson）首先检讨了一个典型的英国判例斯特奇斯诉布里奇曼案（Sturges v. Bridgman）。该判例之所以著名，是因为罗纳德·H·科斯（Ronald H. Coase）在其奠基性论文《社会成本问题（The Problem of Social Cost）》中以其为讨论对象，科斯定理即由此篇论文奠定。科斯定理对当代财产权观念与财产法具有基础性影响。而辛普森教授对此案的分析与科斯教授截然不同。重新检视斯特奇斯案，提出了关于科斯定理之潜在假设的重要问题，这篇文章突出了法学与法经济学的不同。斯特奇斯案因一名医生为了阻止其邻居——一名糖果商——以干扰医生检查病人与准备讲义的方式使用研杵磨碎食糖提起的诉讼而起。文中交代了冲突产生的

---

② See Mary Ann Glendon, "The Transformation of American Landlord-Tenant Law", 23 *B. C. L. Rev.* 503 (1982).

③ See, e. g., Restatement (Third) of Propery: Servitudes (2000); Restatement (Third) of Propery: Mortgages (1997); Restatement (Second) of Propery: Landlord & Tenant (1977).

④ See, e. g., Unif. Land Security Interest Act (1985); Unif. Residential Landlord Tenant Act (1972).

过程，以及解决冲突的可选方案。此外，辛普森教授还作出了一个重要提示，在阅读本书的其他故事，以及分析任何财产争议时都必须时刻注意：法院作出案件裁决背后的政策考量。之后，辛普森教授质疑以效益作为裁决的主导依据之正当性，主张法院判决应当维护所有权人支配财产的自由，免受社会操纵。

人们承认不动产与动产所有权已经有数个世纪之久。早期的法律即发展出了有关不动产（即土地与建筑物）与有体动产（即我们可以感知到并具有物理实在形式之物）的规则。近代，法律也通过扩张解释动产概念而发展出关于无体动产的规则，如债券与股票。麦克赛尔·J·梅尔曼（Maxwell J. Mehlmann）教授带我们回顾了穆尔诉加利福尼亚大学董事会案（Moore v. Regents of the University of California），使我们得以接触财产法的最新前沿——既然人体组织与其他人体产物具有商业价值，那么它们可否像其他财产利益一样成为所有权的客体，并具有可让与性？这篇文章基于规范价值与我们关于人之所以为人的意义之观念，向我们呈现了财产权制度的局限性，并展示了法院面临新的事实情形时的困惑。

在第三篇文章中，R. H. 亥姆霍茨（R. H. Helmholz）教授讲述了经常被引用的时效占有判例，范瓦尔肯堡诉卢茨案（Van Valkenburgh v. Lutz）。时效占有概念经常使第一学年的财产法学生（与很多资深律师！！）感到困惑，因为它似乎只不过是合法的窃取——允许一个人为不法行为，且经过一段时间后，即可取得真正的土地所有权。法院与评论人士为时效占有理论提供了多种正当化（合理化？）解说，说明它有助于依据事实澄清复杂的权利关系，某种程度上代表了"令沉睡之犬离世"的社会愿望，并通过将所有权分配给正在使用财产的人促进有限的土地资源之使用效益。亥姆霍茨教授在讲述范瓦尔肯堡诉卢茨案的过程中，表达了一个重要的担忧：时效占有案件经常因模糊的法律标准，双方激烈的个人冲突，当事方与其他证人对案件事实截然不同的表述，而变得复杂无比。

接下来的七篇文章探讨了财产利益的个人安排。它们展示了财产权的范围，以及"一捆木棍"如何在当事人间分配，并描绘了共享、取得与转让财产权的合意性安排。它们也呈现了不动产安排的代际特征，以及当下的交易如何约束将来的所有权人。

父亲将一幅画作赠与儿子，这原本只是一件小事，却引发了格伦诉格伦（Gruen v. Gruen）案扣人心弦的情节，这个故事由苏珊·F·弗伦奇（Susan F. French）教授在第四篇论文中为我们讲述。这个故事涉及希特勒统治时期的难民、家庭破裂、亲子关系、继父母与继子女关系，以及一幅价值从 8 000 美元飙升至 2 350 万美元的画作。弗伦奇教授呈现了法律如何对家庭生活的模糊且经常是情绪化的负担、互相关系以及交流沟通造成完全不同的影响，并产生截然不同的法律后果。弗伦奇教授在关于动产生前赠与（inter vivos gifts）的支配性规则的背景下讨论这些问题。这些规则——要求赠与意图、交付与受让——有时似乎会挫败赠与人赠与受赠人的意愿，但也可以被视为保证赠与意愿清晰且得以实现的重要法律构造。

帕特·A·凯恩（Pat A. Cain）教授分析了颇有影响的泽田诉远藤案（Sawado v. Endo）。这一发生于 1977 年的案件，产生在女性争取单独或与其丈夫共同拥有或支配财产权已经取得实质进步的背景下。正如凯恩教授的解释，根据普通法，在受丈夫保护（coverture）原则之下，已婚女性不能以自己的名义拥有财产，甚至不能与丈夫共有财产。也许有人认为普通法夫妻一体所有制（tenancy by the entirety）意味着夫妻间真正的共有，但实际上却只有一个所有权——即丈夫的所有权。1840年与20世纪早期的男女平权改革取得的胜利，使已婚女性有权获得独立的所有权，但通常这些成文法改革并不涉及夫妻一体所有情形下妻子的权利。接下来的一百年时间，法院与立法机关都在寻求改革夫妻一体所有制，而在夏威夷，直至泽田案才开始改革。凯恩教授指出，即使是当下，有关夫妻一体所有不动产的案件仍然时有发生，说明受丈夫保护学说并没有完全从不动产法中消失。

理查德·H·彻斯特（Richard H. Chused）教授讲述了具有开创性的出租人—承租人判例，桑德斯（又名嘉文斯）诉第一国家房地产公司案［Saunders（a. k. a. Javins）v. First National Realty Corporation］。出租人与承租人对租赁标的都享有利益，前者享有回复利益（未来利益），后者享有当下利益（经年租赁、定期租赁或不定期租赁）。本案中，哥伦比亚特区联邦上诉法院推翻了几个世纪以来的古老规则，并认定出租人负有保障城市公寓适居性的义务。该判决极大地改变了出租人与承租人间的权利与义务配置，将成本、义务与责任转移给出租人。这则故事涉及司法力量对所有权规则（及其所引发问题）的改变，法律作为社会变革工具的意义，司法判决对财产（及其引发的规范性问题）的分配与再分配效力，以及私人律师改变民众生活的能力。

1848年的经典判例塔尔克诉莫克塞案（Tulk v. Moxhay）是詹姆斯·查尔斯·史密斯（James Charles Smith）教授的论文所讨论的主题。塔尔克案是关于伦敦莱斯特广场（Leicester Square）周边一处房屋所有权人对抗当时广场所有权人的诉讼。房屋所有权人请求强制执行一项约束广场前所有权人的义务，内容是保持广场开放并不予开发，以方便周围居民的使用。塔尔克案审理法院采纳了一项新的私法制度"衡平法地役权（equitable servitude）"，以使房屋所有权人可以将附负担土地之上的限制适用于后手所有权人。但史密斯教授指出，事后的发展证明，房屋所有权人只取得了暂时的胜利，因为衡平法地役权制度不足以维续广场上高位运行的空间开放安排。该案判决大约三十年后，广场被一名慈善家捐献给当地政府作为公共广场。据此，史密斯教授的解释提出了关于公共空间维续与私人协议限制之合理媒介的重要问题。

卡罗尔·M·罗斯（Carol M. Rose）教授的论文分析了1948年联邦最高法院具有里程碑意义的谢利诉克雷默案（Shelly v. Kraemer）。与史密斯教授的论文类似，罗斯教授的文章也讲述了一个关于私人土地使用限制的重要故事，但以美国独特的社会背景与法律理论为依据。几个世纪以来，当事方都会通过合意安排分享对他人土地的权利，最主要的方式即赋予受益人对他人使用土地方式的否决权，或地役权（easements），地役权人对他人地产享有积极权能，如通行权。这些合意安排有助于发挥土地效益，允许当事方基于市场偏好分配土地。此类不动产契约（covenants）与地役权的正当性还在于，它们体现了当事人安排自己之土地使用方式的自由选择。罗斯教授指出，谢利案给我们上了重要的一课，本案判决认定，强制执行以禁止非白人居住于特定区域为内容的不动产契约，违反了《联邦宪法第十四修正案》的平等保护条款。罗斯教授认为，谢利案也许突破了当今宪法理论下关于州行为的概念，但普通法财产权理论可以为此结果提供正当化解释。她论证道，财产法允许限制地产使用方式，但并不关注居民的个人特征。该文也呈现了演进中的普通法的力量。

彼得·W·萨尔西驰（Peter W. Salsich）教授讲述了布朗诉洛伯（Brown v. Lober）的故事，争议焦点是不动产共有人出卖其所有权份额时所负担的义务。出售价值 10 万美元的地块是由众多法律文件与交易阶段构成的复杂交易过程，而相同价值的动产则可以通过简单的文句进行转让，几乎不需要特定形式。导致不动产转让之复杂性的原因中，有些是合理的，而有些则源自律师的地盘保护（很抱歉使用这样的措词）历史。萨尔西驰教授检视了布朗案争议的所有权担保条款（title covenants）。所有权担保条款为出卖人设立了一项有关产权品质的义务，可能拘束当下或将来的受让人。有关土地的承诺不同于关于动产的承诺，因为土地永续存在。因此当下双方当事人的合意可能会影响并拘束将来的所有权人，甚至可能是永久拘束。萨尔西驰教授指出，这意味着有时无辜的当事人——在布朗案中，双方当事人都很无辜——会受到损害，并认为替代性纠纷解决方式或律师的专业素养，也许有时可以提供更好的解决方案。

杰拉尔德·科恩戈尔德（Gerald Korngold）分析了经常被援引的桑伯恩诉麦克莱恩案（Sanborn v. McLean），此案中法院对合意交易之性质的理解过于宽泛。首先，法院暗示将被告的地产使用限于居住目的的不动产契约条款，构成对被告权利的限制，即使他们在购买该地产时权利链中并不存在明确的相关契约条款，即使他们没有作出任何明确的承诺。其次，当法院意识到后手买受人（即本案被告）只能受制于他们被告知的限制时，便借由过分宽泛地解释调查通知（inquiry notice）概念来限制被告。这样做最直接的负面影响，是损害了被告及其合理的期待。而且，这样的判决还会冷却不动产交易及其有效运转。科恩戈尔德教授怀疑，桑伯恩案背后的真实故事也许是司法命令下不当的分区制，以及专业人士对受判决结果影响的另一位法官的曲意逢迎。

最后的五篇文章处理的是私人财产所有权人与团体的互相影响。社会与私人财产权的互相影响，可能体现为政府机构与业主协会（homeowners associations）之类的准政府机构（对私人财产权）的干涉，也可能体现为法院对宽泛且界定不清的"公共利益"概念的适用。

杰弗里·E·斯泰克（Jeffrey E. Stake）教授讲述了一个关于法院将最古老的公共政策理论——普通法的禁止永久权规则（Rule Against Perpetuities）——适用于未来土地使用安排的故事：1996 年的交响空间公司诉佩尔戈拉地产公司案（Symphony Space v. Pergola Properties）。很多法科学生与律师仍对该规则望而却步，因为他们忽略了普通法发展出这一规则的重要政策理由——促进土地的市场化，并禁止逝者干涉当下所有权人的权利行使。正如斯泰克教授的阐释，交响空间案的关键争点在于，该规则的纽约州成文法版本能否适用于出售—回租交易中承租人的回购选择权。斯泰克教授论证认为，该规则不应一般性地适用于商业选择权协议，因为它们有助于创造财富，并对社会有益。而由于本案系争选择权的特殊性，适用该规则对社会有益。

联邦最高法院关于卢卡斯诉南卡罗来纳州海岸委员会（Lucas v. South Carolina Coastal Commission）的判决是维基·L·比恩（Vicki L. Been）所讨论的主题。卢卡斯案展示了私人财产权与团体意志——以政府为代表——关系中的基本问题。正如比恩教授所阐明的，这里的难点在于，法律并没有明确：根据《联邦宪法第五修正案》，在何种情形下应当补偿因政府规制而导致的私人财产价值的减损。卢卡斯案中，南卡罗来纳州立法机关通过划定撤退线防止海岸侵蚀。对此规则的适用将意味着，卢卡斯无法在他的两个地块上进行建设。联邦最高法院支持卢卡斯，认定该州的行为剥夺了所有权人对其财产所有具有经济价值的使用可能。比恩教授列举了该案判决过程中的多项错误。此外，她还指出，之前的海岸规制增加了卢卡斯地产的价值，并警示补偿规则不应仅着眼于政府行为的成本——而忽视其收益。

安德鲁·P·莫里斯（Andrew P. Morriss）教授分析了一个重要判例：斯珀工业公司诉德尔·E·韦布开发公司案（Spur Industries, Inc. v. Del E. Webb Development Co.）。该案情节复杂，涉及妨害防止理论以及饲牛场与周边大型社区居民的冲突。该案显示了可能卷入现有土地使用方式与新土地开发之冲突的一系列力量——快速的人口增长，转型中的经济，大规模开发商，新居民，以及既得商业利益。莫里斯教授呈现了亚利桑那州最高法院解决此冲突的方式：即创制了与公共利益相符的妨害防止法的创新适用模式，允许更有效率的新的土地使用方式，并判令应对此问题负责的一方承担合理成本。莫里斯教授通过这一胜过很多重要的财产法理论论著的判例，强调了优秀的普通法判决模式的力量与智慧。

在过去的 75 年时间里，土地所有权领域产生了一种新的强有力的团体形式——社区协会与业主协会，行使社区内的住宅限制，提供公共设施（如娱乐设施与公共设施）与服务，公布并执行管理业主的规制与制度。上述协会发挥了私人治理的作用，法律也发展出有关此类组织及其与业主关系的规则。斯图尔特·斯特尔克（Stewart Sterk）教授检视了这一领域重要的开创性判例：尼伯恩希特业主协会诉移民产业储蓄银行案（Neponsit Property Owner's Association v. Emigrant Industrial Savings Bank）。尼伯恩希特创立了以不动产契约条款使业主分摊维护费用的原则，它约束原始买受人与未来所有权人，且不仅可由原始开发商行使，还可由其继受者业主协会行使。这一判例为新的土地开发模式开辟了道路——郊区与市区都存在的共管公寓（condominiums）——为相当数量的当代美国人提供了住所，并允许业主参与社区性的私人治理。

大卫·L·考里斯（David L. Callies）教授讲述了具有开创意义且仍然强有力的判例，1926 年的欧几里得镇诉安布勒地产公司案（Village of Euclid v. Ambler Realty Co.）。在欧几里得镇案中，美国联邦最高法院第一次支持了地方政府大规模的分区制，拉开了过去 75 年广泛的土地使用之公共规制的序幕。欧几里得镇案中，法院认定分区制并未违反《联邦宪法第十四修正案》，并允许将市镇分割为不同的区域，每个区域的土地用途不同，如居住、商业或工业目的。考里斯教授分析了该案的影响，认为一般性地支持分区制，将导致对排斥性分区制的确认——表面上以保持该区域的居住属性为目的，但通过仅提供大面积的地块与昂贵的独户住宅，实际上是将中产与低收入家庭完全排除在整个市镇之外。但考里斯教授也强调，如果没有分区制，可能会产生更极端形式的排外主义，并总结道，大致而言分区制有益于民众与政府。

***

这就是我们为读者呈现的财产法故事集。我们希望它们可以向读者传递活力、智慧以及这一法律核心领域的最新发展。

目　录

第1章

斯特奇斯诉布里奇曼（Sturges v. Bridgman）的故事：邻人土地使用争议解决方案[*]

A. W. 布赖恩·辛普森（A. W. Brian Simpson）

---

[*] 本文原载于 25 *Journal of Legal Studies* 53 (1996)，published by The University of Chicago. The University of Chicago 1996 年获得并保留所有版权。

罗纳德·H·科斯（Ronald H. Coase）著名的论文《社会成本问题（The Problem of Social Cost）》[1]理当被列入当代法与经济学运动的奠基性作品之一，尤其是在该运动对侵权法研究的影响所及范围内。科斯在文章的开端即解释到："这篇论文关注商业公司对他人有不利影响的行为。典型的例证是工厂产生的废气对周围居民财产的不利影响。"[2] 在普通法中，这一问题，如果它构成一个问题的话，主要通过妨害公共利益的公诉（indictments for public nuisance）（这一点科斯没有提及）、主张私人利益损害赔偿的普通法侵权之诉以及衡平法禁制令（injunctions）予以处理。妨害公共利益的刑事诉讼可见于中世纪法，基于排除妨害令状（assize of nuisance）的妨害地役权（servitudes）的民事诉讼程序也是如此，后者由新近的侵占土地令状（assize of novel disseisin）发展而来。15 世纪时法院发展出了一种关于妨害防止案件的诉讼，它最初只对不受令状保护的地役权侵害提供救济。但在 16 世纪，若因妨害公共利益而导致个人遭受特别的损害，或发生非基于侵占的土地使用收益妨害，如噪音、烟雾或恶臭，都可提起类案诉讼（action on the case）。而在 19 世纪之前，还不存在限制土地侵占者实施私益妨害的衡平法禁制令之诉。[3] 直至 1854 年，在普通法院与衡平法院都可提起包含取得禁制令的民事诉讼，以及 1876 年两类法院融合之前，这一冗长昂贵的程序仍被遵循。例证之一是蒂宾诉圣海伦熔炼公司案（Tipping v. the St. Helens Smelting Company），处理的是炼铜产生的工业污染问题，1865 年原告在上议院获得胜诉之后，该案又在衡平法院被重新审理，并意外地以判令被告公司迁址而获得胜利。[4] 当时的禁制令并不采用使侵害工厂关闭或迁址的命令形式，而只是命令其不得以产生妨害的方式运行。

通过讨论一系列私益妨害防止案件，科斯列举了社会成本问题及其可能引发的反应，而这些案件中不少在 19 世纪的英国法院得以裁判。[5] 其中，在他的此篇社会成本论文与此前的论文《联邦通信委员会（The Federal Communications Commission）》[6] 中，斯特奇斯诉布里奇曼一案（1879）[7] 都被重点予以讨论。在他的《经济学与经济学家文集》（Essays

---

① 首先发表于 3 J. Law & Econ. 1 - 44（1960，实际出版为 1961 年），后复载于 R. H. Coase, The Firm, the Market and the Law 95 (Chicago, 1988). 后者在第 157 - 185 页增加了"社会成本问题的注释"。重印的目的在于参引"Coase"。

② Id. at 95.

③ 由 J. P. S. McLaren 确立，"Nuisance Law and the Industrial Revolution-Some Lessons from Social History", 3 Oxford J. Legal Studies 155 at 186 and ff (1983). 关于妨害防止法的早期历史可参见 J. H. Baker, An Introduction to English Legal History (4th. ed. London, 2002) Ch. 4.

④ 4 B. & S. 698, 616, 122 E. R. 588, 591, XI H. L. C. 642, 11 E. R. 1483, 更详尽的论证请参见笔者所著 Leading Cases in the Common Law (Oxford, 1955) Ch. 7.

⑤ See in particular section 5 of "The Problem of Social Cost", supra n. 1 at 104 - 14.

⑥ 2 J. Law and Economics 1 - 40 at 27 (1959).

⑦ 11 Ch. D. 852.

on Economics and Economists）中该案例也曾被提及。⑧ 目前可获取的文献可以充分展示斯特奇斯诉布里奇曼案审理过程中的争议。笔者将首先讲述关于此案的故事，并藉此展示在邻人土地使用冲突诉讼中引入社会成本问题的诸多疑点。

此案首先由掌卷法官（Master of the Rolls）乔治·杰塞尔爵士（Sir George Jessel）1878 年 5 月 31 日与 6 月 3 日予以审理，之后又于同年 6 月 16 日与 7 月 1 日由上议院法官塞西杰（Thesiger）、詹姆斯（James）、巴格利（Baggalley）组成的上诉法庭审理。⑨ 此案审理的高效着实引人注目。这是一起一名医生限制相邻建筑中的糖果制造商以制造噪音与震颤的方式使用机器的成功诉讼。机器的使用干扰了医生对诊室的使用。原告奥克塔维厄斯·斯特奇斯医生（Dr. Octavius Sturges）成就卓越，并且是皇家医师大学的成员。⑩ 他 1833 年出生于伦敦，在阿第斯康比（Addiscombe）东印度公司军事神学院受教育。当时英属印度受控于该公司。1853 年，他以孟买炮兵部队第二任上尉的身份服务于该公司。1883 年，在侄女的帮助下，他出版了以自身经历为基础的自传体小说《回忆录：公司任职记（In the Company's Service：A Reminiscence）》。书中的主人公名为诺曼·法夸尔（Norman Farquhar），阿第斯康比四名候补军官之一。这四位人物中的一人或数人都体现了他自己的经历。书中法夸尔死于 1857 年印军哗变中，斯特奇斯想必参与了镇压活动。小说中流露了对镇压哗变之暴行的反感，包括用枪支扫射哗变者。这些血腥事件发生时斯特奇斯是否在场笔者无从得知。也许是良心的不安促使他退役并在伦敦加入圣·乔治医院（St. George's Hospital），成为一名医学院学生。自 1868 年起他任教于威斯敏斯特医学院（Westminster Medical School），并于 1875 年成为一名内科医生。自 1878 年起他同时兼任大奥蒙德街儿童医院（Great Ormond Street Hospital for Children）的助理内科医生。他终身都保留了这两个职务。他在威斯敏斯特医学院任教，并常有作品问世，主攻肺炎与舞蹈症。1865 年之前他住在伦敦康诺特广场（Connaught Square）35 号，之后承租了温坡街（Wimpole Street）85

---

⑧　Chicago（1994）at 121 n. 11，在 "Alfred Marshall's Mother and Father" 一文中。

⑨　除了上注 7 引用的 Law Report，笔者还参考了 The Times for 4 June 1878 的一篇报道，以及 Public Record Office, London 的论文，包括 J54/80 S. 223（Pleadings），C32/322（cause book），J15/1385, 1386 and 1387（orders made）and J4/660（S. 650 - 654）and J4/663（1440 - 42）（affidavits filed）。该案在 "Quiet Consulting Room" in The Medical Times and Gazette，July 20，1878 也被提及。

⑩　以下内容来自 Fredric Boase，"Modern English Biography"，Vol. 3（London，1965），The Times（6，7，9 November 1894）与 The Lancet 以及 The British Medical Journal 的讣告，the annual London and Provincial Medical Directory 复印件，及大英图书馆目录。

号。⑪ 遵循当时的习惯做法，温坡街 85 号同时是他的家与工作场所，即他在所任职的两所医院工作空闲时间治疗付费病人的地方。

斯特奇斯医生的对方当事人，即弗雷德里克·霍雷肖·布里奇曼（Frederick Horatio Bridgman），他的中间名无疑反映了海军上将霍雷肖·纳尔逊（Admiral Horation Nelson）在他所出生的年代广受欢迎。被告也颇有所成。他是女王陛下和威尔士亲王殿下指定的糖果制造商，尽管后者鉴于其腰围曾被建议最好远离糖果制造商。在一份宣誓口供（affidavit）中，布里奇曼详细叙述了他如何在 1830 年继承了其先父约翰在威格莫尔街（Wigmore Street）30 号的烹调和糖果制造生意：" ……我父亲和我，或者说我们其中的一个，在过去的六十多年中相继不间断地操持着生意。"⑫ 因而，大约在滑铁卢战役时期该生意即在此建筑内被经营。弗雷德里克可能在 1820 年前后即开始跟随其父亲工作，他的出生日期据推测应在 1805 年特拉法尔加战役后不久。

19 世纪的英国尚不存在任何形式的市政分区（zoning），但私人关于经营与居住地的决定起到了类似的作用。⑬ 事实上邻人土地使用争议相关法律救济的低效，也促使私人通过谨慎选址避免麻烦。因而在居所方面，穷人多居住在恶臭的小屋中，因为那是他们能负担的极限，而富人自然有充分的宜居选项。19 世纪中期的威格莫尔街，东西走向，大多为商户。⑭ 大多商户经营的是服装业——这里有制衣商、制帽商、蕾丝清理商等。此外，还有一个装钟匠、一些制蜡匠和黄油制造商，以及一个医用橡胶销售商以方便温坡街的医生。威格莫尔街并没有医生，但与其右街角相交的雅致的温坡街却有很多医生。温坡街原本是居民区，有些像斯特奇斯一样在家中诊治病人的医生住在这里。这里曾一度成为医生的聚居区。1871 年时这里只有 19 名外科医生，但 1878 年《凯利邮局人名地址簿（Kelly's Post Directory）》中记载，这条街道的 95 户居民中有 38 户是外科或内科医生，此外还有一些牙医也住在这里。而 1878 年《伦敦与地方医生人名地址簿（London and Provincial Medical Directory）》中的广告显示，这里还曾有一所威尔森夫人护士学院（Mrs. Wilson's Institute for Nurses）："在超过十年的时间里，我们随时为最知名的医生与公众提供护士，我们就在温坡街 90 号。"1888 年一家

---

⑪　该土地可能被 Duke of Portland 以每年 30 英镑的价格设定建筑工程租约，至 1865 年承租人的权利期间还有 29 年。如果以通常的 99 年租约期限计算，该房屋可能建造于 18 世纪晚期。1873 年一份每年 50 英镑地租，为期 21 年的将来租赁被商定，据此，Sturges 医生对房屋的保有可被保障至 1923 年。

⑫　F. H. Bridgman 的宣誓口供，see n. 7 above.

⑬　正如 J. P. McLaren 所言（see n. 3 above），私益妨害法确实非常低效，在建立非正式分区的过程中似乎没有发挥任何实质性作用。

⑭　以下内容来自 annual volumes of Kelly's Post Office Directory。伦敦的 The Guildhall Library 完整收集了此类人名地址簿。

殡仪馆也搬到了温坡街 3B 号，此前，医治无效者，或者更准确地说他们的亲人，必须从别处寻求此类服务。1878 年以及其后一段时间，温坡街的居民中还有经营其他生意的住户——那里有一位钻石商、一位糖果商，以及很多私人住户，如女王的法律顾问威廉·帕奇特（William Patchett）。距今较近的是威廉·梅尔本·詹姆斯爵士（Sir William Milbourne James），即斯特里奇诉布里奇曼案的上诉审法官之一，他也曾住在这个街区。

因而，本案并非源于我们所设想的分区问题：我们希望此区域主要是居民区还是商业区？斯特奇斯医生在温坡街选择了合适的住址，布里奇曼先生也在威格莫尔街选择了合适的场所。此案的争议来自于因超越通常的界限而对土地进行商业使用所造成的噪音和震颤。而此界限因个人的选址决定和对土地的使用得以确立。从威格莫尔街传来的噪音和震颤影响并干扰了温坡街居民对土地的职业性与居住性使用。如果法院需要考量社会成本问题的话，也只能在存在固定或流动性的通常（区域）边界时，才能引入此问题。维多利亚时代最著名的妨害防止案件，蒂宾诉圣海伦熔炼公司案[15]，起因于蒂宾，他不是却非常希望成为一名绅士，从一位绅士手中购买了地产，它们坐落在一个正在扩张的工业区附近，蒂宾因而饱受正在扩张生产的炼铜厂的严重污染之苦。蒂宾不想搬家，他很富有，可以负担法律诉讼的费用，因而他提起了诉讼。美国现代著名的斯珀工业有限责任公司诉德尔·E·韦布开发公司案（Spur Industries, Inc, v. Del E. Webb Development Co.）有力论证了它的明智解决方案，即保护在时间上最先投资的一方，即使该方污染性的商业活动最初落址于郊区时尚且无害，但现在对扩张的住宅区居民的健康和一般福祉造成了威胁。[16]

在宣誓口供中斯特奇斯医生解释了问题的起因。1873 年，即他搬入此处的第八年，他决定在屋后的"院子或花园"建造一个诊疗室。除此之外没有适用的房间，底层的房间被他作为餐厅使用。1873 年的秋天，他的诊疗室正式投入使用，成为他的患者候诊场所。1873 年之前他的所有工作大概都在他所任职的医院进行。不过，他也在写作方面投入了精力，他的第一本书《临床医学研究概要（A Introduction to the Study of Clinical Medicine）》即出版于 1873 年。1873 年他决定在新的诊疗室会见病人，这一决定改变了两座住宅之使用形式的非正式边界。他并非全天候使用诊疗室。在 1873 年至 1875 年年末或 1876 年年初，他每天上午 10 点至下午 1 点会见病人。在去医学院工作前他也在此时段使用此房间准

---

⑮ See no. 4 above.

⑯ 108 Ariz. 178，494 P. 2d 700 (1972).

备他的讲义。布里奇曼先生厨房传来的噪音很快就造成他的"极大不适与愤怒"。

隔开两座住宅的墙最初是此小院的西边边界，同时也是布里奇曼先生厨房的东墙，在他威格莫尔街 30 号房屋的背面。威格莫尔街与温坡街交叉处有一栋建筑，布里奇曼先生的住宅坐落在街道北侧第二栋，两街交叉处的西侧。界墙 1.5 个砖厚，大约 14 英寸。诊疗室新建的西墙紧靠着界墙，使其厚度增加了大约 9 英寸。这座新墙在斯特奇斯的院落内，本身并非界墙。而在（布里奇曼的）厨房的东北角有两个 16 英寸的大理石研钵，与（斯特奇斯医生之）诊疗室的西南角相邻。这两个研钵被固定在砖墙体内，紧靠着界墙。它们被用于粉碎块糖、杏仁和肉，与愈创木杵配套，由布里奇曼先生的一个雇员操作。斯特奇斯医生雇用的建筑师和鉴定人 J. T. 克里斯托夫（J. T. Christopher）在宣誓口供中提到在这些杵工作时："……挨个穿过一个空洞以保证触到直接闩在界墙、我相信[17]是穿在这座墙［即界墙］上的厚木板……很难设计出比这个更奏效的交换或传播噪音与震颤的方法。"虽然布里奇曼先生雇用的专家鉴定人罗伯特·里德（Robert Reid）与建筑师及鉴定人托马斯·哈里斯（Thomas Harris）对震颤的传导方式有异议，后者引入了尚不成熟的鸡蛋与玻璃杯测试法[18]，但对于斯特奇斯医生将噪音描述为"……锤击性的。每一声都能被清晰地听见与感知。杵的手柄与固定在墙上的空洞摩擦的声音同样令人的听觉非常痛苦……"却无争议。噪音"从根本上影响了我的房子作为住宅的舒适性及作为职业场所的使用"。尤其是"它们制造的噪音严重干扰并分散了我的注意力，以至于任何需要持续思考的工作都无法进行"。而且噪音还会影响听诊器的使用。同时，它也对斯特奇斯医生的病人造成了困扰。医生的陈述得到了其他同事之宣誓口供的证实。约翰·H·哈沃德（John H. Haward）医生是同时任职于圣·乔治医院和大奥蒙德街医院的外科医生，他的陈述是：

> 这种噪音会从根本上影响个人家居的舒适性，如果将房屋用于通常目的。而它一定极其恼人和令人焦躁，如果从事文字工作或其他需要思考或集中注意力的工作。

威廉·H·奥尔欣（William H. Allchin）医生，是一名居住在温坡街 94 号的内科医生，他认为他在拜访涉诉住宅时经常听到的锤击声足以使他中断谈话，它"……极其地令人恼怒和烦躁，尤其是对医生而言"。霍雷肖·唐金（Horatio Donkin）医生是一名住在哈利街的内科医生，他对涉诉住宅非常熟悉，大致同意以上描述，尽管他不认为该噪音会真

---

⑰ Christopher 也许没能检查，如果未经对新墙进行损害性的挖掘，这些螺栓消失在墙体中会发生什么。

⑱ 大概是将鸡蛋放在一个倒置的玻璃酒杯上观察它何时掉落，但这仅是推测。

的使他放弃交谈。他与哈沃德医生都指出，该噪音会影响房屋的通常使用，即居住目的。这是律师一定会确保出现在宣誓口供中的内容，以免争议被导向为：是该房屋的特殊使用性质引发了问题。

这才是最终导致诉讼产生的情况。不过必须首先指出一点，笔者对争议根源的解释是基于律师根据他们的法律知识与在他们看来法律上重要的因素所组装的被我们称为事实的内容。他们的工作体现在公共档案局（Public Record Office）中可供检索的宣誓口供和答辩状中，并在诉讼中被呈上法院。社会成本这一表述，如同众多关于法与经济学关系的讨论中所使用的其他术语，并非一贯，或者说经常未被较准确地使用。例如科斯讨论的是"邻居"间的成本，但如果其背后潜藏的思想是社会成本，或一般大众的成本，那么显然锤击声的影响也会构成其他非相邻居民的成本。医学院的学生们如果接受了糟糕的教育，笔者推测，若干年后他们的病人最终也会遭遇糟糕的治疗。如果社会成本，或者就此而言的社会收益，与布里奇曼先生和斯特奇斯医生的活动造成的社会整体效应有关，那么显然，宣誓口供中根本未提到社会成本，或就此而言的社会效益。很明显，所有人都可能间接被此争议的结果所影响——女王陛下、威尔士亲王、布里奇曼先生的雇员、斯特奇斯先生的读者与出版商。该名单可以被无限列举。但律师设想该争议仅限于在财产权界限问题上无法达成共识的两个人之间；宣誓口供显示了布里奇曼先生和斯特奇斯医生的成本与收益，与其他人无涉。以此种方式设想争议是普通法传统意识的一部分，也是法院在法律系统内之功能的一部分。如果学者们希望以经济理性的名义，建议以另一种不同的方式构造此争议，如向法院提出笔者所解释的广义的社会成本问题，那么他们必须指出遵循此种方式将案件提交法院判决的后果。他们还必须指出如何为此诉讼的复杂性设置界限。据笔者所知，甚至无人开始提出这些问题。

现在笔者将讨论"社会成本问题"所阐述的，在"联邦通信委员会"中未被充分论证的观点。在笔者看来一共有五个观点。

第一个观点贯穿在科斯的所有作品之中，是对政府干预意愿的强烈怀疑。他使用了各种不同的表达："公共干预"、"政府直接调控"、"政府行政调控"、"政府调控"、"政府行为"、"政府调整行为"、"国家行为"与"政府干预"[19]。事实上对上述各种被表述为不当行为的反对，长久以来就是对政治经济学感兴趣并致力于主张放任主义（laissez faire）之价值的学者之作品的特点。回溯至 19 世纪，英国法官布拉姆韦尔男爵（Baron Bramwell）——政治经济学学会（Political Economy Club）的成员之一，就对他可能称为"祖母式政府"的价值与科斯有相同的担忧。

---

[19]　See Coase, as reprinted, at 22, 117, 199, 131, 133, 135.

他是自由与财产保护联盟（Liberty and Property Defence League）的创始成员之一，该组织成立于 1882 年，"……为了维护自由原则和保障劳动权利以及所有种类的财产，以对抗国家的不正当干预；鼓励自力救济对抗国家救济……"[20] 理查德·A·波斯纳（Richard A Posner）在他的《超越法律（Overcoming Law）》[21] 中将科斯作品的"基调"概括为反对公共干预，除非它的目的在于最大化公共福利。在《社会成本问题》中，科斯非常温和地表达了他的质疑；他论证了反对排放烟雾的工厂可能会导致"不必要，甚至通常是不可欲"的结果。[22] 在《公司、市场与法律（The Firm，the Market and the Law）》一书中科斯强化了他的立场，他指出政府干预是否可欲是一个"事实问题"，经济学理论不会支持任何它的推论。他继续论证道：

> 在我看来，"外部效应"的无所不在是对干预的初步反证，而近年来美国关于调控效果的研究，从农业到分区制，则表明调控通常使情况更恶化，进一步佐证了这一观点。[23]

强调重点在这里出现了转向，最初的文章更强调交易成本的影响，而这里更倾向于阐述外部效应的影响。诚然，尽管争议的解决决定对第三人以及对社会公众的影响也被提及，但并未使用"外部效应"这一措词，科斯解释道，他不使用这一术语，以及对"不利效应"的使用偏好是经过深思熟虑的。尽管科斯使用了如笔者所列举的各种表达，但本文仅使用"政府干预"。

很明显，针对污染工厂的干预可能有非常多的形式。可能有治污税，或者发给工厂降低污染的物品，或通过立法在未安装或使用特定的烟雾治理设备时课予刑罚、予以注销，或课予损害赔偿，或通过立法建立某种形式的制度性许可、检测系统或行政控制手段。鉴于有如此多的方法，以及广泛的可能产生不利或有利影响的不同情形，去设想一般化可能的政府干预的功绩与不利的方式似乎都非常不可置信，遑论以任何精确的方式予以证实。并且，正如我们将要看到的，对于什么是政府干预及其形式的研究有严重缺陷。这里使用的概念欠缺严密性和准确性，而对其功过的一般化在笔者看来只代表了信念的宣示，而在根本上欠缺任何有说服力的经验依据。

第二个观点是第一个的必然推论：既然政府干预值得怀疑，那么政

---

[20] 请参见笔者著 Leading Cases in the Common Law at 175，citing two pamphlets by Bramwell，published in 1882 and 1883。

[21] (Cambridge，Mass.，1995).

[22] Coase，at 96，斜体为原文格式。

[23] Coase，at 26.

府干预的替代方案即值得赞同。此替代方案即将问题留给市场，此论点的主旨也倾向如此。该可能性被称为科斯定理的论点进一步夸大：如果没有交易成本，在经济理性的假设下，通过协商与讨价还价形成的资源分配，将不受民事法律责任规则的影响。在关于斯特奇斯诉布里奇曼的讨论中，它被表述为，"在没有成本的市场交易中，法院关于损害赔偿责任的判决将不会对资源分配产生影响"[24]。这当然只是纯理论观点，只可能发生在假想的世界里。

但假想的世界面临的问题之一是，我们通常未被告知它与现实世界共享的其他特征是什么。因而如果我们假想一个猪可以飞的世界，然后开始就这个世界将会如何得出结论，那么我们必须知道，如，是否存在某种形式的空中猪道路控制措施，以及猪是否戴尿布等信息。据此推测，在得出结论之前科斯的世界必须有一些其他的假定，如对暴力的某种禁止，由于收入的边际效用，或许还有些关于相对财富的假定。此外，还有关于人类相关行为的心理学假定，因为显然在科斯的世界中个人受收益动机的驱动。笔者个人认为一个没有成本的市场交易世界极其令人费解。这也许，笔者倾向于认为，只是个人空想的破产。处于晦涩费解之中，笔者无法理解什么是，为此目的，什么意味着，或什么包含于交易成本概念。在买卖交易中显而易见的代价是卖方必须放弃对出卖物的所有权，但对他而言这可能是也可能不是成本，买方则必须支付价金。这些是否成本？或者说在一个没有交易成本的世界里一切都是赠与？或其他？不做交易本身是否意味着没有成本？我们所讨论的是否仅是可能被称为经营活动之附属费用的内容——电话、商务餐等？对此笔者一无所知。而且无论在经济学核心领域的情况如何，至少在法与经济学传统的学者中寻求解释是徒劳的，因为他们使用交易成本概念时，似乎以为它的涵义不言自明。

尽管如此，科斯还是把他的理论与现实世界相联系，并辩称，诚然，在如斯特奇斯诉布里奇曼案的情形，显然即使不借助科斯定理中表达的任何观点，或者说完全不曾考虑科斯定理，当事人间也可能通过协议获得经济上满意的地位，或者对他们而言似乎在经济上满意的地位。[25] 但在科斯看来，他们没有如此做的原因大概或者在于交易成本的严重障碍，或者在于他们中的一方或双方未按照经济理性行事，或者在于他们对于可能的诉讼结果的不同期待。诉讼当然会造成客观的额外成本，正如在此案中。在英国法关于诉讼费用的规则中，胜诉方有权利使败诉方

[24]　Coase，at 105 - 6.

[25]　Coase，at 105 - 6. 关于在真实的 19 世纪诉诸法律代价昂贵的论证请参见 McLaren，supra n. 3 and Simpson，Leading Coase，Ch. 7。

负担诉讼费用，因而诉讼成本与提起诉讼之决定间的关联，并非经商讨确定，而是与在诉讼中获胜的可能性期待紧密相关。

科斯在别处给出了替代政府干预的选项列表："……无为，放弃先前的政府行为，或简化市场交易。"[26] "无为"的含义并不明确，对此笔者将在下文讨论。显然市场交易也许确实会因为减少交易成本的措施而得以简化。例如，可能有免费的法律服务，或免费的电话，但此类简化显然需要或者不太可能的个人慈善，或者某种形式的政府干预。其他减少交易成本的途径，如为商业经营提供场所，也可以是个体合作行为的产物。但严格而言，科斯的论点所蕴含的意旨在于，考虑到这些简化，将成果留给市场似乎是最好的解决方案。就斯特奇斯诉布里奇曼案而言，私法上没有约束他们的法律障碍阻止他们达成有约束力的协议，在此意义上，他们的争议解决确实被留给了市场。但即使是在此意义上被留给市场，也并无协议达成。

第三个观点很难被准确地重述；最简单地说，就是社会成本问题，至少对于经济学家而言，是一个交互相关的问题。就某一层面而言，这个问题可以通过斯特奇斯诉布里奇曼案解释。无论是斯特奇斯医生的行为改变（放弃诊治活动，将该住宅的租约让与一个聋人，在其他地方准备讲义，等等）或者布里奇曼先生的行为改变（退休，搬走研钵，在其他时间使用研钵，迁址，等等）都会导致问题的消失。问题的出现是因为两个人以及他们的行为间的相互关系。然而科斯将此点分解为两个方面。其中，消极的方面是：它拒绝了因果关系之箭，因为它错误地暗示了布里奇曼先生的行为损害了斯特奇斯医生，从而有布里奇曼先生应该受限制的意味。在一段话中科斯写道："如果我们要考虑因果关系问题，那么是双方当事人共同造成了损害。"[27] 积极的方面是：既然任何一种抉择都会导致失败者遭受损失，那么问题的实质即在于：谁被允许损害谁？但这并不足以说服笔者相信：呈现在该论点之积极版本中的经济学论据使他必须在该论点的消极版本中粗暴对待因果关系这一日常概念，这一概念区分了损害发生的必要条件和造成损害的一个或多个原因。此外，在笔者看来，拒绝区分日常观念可以估量的损害与成本也并非必要。如果笔者购买一品脱啤酒，不会把啤酒的价格当做酒馆老板强加于我的损害；也许有些经济学家确实如此认为，但笔者并非如此。尽管如此，科斯的观点当然使他有别于法律人，后者到处使用因果关系观念，而不将损害与成本等同视之。然而科斯对社会成本问题之交互相关性质的坚持，所隐含的更令人担忧的暗示在于：从一个经济学家的视角观察，处

---

[26] Coase，at 24.
[27] Id. at 112.

理如同斯特奇斯诉布里奇曼之类的案件，应当考量一系列广泛的，依笔者的理解，无限的可供选择的做法，而其中的任何一种都可以解决问题。在讨论社会成本问题的交互相关性质方面有一种趋势，科斯也是如此，即仅就两种行为进行讨论：种植作物或经营铁路，做蛋糕或看病人。但这具有误导性。只要该问题的交互相关性质被接纳，那么将有无穷无尽的解决可能，甚至包括布里奇曼先生和斯特奇斯医生相约自杀。这样的暗示对私法诉讼而言非常可疑，科斯也不曾如此主张。㉘也未有其他人持此观点。

第四个观点很难精确地表达，也许是因为它包含着几个紧密关联的论点。它涉及法律的作用。科斯坚称，他首要关注的现实世界，与假想的无交易成本的世界相反，科斯强调，现实世界中法律发挥着重要作用。㉙其中一个原因是，在他看来，权利在被可交易之前应当先被界定或分配。科斯继而论证道，因为交易并非无成本："法律权利最初的界分的确对经济体制运行的效率有影响。"㉚同情左翼者也有类似的观点，他们认为无论起点如何，在一个财产权利未被公平分配的社会，资产最终未必会在能最有效利用它们的人手中。在笔者看来这至少是不证自明的。它不仅是市场不健全的结果，也是财产初级分配的结果，而市场未必能因时间经过即予以矫正。科斯的结论是："即使可以通过市场交易改变法律权利的定界，显然，减少此类交易需求，并继而减少进行此类交易的资源使用，更为可欲。"㉛因而法律应当如此分配权利：使权利在市场交易成本以及可推知的其他缺陷不构成障碍的市场中被分配。这是一个有些令人吃惊的观点，除非它假定，法律应当一方面禁止这种倾向，同时不打乱现存的财产权利的不公分配。科斯并没有表达这一点。尽管有所保留，科斯还是承认，在有些情形，如烟雾妨害了数量众多的公众，交易成本似乎非常高，政府干预可能是恰当的："在某些情形，政府的行政管理法规没有理由不会带来经济效率的提升。"㉜一切都取决于具体情况。

令人好奇的是，科斯在讨论财产权利的分配和定界时，将私法而未将法院的司法裁判作为政府干预或行为的一种形式。因而从司法裁决中演化而来的普通法，因为未言明的原因，免受他对政府干预的指责。笔者认为这是其整个论证的根本缺陷。当科斯将代表放任主义的"无为"

㉘ 人类行为的交互相关性或引发其他问题，如女性反对以让她们夜晚待在家里的方式阻止性侵犯。即使，作为论证的基础，只要这是成本最低的避免方式，而无论它们意味着什么，这一事实都应当不容置疑？

㉙ Coase 只讨论私法，而不曾讨论刑法的作用。

㉚ Id. at 115.

㉛ Id. at 119.

㉜ Id. at 118.

作为社会成本问题的可能对策之一时，他实质所指一定是将问题留给普通法。但初级法院被禁止拒绝解决争议，永远都不可能无为。㉝在指控烟雾排放造成的损害案件中，法院可能会课予严格责任，或过失责任，或判定无责任；确实存在其他可能性。但无论是何种决定，法院必须选择立场。科斯批评其他学者没有具体指明制度背景即讨论社会成本问题，例如不告诉读者假定的货币、法律或政治体系而讨论放任主义。㉞但他也没有充分说明他对法律状况的其他假定，这使得他的真实想法很难全部被理解。以斯特奇斯诉布里奇曼案为例，依照本性，斯特奇斯医生可能会使用他的军事技能刺杀布里奇曼先生，布里奇曼先生也可能用他的某个愈创树杆敲那位好医生的脑壳。当然在现实世界中这些行为都被刑法禁令以及为暴力侵害提供救济的私法所阻却。

也许可以如此推测，为什么科斯不像质疑包含某种立法授权或计划的政府干预般质疑普通法，并倾向于将问题留给普通法。在写到"限制性规则或分区规则"作为可能的机制时，他认为："……没有理由认为易出错的行政机构在政治压力下制定，并以无竞争抑制的方式运作的〔此类规则〕，可以成为促进经济体系运行效率的规则。"㉟而司法裁判更好，虽然可能也是易出错的法官所做，也没有明显的竞争抑制㊱，因为它们与政治无涉。这种观点当然极其自相矛盾。对于将问题留给普通法的另一种解释可能是，当事人可以根据普通法判决订立契约，鉴于如果存在规制规则，如分区制，他们通常无法如此，至少在他们希望契约具有法律效力时。如果你认为市场的运作更能产生经济效益并可以矫正无论是政府还是法院造成的权利不当分配，这似乎可以成为一个有利条件。

第五个观点与科斯对私法之作用的观点密切相关。这与涉及社会成本问题之案件的正确解决方案有关，他列举的是要求禁制令的私益妨害防止案件，他认为应该考量："……防止损害的收益是否大于禁止此侵害行为在其他方面可能导致的损失。"㊲他在很多段落中都提到了这一观点："问题的解决在根本上取决于糖果商继续使用此设备带来的收益是

㉝　上诉法院在某些程序体系下，可以拒绝审判，正如美国联邦最高法院经常所做的。但在其他体系中，如《欧洲人权公约（European Convention on Human Rights）》建立的体系，有些争议会因为向法院的申请不可接受而不被受理。所以可能存在进入审判程序的障碍。

㉞　Id. at 154.

㉟　Id. at 117-8.

㊱　有观点认为司法裁判面临着某种形式的竞争抑制，因为不满意的参与人可以提起上诉，或在之后的诉讼中提出挑战。但法律理论中存在着某些市场性质的假说在笔者看来还需要更详细的论证，而不仅仅是一个迄今为止牵强的类比，这一说法的经验基础目前尚不存在。

㊲　Id. at 132.

否大于医生因而减少的收入。"㊳有时侧重点略有不同：

> "只要在增加的居住便利大于蛋糕价值……的损失时，将此区域［温坡街］保留为居住或职业使用［通过禁制令赋予非工业居民制止噪音等的权利］才是可欲的。"㊴

在关于联邦通信委员会的文中他写道：

> 事实上，法院需要决定的是，医生是否有权利通过强迫糖果商安装新设备或迁址，强制增加糖果商的成本，或者糖果商是否有权利通过强迫医生在住宅内的其他地方或其他地址诊治病人，强制增加医生的成本。

之后在同一页，与对交互相关性质的讨论相关，他补充道："……抑制 A 施加于 B 的损害必然会造成 A 的损害。问题在于防止更严重的损害。"㊵此外，在一个引人注目并呈现出科斯的经济分析与法律分析之分野的注释中，他将此适用到一个假想的发生在斯特奇斯医生与布里奇曼先生间的诉讼中，这个诉讼并非指向妨害，而是土地权利本身：

> 在斯特奇斯诉布里奇曼案中，如果争议指向两座建筑之间的一块土地的所有权，在此土地上医生可以建造他的实验室㊶，糖果商也可以安装他的设备，对情况的分析并不会有所不同。

据此观念，在上述案件中，法院面临的真正问题是以对败诉方造成最低损害的方式分配这块土地。无论如何，这都是一个令人惊讶的建议，如果它意图描述法院在土地争议中的做法或者他们应该有的做法。当然事实上所有㊷诉讼案件的判决都对一方当事人有利，对另一方当事人不利，但是以假定正确的裁判应该对败诉方造成最小损害或损失为前提的法律体系，与曾经存在过的任何民事裁判体系都迥然不同。

科斯对政府干预之价值的怀疑态度，正如他在《社会成本问题》与《联邦通信委员会》（尽管程度远不如前者）中所表达的，围绕着对有关社会政策的一系列观点的批评发展而来，这些观点主要来自阿图尔·C·庇古（Arthur C. Pigou）。庇古生于 1877 年，1959 年 3 月 7 日辞世，他在 1908 年继任了阿尔弗雷德·马歇尔（Alfred Marshall）在剑桥大学的政

㊳ Id. at 106.

㊴ Id. at 107. 笔者在引文中省略了 Coase 在讨论 Sturges v. Bridgman 时提及并予以分析的一个假想案件。

㊵ Id. at 26.

㊶ 这是对诊疗室的误称。

㊷ 笔者所言的"事实上所有"是为了反映以下可能性，即在法律诉讼中败诉有时会被伪装成一种福祉，如我们都知道的，Sturges v. Bridgman 案中可能发生的。

治经济学教授席位，并任职至 1943 年。[43] 他是国王学院（Kings College）的学生，师从奥斯卡·布朗宁（Oscar Browning），除了第一次世界大战期间作为担架员从事非战员服务外，因为他是一个遵从良知的（战争服役）反对者，他成人后的所有时间都奉献给了国王学院。他还是一个能力非凡的登山者，间或与乔治·马洛里（George Mallory）共同登山，后者 1924 年在他可以令人信服地攀越的珠穆朗玛峰献出了不朽的生命。[44] 1927 年，庇古的健康状况严重恶化，这影响了他的心脏；此后他成了此前健壮的自己的阴影，逐渐变得古怪孤僻。他是曾经很普遍如今几乎绝迹的一类牛津剑桥教师的一个样本：终身未婚，恐惧女性，喜好青年男性的陪伴，但据我们所知，却从未与他们有亲密的感情，更不用说身体关系，尽管他们确实与青年成年男性发展出浪漫的关系。关于他的特质流传着很多故事。随着时间的推移，他的厌女癖变得更加荒诞；当他对女秘书口述指示时，他会坚持把女秘书安置在邻室，只能通过微开的连接门听他说话。据说他从未与芭芭拉·沃顿（Barbara Wotton），他较著名的研究生之一，共处一室。近来他又被冠以不恰当的恶名，已故的约翰·科斯特洛（John Costello）在《背叛者的面具（Mask of Treachery）》一书将他描述为一名剑桥的苏联间谍，与俄罗斯有危险的联系，并获得了爵士称号。鉴于他对军事服役的反对，笔者认为他恐怕从未获得，也绝不可能获得该称号。[45] 这些都是无稽之谈；庇古只是持有温和的左翼观点。

他作为经济学家最激进的观点也并非他的原创，他认为，由于收益的边际效用，财富从富人向穷人的流动将有益于在整体上增进效用。[46] 他非常排斥与其他同事或任何他人讨论经济学；因而有别于另一类牛津剑桥教师，如路德维希·维特根斯坦（Ludwig Wittgenstein）或 J. L. 奥斯丁（J. L. Austin），他们的思想主要通过研讨课或私下讨论口头传播。他毋宁是其前辈马歇尔的追随者，谨遵他的观点，已故的奥斯汀·鲁滨逊（Sir Austen Robinson）曾告诉笔者，庇古几乎无法容忍他所认为的

[43] 生平信息来自于他与 the late Sir Austin Robinson 和 Sir Noel Annan 的通信，以及 Robinson 写的讣闻，in The Times, 9 March 1959，Robinson 的文章 in The Dictionary of National Biography 814-17 (volume for 1951-60)，J. de V. Graaf 的文章 in The New Dictionary of Economics 876 (J. Eatwell, M. Milgate and P. Newman, eds. 1994) 和 R. Skidelsky 的文章 on J. M. Keynes at 282, 286-7, 387, 702，以及 R. H. Coase, Essays on Economics and Economists Ch. 10. 他的名字来自于胡格诺教派。

[44] P. And L. Gillman, The Wildest Dream. The Biography of George Mallory (Seattle, 2000) at 159. 坐在 Pen y Pass climbing party 第一排的一位未经确认的人士，Easter 1919，between pp 128-9，笔者认为就是庇古。See also J. Hemleb, L. A. Johnson, E. R. Simonson, Ghosts of Everest. The Search for Marllory and Irvine (Seattle 1999).

[45] J. Costell., The Mask of Treachery (New York, 1988) at 149, 176, 181.

[46] 这个观点对于 Coase 关于社会成本的论题并不重要，Coase 未予讨论。

任何对大师观点的质疑。他常有出版物问世[47]，也讲授有些重复的正式课程，以当时学术界常见的方式。

作为一名经济学家："……他着力研究最大幸福的所有条件，私人净产品与社会净产品（他如此命名它们）不相配的条件，以及可以使它们达到均衡并最大化幸福的措施。"[48] 在《财富与福利（Wealth and Welfare）》一书中，庇古列举了一些上述不相配的例证。有些产生于契约形式，如租约中没有安排激励承租人维护或改良土地将来肥力的动因。或者也可能产生于未获补偿的社会效用，如房主在自家入口处安装照明设备，光线照射到街道上，同时也为道路的使用者提供了公共福利。他也列举了社会净产品无法满足私人净产品的情形，如机动车对道路的耗损。[49]

为科斯所批评的观点最先出现在首版于 1920 年的《福利经济学（The Economics of Welfare）》，一本由之前的《财富与福利》（1912）发展而来的教科书。[50] 科斯评价庇古影响了一个经济学派："大约十五或二十年前的经济学家，在庇古以及其他人的影响下，认为政府仁慈地等待在看不见的手指向错误的方向时对其予以矫正。"[51] 笔者曾在别处以有些冗长的篇幅论证了有必要以严谨的方式确认，科斯归因于庇古的观点并不是他真正的立场。对于政府干预的可欲性，他的观点与科斯并无不同，尽管在一定程度上他对政府干预之价值的质疑较少。如果更好地理解科斯，那么他所攻击的并非庇古的亡灵，而是他在青年时期所遇到的学术传统，而这个传统可被称为庇古传统，因为它显然由庇古创立。

庇古的态度实际上与亨利·西奇威克（Henry Sidgwick）非常相近，他听过后者的课。西奇威克指出，个人效用与社会效用可能不相配。他总结道，在这种情况发生时，就会有国家干预的情况。但他同时加以警告，以免这被认为必然是不可抗拒的情况："这当然并不意味着，一旦放任主义失灵就须引入政府干预：鉴于后者不可避免的缺陷与劣势，在任何特别情形，它都可能比私人产业的弊端更糟。"[52] 庇古在他 1935 年出版的《实践中的经济学：当代问题六讲（Economics in Practice：Six Lectures on Current Issues）》一书中总结了自己的观点：

流行的论者争论的问题——放任主义原则对垒国家行为原

　　[47]　The Times 的讣闻中列举的有：Industrial Fluctuations (1972)，Public Finance (1928)，Employment and Equilibrium (1941)，Socialism versus Capitalism (1937)，Lapses from Full Employment, and Income (1945)。

　　[48]　Robinson in Dictionary of National Biography，cited no. 43 above.

　　[49]　Wealth and Welfare at 148 - 71.

　　[50]　Coase 引用的是 1932 年第 4 版，本文从之。此外还有 1924 年与 1929 年的其他版本，以及 1938 年、1946 年、1948 年、1950 年和 1952 年（带有附录）的重印本。

　　[51]　Coase，at 30.

　　[52]　H. Sidgwick，*The Principles of Political Economy*，(London，1883) Bk. 3 Ch. 2 419.

则——根本不是问题。二者都不包含任何原则。每个特别情形都必须根据具体情况的所有细节讨论它的价值。[53]

庇古所指的"国家行为"似乎首先是指征税与补贴。他解释道：

> ……有时可归因于某个人的私人行为的收益或损害仅有一部分会反映在他最后的所得中；其结果是，他倾向于比社会需要的整体利益远为更多或更少地从事此行为。[54]

例如在工厂排放污染性烟雾的情形，公共利益要求它使用烟雾治理设备，尽管公众不会向工厂支付安装费用。该工厂可能因为烟雾污染税而被激励安装此类设备。如果一项行为不会为私人带来回报，但是无论如何对公共利益而言却是可欲的，私人也可能因为补贴而被激励从事此行为；显然它可以作为征税之外的替代措施，激励工厂使用烟雾治理设备。庇古似乎并未涉猎私法中的侵权法，或者对它没有兴趣，因而不太可能推测他对诸如斯特奇斯诉布里奇曼一类的案件当如何审理并裁决的观点。科斯在他的文章中充分利用了庇古为列举"私人净产品"与"社会净产品"不相配的事例所使用的未获补偿的损害事例，损害来自蒸汽机排放所产生的火星儿。但庇古却不曾在任何地方表明应当如何处理这种情形，如果它需要处理的话。[55]

他对社会主义也有一定研究，在《社会主义对垒资本主义（Socialism versus Capitalism)》（1937）一书的结尾关于信念的宣言中，他认为它建立在不充分的数据之上，并且"粗糙而具有试验性"。关于工业，他写道：

> 所有受公共利益影响的产业，或者有能力施加垄断力量的产业，它都会使它们处于公共监督或控制之下。他会使其中一部分，当然包括军工产业，或者还有煤矿业，也许还有铁路，国有化，当然不是以邮局为模型，而是通过公众董事会或委员会。它会称英国银行（Bank of England）为——无论它们事实上已经成为什么——公共机构……[56]

庇古认为在某些情形下，政府干预、税收与补贴对于解决社会成本问题是可欲的，但这段信念的自白并未涉及政府干预、税收与补贴的形式，遑论对私法中侵权法的矫正。[57] 庇古对政府干预之功过的最后的观

---

[53] A. C. Pigou, Economics in Practice: Six Lectures on Current Issues 127 - 8 (1935).

[54] Pigou, Economics in Practice at 77 and ff.

[55] Coase 认为有些损害未获补偿的情形是立法决定的结果，但这并不正确。关于此论题的法律是普通法。

[56] 完整引文请参见 Coase, "Law and Economics and A. W. Brian Simpson" XXV *J. Leg. Studies* 103，114 - 5。

[57] (London 1947)，以 "Central Planning" 的标题作为 Essasys in Economics (London, 1952) 第 16 章重印。

点表达，体现在对 L. 罗宾斯（L. Robbins）所著的《和平与战争中的中央计划（Central Planning in Peace and War)》一书的评论中。他在其中讨论了他所谓的首要计划与次要计划：前者关乎政府何时应当干预经济体系的决定，以影响具有不同生产用途的资源分配，以及产品分配；后者则涉及为实现首要计划所设定的目的应当在不同机制中如何选择。对税收与补贴的运作，被称为财政政策，具有他所谓的次要计划的特征，这篇评论的基调是为极端的劝诫辩护，并论证，大体而言财政政策比对资源的"指挥"更可取，后者可能是征收、征用、颁发许可、分配优先权，以及与价格控制相配套的物资配给。讨论中不曾提及侵权法，尽管很明显它有能力作为激励资源向一个或另一个方向流动的机制，正如美国的医疗业经常抱怨的那样。尽管此前已有先例，但科斯是用其作品引起人们真正注意侵权法之经济重要性的首位经济学家；自此以后法律的世界面目大变。相较之下，庇古则对此没有关注，此前的大多数经济学家也是如此。

庇古主张在私人净产品与社会净产品不相配时使用税收和补贴，但他在《社会主义对垒资本主义》的其他段落表达了对将此观点运用于实践的担忧。问题在于，正如他所看到的，尽管经济学家建议使用这些举措，但从未有政府试图启用，经济学家："……在该建议被运用于实际之前无法尝试定量分析，而这是非常必要的。"[58] 他的观点是，这些研究对于确定税收的水准非常必要；且不论妨碍使用这些救济的事实。[59] 此前在《福利经济学》中，他提出，评估一项行为的经济效用时，如经营铁路，所有有利与不利的后果都应当被置于天平之上。[60] 在他的理论中这显然很关键，以便确知私人净产品是多于还是少于社会净产品。简单地说，在你决定如何对待排放烟雾的工厂之前，必须考虑经营该工厂的所有后果，无论是好是坏。之后，在《社会主义对垒资本主义》[61] 一书中，他意识到要修复这份资产负债表可能极其困难，如果它确实可能的话。它将同时引起分析性问题——如何确定相关的后果？——以及实际操作问题——如何找到这些事实并作出计算？因而庇古了解到，将他的经济学理论运用于真实世界，也许，不那么激烈表述的话，的确非常困难。但在当前很多将经济学观点运用于等待法院裁判的法律问题的情形，这个问题，笔者担心，简单地被忽略了。

现在让我们从经济学理论回到世俗的法律裁判世界，以斯特奇斯诉布里奇曼的故事为例。从这个争议只是因为医生与糖果商的工作安排方

---

⑧ Pigou, Socialism versus Capitalism, at 42 - 44.
⑲ 他的观点与 Coase 在第 184 页表达的类似。
⑳ The Economics of Welfare, at 134.
㉑ Pigou, Economics of Welfare, at 31 - 46.

式导致糖果商的住宅中产生的噪音与震颤影响了医生的工作这一点看来，这个案件当然也体现了社会成本的交互相关性质。同样清楚的是，双方当事人可以通过达成共同接受的协议避免法律诉讼，而这在私益妨害争议中原则上是可能的，尽管协议本身未必可以解决公益妨害防止案件。[62] 用法学院的行话来说，这类协议通常被称为科斯协议。此类似乎为科斯所主张的协议包含着以对各自的选择可能与成本的合理计算为基础的单向支付：

> 医生可能同意放弃自己的权利并允许糖果商的设备继续工作，如果糖果商愿意支付一笔金钱，这笔金钱的数额须超出医生因搬到更贵或较不方便的新址或（这也是被建议的一种可能性）建造一堵独立的新墙以缓和噪音与震颤所遭受的损失……解决问题的关键在于继续使用设备为糖果商增加的收入是否超出了因而使医生遭受的损失。

科斯这里讨论的是案件判决之后的协议订立问题，但他的论证同样可以适用于一个审理中的诉讼案件。

事实上，斯特奇斯医生的确曾试图协商，首先是亲自抗议，之后在1876年春季，通过他的律师抗议。协商的具体形式现在已无记录，但从布里奇曼先生的回复中，我们可以猜测，大概他曾建议布里奇曼先生在他不使用诊疗室的时间使用研钵。显然在伦敦社交季噪音最严重的时间，也就是从5月至7月底，上流社会都准备到伦敦参与各种盛宴。被告的生意量也因而大大增加。斯特奇斯医生认为问题一年比一年严重。宣誓口供中关于私人关系恶化的表述为此提供了线索。因而斯特奇斯医生的鉴定人第二次试图进行检查时，被拒绝进入布里奇曼先生的住宅。

在布里奇曼先生的宣誓口供中，如同他读过科斯的作品一般，他的确曾提出这个问题是交互相关的，他认为都是斯特奇斯医生的过失。他指出斯特奇斯医生"……没有建一堵单独的分离墙，而是使用了他的厨房北墙。"[63] 他继续陈述道，研钵一直使用了很长时间，之前只在1848年遭受过一次抱怨。当时一名残疾的女士住在85号，曾要求他在上午8点之前不要使用研钵。他向她解释说在他的生意中这是不可能的，之后她再未抱怨过。而且在诊疗室建好之后的18个月内他也不曾被抱怨过。针对斯特奇斯先生的抗议，他已经做了他所能做的，即仅在不打扰医生的时间内使用研钵。自1876年7月起，所有碾碎糖的工作都在上午11点至下午1点之间进行。他无法做得更多，如果继续经营自己的生意。

这就是协议达成的微小成果，这个争议最终还是被提交给法院，而

---

[62] 如果协议的内容是停止造成公益妨害的行为，那么也是可能的。

[63] 从温坡街看是北面。

为了服从法院的命令，大概需要可观的成本，比布里奇曼先生可能招致的成本大得多，尽管我们不能完全确证这一点。鉴于布里奇曼先生输了官司，他不仅需要支付自己的诉讼费用，还要负担斯特奇斯医生的诉讼费用。遵从法院命令对布里奇曼先生的收入造成的影响，今天我们无从得知；我们所知道的只是，他认为改变自己的工作时间是不合算的。而这是否经过精确的量化计算也值得怀疑。

在此类妨害防止案件中，协商通常发生在诉讼之前。宣誓口供所呈现的故事是很常见的邻居间的日常纠纷，此案的双方都从事经营行为，并试图友善地解决问题。虽然我们并不知道细节，但若斯特奇斯医生曾在某个瞬间考虑过支付布里奇曼先生一笔钱以让他改变工作方式的可能性，将会非常令人吃惊，更不用说，布里奇曼先生会考虑支付斯特奇斯医生一笔钱让后者改变工作方式，比如减少病人数量，或者在餐厅会见病人，或者其他。更不可能有使二者之一迁址或改变职业的建议。如果医生与糖果商以下述设想对待这个问题，也将非常不可思议："问题解决的关键取决于继续使用设备为糖果商增加的收入是否比因而使医生减少的收入更多。"[64] 宣誓口供中也没有任何证据显示双方当事人对向他们开放的无限选择可能进行了复杂的成本收益分析。这里的计算，当然双方都会计算，需要包括对医生遭受的潜在损失的评估："……因为搬迁至更昂贵或较不便利之处，因为减少在此处经营，或（这也是一种被建议的可能性）建造一堵独立的新墙以缓和噪音与震颤。"[65] 实际上没有人建议建造一堵独立的新墙。引入这堵墙的功能纯粹是为了讨论：布里奇曼先生提出并非他的过失导致了麻烦，而是因为医生的建筑师没有做好工作。不错，无所不包的成本收益分析会包括上述内容，以及其他无尽的所有可能与成本。与所设想的复杂计算比较接近的情形可能发生在土地的两种使用方式实际上被怀疑为非常不相配的情形。也许在有些情形中迁址成为最后唯一切实可行的解决方案。鉴于诉讼成本，以及关于责任的英国规则，在 19 世纪一定曾经有过很多污染受害方迁址的情形，但他们并未体现在法律报告中。[66]

科斯的成本收益分析与现实生活中相邻居民的行为毫无关系，通常情形并非如此无法容忍，以至于必须面临要么诉讼要么迁址的选择。也许在假想的世界中会有这样的分析，但法律人关注的是真实的世界。法律需要实践理性。笔者无法理解法律人从假想的世界中能有所收获。如果邻人试图解决纠纷，通常他们必须接受事情的大致轮廓：糖果商的厨

---

[64] Coase，at 106.

[65] Coase，at 106.

[66] 关于 19 世纪几个极少被知晓的导致污染企业迁址的私益或公益妨害的诉讼实例，请参见笔者著 Leading Cases Ch. 7。

房将继续运转，诊疗室也将继续用于诊疗。为了达成和解他们必须承认彼此被广义界定的权利，并将他们的注意力集中于可使他们的权利行使彼此调试的简单或实惠的解决方法。无怪乎布里奇曼先生认为自己完全有权利继续使用研钵，正如他和他的父亲过去所做的一样，人们不会为一项自认为已经拥有的权利向他人发出支付价款的要约。按照他思考问题的方式，他曾准备理智地作出一些调整，并且他认为自己已经这么做了。无论如何这件事都是斯特奇斯医生的过错。也无怪乎斯特奇斯医生，或许在咨询律师之后，认为自己享有平和安静地居于家中的权利，这样他才可以会见病人和准备讲义，同样人们不会为已经拥有的东西向他人发出支付价款的要约。这都是布里奇曼先生的过错，他所需要做的只是雇用一个工程师重新安装他的设备，或改变他的工作时间。简而言之，笔者怀疑，二人中没有任何一人哪怕有一瞬间质疑过对方对自己的财产继续进行经营的权利。

出售或购买权利的市场交易通常在这种情形下不太可能发生的原因在于，当事人并不想将他们的权利置于市场中。如果理解了这一点，不尊重他们的不情愿将变得无理取闹。当然在某种意义上，法律上允许买卖的财产总是在市场中，但这只是一种无意义的同义反复：法律上允许买卖的东西在法律上允许买卖。在非同义反复的层面，市场有其复杂的界限，有时来自于实证法，有时来自也许不具有法律约束力但受其他制度机制约束的合意，有时来自法学界最近重新发现的一系列限制，即社会规范。如果个人不大致遵守市场的社会限制，生活将变得无法忍受。在大多数（显然并非所有）文化中[67]，这些行为将令人不适，如果受邀参加晚宴的客人为银器或酒或装饰餐厅的画出价，或出价 50 美元讲一个笑话，或试图向其他客人推销人寿保险。参与市场交易只是人类活动的一种形式，如果无此界限，生活将陷入无组织的混乱中，从事交易，将与参加晚宴或爬山或与朋友钓鱼，无法区别。就医生与糖果商所面临的情形而言，斯特奇斯医生若提出为挪动或隔离研钵赞助费用，也可能被社会认可，但如果说这是一个买卖，则不会被社会认可，除了一类急切地将所有人类活动都同化为市场交易的经济学家。这笔费用毋宁是对他可能是首要受益人，或否则可能从中不当得利的行为之费用的补偿。[68]任何比这个更过分的要约都必将构成一种冒犯。

因而解决特定案件中的此类争议，并非必须达成关于这两块土地当如何使用这一一般性问题在经济上最有效益的解决方案。也不意味着达

---

⑥⑦ 笔者指的是在有些美洲地区，社会规则并不相同。

⑥⑧ 最近我与邻居达成协议，由我支付费用砍掉他的一棵树，因为这棵树遮住了我在英国的住宅后院的草坪。这并不意味着这种遮挡构成了可控告的妨害，而且最终结果是，我的邻居并不喜欢这棵树，并且很乐意将它砍倒并搬走。

成以买卖为范式的市场交易。而是意味着达成某种形式的共同和解以结束争议，如果达成和解，那么它并不包含最有效益的解决方案，或有效益的解决方案（假设有此方案的话），使社会总产品最大化等等这些都无关紧要。此类和解通常都具有微调性质。此过程类似于使很多人通过合作与速度、方向的微调，共同创造一种可以不互相碰撞还能使用人行道的方式。协商的目的不是达成产值的最大化，而是，更严格地说，避免支出费用，尤其是诉讼费用，尽管可能需要支出其他费用，如果争议没有解决的话双方当事人都必须承担。经济考虑进入其中，是因为这里所理解的费用是为了达成和解所需要的支出，因而支出越少，达成和解的可能就越大。支出最少的方案，也就是说结束争议的微调，通常比支出较多的方案更受欢迎，虽然未必总是如此。最廉价的解决方案对当事人而言未必是最好的解决方案。

达成某种形式的微调和解的可能性，需要承认这个问题具有交互相关性质这一观念，但仅在极微弱的意义上，它严重限定了当事人可能准备考虑的可供选择的调整范围。可以想见，如果布里奇曼先生建议斯特奇斯医生将他的诊所迁至他处，协商会立刻突然中断。

科斯指出，他所谓的那种市场交易的决定性先决条件是当事人的权利必须确定，至少被很好地界定。难怪他在案件判决之后才开始设想科斯交易。他这样说道："很有必要知道造成损害的生意是否对所造成的损害负有责任，因为没有对权利最初轮廓的确证，就不会有移转或结合它们的市场交易。"[69] 但这并不正确。即使它对所有的买卖情形而言[70]都是正确的，但笔者存疑，也显然不适用于相邻居民间解决土地使用纠纷的和解方案。即使斯特奇斯医生与布里奇曼先生都同意可对布里奇曼先生是否有权利制造被抱怨的噪音存疑，他们也仍然可能在诉讼判决之前达成解决此纠纷的协议。在此案件中，权利清晰分配的意义当然在于它分配了协商中的力量比重，但并不在于使它们成为可能。如果斯特奇斯医生在法律上有权利制止布里奇曼先生继续以目前的方式使用研钵，他根本不需要与后者协商，而且还可以拒绝布里奇曼先生提出的要约，即使一个经济人（homo economicus）会接受此要约。最后这种可能通常被称为拒不合作问题，但这种定性是一个错误。在一个接受私人财产观念的社会中，这根本不能被称之为一个问题。相反，它对制度本身非常重要。很久之前威廉·布朗斯通爵士（Sir William Blackstone）曾解释过：

⑥⑨　Coase，at 104. Cf. Id. at 158 "权利的轮廓是市场交易的重要序曲……最终的结果（最大化产值）则与法律决定无关"。

⑦⓪　以土地为例，认为在可以买卖土地之前，必定存在私人财产权观念，分配此类权利的规则，以及解决纠纷的机制，总体而言似乎明显是正确的，但这并不意味着在土地的财产权利分配尚不清晰的情形，不会发生土地买卖。

从未有任何事物像财产权这样强烈地冲击人类的想象力，并引起人们的喜爱；它使人可以专有且任意地支配外部世界之物，并完全排除世界上任何他人的权利。[71]

任意支配是私人财产权的全部意义，其中包括以对公共福利无所贡献的方式行为。如果我有一幅雷诺阿（Renoir）或毕加索（Picasso）的画，我可以仅仅因为已经决定烧了它而拒绝任何购买的要约。[72] 也许总体而言私人财产权体系与自由契约体系相结合，可能发生使财富总值最大化的趋势。但上述体系的先决条件，是尊重关于土地使用之决定或契约形成的私人自治，即使在特定情形中，对上述自治的行使反复无常，非理性或受到与最大化社会总值甚至是个人福利都完全无关的动机驱使。

在本案中协商失败，最终诉至法院。审理该案的是掌卷法官乔治·杰塞尔爵士，证据清楚地显示，布里奇曼先生的行为严重影响了斯特奇斯医生对其财产的使用，而且事实上对于这一点也的确没有争议。没有任何事实暗示斯特奇斯医生的行为对布里奇曼先生造成了困扰。因而，从法律的角度而言，需要解决的问题是布里奇曼先生是否如同他所主张的，基于现代转让契据遗失（lost modern grant）的拟制理论*，因时间经过而获得了继续其制造噪音的行为之权利。或多或少得到承认的是，除非布里奇曼先生可以证明他获得了此项权利，否则就是对斯特奇斯医生之权利的侵犯。法院判决认为此项权利并未被获得。在英国法中，基于长时间的使用和默许，有可能获得此项权利。不过法官认为在诊疗室投入使用之前，噪音都不曾引发争议，也就无所谓控告，斯特奇斯医生和他的前手也无从制止他。因而推断医生和温坡街85号之前的住户默许了噪音，是错误的。

如此，布里奇曼先生并未获得制造噪音的权利，斯特奇斯医生获得了禁制令。显然正如乔治·杰塞尔爵士所认为的，这个案件的争点与下述问题无任何关联——"糖果商继续使用此设备带来的收益是否大于医生因而减少的收入"[73]。在法律的规划中，这并非一个必须决定，或与最终结果有任何实质关联的问题。禁制令并不会具体到应当如何去做，它只是要求作为被告的财产所有权人停止"以对原告造成损害的方式或时间"使用杵和研钵，从而最大化他的自由。没有任何要求停止经营或迁

---

　　* 权利转让契据遗失（lost grant）是一种法律拟制。在英格兰早期，地役权人主张地役权必须证明该权利系由权利转让契据所创设，或者自人类无可记忆的时代起就享有该权利。但若无法提供上述证明，却连续20年行使地役权，则拟制为权利转让契据遗失，可据此取得地役权。——译者注

　　[71]　Blackstone, *Commentaries on the Laws of England*, Vol. II at 2.

　　[72]　这个例子并非虚构。Winston Churchill 非常讨厌 Graham Sutherland 为他描画并呈上的一幅肖像，他的妻子命令园丁将其烧毁。除非诡辩，否则很难说这种行为使财富或福利的总值最大化。

　　[73]　Id. at 106.

址的建议。法官也确实给布里奇曼先生设定了一段时间"对他的房屋建筑进行必要的改动，而且无疑他可以在伦敦找到灵巧的技工告诉他如何使用这些设备而不制造任何噪音"。因而，禁制令直至 1878 年 8 月 1 日始发生效力。这是为了减少进行必要的调整所支出的成本，并最小化将来继续进行昂贵诉讼的风险。所以，经济上的考虑是重要的，不过只是次要问题，而非法院必须裁决的核心争点。

之后该案进入上诉审，公开讨论的争点还是一样——布里奇曼先生是否获得了制造噪音的权利？法官们认为他没有。它被与另一个假想的案件做类比：一个嘈杂的铁匠铺位于一处长久荒芜的不毛之地，最近刚有一处住宅在附近被建造。这个假想案件当然包含了土地使用的流动边界问题，这个问题笔者在上文已经提到。

> 谈到铁匠铺，这的确与目前的案件如出一辙（idem per idem）。一方面非常不合理或不可取，如果认为应当有一项针对与当前状态不同的毗邻土地的行为权利，而在那种状态下这种行为无论对毗邻土地的所有者还是占用人都不会造成任何侵扰或不便。另一方面同样不公正，从公众的视角而言也不合理，如果认为毗邻土地的使用和价值应当永远并且在任何情况下都受无法物理中断的持续行为的限制或缩减，而法律对此也无力预防。此案中假想的铁匠可能购置一个足够大的宅院以防止自己的所为在任何时段对邻居造成困扰，但他的邻居自己对此却无能为力。

主审法官塞西杰断言，任何其他标准都可能"对用于居住目的的土地发展造成不利影响"[74]。就此而言，法院采纳的一般原则可能被认为加入了经济考量，或者考虑了对财产所有权人之任意支配与自由的尊重，而这正是布莱克斯通所提到的价值。但具体的裁判却完全没有关注相互冲突的土地使用形式的相关经济价值。

因而本案中法院的观点，与作为其基础的宣誓口供一样，都完全不曾考量糖果商或医生的行为之经济或社会价值。声称关于这些问题的观点实际上对案件的结果没有任何影响是徒劳的。法律理论具有延展性，对社会福利或伦理立场的主观观念会影响它们适用的方式。君子当赢，小人当输。但就法律层面而言，经济或社会价值的观念完全无关紧要。它们必定存在于尊重私人财产权的资本主义社会，因为代替诉讼当事人进行任意支配并非法院的工作。作为财产所有人或占用人，当事人必须被平等对待，尊重他们对自己的财产做任何喜欢的事情的权利，无论多么无效益，只要不违反法律的禁令。有关妨害的法律的所有关注点即在

---

⑦④　Sturges v. Bridgman, 11 Ch. D. at 865 – 6.

于维护这种平等，并在其中一方当事人的活动严重侵犯了邻人时介入。

将财产法规则保护的权利与责任规则保护的权利，或财产权利与责任规则相对照时很容易产生混淆，但这是值得注意的区分。[75] 对财产权利的表达就是对法律所保护的权利的表达；某种意义上它是对一种理想典范的表达。保护此种权利的机制非常清晰且复杂。它们可能同时包括民法与刑法。这些机制代表的是权利的外垒，而非其质料。一个土地所有者的财产权利受刑法、财产规则以及责任规则的保护，更不用说还有诸如遗嘱继承、合同法与赠与法等制度。保护的强度或烈度有所不同，所以对于动产，大多是可替代物，通常不适用返还特定的原物。但将此项法律认知理解为只要支付金钱就可以随意侵夺他人动产，对笔者而言是个实质性错误。在我们生活的部分由法律所构造的世界中，并不是如此理解的。如此作为，通常但并非总是，会构成刑事犯罪。在被侵夺情形，土地之上的权利可以要求原物返还，部分是因为这更可以实现，部分是因为土地不被认为是不可替代的。进占（entering）而非侵夺形式的妨害，某些情形下可能会面临刑事处罚以及民事侵占之诉。但这些刑事处罚以及侵占之诉提供的保护，在某些情形可能非常不充分，除非更不易察觉的侵扰也得到救济，且私益妨害法为（其他）显著侵扰提供救济。经过一系列争议，在19世纪中叶普通法确定的这一基本标准不应被经济发展的公共利益所替代。[76] 使用当代较吸引眼球的表述，就是普通法拒绝允许经济上有效率的污染程度这一观念。然而法官，无疑还有陪审团，在裁决什么可以算作可诉的妨害时，必然涉及程度问题，无疑总是会接受，如果生活要继续，土地所有者间某种程度的互相容忍与调整是非常必要的这一观念，鉴于土地使用的影响必然超过土地的地理边界，无疑在某些边缘情形简单的即时经济运算会很重要。在此微弱的程度，法律界的贤人以及大概还有陪审团成员接受了冲突的土地使用问题具有交互相关性质。但仅是如此将经济考虑引入，并不意味着严密的分析体系代替了并非如此精确的法律分析。经济学上的论据，在它们体现于法律决定的限度内，仅是主观的。如果现实主义运动使我们意识到法律固有的延展性，那么我们应该同时意识到，经济分析同样具有延展性，在有力数据并不存在的情形最为明显。

当代美国法的一些判决，比如著名的争议案件布默诉大西洋水泥公

---

[75] See W. E. Landes and R. A. Posner, *The Economic Structure of Tort Law* (Cambridge 1987) 29, 立基于 G. Calabresi and A D. Melamed, "Property Rules, Liability Rules and Inalienabilty: One View of the Cathedral," 85 *Harv. L. R.* 1089 (1972)。

[76] 请参见笔者的论述 in Leading Cases of Tipping v. St. Helen's Smelting Co., 4 B. & S. 608, 616, 122 E. R. 588, 591, 11 H. L. C. 642, 11 E. R. 1483, 1 Ch. App. Cas. 66 (1865)。

司（Boomer v. Atlantic Cement Company）[⑦] 案之判决，放弃了对财产权的积极保护，尽管存在严重的侵扰，仍拒绝发出禁制令，因为减少妨害的成本被认为远远超出了使侵害继续造成的损害。由于这些已确定的损害救济安排，可能允许一个污染性土地所有者基于法院确定的一定价款就获得进行污染的权利，即使没有受害人的同意。在一个资本主义社会这是非常离奇的现象。不过即使今天，当然在19世纪也并非如此，法院也并没有开始进行对毗邻地块的使用效益的无限度的考量，并据此分配权利。它发生的时刻就是私人财产权终结的时刻。布默案的判决当然削弱了对此类权利的保护。也有可能在私人财产制度与契约制度的结合下，会产生激励并便于财富创造的总体趋势。有些思想体系认为这种趋势构成了正当化此制度的功利主义理由，但它被认为必要，仅仅是因为某些方面明显存在问题，例如某些人掌握过多财产，而另一些人的财产却太少。但即使可以确定谁能创造最大财富，这也绝不意味着在特定案件中应当将财产权分配给他。所以法律允许对目光短浅不负责任的人赠与或遗赠。傻瓜也可以继承。买卖契约完全不会因为买受人是一个购物狂、标的物对他完全无用而受影响。

　　经济上的考虑在19世纪的侵权法中有一定的作用，但仅限于边缘情形，且非常主观，比如乔治·杰塞尔爵士在斯特奇斯诉布里奇曼案中猜测，布里奇曼先生可能找到某些非常合算的方式处理因为使用研钵而造成的问题。

　　关于布里奇曼先生，法官似乎以某种方式正确处理了问题。他的生意并没有因为该诉讼而迁址，没过多久，他的儿子詹姆斯也开始帮他经营，并出现在1888年和1889年的《凯利邮局人名地址簿》等通信录中。但1891年，詹姆斯的商店却位于旧肯德路792号，在1890年的人名地址簿中根本没有布里奇曼，所以我们可以推测弗雷德里克当年去世或退休了。该诉讼中，意在反驳妨害在增加的计算显示，1878年该商店的总收入已经连续下滑数年。1852年还是9 416英镑，至1876—1877年间，只有5 340英镑。也许最终它不再盈利。大约在世纪之交，威格莫尔街28—34号被重新开放，如今矗立其上的建筑是诺福克公馆。

　　而斯特奇斯医生一直经营他的诊疗室直至辞世。尽管获得胜诉，但他几乎丧失听力。因为没有听到一辆疲惫的出租马车接近的声音，1894年10月16日，他在凯文迪什广场被该马车撞倒。11月3日因为内伤他在家中去世。不过温坡街85号之上的建筑仍得以保留了诉讼当时的原貌，现在居住着一些游手好闲的人、一家测量公司、房产经纪人，以及财产投资顾问。他们将以前的诊疗室用作会议室。如果你参观这间房屋，

⑦　Boomer v. Atlantic Cement Company，26 N. Y. 2d 219，257 N. E. 2d. 870，309 N. Y. S. 2d 312 (1970).

还会发现最初为了方便斯特奇斯医生检查病人而安装在屋顶的灯，提示着这间房屋最初的医疗用途。

应当如何处理诸如斯特奇斯诉布里奇曼之类的案件？为了追求经济效益而进行的无止境的成本收益分析观念实在不可行，否则诉讼将永无终结。就实践的角度而言，关于完美的效率方案的整个观念本身都是无意义的。绝对没有任何方法可以辨别对土地的这种或那种使用代表了完美，为了确定这一点，只会导致无休止的成本效益分析。因而，无论完美的经济效益观念在理论上有多大贡献，它在经验或实践层面都不重要。它是彩虹尽头的一罐黄金。此外，如果法院试图将此观念适用于诉讼，那么每个案件的结果都必须取决于它的特定事实构成，除了追求最大化经济效益的目标之外，再无任何一般原则，这无异于要求在每个案件中都达到彩虹尽头并找到那一罐黄金。这绝不是解决妨害防止案件更新更好的办法。⑱

---

⑱ 这篇论文的基础是另一篇文章，"Coase v. Pigou Reexamined"，后者原载于 *Journal of Legal Studies* Vol. XXV at 53。

第2章

穆尔诉加利福尼亚大学董事会案（Moore v. Regents of the University of California）

麦克赛尔·J·梅尔曼（Maxwell J. Mehlmann）

不言而喻，在涉及科技的法律领域，法律必须时刻紧随科学的进步。穆尔案就是绝好的例证。某种意义上，该案关乎如何界定"手术废料"。它们是手术后的残余，尤其指从病人体内移除的组织与体液。在约翰·穆尔案中，他的脾脏被移除，以减缓毛细胞白血病（hairy-cell leukemia）的发展进程。[①]历史上，没有人关注这些物质的去向，至少不会关注它的权属。即使它有商业价值，也非常微薄。如果它有用处的话，也只是作为内科医生与医学院学生研究或训练的材料，法律所关注的只是确保它的抛弃方式不会危害公众健康。例如，加利福尼亚的法律要求按照州卫生部的规定掩埋、焚烧或抛弃这些物质。[②]正如布鲁萨德（Broussard）法官在他的同意意见（concurring）*与反对意见（dissenting）**中写道的，任何人都不得"将被移除组织带回家置于壁炉架上"[③]。

但是科技在进步。对法律关于被切除人体组织的观念提出挑战的第一个科技大进步是器官移植。1954年，内科医生们进行的肾脏移植首次成功，紧随其后的是1967年首例成功的心脏移植与肝脏移植。20世纪80年代，研究者们研制出抑制人体对外来组织免疫反应的有效药物，以减少排异风险。至此，人体组织具备了拯救生命的功能，因而法律有必要确定它们的取得方式与分配方式。它们具有极大的商业潜力。但是否应当将它们视为某人的财产？特别是，它们能否被买卖？

同时，另一些科技进步也在悄然发生。研究者研制出DNA重组技术，从而可以制造新形式的生命。随即产生的问题是，这些生命形式是否是一种智慧财产，可通过专利增加其商业价值。之后，相同的问题也发生在关于基因组以及其他有关人体基因组项目的成果中，该项目解密了人体基因密码。是否有人可以拥有生命本身的基因蓝图？

内科医生还研究出战胜不育的技术。其中有些涉及将精子、卵子、受精胚胎等人体生物学组织从一个人体移植到另一个人体，如人工授精与代孕。法律是否应当将这些组织视为财产？如果可以的话，这些生物学组织是否可以在公开市场交易？

1976年约翰·穆尔的脾脏被切除正是发生在此科技进步与法律模糊的背景下。不过，据说内科医生们并没有将此组织作为手术废料丢弃，而是保留并研究它，最终研发出一个细胞系，它具有极高的科研价值，在1984年获得专利，并被许可进行商业使用。根据穆尔的申诉，这些医生因而获利数十万美元，该细胞系具有数十亿的价值潜力。他的脾脏组

---

　*　指一名或多名法官的单独意见，同意多数法官作出的判决，但对判决依据提出了不同理由。——译者注
　**　指一名或几名法官持有的不同意多数法官意见所达成的判决结果的意见。——译者注
　①　Moore案中描述的事实当然只是原告一方的表述，因为此案并未被审理。
　②　(Cal. Health & Safety Code §7054.4).
　③　793 P. 2d at 503.

织绝非"废料"，当穆尔发现这一点时，他也想分一块蛋糕。

穆尔基于一系列的诉讼理由提起诉讼。但审判法官仅集中于其中的一项——"侵占（conversion）"——并驳回了起诉，因为穆尔没有提出支持侵占的理由。侵占是一种故意侵权行为。它源自古代普通法对动产侵占之诉（trover）的救济，这是一种针对未将拾得物归还真正所有权人的拾得人的诉讼。后来法院逐渐将此诉讼扩展至遗失与拾得仅是被拟制的案件，此类案件中真实的损害在于以严重妨害所有权人之支配权的方式侵夺动产。④ 加利福尼亚州最高法院（Supreme Court of California）同意其下级法院的主张，即穆尔不能主张侵占，因为他对自己的脾脏细胞欠缺充分的所有权利益。⑤ 不过，法院认为穆尔可基于违反受托义务（fiduciary duty）或未征得他对医疗程序的知情同意为由继续提起诉讼。最终此案以未公开金额的方式得以和解，穆尔也获得该细胞系专利权的一部分。他给他的律师留下了深刻印象，后者认为他被训练成了一名法律研究者。1991 年，穆尔死于白血病。

一、案情背景

将穆尔案的结果与法律处理其他活体人体组织之财产问题的方式作比较，非常耐人寻味。关于器官移植，国家统一州法委员会（National Conference of Commissioners on Uniform State Laws）起草了一部《统一解剖捐赠法（UAGA）》，1972 年为所有的州所采纳。国会则在 1984 年制定了《联邦器官移植法（NOTA）》。虽然这些法律并没有直接处理被移植的器官是否财产这一问题，但都禁止对它们的买卖。《统一解剖捐赠法》第 10 条规定："如果人体组织原定于死者去世后才可被摘除，那么任何人都不能基于价值上的考量，故意购买或出售该组织以供移植或治疗。"根据《联邦器官移植法》，"任何人基于价值考量故意获取、接受或以其他方式移植任何人体器官，以供人体移植使用，如果该移植影响到州际交易"，就是不法的。⑥ 正如统一州法的名称所显示的，器官获取系统以这些器官系"捐赠"，即它们以"赠与"这一观念为前提。《统一解剖捐赠法》仅适用于取自死者的器官，而《联邦器官移植法》则同时禁止对来自生存捐赠者之器官的交易。

---

④ See Restatement (Second) of Torts § 222 cmt. a (1965).

⑤ 793 P. 2d at 488 – 89.

⑥ 42 U. S. C. § 274e (a).

不幸的是,《联邦器官移植法》与《统一解剖捐赠法》基于利他自愿的器官获取系统无法供应足够的可供移植的器官。器官共享统一网(United Network for Organ Sharing),管理联邦器官移植工程的非营利组织,提供的数据显示,目前仅等待肾脏移植的人数就已超过 5 万人,而在 2001 年仅有 1.415 2 万例肾脏移植案例。每年大约有 3000 人在等待移植肾脏的过程中死去。类似的还有等待心脏、肝脏与其他器官移植的人群。这促使器官移植团体寻求增加可供移植之器官数量的方式。建议之一是废除《统一解剖捐赠法》与《联邦器官移植法》中关于禁止器官交易的条款。赞同者设想出各种方案推进器官市场。最为大胆的是允许个人将对自身器官的未来利益出售给将来的接受者。[7] 批评者则回应道,制造器官市场将把人体仅仅作为商品对待;将会导致对穷人的掠夺,使他们为了基本的生计迫于压力出卖自己的器官以换取金钱;而且还会使人们丧失无私奉献的机会。批评者还认为管理该市场的必要法律规则必定非常复杂且令人反感。例如,器官未来利益的买受人是否能够控制出卖人的生活方式以维持器官的品质,避免它因过度饮酒或其他有害行为而变质? 如果出卖人违背了契约,买受人得否请求继续履行? 与从死者获取的器官相比,关于生存捐献者的器官与组织,问题更加棘手。

具有讽刺意味的是,尽管器官买卖被禁止,器官移植仍是大买卖。正如琳达·芬特曼(Linda Fentiman)教授所指出的,"……移植医生因在移植组的工作获得自我满足、荣誉以及金钱;移植中心和他的工作人员同时收获了见长的荣誉与收入;非营利器官获取组织维持着它存在的理由——器官获取与分配……"[8] 的确如她所注意到的,"在目前的器官移植体系下,除了器官捐赠人,所有参与者都从中获利……"此外,法律为有限数量的人类血液与血制品,以及毛发等其他与器官不同、可以由人体再生、且移除不会造成生理伤害的物质,创制了例外。正如莫斯克(Mosk)法官在他的反对意见中所提到的,这些物质可以买卖。可以据此推论,既然移除穆尔癌变的脾脏细胞对他的健康没有伤害,而是有益,那么与肾脏等器官相比,这些细胞与血和毛发更相近。

可移植器官的持续短缺,使为器官支付价款的观念持续活跃。最流行的建议因欠缺自由市场而无法实现,但取而代之的是,允许捐献者的家属接受适当数额的金钱以帮助支付丧葬费。宾夕法尼亚的立法事实上批准了一项试验性项目,支付殡仪馆 300 美元埋葬同意捐献器官者,资

---

⑦ See, e. g., James F. Blumstein, "The Use of Financial Incentives in Medical Care: The Case of Commerce in Transplantable Organs", 3 *Health Matrix* 1 (1993).

⑧ Linda C. Fentiman, "Legislative Model: Organ Donation as National Service: A Proposed Federal Organ Donation Law", 27 *Suffolk U. L. Rev.* 1593, 1601 (1993).

金来自州退税、驾照申请或机动车注册时自愿捐赠的 1 美元。[9] 不过这个项目尚未实施，显然是因为担心违反《联邦器官移植法》有关有偿移植器官的禁令。

当然，正如审理穆尔案的法官所承认的，仅仅因为人们不能合法出售某物并不意味着他们对该物不享有财产权，或者他们就不能提起侵占之诉。正如《侵权法重述（第二次）》所认可的，侵占之诉的关键因素是妨害某人对有体物的支配权。也正如布鲁萨德法官所指出的[10]，加利福尼亚州最高法院关于穆尔对其脾脏细胞的支配权的观点似乎很大程度上取决于时间点。多数意见承认，在摘除之前穆尔对这些细胞的去向享有支配权，但同时相信该权利可通过使被告承担违反受托义务或未征得穆尔知情同意的责任而得到充分保护。多数意见认为，在这些细胞被移除之后，他就丧失了他曾经可能享有的任何对其的所有权，因为他不再希望占有这些细胞。不过，仍然可以侵占之诉作为诉因，即使某人不再希望占有某标的，只要他曾经享有对其的支配权。例如，《侵权法重述》列出了大量关于不再能返还给所有者，且不再受所有者控制之物的侵占之诉，如被毁灭的财产（＃＃7，17，20 例）或因不法使用而被政府没收的财产（＃23 例）。

对于器官捐献而言，支配权问题也是一个棘手的问题。生物医学伦理学家与法学家都纠结于谁应当在某人死后支配他的器官。明显的答案可能是捐献者，这也是《统一解剖捐赠法》采取的进路。[11] 潜在捐献者可以在驾照或生前遗嘱与其他形式的晚年健康维护指示中，表达自己的意愿。但是并无有效的登记处记录这些意愿，所以这些信息对于内科医生与医院而言经常并非随时可用。更麻烦的是，有些情形下，捐赠者的意愿与其近亲属的意愿相悖。尽管有《统一解剖捐赠法》的规定，医院也通常遵从家属的指示以避免使他们更加不适（一个更自私的观点认为，与死者不同，幸存者可起诉医院）。为了增加可移植器官的供给，俄亥俄州 2000 年采纳了一项法案，赋予器官获取组织权利，向违反死者意愿妨碍捐赠的家属提起诉讼。当时有很多案例，死者并未明确表示他们的意向。《统一解剖捐赠法》确立了一项推定，即除非明确表示愿意捐赠器官，否则即推定为无此意向，但允许在死者未明确拒绝而家属同意的情况下摘除器官。

可移植器官的短缺甚至促使一些政策制定者无视目前的推定，考虑

---

⑨　See Peter A. Ubel et al., Pennsylvania's Voluntary Benefits Program, Health Affairs, Sept. -Oct. 2000.

⑩　793 P. 2d at 501.

⑪　UAGA §2 (h) (1987).

允许医生或医院未经死者许可即摘除器官，除非死者明确拒绝。[⑫] 实际上，《统一解剖捐赠法》即允许法医摘除器官与眼角膜，除非法医意识到死者或其亲属的拒绝，或通过合理的努力仍无法确定他们的意愿。[⑬] 尽管如此，在一些案例中，家庭成员仍因法医不顾死者亲属或死者本人的意愿摘除眼角膜或其他器官针对法医提起诉讼，诉称如此即未经正当程序剥夺了他们的财产权。鉴于法律对亲属处置这些器官之能力的限制，该权利通常被称为"准财产"；如上文所述，他们不能出卖它们，也不能将它们带回家放在壁炉架上。

在最著名的案件布拉泽顿诉克利夫兰（Brotherton v. Cleveland）中[⑭]，一个家庭明确向医院表示反对摘除眼角膜，但最终因为法医没有查看医院关于此拒绝的记录而摘除了它们（法医不查看医院的记录经常是有意为之，尽管如此，医院也不能因为自己的结论而对法医对死因的判断持有偏见）。第六巡回法院（Sixth Circuit Court）认为死者的器官对该家庭具有财产利益，他们有权利在器官被摘除前经过正当程序。虽然法院没有具体指出此处的正当程序是什么，但它指示，最低限度是该家庭应当经过某种听证。

目前为止，尚未有案件判定亲属可因未经同意的器官摘除提起侵占之诉。但承认对他人器官享有财产权的案件似乎与穆尔案的多数意见相左：如果一个家庭成员可以主张对死者身体部分的充分财产权以启动正当程序，那么生存者似乎更有理由有权利在自己的身体部分被摘除后仍然支配它的处分，包括提起侵占之诉。耐人寻味的是，第九巡回法院最近在纽曼诉萨斯亚瓦格斯瓦然案（Newman v. Sathyavaglswaran）中采纳了布拉泽顿案的观点[⑮]，而不曾提及穆尔案。

▓ 二、对其他生物学物质的财产权_____

相似的财产权问题也存在于是否可以为活体组织以及为生命的建筑材料——基因及其成分授予专利等相关的问题中。很多年来，法律的观点都是活体组织不具有可专利性，因为它们是"自然造物"。同理，也不能为老虎，或你在南美的丛林中发现的此前从未发现的植物品种授予专

---

⑫ See, e. g. , Maxwell Mehlman, Presumed Consent to Organ Donation: A Reevaluation, 1 Health Matrix 31 (1991).

⑬ UAGA § 4 (a) (1987).

⑭ 923 F. 2d 477 (6th Cir. 1991).

⑮ 287 F. 3d 786 (9th Cir. 2002).

利。法院甚至走得更远，认为人造组织——如并非自然演进因而很难视为"自然造物"的细菌种类——也不能被授予专利。[⑯]

这种情形随着具里程碑意义的戴蒙德诉查克拉巴蒂案（Diamond v. Chakrabarty）而得以改变[⑰]，在此案中，最高法院支持了原告取得细菌专利的权利，这些细菌是原告通过基因工程制造出来的，用于消耗漏油。随后，专利局又为一只易患人类癌症的转基因老鼠颁发了专利。

查克拉巴蒂案中的细菌是使用一种被称为 DNA 重组的基因剪接技术制造出来的。这项技术也可以被用于诱使微生物生产人体可自然生产的物质，如人类生长激素。在阿目金公司诉日本中外制药株式会社案（Amgen，Inc. v. Chugai Pharmaceutical Co.，Ltd.)[⑱]，法院认为制造红细胞生成素这一人体自然生成的刺激红血球制造的基因重组技术可专利，即使该物质本身是自然产物。该判决的重要影响之一是，DNA 重组过程包含了人体红细胞生成素自身基因的分离与提纯——即解码。基因是 DNA 分子中承载蛋白质生产指令的部分，并相应地在有机体的结构与功能方面进行塑造，或产生受基因影响的显型（phenotype）。基因由被称为核苷酸的化学物质序列构成。为了为生产人体红细胞生成素的微生物编写程序，研究者不得不拆解包含该物质遗传密码的核苷酸序列。自 1990 年起，政府即在人类基因组工程项目投入数十亿美元，目的是确定全部人类基因序列的化学结构序列。2000 年，该工程基本完成。阿目金案的判决意味着专利权实际上可被授予基因序列本身。简而言之，人体基因序列可以成为某人的财产。这引发了一系列担忧。其中之一是，如果为使用获得专业的发现支付昂贵的许可费，专利权人可能妨碍进一步的基因研究，以及他们的发现在医学方面的应用。然而目前为止，研究者们为了应用已接受了数以千计的基因与基因片段专利。

另一个引发财产权问题的生物医学问题是辅助生育技术。很多克服不育的方法都涉及使用精子、卵子，甚至他人而非其亲生母亲的子宫。问题是精子、卵子或子宫的被使用者得否出售他们。州法原则上禁止它们的出售，但允许为提供这些产品的"服务"付费。有些情形下，拟支付的款项可能非常巨大。例如，大学校园的报纸有时会刊登如下广告："急寻精子捐献者。报酬丰厚。温馨家庭急需聪明健壮的精子捐献者。你至少应该有五英尺十英寸。学术能力测评（SAT）成绩高于 1 400 分。无重大家族遗传疾病。5 万美元。免费医疗甄别。不必承担任何费用。"[⑲]

---

⑯ Funk v. Kalo，333 U. S. 127 (1948).

⑰ 477 U. S. 303 (1980).

⑱ 927 F. 2d 1200 (Fed. Cir. 1991).

⑲ Kenneth R. Weiss，The Egg Brokers，Los Angeles Times，May 27，2001，at A1.

三、法院何以拒绝穆尔的财产权主张？

现在回到穆尔案。法律显然赋予个人有限的支配权，以决定死后他们的器官能否被用于移植或科研。有些法院承认亲属对其家人的器官享有有限的财产权。如果法律没有禁止商业化，这些财产权将更清晰：人们可以买卖他们的血液与毛发，实际上还有他们的精子与卵子。最终，通过允许授予专利，法律将活体组织与它们的潜在结构视为某人的财产。如果一个生育门诊窃取了某人的精子或卵子并将其出售，或者某人盗取了他人获得专利的细菌，都可能引发侵占之诉。继而产生的问题是，为什么穆尔案的多数意见对原告以侵占作为诉讼理由如此不以为然。

对此的回答之一是，多数意见担心如果允许穆尔提出侵占之诉，将会对刚起步的生物技术产业造成破坏。例如，多数意见如此表达他们的担忧，授予像穆尔一样的个体足以支持侵占之诉的财产权，无异于使所有利用他们的细胞衍生物进行的研究布满乌云。不仅是摘除他的脾脏制造细胞系的内科医生，还有下游的使用该细胞系的研究者也可能承担侵权责任，这将消解他们使用该物质的意愿。了解原告提出诉讼时（1984年）与法院作出裁决时（1990）所发生的事件，对于理解上述多数意见的顾虑非常重要。当时生物技术产业在全国，尤其是加利福尼亚得以顺利起步。最早的生物技术公司之一基因泰克（Genentech），1976年于旧金山成立，1980年上市，1982年取得许可生产首例使用DNA重组技术发明的药物人工合成胰岛素（synthetic insulin）。同年，该公司获得了美国食品药品管理局（U. S. Food and Drug Administration）对其生产的人体成长激素的DNA重组形式的市场许可。另一家生物技术公司阿目金于1980年在加利福尼亚舍尔曼橡树（Sherman Oaks）开业。30亿美元的联邦工程项目人类基因组工程（The Human Genome Project）1990年启动，意在资助个人研究者绘制并确定人类基因的化学结构序列密码。加利福尼亚的生物技术产业以领军形象出现，正如《时代杂志（Time Magazine）》1981年引用英国刊物《经济学家（Economist）》的描述，是"二十世纪晚期最大的产业机会之一"。加利福尼亚州最高法院绝对不会想要撼动这艘大船。

就更哲学的层面而言，阿拉比安（Arabian）法官的同意意见则反映出一定的顾虑，即人体神圣不可侵犯，不应商品化——也就是说，被像其他财产一样对待。这一观点获得医药伦理学家的广泛支持。自由主义者一般性地反对药品的商业化，保守主义者则担心人体的商品化会削弱对堕胎以及婴儿、胚胎试验的反对。莫斯克法官则提出了一项有趣的反对意见，即赋予穆尔对其细胞的财产权将会增强而非削弱对人体的尊重。[20]

■ 四、医学中的利益冲突

　　除了穆尔是否对其细胞享有财产权这一问题之外，该案还引发了另一个问题，即经济上的自身利益将如何影响医生对病人的行为。理论上，医生被假定为病人的受托人，以病人的利益至上。但是医患关系中充满了产生利益冲突的情形，怂恿医生为了自身利益牺牲病人利益。其中的情形之一是医学研究。医生可因从事医学研究获得丰厚的经济回报，从公司支付的报酬与政府对招募病人以供研究的资助，到他们的研究成果商业化后获得的合理利益。这引发了人们对医生为了经济利益牺牲病人福利的担忧。例如，穆尔案的多数意见指出，医生"可能冒险要求启动一个学术上有价值，但对病人却好处甚微或没有益处的操作"[21]。穆尔案中摘除穆尔的脾脏本身无疑对他是有利且恰当的，但穆尔的确诉称，手术后反复奔波于被告医院去抽取血液和其他物质的过程，并非为了他的利益而是为了促进被告的研究项目。[22]

　　多数意见对于医生/研究者的利益冲突的担心，只是管理式医疗以及其他为了减少医疗保健支出的努力所造成的一系列重大问题的一部分。管理式医疗使用了诸多方法鼓励医生限制他们为病人提供的医疗总额。这些方法包括分红制与年终奖；预先扣留医生一部分比例的报酬并仅在他们限缩了昂贵服务，如住院治疗时才返还给他们；终止医生在管理式医疗网络的成员资格。令人担心的是，医生可能拒绝为病人提供医学上必要的治疗，以回应上述诱因。

　　如何处理这些经济利益冲突，困扰着立法者、法官与法律学者。有些评论者认为，法律应当禁止医生将自己置于面临此类冲突的处境。例如，乔治·安纳斯（George Annas）教授即指出，伦理规范禁止进行器官移植术的医生宣告可能的器官捐献者死亡，这样医生就不会冒险突然宣布死亡以取得器官，并且进行流产术的医生也不应当参与对流产胎儿的医学研究（然而，正如安纳斯所指出的，这些只是尚未被法律正式采

---

[20]　793 P. 2d at 515-16.

[21]　793 P. 2d at 484.

[22]　793 P. 2d at 484，n. 8.

纳的伦理规范）。[23] 医疗保险禁止医生参与管理式医疗的安排，如果他的收入的重要部分取决于他们治疗病人的费用节约程度。不过不可能避免医生与病人间所有的利益冲突。毕竟即使在管理式医疗兴起之前，每一项医生提供的服务都必须单独付费，因而他们没有经济上的动因消减必要的治疗措施，但仍然面临下述利益冲突：他们有动机为病人提供没有价值或意义甚微的过度服务，以增加收入。此外，禁止医生从事产生冲突的特定行为本身也有其社会成本。例如，法律可能禁止穆尔的医生使他的病人参与研究，或禁止研究成果的商品化，虽然病人是重要的研究对象来源，并且否认医生享有其研究成果的权利，这将妨碍于社会有益的研究。

意识到利益冲突为医患关系所固有，并且此类情形会产生显著的社会成本，有些评论者主张，病人只需要通过关照自身的利益保护自己。该观点被市场与消费者之奇特组合的提倡者进一步推进。前者相信一个没有政府干预与法律规则的市场，将会产生最有效益的结果。后者则希望病人在医疗决定中扮演更重要的角色。但此角色假定，病人有能力确认何时需要保护自己并主张作出决定的权限，假定他们有能力知道自己的最佳利益所在并有谈判实力以促使医生依此行为。

上述争论促生了一种折中进路，即医生应当在出现冲突时警示病人，而不是依赖于病人自己发现此情形。这也是穆尔案的多数意见所采取的进路："医生应当揭示与病人无关但会影响医生职业判断的自身利益，无论是科研方面还是经济方面。"[24] 但该进路并未得到法院的普遍赞同。例如，在尼德诉波特斯（Neade v. Portes）案中[25]，伊利诺伊最高法院认为，病人没有理由主张医生因为未揭示管理式医疗导致的限缩医疗的经济动因，而违反了受托义务。多数意见辨别出穆尔的医生被诉的行为更恶劣，并且除非医生揭示了他们商业化穆尔脾脏细胞的打算，穆尔无从得知此信息，而根据伊利诺伊州法，病人可以通过接触管理式医疗计划获悉医生的动因性安排。[26] 因而伊利诺伊法院使病人承担发现利益冲突的负担。但在伦理学进路下，期待病人有能力关照自己的利益并保护自己有多大的现实性？例如，有多大的现实性可以期待像穆尔这样被癌症折磨的病人对抗自己的医生，并头脑冷静地就他的细胞之商业价值进行谈判？如果医生拒绝从商业盈利中为他分一杯羹，病人有多大的可能为了寻找另一群不打算商业化其细胞的医生中的一个而延误手术？谁

㉓　George Annas, Outrageous Fortune, Selling Other People's Cells, *Hastings Ctr. Rep.* Nov. /Dec. 1990 at 36, 38, cited in Judith Areen et al. , *Law Science, and Medicine*, at 911 - 12, n. 2 (2d ed. 1996).

㉔　793 P. 2d at 483.

㉕　193 Ill. 2d 433, 250 Ill. Dec. 733, 739 N. E. 2d 496 (2000).

㉖　739 N. E. 2d at 505.

会在重病时意图考虑这些事情？

五、穆尔的救济

　　关于穆尔案最后一个有趣的问题是损害赔偿的计算。

　　如果他以侵占之诉作为诉因取得胜诉，他可获得的损害赔偿数额是多少？

　　侵占之诉损害赔偿的一般计算方法，是侵占之时原告财产的价值与原告的诉讼费用之和。穆尔案的难点在于，如何确定侵占开始的时间以及当时他的细胞价值。如果认为侵占发生于首次细胞被移除之时，那么可以抗辩称，当时它们几乎不具有任何价值，因为它们最终转化为获利丰厚的永存的研究细胞系的可能性非常值得怀疑。另一方面，如果认为侵占发生在被告成功商业化此细胞系之后，包括获得专利并与基因研究所和山德士药厂（Sandoz）签订商业化协议之后，那么这些细胞则价值连城。

　　确定细胞价值的另一个难题，是如何衡量被告的努力。如果财产被转化且因为另一方的努力发生重要变化，法律借助"添附"（accession）理论解决此类问题。财产权将移转于使其发生改变的一方，如果有实质性的改良，于此，原所有权人只能获得侵占之时的财产价值。不过，只有在转换行为以善意的方式发生时，权利才能移转——例如，在穆尔案中，仅在医生诚信地认为这些细胞被从穆尔体内移除之后就成为他们的所有物并据此行为。而另一方面，如果侵占是有意为之，原所有权人可以获得财产的增值，即使是因为他人的努力而增值。[⑰] 此外，如果侵占被认定为故意，原告还可能获得惩罚性损害赔偿。

　　简而言之，有理由相信，即使穆尔根据侵占理论获得胜诉，有可能在其细胞价值以及诉讼费用之外，他只能获得微额赔偿。另一方面，如果法院认为侵占是有意为之，穆尔则可能获得巨额赔偿，即等同于，基于惩罚性赔偿，甚至高于该细胞系商业化之后的价值。

　　在此案的多数意见所持理论之下，穆尔的损害赔偿当如何计算？多数意见认为他可以主张因违反受托义务或未获得病人知情同意的损害赔偿。很多此案的评论者将上述诉因的本质理解为一种关于医疗失职的主张：主张被告因过失而未以理性的医生在此情形下应有的方式行为。因

[⑰]　See generally, Roy Hardiman, "Comment: Toward the Right of Commerciality: Recognizing Property Rights in The Commercial Value of Human Tissue", 34 *UCLA L. Rev.* 207，253（1986）.

此，他们指出，穆尔的主张可以适用《加利福尼亚医疗失职改革法（MICRA）》，该法将损害赔偿限定为实际损失加不超过 25 万美元的抚慰金。不过，尽管有《加利福尼亚医疗失职改革法》，若被告被认定为故意行为，则原告在加利福尼亚州同样可以获得惩罚性赔偿。[28]

耐人寻味的是，未获得病人对治疗措施的同意，传统上被认为是一种非法侵害（battery）的故意侵权行为，因为医生未经同意即故意以有害或攻击性方式接触病人。然而，随着知情同意理论的兴起，法院大体上将未获得病人的同意转变为一种过失行为。医生不仅需要获得病人的同意进行治疗，还需要向病人提供必要的信息以供他作出知情决定。在传统的进路下，穆尔不大可能因主张非法侵害而胜诉。但在现代的知情同意规则之下，他可以诉称，被告未告知他，他们有意商业化他的细胞。正如上文所讨论的，多数意见相信，该信息对穆尔非常重要，因为它可以帮助他保护自己对抗医生的医疗判断所造成的损害。

莫斯克法官在他的反对意见中指出了将未获得病人对治疗措施的同意从不法侵害行为转变为过失行为的重要后果之一：为了在未获知情同意的诉讼中获胜，病人必须像其他任何过失行为诉讼一样证明“诉因”——即，如果他们获知未被揭示的信息，他们就不会同意被建议的一系列行为。[29] 正如上文所述，很难相信穆尔会因为医生计划商业化他的细胞就拒绝摘除被癌细胞感染的脾脏。

但是多数意见不仅允许穆尔以未获得知情同意为诉因进行诉讼，还允许他提起“违反受托义务”之诉。多数意见似乎认为这是两个不同的诉因，但未论述对于后者是否有单独的救济。历史上，违反受托义务可以引发衡平法诉讼。如果受托财产被受托人为了自身利益而不当使用，法院将在此财产上强加一项为了受益人利益的法定信托（constructive trust）。受托人的行为获得的任何财产增值都将被剥夺，视为受托人的增值行为是为了受益人的利益。循此进路，穆尔可能被授权获得他被商业化细胞的所有价值。唯一可能的扣除额可能是善意第三人造成的价值增值，但即使如此，法院也更倾向于保护受益人利益，可能使善意第三人只能从受托人处获得其损失的补偿。

令人惊讶的是，多数意见并未讨论他们的观点可能引发的这些后果。这一遗漏导致很多评论者质疑多数意见是否打算将违反受托义务作为一种单独的诉因，毋宁只是将未获得穆尔的知情同意作为一种简单的医疗失职行为的另一种描述方式。实际上，法院逐渐采取的观点即此处并无医生违反对病人之受托义务的单独诉因，而仅仅是一种失职行为。

---

[28]　See, e. g., Perry v. Shaw, 88 Cal. App. 4th 658, 106 Cal. Rptr. 2d 70 (2001).

[29]　793 P. 2d at 519.

例如，联邦最高法院在皮格勒姆诉赫德里克案（Pegram v. Herdrich）中即指出[30]，控告卫生维护组织（HMO）因未揭示限制医疗的经济动机而违反对病人的受托义务，不过是主张医疗失职，如上文所述，该观点被伊利诺伊最高法院在尼德诉波特斯案中采纳。

鉴于多数意见并不认为违反受托义务可以作为独立的诉因，而且穆尔也可能无法在主张未获知情同意的诉讼中获胜，因为他无法证明诉讼理由——即，他会拒绝同意摘除他的脾脏，如果他之前得知医生计划将其商业化——有些评论者赞同莫斯克法官将多数意见提供的救济描述为"单向"的。他们指出，多数意见虽赋予穆尔拒绝同意被告商业化其细胞的权利，但若他果真如此继续行为，他们却未为他提供有意义的救济。

莫斯克法官甚至走得更远。他坚持认为法律并没有赋予穆尔以参与利润分配为条件同意商业化其细胞的权利。莫斯克所持观点的此方面令人费解。如果得知医生们建议商业化他的细胞，穆尔在理论上至少可以拒绝他们摘除他的脾脏，除非他们答应分给他一杯羹。在类似的案例中，一群罹患一种被称为弹性假黄瘤（pseudoxanthoma elasticum）的罕见病的病人建立了一个组织银行，并且仅在医生同意签署合同从他们的研究得利中支付病人一定份额的条件下，才允许他们进入该银行。[31] 如果医生们拒绝，理论上穆尔可以从他处获得治疗。假如穆尔没有此选择可能——例如，如果他的病情进程太快不允许他找其他医生——他可以主张他的同意因胁迫而无效，基于此前滕科勒诉加利福尼亚大学董事会案（Tunkel v. Regents of the University of California）的判决[32]，此主张很可能会获得加利福尼亚州最高法院的支持。

六、结　论

穆尔案引发的问题继续困扰着生物医学界。有趣的例证之一，是2003年8月华盛顿大学向他之前的一位员工威廉·卡塔兰诺（William Catalano）提出的诉讼，他试图继续占有一间包含数千人体组织与血液样本的储藏室。卡塔兰诺为了他的前列腺癌（prostate cancer）研究，使用数年时间从病人处收集了这些样本。2003年2月，他辞去华盛顿大学的职务，并加入西北大学医学院。当卡塔兰诺向他之前的病人发送信件

---

[30]　530 U. S. 211 (2000).

[31]　See Lori Andrews et al, "Genetics: Ethics", *Law and Policy* 218, n. 13 (2002).

[32]　60 Cal. 2d 92, 32 Cal. Rptr. 33, 383 P. 2d 441 (1963).

请求获得带走这些样本的同意时，华盛顿大学提起诉讼，主张这些对研究癌症的基因原因具有重要价值的样本是大学财产。[33]

卡塔兰诺案使穆尔案的两个理论针锋相对。一方面，大学主张这些样本是它的财产：它拥有这些样本因为它们的收集属于大学主持的研究行为的一部分。但卡塔兰诺医生则主张，既然这些样本取自病人，这些物质就应该与其他受托的病人资料同等对待，病人享有通过支配它们的信息去向的方式保护自己的隐私，即使是在结束与医生的关系之后。因而，卡塔兰诺坚持认为，他可以请求他之前的病人在他带走这些样本时为知情同意表示。如果此案件依财产权进路解决，那么大学可能胜诉。但若法院基于穆尔案法院中多数意见所支持的知情同意理论作出判决，那么卡塔兰诺医生的理由更有力。

正如此案所显示的，生物学物质之潜在价值的支配权冲突会越来越多。如果法律将此类物质视为财产，它必须确定这些物质的所有者以及他们可以或不能对待它们的方式。如果法院依循穆尔案的进路，会面临同样的问题，只是支配权问题将依据隐私和自治进行判决，而非财产权方面的考虑。

---

[33] Peter Shinkle, WU, "Researcher Are Fighting Over Study Samples", *St. Louis Post-Dispatch*, August 7, 2003, at A1.

第 3 章

范瓦尔肯堡诉卢茨的故事：扬克斯城的仇恨与时效占有（The Saga of Van Valkenburgh v. Lutz：Animosity and Adverse Possession in Yonkers）

R. H·亥姆霍茨（R. H. Helmholz）

时效占有产生诉讼——太多的诉讼。即使仅对上诉判决进行不完全统计，此类争讼案件的数量仍然非常可观。通常系争经济利益很微小，但诉讼成本却极高。相对不重要的地块成为系争标的物。个人间的仇恨气氛从报告的字里行间散发出来。似乎有些地方出了问题。有关此类问题的法律很古老，但古老却并未带来判决的稳定性。

关于纽约州扬克斯城一个地块的激烈争议提供了绝佳例证，展示隐藏在此不幸状况之后的某些特征。该争议是范瓦尔肯堡与卢茨两家长期纠纷的一部分。他们之间的诉讼也显示了长期困扰此法律领域的某些问题——法院不确定的法律标准，诉讼当事人间深刻的仇恨，以及当事人与证人对于相关事实的不同记忆与描述。

自从 1952 年纽约上诉法院（New York Court of Appeals）提出其观点之后，这个特别的争议就为不动产法的学生所熟知。[1] 该观点被当今最畅销的用于第一学年财产法课程的案例教程所吸收，并引起了很多评论人士的注意。[2] 这都应归功于案例教程的编辑们。他们选择了一个从人性角度而言非常有趣，同时也启示了时效占有法所包含的困境的案件。他们并没有被那些将此案描述为"臭名昭著"且迫切需要驳回的学术批评吓退。[3] 这个案件富有启发意义。法院意见本身并没有充分反映案情的复杂。尽管如此，还是有部分体现；其余的则至少被暗示；而对此案背景的检讨则将另外一部分带出水面。[4] 窥探此案全景即是一堂时效占有法课程。在案例中，事实通常复杂且富有争议。法律争点与衡平布满疑云。很难达成判决。

一、涉案街道

图 A 提供了范瓦尔肯堡诉卢茨案系争地块的单维视图，它原本因 1984 年市政税收而绘制。该图显示了扬克斯的该部分土地应纳

---

[1] Van Valkenburgh v. Lutz，304 N. Y. 95，106 N. E. 2d 28（1952）.

[2] Jesse Dukeminier and James E. Krier，Property 129（5th ed. 2002）. 它也被载入 Patrick Rohan，Real Property: Practice and Procedure § 2.06 [1]（1981）与 James Winokur，R. Wilson Freyermuth，以及 Jerome Organ，Property and Lawyering 180（2002）.

[3] Lila Perelson，"New York Adverse Possession Law as a Conspiracy of Forgetting: Van Valkenburgh v. Lutz and the Examination of Intent"，14 *Cordozo L. Rev.* 1089，1091（1993）（以下简称 Perelson，Intent）。它被 Roger Bernhardt，"Teaching Real Property Law as Real Estate Lawyering"，23 *Pepperdine L. Rev.* 1099，1118，no. 67（1996）描述为一个"应予避免的好案件"。See also Charles Callahan，Adverse Possession 3-11（1961）.

[4] Perelson，Intent，supra note3，at 1098 - 1104.

税，面貌与它们1912年被规划时大体相同。系争地块是六边形，不过粗略看来是三角形，被画在地图的底部。下文将其称为"三角地"，以横断面测量的方式标记。面积大约是150—126英尺乘以170英尺。

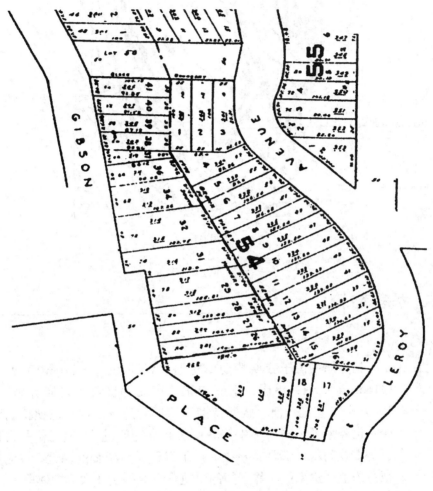

【图A】

图B由美国工程师兵团（U. S. Army Corps of Engineers）于20世纪40年代晚期绘制，它提供了在案件发生时此地块更真实的视图，与图A非常不同。吉布森大街（Gibson Place）实际上并非如图A所示，并未与勒罗伊大道（Leory Avenue）相接。勒罗伊大道旁也不存在那排整齐排列的民居。黑色小区块代表建筑物（不一定按比例）。因而在卢茨的屋后一定有大块空地。勒罗伊大道一直延伸至考特尔大道（Courter Avenue），后者位于图左侧，与图底部的弯道麦克莱恩大道（McLean Avenue）大致平行。

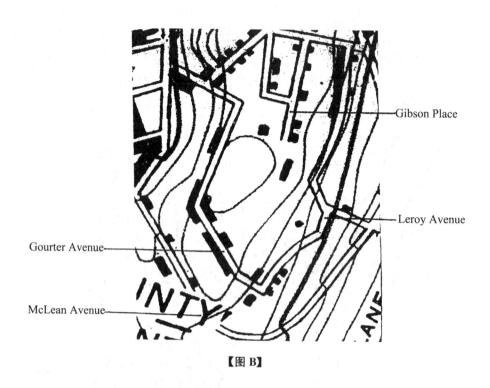

Gibson Place

Leroy Avenue

Gourter Avenue

McLean Avenue

【图 B】

■ 二、系争地块

  扬克斯城位于威斯特彻斯特郡（Westchester County）的哈德逊河（Hudson River）沿岸，正好与纽约市北部接壤。它拥有辉煌的历史。1900 年，"它是任何［威斯特彻斯特郡］的城市都无法比拟的"[5]。但如今它也染上了美国很多中等城市所共有的问题。[6] 但无论是市民的骄傲还是市政问题，都并非导致范瓦尔肯堡诉卢茨案的原因。最终导致被诉至纽约上诉法院的是邻居间的争执——变得彼此憎恨的邻居。

  就本案诉讼参与人而言，导致争议的事件始于 20 世纪初。此前位于此市镇最南方的三角地，是被称为"默里地产"（The Murray Estate）的一部分。不过，即使在当时，相对现实情况而言，"地产"一词也是一个夸张的称谓。首先，尽管此案的一份诉讼摘要将其描述为 467 英亩，但 1881 年的地图册将此默里家拥有的地块标记为 20 英亩或更少。[7] 其

---

 ⑤ Frederic Shonnard and W. W. Spooner, *History of Westchester County*, New York 559 (1900)；Charles Elmer Allison, *The History of Yonkers from the Earliest Times to the Present* (*Introduction*) (1896).

 ⑥ 关于当下的问题，See, e. g., George Raymond, Rebuilding our Cities：Urban Renewal in Westchester County, in：Westchester County：The Past Hundred Years 1883-1983, 250-51 (Marilyn Weigold, ed. 1983)。

 ⑦ Atlas of Westchester County New York from Actual Surveys and Official Records［by G. W. Bormley & Co.］22-23 (1881).

次，此地块曾经（现在仍然是）非常陡峭多石。用当时的语言表述，它是"一块崎岖不平的荒地"，并且的确是"市内最荒凉之处"[⑧]。仅某些部分可用于农业种植，符合有闲阶级口味的则更少。系争地块表面为树木和矿苗所覆盖。从外部很难进入。即使在房屋兴建时，它也从不像被描述的那样，是帕克希尔（Park Hill）地区正北部具相当规模的富饶地块。帕克希尔地区目前正在申请历史遗迹称谓，它的申请书中外交性地将其南部地区描述为"有别于历史上的风貌"[⑨]。与当权机构在扬克斯历史协会（Yonkers Historical Society）的会谈确认了这并非无意义的要求。

事实上，只是在近年来此三角地的周边才有部分地区被开发。20世纪90年代，在涉案地块北部的吉布森大街建造了一些独户住宅，但在此之前此处仅有极少数量的此类住宅。在本案争议开始时的40年代，卢茨家的房屋是罗伊大道最近的西部周边仅有的住宅，尽管在更远的北部与西部还有几处住宅。该房屋后方西部，包括三角地，都曾布满树木和石块。没有其他住宅被建于此处或图A所示的其他地块。因而，尽管范瓦尔肯堡诉卢茨案的系争地块有数百英尺位于纽约州北部边界内，但实际上在卢茨开始从事可支持其时效占有主张的活动时，此地块一直空置。很多年间，只有卢茨家是它的真正使用者。

然而，所有地块的确权在更早的时间即已被预想。1912年，"默里地产"就如图A所示般被分割。它们被面向公众销售。威廉与玛丽·卢茨购买了第14号与第15号地块。其他地块也吸引了购买者，但没有居民。也许是因为没有被使用——此后才有道路——只有卢茨家在此地建了房屋。不过，房屋西侧的地块有一部分比较平坦，尤金·卢茨（Eugene Lutz）优先使用它作为通往自己房屋的道路，而非使用后来成为罗伊大道的费力的坡路。它选了三角地北角的一条路，被附近的居民称为"旅客通道"。对此道路的长期使用是他在与范瓦尔肯堡的诉讼中所主张取得的时效地役权（prescriptive easement）的来源。

系争地块目前被用做雅莱亚斯（Elias）先知膜拜者的希腊正教（Greek Orthodox）教堂的停车场（容量75辆车）。该教堂最终从该案当事人手中购买了此地块，并成为目前周边最大的土地所有者。据教堂牧师所言，即使是对三角地如此简单的使用，也需要大约两吨炸药做准备。而且，由于地形造成的困难，该停车场不得不建成明显的层地。即使在罗伊大道铺好之后（不像卢茨购买地块时的状况），东面仍然有一个陡峭

⑧　See Application，Park Hill Historic District，Yonkers，NY（居民联合会与帕克希尔土地管理局向扬克斯市遗址保护委员会提交的申请），at http：//www.parkhillyonkers，org/hd _ web.html（最后访问日期为2003年6月17日），at 13。

⑨　Ibid.，at 3。

的斜坡妨碍此路的通行。当下此路已经可以使用，但在冬季下雪时，通行仍然很困难。由于斜度过于夸张，以至于在罗伊大道几乎看不到卢茨家所住的房屋。

■ 三、本案当事人

　　威廉·卢茨和他的妻子玛丽在默里地产 1912 年首次出售时购买了第 14 号和第 15 号地块。当时他们刚刚结婚，在威廉的兄弟查理的帮助下，他们逐渐在此土地上建造了房屋。该房屋于 1920 年完工，他们一家（1921 年夫妻俩已生育了 5 个子女）住进了这栋住宅。威廉原本是纽约市的一名电气技师，1928 年他为了修理通往家里的供水管道辞掉了工作。此后他未再返回纽约市。至于他是否被欢迎返回，记录中并未显示。不过不论现实如何，他选择继续留在扬克斯，通过一系列临时工作和出售园艺产品获得的收入生活。在这些年间，他和其他家庭成员一直有规律地使用"旅客通道"往返。他们也断断续续地使用三角地的其余部分。在市政与法律的视角下，上述使用的后果成为关键问题。该问题将在下文讨论，但所有的考虑都认可，威廉至少清理了此区域的某些部分并对其予以使用。

　　1948 年威廉去世，在他自 1946 年与范瓦尔肯堡发生经常性争吵后不久。当时，他已经清楚表明反对他们以及他们对土地的主张。他曾就此充满仇恨地与约瑟夫·范瓦尔肯堡争执，并将约瑟夫的一个孩子从三角地上赶走，威胁（据一篇报道称）要用手中的铁管杀死这个孩子。1947 年，约瑟夫使他因刑事伤害被捕，当时威廉一定非常疲惫，因为次年他即辞世。威廉将他所有的土地（以及与此有关的进行中的诉讼）都通过遗嘱留给了他的妻子玛丽。而玛丽很快又将二者都移转给了尤金·卢茨，他们唯一留在扬克斯的孩子。当时，尤金自己也购买了第 54 区的其他地块，包括第 17 号和第 18 号地块，即图 A 最南角的地块。他继续与范瓦尔肯堡争执，继承了他父亲的坚持和敌视精神。

　　因而卢茨家的成员曾经与现在都是附近的长期居民。从记录中看，他们似乎一直都不富裕。威廉在前途无望的情形下勉强维持生活。他尽自己所能供养着家庭，而他的儿子在社区拥有并经营一家汽车加油站。不过，似乎卢茨一家获得了友情和大多数邻居的支持。在与范瓦尔肯堡的争执中，很多邻居都以有利于他们一家的方式作证。

　　的确，此争执激怒了卢茨一家。他们因此留下了伤疤并烦躁不安。当时就读于卡多佐法学院（Cardozo Law School）的莉拉·佩雷森（Lila

Perelson）在准备他对此案的研究报告时接触过尤金，她发现他毫无疑问是一个"怀有敌意的人"。他甚至拒绝与她交谈。在附近教堂的尼古拉斯·帕拉瓦斯神父（Father Nicholas Palavas）第一次敲卢茨家的大门时，他对牧师的接待似乎也不友好。⑩ 但随着时间的经过，两人建立了更好的关系，最近帕拉瓦斯形容他们的关系一直到尤金前几年去世时都"极好"。

帕拉瓦斯神父对他在此时效占有诉讼中认识的约瑟夫·D·范瓦尔肯堡的印象则并非如此充满赞许。他对后者的回忆没有一丝喜爱，将他描述为"一个难缠的家伙"，一个有能力但无疑不友好的人。该牧师为了扩大他的教堂曾试图购买范瓦尔肯堡的土地，但约瑟夫希望与他讨价还价，在谈判中大幅度降低了价格。但他们的关系缺乏共同的热忱。

范瓦尔肯堡一家（很可能是希腊正教牧师）属于不同于卢茨一家的另一个社会阶层。他们保持着广泛的家族网络，并配有一个雅致的家族盾徽。⑪ 这张网可追溯至他们的祖先瓦尔肯堡的兰伯特（Lambert）及其后裔的成就，1644 年，他带着他的妻子安妮特·雅克布（Annetie Jacob）来到新大陆，并定居在曼哈顿。他们的家庭成员定期聚会并至少会不定期地发布内部刊物。他们保留着细节完备的家谱。而上述这些都绝非卢茨一家所具有的特征。

约瑟夫·D·范瓦尔肯堡本人似乎并非其家族中特别杰出的成员。他参与了家族在纽约市的出版公司，被扬克斯认识他的人描述为"富翁"，但他并未出现在名人录中，也不可能在《纽约时报（New York Times）》中找到关于他的讣告。1947 年 4 月，他的妻子玛丽恩（Marion）被选为现已不存在的美国女性协会的执行主管⑫，一个为了"增进［女性］在她们选择从事的领域的经济、文化与社会利益"而组织的女性俱乐部。⑬ 这是一个显示其家庭的社会地位及其本人之公益精神的公共荣誉。相形之下，约瑟夫虽然不是一个缺乏自信的人，但似乎满足于处于公共生活的聚光灯外。

■ 四、本案争议

在与范瓦尔肯堡家的争执爆发之前，卢茨一家已经使用位于他们的

---

⑩ Perelson, Intent, supra note 3, at 1106 - 07.

⑪ http: //www. vanvalkenburg, org.

⑫ See N. Y. Times, April 1, 1947, at 34, col. 2.

⑬ See The A. W. A. Bulletin, May 1, 1930, at 3.

住宅与考特尔大道间的三角地 25 年之久。主要目的是使用"旅客通道"从家中往返。但这并非唯一目的。之后，卢茨一家还主张他们对此地块进行了有规律的时效使用（adverse use），对其予以耕作开发种植水果蔬菜。他们还使用它作为家用仓库。垃圾场可能是更合适的表述。废弃的汽车、旧家具和其他垃圾被置于此处。卢茨还在相同的地点建造了一个简陋的小屋，尽管它的坚固程度现在已无从考证。不过，证据中并未显示对此地的圈占或对其性质的永久性改变，他们的有些邻居也提到，此地块的大部分仍然保持荒芜，未经耕作。无论如何，卢茨一家不曾正式主张过对此地块的权利，也不曾为它缴纳过税款。他们确实对它进行了一定的使用。我们只能看到这么多。但三角地却绝非周边的装饰，如果有人的确关心的话。

范瓦尔肯堡确实关心。1937 年 11 月，约瑟夫·D·范瓦尔肯堡与玛丽恩·范瓦尔肯堡在考特尔大道购买了一块地，并在其上建造了房屋。他们可以从自家看到卢茨家的房屋，当然也可以清楚地看到两家之间的三角地。不过，最初的争执与此地块本身无关，因为他们当时对它还没有兴趣。此外，他们也并不真的住在他们建造的房屋内。他们到底为什么萌生了拥有它的念头，在记录中并未显示。也许他们期待自己孩子住在此处。据帕拉瓦斯神父所言，他们自己住在其他地方，可能是纽约市。他们有时会来扬克斯以维护房屋的状况。约瑟夫显然很在意他对此房屋与土地的投资，不想也知道，他来时一定会发现在其房屋东侧的三角地有些碍眼的东西。

范瓦尔肯堡允许他的孩子在三角地嬉戏。其中一次引发了两家的第一次口角。这发生在 1946 年 4 月。再次提请注意，对于到底发生了什么有两个不同版本的陈述，但陈述的共同之处是，当时威廉·卢茨将范瓦尔肯堡的一个孩子从三角地中赶走，并随后与约瑟夫发生了激烈的争吵。卢茨的所为不限于口头。他一定打了范瓦尔肯堡的儿子，他因范瓦尔肯堡的鼓动被捕并被宣判为刑事伤害罪。某人，可能是卢茨，此后试图使约瑟夫以刑事侵占为由被捕。自此以后，很显然两家不可能再是好邻居。事情甚至变得更糟。

第二年为范瓦尔肯堡一家带来了机会，为卢茨一家带来了麻烦。三角地的所有者（不管是谁）不再为此财产缴纳税款，扬克斯市为了清理欠税举办了一次欠税不动产拍卖。范瓦尔肯堡买下了此欠税地块，支付了 379.50 美元，并从政府获得了 1947 年 4 月 14 日签发的契据。他迅速将此地块移转给他的妻子玛丽恩。他为此移转的原因目前仍难确定；他当然没有从争执中退出。卢茨本人则未收到欠税不动产拍卖的通知。也许紧张的财务状况不允许他参加任何活动，也许他不曾关注。至少在随后的一系列诉讼中，不曾有他因未接到通知而提出反对意见的记录。

既然买了这块地，范瓦尔肯堡必然会主张他的权利。他吩咐自己的律师向卢茨发出了一封挂号信，通知卢茨他（和他的妻子）已经成为三角地的所有者，并打算使用它。他测量了这块土地，并确定卢茨的车库轻微地侵占了他所有的土地。他坚持从土地上矫正这个错误。在两个警察的陪同下，他亲自拜访了卢茨，要求卢茨移走花园、鸡笼，以及其他所有卢茨习惯于扔在此地块上的垃圾。范瓦尔肯堡还在"旅客通道"竖起了两道栅栏，阻止卢茨家从西侧回家。

　　这些挑衅行为激起了卢茨的回应。他请了一个律师，并在律师的帮助下针对范瓦尔肯堡提起诉讼，主张他对旅客通道的地役权。通道是他最急迫的问题。无此通道，从外部很难进入他的住宅，并且自从他住在此地开始，他就一直使用它。官方调查人（Official Referee）的审判支持了卢茨的请求，并于1948年6月21日得到上诉分庭（Appellate Division）的一致确认，但未附审判意见。[14]

　　但此次诉讼后来成了卢茨一方战略上的错误。之后它被用于反对他的主张。法律上，这意味着同意范瓦尔肯堡拥有对三角地的权利。主张时效地役权隐含着对供役地（servient tenement）持有人之权利的承认；因而在记录中这就是承认卢茨不享有对此地的权利，而范瓦尔肯堡享有。相似的承认，即使是非正式的，在时效占有案件中一直是个难题。若在诉讼时效（statue of limitations）起算之后为此承认（正如此案中可探讨的），原告可以辩称对自己缺乏权利的承认仅是一个有关谁拥有土地的陈述错误，无法律意义。尽管如此，它们还是经常会伤害时效占有者，因为它们更倾向于否认很多司法管辖区所要求的权利成熟的"所有权请求权"（claim of right）。它们可被用于描述在时效进行期间，原告的占有的性质欠缺确立对土地之权利的要件。此外，针对范瓦尔肯堡此前的要求，卢茨也同意从三角地移走他的私人物品。这也是对他自己欠缺权利的承认。他当然会觉得难以理解。他可能对时效占有一无所知。也许他认为范瓦尔肯堡会满足于他的善意表示。

　　如果这是卢茨的反应，他一定会失望。只有他1948年4月28日的辞世才将他从此后的诉讼所带来的羞辱中解救出来。不过他去世时已经知道将会发生什么。在他去世前四个月，诉讼仍对他不利。它是范瓦尔肯堡提起的返还土地占有之诉（ejectment）。显然卢茨并没有完全移除他置于三角地上的"车库、棚子、小屋、棚屋、鸡笼以及其他建造物"[15]。至少起诉书中如此主张。被告的诉讼继受人，玛丽·卢茨，威廉的遗孀、遗嘱执行人和唯一的遗嘱继承人，在新聘用律师和她儿子尤金

---

⑭　Lutz v. Van Valkenburgh, 274 A. D. 813, 81 N. Y. S. 2d 161 (1948).

⑮　Perelson, Intent, supra note 3, at 1103.

的帮助下，承受了他的诉讼地位。他们提起了自己的反诉，主张因超过30年的时效占有已经取得对三角地的权利。当时只需要15年。一位评论者嗣后将此阶段应解决的争议描述为"关于两块扬克斯荒地所有权的狄更斯式的时效占有之争"[16]。

五、法院判决

在继而发生的诉讼中，范瓦尔肯堡一家是最终的胜利者。纽约上诉法院的判决中将大多数支持他们的理由都陈述得非常清楚。戴伊（Dye）法官写了判决意见，福尔德（Fuld）法官写了反对意见。此案提出的在法律上具有决定意义的争点在此不必长篇论述。不过，值得注意的是，此案的结论远非必定如此。在一审中卢茨一家获得胜诉。威斯彻斯特郡最高法院弗雷德里克·克洛斯（Frederick Close）法官所主持的审判即支持了他们的主张。[17] 最高法院的上诉分庭以简明的4比1的审判意见维持了此判决。[18] 因而，最初的判决是授予玛丽·卢茨对三角地的可继承地产权（fee title）。范瓦尔肯堡一家未被最初的败诉所吓阻。他们再次提出上诉，并在纽约上诉法院取得胜诉。

该法院的多数意见认为：（1）卢茨并未充分证明他们一家对此土地的使用实质性地满足了法律对时效占有的事实要件要求；（2）卢茨不具备"所有权请求权"要件，因为他只是断断续续地使用该土地，且一直知道它属于他人；并且（3）卢茨在确认地役权的诉讼中获胜，不能嗣后否认对此于己有利的判决，而主张对土地本身的所有权请求权。另外两位法官提出的有力的反对意见坚持认为，存在"充分的证据支持［法院审判］裁决威廉·卢茨根据所有权请求权实际上使用系争土地超过十五年"，并认为，多数意见的错误在于违反了法院"的宪法限制，我们的管辖权仅限于对法律问题的审查"[19]。

无论对结果持何种看法，1952年的判决本应该结束这个诉讼。但实际上并没有。尤金·卢茨迅速提出再次辩论（re-argument）的请求，但被驳回。[20] 但他并不希望就此罢休，1960年他再次以他叔叔查尔斯·卢

⑯　Joseph Rand，"Understanding why Good Lawyers Go Bad: Using Case Studies in Teaching Cognitive Bias in Legal Decision-Making"，9 *Clinical L. Rev.* 731，732 (2003).

⑰　Van Valkenburgh v. Lutz，125 N. Y. L. J. 770，col. 3 (March 2，1951).

⑱　Van Valkenburgh v. Lutz，278 A. D. 983，105 N. Y. S. 2d 1003 (1951).

⑲　Van Valkenburgh v. Lutz，304 N. Y. 95，105，106 N. E. 2d 28，33 (1952).

⑳　Van Valkenburgh v. Lutz，304 N. Y. 590，107 N. E. 2d 82 (1952).

茨的名义提起诉讼，他以诉讼监护人（guardian *ad litem*）的名义出现，主张他的叔叔使用了此地块的某些部分。新的诉讼将范瓦尔肯堡一家描述为"擅自占地者或侵入者，不再享有占有权的被许可人"[21]。不过，争点与问题仍与此前的诉讼相同，最终也是以败诉收场。但最终的结局一直到 1968 年春天才确定，同样是维持纽约上诉法院的判决。[22]

六、本案评论

　　对范瓦尔肯堡诉卢茨案的学术评论，与法院的审判意见不同。作为一个提供了服务于法律之多重目标的"弹性规则"的样本，该法院判决在之后的确被引用[23]，但多数评论者却采取了不同的进路。当时纽约州四个法学院的法律评论都评注了此案，他们的结论与法院完全不同。其中之一总结称，上诉法院使司法管辖权"丧失了关于什么构成时效占有的可行标准"[24]。一本案例教程的编辑简要介绍了此案，并将其作为"法院深受混淆困扰"的例证。[25]对此案件最深入的讨论，最终懊丧地以此意见结束，即"它对此敌意（hostility）要件的要求如此相互矛盾，以至于无法作为先例使用"[26]。评论者努力边缘化此案例，使其影响仅限于自身。[27]

　　尽管如此，此先例并未被推翻。实际上，在纽约州的案件中它仍然被明显地赞同并引用，其中有些与引起此前案件的情形非常相似。[28]但最近对此情形的评价显示，纽约州时效占有判例法与范瓦尔肯堡诉卢茨案引发的后果一样令人困惑。[29]

---

　　[21]　Matter of Lutz, 11 A. D. 2d 746，205 N. Y. S. 2d 956 (1960).

　　[22]　Lutz v. Van Valkenburgh，52 Misc. 2d 935，277 N. Y. S. 2d 42（1967），维持原判，21 N. Y. 2d 937，237 N. E. 2d 84，289 N. Y. S. 2d 767 (1968)。

　　[23]　Abraham Bell and Gideon Parchomovsky，"Pliability Rules"，101 *Mich. L. Rev.* 1，55 (2002).

　　[24]　Note, 27 St. John's L. Rev. 151，153 (1952). See also Note 2，17 Alb. L. Rev. 181 (1953) 1；Note, 19 Brooklyn L. Rev. 145 (1952). Elmer Million, Real and Personal Property，27 N. Y. U. L. Rev. 1067，1068－71 (1952) 作出了谨慎的评价。

　　[25]　See Winokur, Freyermuth, and Organ, *Property and Lawyering*，supra note 2，at 180. See also Lawrence Berger，"Unification of the Doctrines of Adverse Possession and Practical Local in the Establishment of Boundaries"，78 *Neb. L. Rev.* 1，4－5 (1999).

　　[26]　Perelson, Intent, supra note 3，at 1104.

　　[27]　See，e. g.，Robert Parella，Real Property，47 Syr. L. Rev. 681，at 705－06，n. 216 (1997).

　　[28]　See，e. g.，DaCostafaro v. DeVito，289 A. D. 2d 765，766，733 N. Y. S. 2d 817，818 (2001)；Weinstein Enterprises，Inc. v. Pesso，231 A. D. 2d 516，517，647 N. Y. S. 2d 260，261 (1996)；Yamin v. Daly，205 A. D. 2d 870，871，613 N. Y. S. 2d 300，301 (1994).

　　[29]　Robert Parella，"Real Property"，51 *Syr. L. Rev.* 703，716－22 (2001).

这并非反对将其他人对此案的批评视为错误，而将上诉法院的结论理解为正确。如此只会使笔者陷入困境。没错，此案使用的规则确实导致了法律的不确定性与诉讼结果的不可预测。同样不可否认的是，有些案件的处理方式与此不同，这些案件认为，土地使用者的心理状态对于决定他是否时效占有该土地无关紧要。然而，这里有三个更一般性的关于此案以及时效占有法的争点，它们对于讨论任何此类案件或其隐含的意义都多有助益。

首先，范瓦尔肯堡诉卢茨案并非仅有的案件，无论是在纽约还是其他地方。可以假想为一个一厢情愿的练习。在很多案件中，土地使用者对于土地权利状况的了解程度影响着占有的性质。这一点影响了很多（但并非所有）法官的见解。但无论如何，像卢茨一家一样的原告，知道他们使用的土地并非处于自己的权利项下，被认为缺乏敌意要件或所有权请求权要件。无论称他们为"擅自占地者"还是其他更礼貌的称谓，他们都试图通过有意识的错误行为取得利益，并非所有法官都希望将此类行为与无意识的错误等同视之。也许这与更合理的观点相反。这的确会导致法律的不一贯。但这是事实。法学院的学生可以正当地提问，律师处理时效占有主张的合理程序应当是什么。法学教授可以享受宣称某种规则是正确规则的乐趣；但律师们没有。

其次，在考量此案价值的过程中，也许有人会注意到一个似乎与时效占有关系较远的更具一般性的趋势。像范瓦尔肯堡诉卢茨一类的案件可能被认为是此更广泛的观点转向的一部分。时效占有常被尴尬地与《不动产登记法（Recording Acts）》与《可转让产权法（Marketable Title Acts）》组合在一起。因而被确立的法律规则是，必须严格解释允许时效占有的成文法，因为它们会剥夺登记所有权人的土地。[30] 不过当今也有来自另一个方向的批评。他们认为限制此理论的适用范围，将有利于通过保护荒地免受侵占而促进环境保护运动。[31] 据他们所言，时效占有的概念扩张与经济理性的目标不符。[32] 他们还认为时效占有制度对于土地供给充足的地区也许适用，但在现代条件下，它是"对新的优先权

---

[30] See，e. g.，Peters v. Smuggler-Durant Mining Corp.，930 P. 2d 575，580 (Colo. 1997).

[31] John Sprankling，"An Environmental Critique of Adverse Possession"，79 *Cornell L. Rev.* 816 (1994)；William Ackerman and Shane Johnson，"Comment，Outlaws of the Past：A Western Perspective on Prescription and Adverse Possession"，31 *Land & Water L. Rev.* 79 (1996)；Shane Raley，"Legislative Note，Color of Title and Payment of Taxes：The New Requirments under Arkansas Adverse Possession Law"，50 *Ark. L. Rev.* 489，518－20 (1997).

[32] Jeffrey Stake，"The Uneasy Case for Adverse Possession"，89 *Geo. L. J.* 2419 (2001)；Thomas S. And C. F. Sirman，"An Economic Theory of Adverse Possession，15 *Int'l Rev. L. & Econ.* 161 (1995)；Noel Elfant，Comment，Compensation for the Involuntary Transfer of Property between Private Parties：Application of a Liability Rule to the Law of Adverse Possession"，78 *Nw. U. L. Rev.* 758 (1984).

的屈从"㉝。甚至贫民权利的忠诚维护者也意识到,"擅自占地"是对城市住宅短缺的回应,导致麻烦丛生。㉞ 也许有人会说,时效占有制度还没有走到消失的边缘。它在我们的法律中具有重要作用。然而,学术界以严格的"内部人"视角观察此理论的评论者(本章作者承认他可能属于这一群体)可能是逆流而行。

最后,令人烦扰的问题是,如果可以的话,应当对范瓦尔肯堡家与卢茨家之间的仇恨做些什么。他们互相的敌意由来已久。它非常强烈。它只是被半掩在审判意见中,对引起诉讼的争执的任何调查都会使其得以凸显。历史学家说诉讼最初不过是宿怨的替代品。㉟ 于此情形,诉讼不过是宿怨继续的一种方式。在他们之间通过协商达成具有最优社会效用的协议完全不可期待。㊱ 也不可能。

如果意识到这些,我们可能还是不能确定法院是否可以做得更好。诉讼并非调解争议的理性工具。但也很难不去追问,是否存在比诉讼更有作用的将争议引向大团圆结局的创造性解决方案。梅里尔(Merrill)教授提供了这样一种可能性,也许还有更多的方法可修复双方当事人的一点点和睦。㊲ 否则,范瓦尔肯堡诉卢茨案只能是一个有教育意义的故事、一个可悲的教训。

㉝ Warsaw v. Chicago Metallic Cellings, Inc. 35 Cal. 3d 564, 575, 676 P. 2d 584, 590, 199 Cal. Rptr. 773, 779 (1984); Finley v. Yuba County Water Dist. , 99 Cal. App. 3d 691, 697, 160 Cal. Rptr. 423, 427 (1979); Swan v. Seton, 629 So. 2d 935, 938 (Fla. Ct. App. 1993); Meyer v. Law, 287 So. 2d 37, 41 (Fla. 1973).

㉞ Eric Hirsch and Peter Wood, "Squatting in New York City: Justification and Strategy", *N. Y. U. Rev. L & Soc.* Change 605 (1987); Brian Gardiner, "Comment, Squatter's Rights and Adverse Possession: A Search for Equitable Application of Property Laws", *Ind. Int'l & Comp. L. Rev.* 119 (1997).

㉟ See, e. g. , 2 William Holdsworth, *A History of English Law* 43 (4th ed. 1936).

㊱ See Ward Farnsworth, "Do Parties to Nuisance Cases Bargain after Judgement? A Glimpse inside the Cathedral", 66 *U. Chi. L. Rev.* 373 (1999).

㊲ Thomas Merrill, "Property Rules, Liability Rules, and Adverse Possession", 79 *Nw. U. L. Rev.* 1122 (1984 - 1985).

第4章

格伦诉格伦：两个故事（Gruen v. Gruen: A Tale of Two Stories）

苏珊·F·弗伦奇（Susan F. French）[*]

---

[*]　加利福尼亚大学洛杉矶分校法学院法学教授。

与许多有关赠与的诉讼相同，格伦诉格伦案[①]发生在据称的赠与者死亡之后，使前婚生育的孩子与后婚的遗孀针锋相对。不过，与大多数此类诉讼不同，无疑维克多·格伦（Victor Gruen）确实打算将系争画作赠与他的儿子迈克尔，而且没有任何暗示指向他如此作为会造成对其遗孀凯米亚（Kemija）的不公。那么，为什么还需要经历耗时7天的审判和两次上诉审才能确认迈克尔对此画作的所有权？这里有一个故事，一个由两个故事组成的故事。首先是家族故事，然后是法律故事。两个故事都很有趣。请坐好放松，我来讲给你们听。[②]

■ 一、家族故事，或"一个名人与一幅名画"

　　维克多·格伦，1903年7月18日出生于奥地利维也纳，出生时名为维克多·格伦鲍姆（Viktor Grünbaum），是成绩斐然的著名设计师与城市设计师，但并非没有经过奋斗。在维也纳建筑艺术学院（Akademie der Bildenden Künste）学习时，他一直被反闪米特人活动骚扰，但还是完成了他的学业，并于1932年开设了自己的第一家设计师事务所。他的工作是重建维也纳市中心的商店和公寓。作为一名维也纳的年轻人，他活跃于文化活动中，与左翼剧作家尤拉·佐伊弗（Jura Soyfer）合作戏剧，并开设了一家政治卡巴莱餐厅，他在那里规律性地出演反纳粹时事讽刺剧。[③] 1938年希特勒强占奥地利不久后的一天，他到自己的办公室后，发现以前的一名员工穿着纳粹高级军官的制服坐在他的（维克多的）桌前。他的公司被"雅利安化"（aryanized），现在他成了雇员。维克多冲出办公室，找到一个电话打给家里。他的妻子丽兹（Litzi）告诉他一定不能回家——纳粹秘密警察（Gestapo）正在家里。鉴于他妻子的担

　　① 68 N. Y. 2d 48, 505 N. Y. S. 2d 849, 496 N. E. 2d 869 (1986).

　　② 我将与你们分享的信息来源于法律报告、网络、报纸档案，以及与此案的四个律师中的三个的电话交谈，其中之一是原告 Michael Gruen。我翻阅的法律报告包括三份备案于纽约最高法院上诉分庭的诉讼摘要，备案于纽约上诉法院的被上诉人的诉讼摘要（在我使用的检索系统中无法检索到上诉人的诉讼摘要），上诉分庭的审判意见，488 N. Y. S. 2d 401 (1984)，以及上诉法院的审判意见，496 N. E. 2d 869 (1986)。我所使用的网络资源是由华盛顿的 Austrian Press & Information Service 所维护的网站 www. austria. org/oldsite/ju100/exile. html；the American Heritage Center of the University of Wyoming, http: //ahc. uwyo. edu/digital/gruen/intro. htm, Gruen Associates, Victor 在洛杉矶设立的公司，www. gruenassociates. com；the Artnet Research Library, http: //www. artnet. com/library/；Expo-Shop. Com 维护的 the Klimt museum at http: www. expo-klimt. com/；Michael Gruen 的公司 Vandenberg & Feliu 维护的网站 www. vanfeliu. com/bio _ gruen. htm；以及 Lexis 的 Martindale-Hubbell Law Directory。如果其他说明的话，下文脚注中引用的网页信息，就是上述网页信息。这里所使用的报纸信息则在文中的适当位置被引用。我进行过的电话交谈如下：Victor Muskin, 原告的律师, Michael Gruen, 于2003年3月22日；Michael Gruen, 他在纽约上诉法院出庭后的闲聊, 2003年3月27日；以及被告 Kemija Gruen 的律师 Paul S. Whitby, 2003年4月7日。

　　③ See www. austria. org/oldsite/ju100/exile. html.

心，他到卡巴莱餐厅披上了一件演时事讽刺剧时用过的德国军官制服。回到街上，他搭乘一辆对他没有怀疑的德国新兵的汽车来到飞机场并飞往自由之地。④

维克多在纽约落脚并找到一份设计师的工作，他将自己的名字改为维克多·格伦。很快他即与埃尔希·克鲁米克（Elsie Krummeck）合伙成立了一个公司。后者是纽约本土人士，工业设计师，毕业于帕森斯设计学院（Parsons School of Design）。他们的公司在纽约设计特色商店，1940年，在百货商店巨头约瑟夫·马格宁（Joseph Magnin）的力诱下，他们才来到洛杉矶。⑤ 1941年，维克多与埃尔希结婚，婚后育有两个孩子，迈克尔和佩吉（Peggy）。1948年，格伦与克鲁米克的公司破产。1951年，埃尔希与维克多于离婚，但他们都继续住在洛杉矶。⑥ 1949年，维克多与鲁道夫·鲍姆菲尔德（Rudolf Baumfeld），另一位奥地利移民，也是维克多建筑学院的同学，一起在洛杉矶创建了维克多·格伦联合公司（Victor Gruen Associates）。这家公司取得了巨大成功并在纽约与华盛顿开办了分理处。直至今日它仍然声名在外。⑦ 维克多因发明了市郊购物城而闻名于世⑧，并因成为重要的市政规划与设计师而声望更盛。⑨

在与埃尔希离异之后，维克多与拉泽特·范霍腾（Lazette Van Houten）再婚。⑩ 他们在洛杉矶有一套住宅，在纽约有一套公寓，在维也纳（Vienna）有一处临时住所。尽管维克多的儿子迈克尔在洛杉矶的母亲身边长大，但他也在纽约待了相当长的时间，以至于他在自己的网页⑪上称"他认为自己几乎是本地人"。

---

④ Susanna Baird, "Victor Gruen's Return to Vienna" http：//ahc. uwyo. edu/digital/gruen/intro. htm，Susanna Baird 是 Michael Gruen 的第一个妻子。奥地利网页的陈述戏剧色彩较弱。据说 Victor 在他以前的事务所以雇员的身份工作了一段时间，并被之前的职员指派"'为了快乐的强度'设计建筑及其内部"，纳粹为民众规划的运动与观光地。但他并没有为此工作很久，很快就得以移民。

⑤ See Myrna Oliver, Elsie Krummeck Crawford：Artistic Industrial Designer，（讣闻），Los Angeles Times，June 3，1999，Part A，p. 26，Metro Desk，以及奥地利网页。

⑥ 离婚之后，Elsie 与设计师 Neil Crawford 再婚并继续设计——从玩具到纺织品到机场停车场的园艺等一切东西。LA Times，supra，note 5。

⑦ See www. gruenassociates. com. 目前该公司的业务从旅馆的室内设计到 Pusan，South Korea，以及 Valencia，California 的总体规划一概囊括。

⑧ Northland，在 Detroit 附近，1954年开业；Southdale，首家封闭商场，1956年在 Minneapolis 附近开业。他的市郊购物城概念是，它应该是一个在购物与娱乐之外还提供文化与市民活动的市镇中心。

⑨ Wolf von Eckardt，"The Urban Liberator：Victor Gruen and the Pedestrian Oasis"，*Washington Post*，Feb. 23，1980. 这篇文章成文于 Victor 去世后不久，将他称为"当今最重要的设计规划师之一"，并且认为他是"与 Lewis Mumford 等城市哲学家不同的第一位设计规划师，他阻止了新型的技术官员对人类栖息地的展望潮流，即 Mies，Gropius 以及法裔瑞士人 Le Corbusier 为我们准备的满是高速公路与玻璃高塔的悲惨的'未来之城'"。

⑩ Respondent's Brief in the Court of Appeals p. 5 ［以下简称 Respondent's Brief, Ct. App. ］。Kemija 的律师 Paul Whitby 说道，Victor 曾"疯狂痴迷"Lazette。

⑪ See www. vanfeliu. com/bio _ gruen. htm.

对这里的故事而言，1959 年是重要的一年。那年春天，迈克尔高中毕业，高中的最后一年他就读于瑞士洛桑（Lausanne）的亚卡德高中（Lycée Jaccard）[12]，当年夏天他与维克多和拉泽特一起在奥地利度假。这个假期，他们三位一起遇到了凯米亚，即维克多的第四任妻子。她当时是此三人所入住酒店的侍女。[13] 同年，纽约的圣·艾蒂安画廊（Gallerie St. Etienne）在美国举办了第一次古斯塔夫·克里姆特（Gustav Klimt）个人画展。维克多与拉泽特花费 8 000 美元购买了他的《阿尔特湖古堡 II》。

古斯塔夫·克里姆特（1862—1918）是一位著名画家，19 世纪晚期至 20 世纪初他在维也纳工作。《阿尔特湖古堡 II》是一幅创作于 1909 年或 1910 年的油画，尺寸为 110×110 厘米（比 43×43 英寸略大），是克里姆特所创作的五幅关于此古堡的画作之一。这个古堡是克里姆特最喜欢的休假地。维克多与拉泽特将此画作运送至纽约的公寓，并一直挂在那里直至 1963 年。关于此画作的影印版可参见 http：//74.125.47.132/search? q = cache：2GqDjO _ lkcUJ：www.expo-klimt.com/1 _ 3.cfmid335260456＋％22Scholss＋Kammer＋am＋Atterseell％22&hl＝en&ct ＝clnk&cd＝2&gl＝us。

1959 年秋天，迈克尔·格伦开始就读于哈佛大学。三年后，1962 年 7 月，拉泽特去世。拉泽特去世之前，凯米亚是维克多与拉泽特住处的女仆。在拉泽特去世后，凯米亚主动提出跟随维克多到美国。[15]* 七个月之后，1963 年 2 月 28 日，维克多与凯米亚结婚[16]，现在我们到了故事的高潮。1963 年 3 月 13 日，因为迈克尔即将到来的 21 岁生日，维克多从洛杉矶[17]给他写信并"宣布打算给他一份与此时机相配的重要礼物"[18]。第二天，1963 年 3 月 14 日，维克多的律师拉尔夫·埃里克森（Ralph Erickson）在其内部备忘录中写到[19]：

> 维克多将他的所有艺术藏品赠与佩吉和迈克尔。赠与退税将被备案，每一件有标记或可以其他方式识别的艺术品都属于两个孩子之一。

> 礼物的数量将会超过年度免税额（annual exclusions），但退税

---

* 原文没有注 14，可能是编辑错误。——译者注

[12] Id.

[13] Respondent's Brief, Ct. App. pp. 3，6.

[15] 与 Paul Whitby 的谈话。他暗示称，Victor 因为 Lazette 的辞世而非常痛苦，不愿意从维也纳回到美国，直到 Kemija 向他保证随他一同返回并照顾他。

[16] Respondent's Brief, Ct. App. p. 6.

[17] Appellant's Brief, Appellate Diveision p. 8 ［以下简称 Appellant's Brief, App. Div.］.

[18] Respondent's Brief, Ct. App. p. 6.

[19] Id. p. 19；Respondent's Brief, App. Div. p. 18.

将被备案以主张某些特定的豁免，因而不必支付联邦赠与税。不过，每件作品都要支付小额的州赠与税。

维克多也立即将《希尔曼妓女（Hillman-Minx）》赠与佩吉。它并没有重要的价值。

1963 年 3 月 25 日，维克多陪迈克尔在波士顿度过了他的 21 岁生日。几天之后，迈克尔收到了维克多从洛杉矶寄来的信件。[20] 这封落款日期为 1963 年 4 月 1 日的信中写到："随信附上对你的最重要的生日礼物的书面确认。我希望很长时间之后，你才能真正享有它。"

几周之后，迈克尔收到了维克多寄来的另外两封信。

1963 年 5 月 22 日

亲爱的迈克尔：

在你生日之际，我写这封信是关于克里姆特的油画。

我的律师现在告诉我根据现行税法，在那封信中我提到希望在世期间使用那幅画是错误的。尽管我还是想使用它，但这不应该出现在信中。我随信附上另一封新的信件，并请你将之前的那份寄还，以便我将它销毁。

我知道这很愚蠢，但我的律师和我们的会计师都坚持他们必须取得信件的复印件，以便将来在我去世后，你可以不必支付遗产税即取得这幅画。

爱你的，

维克多

贝弗利山庄，加利福尼亚

1963 年 4 月 1 日

亲爱的迈克尔：

21 岁生日是人生中重要的时刻，也应得到相应的庆祝，因而我希望将目前挂在纽约客厅的古斯塔夫·克里姆特的古堡油画赠与你作为生日礼物。你知道我和拉泽特在五六年前买了它，而你也一直告诉我们你有多喜欢它。

再次祝你生日快乐。

爱你的，

维克多

5 月 24 日，迈克尔按照信中的要求将最初的赠与信件回寄给维克

---

[20] Appellant's Brief，App. Div. p. 8 - 9.

多，并保留了其他信件。此后不久，他从哈佛毕业回到洛杉矶，就读于洛杉矶加州分校法学院。他给他的妈妈埃尔希看了这封赠与信，她嗣后在审判中作证称迈克尔对这份礼物"表示了极大的满足"[21]。1963年春天或夏天的某段时间，维克多放弃了纽约的公寓，并将这幅画运到洛杉矶的家中。[22]

直到1980年维克多去世，这幅画一直被他占有，除了1964年与1965年有一段时间他将此画借给巴尔的摩（Baltimore）与古根海姆（Guggenheim）博物馆展览。他有生之年一直为此画负责，为它买保险，许可修复工作，决定是否允许他人使用，并在他从纽约搬到洛杉矶并于此后搬至维也纳时决定何时以何种方式运输它。他从未将此画实物交付于迈克尔，也不曾在此画上做标记，以显示迈克尔的利益或所有权[23]；在他将画借给博物馆时也未将迈克尔列为所有权人。展览目录只是简单地说明此画"来自维克多·格伦的收藏"。最终，维克多并未做赠与税退税备案，即使这幅画的价值已经超过了退税备案的界限。不过，维克多还是不停地告诉人们，他已经将这幅画送给了迈克尔，并且在他许可修复的信件中，他声明这是代表迈克尔发出的许可。

20世纪60年代晚期，维克多结束了他在美国的工作，并与凯米亚回到维也纳开了一个新的事务所。迈克尔的第一个妻子，苏珊娜·贝尔德（Susanna Baird）[24] 在她写的一个故事中写到了她和迈克尔带着他们还是婴儿的女儿，于1968年或1969年新事务所开张时在维也纳拜访维克多的经历。在开张仪式前一晚，维克多带他们参观了新的事务所大楼。在他们要离开的时候，突然有一辆梅赛德斯豪华轿车停在他们面前，一位男子跳下车，夸张地与维克多打招呼。维克多予以拒绝并要求他立刻离开，还以联络警察相威胁。原来这个人就是维克多之前的纳粹职员，1938年夺走了维克多事务所的"雅利安监工"。受此刺激，维克多放弃了与他们共进晚餐的计划，返回家中。

1972年，这幅画被从洛杉矶运到维克多和凯米亚在维也纳的家中，并一直待在那里直到维克多过世。在维也纳，维克多继续向访客展示这幅画，并告诉他们这幅画属于迈克尔。毫无疑问，凯米亚一定知道维克多将这幅画作为礼物送给了迈克尔。此外，在将此画运往维也纳的运送单上，她将迈克尔填写为所有权人，迈克尔作证称，凯米亚曾在不同的

---

[21] Appellant's Brief，App. Div. p. 34.

[22] Appellant's Brief，App. Div. footnote* p. 9.

[23] Michael主张法院对此的判定没有充分的证据支持，这只能说明在画的正面没有可视的标记。Appellant's Brief，App. Div. p. Addendum 1.

[24] 可以在University of Wyoming网站的格伦档案中找到这个故事，www.uwadmnweb.uwyo.edu/AHC/digital/gruen/return.htm.

场合试图说服他用克里姆特的画与她所拥有的另一幅画作交换。㉕

在维克多去世前一年，迈克尔试图劝说维克多允许此画离开奥地利到伦敦展览。维克多在运输许可的申请中写到，他拥有这幅画，并已表示在他去世后将此画赠给继承人。㉖不过，维克多非常反对让此画旅行，它一直待在他的维也纳公寓中，直至他 1980 年 2 月去世。维克多去世以后，迈克尔意图收藏这幅画，但凯米亚不同意。有意思的是，当时她并未否认维克多已经将此画赠与迈克尔，或主张此赠与无效。相反，她提出了以下各种主张：维克多为了给她买珠宝已经将原作出售；维克多将此画遗嘱赠与给她；原画已被盗；她已经将此画从画框中割下来并卷起来用一个箱子带到了瑞士。㉗

因为劝说凯米亚将画移交给他失败，迈克尔诉诸法律。当时他是一个有经验的诉讼律师。在加利福尼亚大学洛杉矶分校法学院就读时，他不仅是校报编辑，也是冠军模拟法院团队中的成员。1966 年毕业之后，他于同年获准在加利福尼亚担任律师，之后 1967 年获准在纽约州担任律师。他受雇于纽约的保罗、韦斯、里弗金德、沃顿与加里森律师事务所（Paul，Weiss，Rifkind，Wharton & Garrison）。三年之后，他又相继在其他几家律师事务所工作，包括 1975 年自己开设的事务所。㉘20 世纪 80 年代早期，他在格伦、马斯金与托律师事务所（Gruen，Muskin & Thau）与威克多·马斯金合伙工作。㉙

最初，迈克尔在奥地利起诉凯米亚。根据奥地利法，维克多对此画的赠与显然不能发生效力，因为赠与信件没有满足形式要件——它不是在公证人面前写就，且没有必要的签章。然而，一名加利福尼亚律师的专业信函说服法院相信，根据加利福尼亚法律，此画的所有权已经移转于迈克尔。㉚在奥地利的案件还在等待上诉审之时，凯米亚来到纽约旅行。在一位老朋友提醒他凯米亚来了之后，迈克尔连夜准备材料在纽约提起诉讼。第二天一早，他的事务所的一名律师在旅馆为凯米亚提供咨询，格伦诉格伦案继续进行。

迈克尔得到他当时的合伙人威克多·马斯金的帮助，后者是他在此

㉕ Appellant's Brief，App. Div. pp. 6 - 7.

㉖ 这份许可申请在法院审理中是 Kemija 主张 Victor 在生前并没有放弃对此画的支配权的重要证据的一部分。这与 Michael 希望将此画送往伦敦进行展览可能无关，但是，由于 Victor 的原因，在他死后 Michael 可能没有能力再将此画运至国外。显然，Victor 购买这幅画时并没有通知奥地利政府。See Appellant's Brief，App. Div. pp. 49 - 50。它由一位著名的奥地利画家创作，因而被视为国宝。与 Victor Muskin 的谈话。

㉗ Michael 的律师 Victor Muskin 说，他们从来不曾相信她把画从画框中割下，因为这会影响它的价值。来自与 Victor Muskin 的电话交谈。

㉘ See www. vanfeliu. com/bio _ gruen. htm.

㉙ See the briefs filed on appeal in the Gruen case.

㉚ 与 Michael Gruen 的电话交谈。

案的诉讼代理人。与迈克尔一样，威克多出生于 1942 年，他于 1963 年从奥伯林学院（Oberlin College）毕业，并于 1966 年自纽约大学法学院获得了法学博士学位（J. D.）。威克多代理此案进行了初审和纽约最高法院上诉分庭（Appellate Division of the New York Supreme Court）的第一次上诉审。尽管威克多也出现在纽约上诉法院* 第二次上诉审的诉讼摘要中，但迈克尔也亲自到庭并在此案中为自己辩护。财产法爱好者也许有兴趣知道，大致在格伦诉格伦案进行的相同时间，迈克尔也是著名的征收案件罗力托诉曼哈顿有线电视公司案（Loretto v. Teleprompter Manhattan CATV Corp.）的原告代理人。[31]

凯米亚的诉讼代理人是保罗·S·惠特比（Paul S. Whitby），日后成为霍尔、迪克勒、劳勒、肯特与豪利律师事务所（Hall，Dickler，Lawler，Kent & Howley）的合伙人。他生于 1947 年，比迈克尔和威克多·马斯金年轻 5 岁，律师从业经验也少 5 年。他从犹他州立大学（University of Utah）获得文学学士学位，并从哥伦比亚法学院取得其法学博士学位。1972 年他获准执业。在此案中他的助理是 1981 年刚从哥伦比亚法学院毕业的温迪·威廉姆森（Wendy Williamson）。[32] 她 1977 年在普林斯顿获得文学学士学位。凯米亚通过迈克尔的第一任妻子苏珊娜·贝尔德联系到保罗·惠特比。苏珊娜为了处理与迈克尔应支付的子女抚养费有关的离婚后续事务，一直与保罗保持联系。[33] 你们将看到，上述关系对于本案的审理非常重要。

因为迈克尔与凯米亚都为争夺此画做了充分的准备，他们都有可能获胜。看看他们的教育背景就可以想见，无疑这将是一场好戏。

▋ 二、法律故事，第一部分：初审

　　乍看之下，赠与法似乎非常简单。构成赠与所需要的只有意思、交

---

* 纽约最高法院兼有初审和上诉审管辖权，但并非终审法院，该州的终审法院为上诉法院。——译者注

[31] 458 U. S. 419 (1982). Michael 在联邦最高法院取得胜诉。关于此案的报告意见始于纽约初审法院驳回了原告的主张，1979 年 3 月 14 日登记，还包括在纽约州法院两次不成功的上诉，以及 1982 年判决的在联邦最高法院的成功上诉，1983 年 2 月 17 日发回重审后纽约上诉法院的意见，以及 1983 年 4 月 28 日对重新辩论申请的驳回。See Westlaw Keycite tab。这个在大多数财产法案例书中都会出现的案件认为，立法许可的第三方对财产的持久侵犯，"本质上"是征收。目的的重要性或社会效益无关紧要，同样，即使对土地所有人没有造成经济损失也不生影响。

[32] Wendy 是此案律师中我唯一没有交谈过的一位。尽管我分别通过信件、电邮和电话留言的方式向她解释此项目的，但我从未联系到她。她是哥伦比亚大学法学院 1981 年的毕业生，目前在纽约的 Anderson Kill & Olick 做公司律师。公司网页上关于她的简历中写到她"对联邦法与州法都有丰富的诉讼经验"。See www.andersonkIll.com/Bios/williamsonh，asp。Gruen v. Gruen 一定是她最早参与的案件之一。

[33] 与 Paul Whitby 的电话交谈。

付与受领——如果赠与对受赠人有益的话，可以推定为受领。但表象可能具有欺骗性。实际上关于意思与交付要件都有许多复杂的理论，并且即使规则是清晰的，对于法官而言，仍然有极大的空间通过对事实的解释做最后的决定。正如最近的一位评论者所观察到的，"仔细研究这些案件，会使读者产生这样的感觉，约因目的的公平正义或正当性在引导法官做决定方面发挥了重大作用"[34]。

（一）理论难题

首先需要注意的是，格伦案的复杂因素之一是，加利福尼亚或纽约的法律是否可以适用于判断维克多试图所为的赠与的有效性。1963年，赠与当时，维克多与迈克尔都定居在加利福尼亚，维克多的信也是从加利福尼亚寄出的，但系争画作却位于维克多在纽约的公寓内。初审时，法律的选择将对结果造成极大的不同，因为加利福尼亚法不仅比纽约法更清晰，而且对迈克尔更有利。

1. 意思

除了赠与人是否确实有意为赠与这一基本问题外，赠与案件经常面临的另一个问题是，赠与人意在为生前赠与（inter vivos gift）还是遗嘱赠与（testamentary gift）。生前赠与可以通过交付财产或交付财产契据实现，但遗嘱赠与必须通过遗嘱作出。契据与遗嘱都是让与人签字的书面文件，但在财产让与时间与形式要件方面并不相同。契据移转于受让人之时，财产利益即移转；但在遗嘱人死亡之前遗嘱都无法发生财产移转效力。近代之前，契据需要封印，但当今只需要让与人的签字。遗嘱则除了遗嘱人的签字之外，还需要两名证人的签字。有些州，如加利福尼亚，也承认自书遗嘱（holographic wills），虽然不需要证人，但必须是遗嘱人亲笔书写。在格伦案发生时，纽约与加利福尼亚法律都不要求赠与的契约或其他文件有封印。

如果赠与人如维克多·格伦般在生前继续占有或使用此财产，其继承人或受遗赠人通常会像凯米亚一样辩称，意图的赠与是遗嘱赠与，但因为没有通过遗嘱为之，所以无效。生前赠与使受赠人在让与人生前也对赠与财产享有权利。而遗嘱直到遗嘱人死亡之前都不发生效力——受益人在遗嘱人死亡之前不享有对赠与财产的权利。如果赠与人生前继续占有或使用赠与财产，对于赠与人的意思，法院有三种可能的判断：（1）赠与人意图立刻将赠与财产的整体权利移转于受赠人，但经受赠人

[34] Roy Kreitner, "The Gift Beyond the Grave: Revising the Question of Consideration", 101 *Colum. L. Rev.* 1876, 1906 (2001).

同意或默许继续占有它（赠与人成为赠与财产的受托人）；（2）赠与人意图将未来权益移转于受赠人，使受赠人在他死后取得占有（赠与人成为终身保有人）；或（3）在赠与人去世之前，他没有移转任何权利于受赠人的意图（赠与人还是完全所有者，受赠人"只有期待"）。如果法院的结论是前两项之一，那么该赠与是生前赠与，可能应予交付。但若结论是第三项，那么就是遗嘱赠与，除非通过遗嘱设定，否则无效。

分析这三种不同赠与的实际后果，对于探究维克多·格伦的真正意图将有所助益。例如，若1963年维克多意图将古堡油画的整体权利移转于迈克尔，此后，除非经过迈克尔同意，他将放弃对此画为任何行为的任何权利。他将无权允许他人展出或修复此画，而且迈克尔也可以随时提出占有主张。1979年迈克尔希望将此画送往伦敦展览时，就不需要维克多的同意。[35] 而若维克多只是意图授予迈克尔剩余权利（remainder），而为自己保留了终身权利（life estate），维克多将继续有权占有与使用此画，并有权在生存期间允许他人占有或使用此画。在维克多去世之前，迈克尔都不享有占有权，没有维克多的同意也不能将其借出。维克多生前此画所产生的任何收益都归他所有。作为终身保有人，维克多为此画支付保险费并为必要的修复都很正常。他可能须承担作为终身保有人不得对此画为损坏的义务。与前两种生前赠与相比，如果维克多意图对迈克尔为遗嘱赠与，那么在维克多去世之前，都不会有任何财产权移转于迈克尔。在此之前，迈克尔所有的"只是期待"，法律仅对其提供微弱的保护或不予保护。[36] 在维克多生前，他可以出卖它，将其赠与他人，为担保借款而将其抵押，损坏它，或改变心意在遗嘱中将其赠与凯米亚，迈克尔没有任何法律依据提出控告。

法院对此类赠与的解释所造成的法律后果经常具有戏剧性。如果法院认为赠与人意图作出的是遗嘱赠与，那么若赠与人没有使用可被认证为遗嘱的书面形式，赠与即无法发生效力。以格伦案为例，无论根据纽约法还是加利福尼亚法，维克多的信件都无法满足遗嘱要件，因为既没有证人，也不是维克多亲笔书写。因而，如果凯米亚说服法院认为维克多并不打算在生前给迈尔克任何权利，仅此理由即可使她胜诉。然而，即使法院认为赠与人的意图是生前赠与，将赠与人意图解释为当下赠与或让与未来权益也会发生不同的戏剧性后果。根据《联邦遗产税法（federal estate tax law）》[37]，如果赠与人保留了终身权利，赠与人死亡时赠与财产的全部价值都应该计算在当时的应纳税财产价值之内。相反，

㉟ 这并不意味着他可能因为其他原因，如家庭和睦，尊重父亲的意愿，或其他，而希望得到 Victor 的允许。

㊱ 对于第三人的侵权损害，他的期待可能受保护，但不能对抗 Victor 的意思变更。

㊲ Internal Revenue Code § 2036.

如果赠与人在作出赠与表示当时即将赠与财产权利移转于受赠人，那么赠与财产就不包括在应纳税财产范围内。可能赠与时需要缴纳赠与税，但是税款额度以当时的财产价值为基础。在格伦案中，两种解释的差异非常巨大。我们知道这幅画1959年价值8 000美元，而1987年价值超过500万美元。我们不知道这幅画在1963年的价值，但它必定远远小于维克多1980年去世时的价值。迈克尔极力辩称维克多意图于1963年将整体权利移转于他。

根据纽约法，不同于加利福尼亚法，如果认为维克多意图保留终身权利，而非在赠与当时将整体权利移转于迈克尔，可能还会产生其他后果。下节将讨论到的两个纽约案件表明，试图在保留终身权利的同时将画的剩余权利移转，被判定为无效。

2. 交付

根据加利福尼亚法非常清楚，只要维克多意图立即为移转，不论是画的整体权利还是剩余权益，信件寄给迈克尔即可使赠与生效。⑧但根据纽约法，关于交付还有两个至关重要的问题。其一，保留终身占有的赠与人作出的关于有体动产的赠与是否有效。其二，即使这样的赠与被允许，是否可以不经财产的有形交付即实现。

有两个纽约州案件处理了如果赠与人保留终身权利，剩余权利的赠与是否有效这一问题。在1880年判决的扬诉扬案（Young v. Young），死者生前将装有债券的信封放进了一个他和他的儿子共同使用的保险柜中。在他签名的信封上，他标明债券的其中一部分属于他的一个儿子，其余部分属于他的另一个儿子，但是债券的利息在他生存期间"为他所有与保留"，在他死后，"它们将绝对完全属于他们与他们的继承人"。死者没有将信交付给他的儿子，而只是将它放在保险箱中他的儿子存放文件的位置。在他生前，死者一直收集此债券的赠券与利息。在他去世后，他的继承人主张这些债券属于遗产，得到法院的支持。

法院意识到，此类赠与（生前保留利息）的目的可以"毫无疑问地通过移转于信托人或可能通过将书面转让声明交付于受赠人实现"，但死者既没有设立信托，也没有将书面转让声明交付给他的儿子。如果没有书面转让声明，法院认为唯一的赠与方式只能是将债券绝对交付于受赠人，"将所有的法律权利和占有都授予他，并按照赠与人的承诺对他此后取得的利息作出交代"。法院继续阐述："但若赠与人继续将此文件置于自己的控制之下，那么就欠缺对于赠与的效力至关重要的完全交

---

⑧　未能交付画作可能被作为论证Victor意在为遗嘱赠与而非生前赠与的理由，但如果法院查明他意在为生前赠与，那么邮寄信件本身就已足够。See Calif. Civ. Code § 1147；Gordon v. Barr, 13 Cal. 2d 596, 91 P. 2d 101 (1939)；Driscoll v. Driscoll, 143 Cal. 528, 77 P. 471 (1904).

付。"㊴ 因为维克多将书面让与声明交给了迈克尔，迈克尔的主张看似并未受威胁，除非法院并未止步于此。它继续论证㊵：

> 交付对于动产（Chattels）的生前赠与至关重要。一条根本性的规则是，此类赠与不能因将来的占有而发生效力。这样的行为只能被归列为赠与的承诺，一种无约因的单纯合意（nudum pactum）……必须具有伴随让与当下财产权利的占有交付。"任何明确为赠与人在特定期间或在其生存期间（正如法院有机会审查的在此类案件中通常发生的情形）保留财产使用权的动产赠与，都不能发生效力。"（Schouler on Pers. Prop. Vol. 2，p. 118，以及所引用的先例；Vass v. Hicks，3 Murphy［N. C.］，494.）㊶ 这个规则甚至被适用于通过书面文件或契据移转权利、但包含保留的赠与。

另一个为迈克尔提示危险的纽约州案件，是 1950 年遗嘱检验法院（Surrogate's Court）在拉姆齐地产案（In re Ramsey's Estate）中的意见。㊷ 在这个案件中，1938 年，67 岁的老米尔顿·拉姆齐（Milton Ramsey Sr.）娶了 26 岁的鲁比·凯布（Ruby Cabe）。在他们即将结婚之前，老米尔顿作成并备案了一份契据，将一个 7.5 英亩的农场让与他的儿子小米尔顿，随之让与的还有"家用家具……所有的农业工具、设备，包括屠宰工具、货车以及与使用农场有关的动产……但受制于老米尔顿对上述农场和动产的终身使用"，这些被保留给让与人。在将此契据交给他的儿子之后、去世之前，老米尔顿出售了某些动产并将其余动产的大部分都搬至他所拥有的另一处农场。在老米尔顿的遗嘱中，他将所有的家用家具都留给了鲁比，将他的财产清单留给了在他与鲁比的婚姻中所生育的还是婴儿的儿子。在老米尔顿去世后，小米尔顿提起诉讼主张此地产中部分遗失的财产。

法院将此动产赠与宣判为无效，因为欠缺对小米尔顿的动产交付㊸，不过为了说明任何保留终身权利的赠与都是无效的，法院也引用了扬诉扬案的论证。拉姆齐地产案的法院得出了一个奇怪的结论，即保留终身权利的不动产赠与可以通过契据让与实现，但动产不可以。出于实际的

㊴ Yong v. Young，80 N. Y. 422，431（1880）。

㊵ Id. at 435 - 436（斜体为原文格式）。

㊶ 对 North Carolina 案件的引用非常有趣，因为 North Carolina 似乎是唯一遵循英国普通法规则的州，即完全不能创设动产之上的未来法律权益。See Woodard v. Clark，236 N. C. 190，72 S. E. 2d 433（1952）. 如果你对英国如何论证此结论有兴趣，可参见 7 William S. Holdsworth，History of English Law 470 - 71（1926）；如果你对 North Carolina 如何成为唯一遵从此规则的州感兴趣，see John Chipman Gray，The Rule Against Perpetuities 75 - 78（3d ed. 1915）。

㊷ 98 N. Y. S. 2d 918（Surrogat's Court，Lewis County，1950）。

㊸ 另一个原因是，法院查明，在 Milton Jr. 受领赠与之前，Milton Sr. 作成一份遗嘱，将同样的财产留给了他的妻子和还是婴儿的儿子。鉴于 Milton Jr. 受领了契据，法院似乎再一次表明，动产只能通过有形的交付而非契据移转。

考虑，法院没有讨论老米尔顿是否确实有意在其生前放弃出卖或处分上述动产的权利这一棘手的问题。然而作为理论问题，该判决的依据是，有体动产的赠与不能通过契据的交付实现。[44]

虽然英国普通法早在 1468 年已经超越了看似原始的观念，即财产所有权必须通过财产的有形交付移转[45]，但这一观念又在美国出现了。格伦案发生时，纽约并非唯一对有体动产的赠与得否通过书面文件的交付实现产生怀疑的州。1956 年《美国法律报告（A. L. R.）》评注道，"通过书面文件赠与有体动产或有价证券，交付必不可少"[46]，并总结认为：

> 关于非正式文件能否满足赠与的交付要件并没有可确定的一般规则，因为在大多数面临此问题的案件中，法院都认为这不能满足赠与要件，但经常无法澄清的是，法院的理由是因为欠缺赠与标的的交付，还是因为其他理由，不支持受赠人的主张，比如非正式文件无法充分证明赠与人的赠与意图，或该文件本身没有被有效交付。[47]

在凯米亚的答辩中，她还引用了纽约上诉法院关于交付要件的另一段陈述。尽管这个案件，像扬诉扬案一样，并不涉及赠与的书面文件，但这段论述并未提醒读者将下述理论的适用范围仅限于口头赠与[48]：

> 满足赠与的交付必须与财产的性质，以及双方当事人根据情形与环境可能允许的方式完全相符……我们目前面临的案件中并不存在支持象征性交付（symbolical delivery）的事由……的确，要求系争物品必须现实交付的旧规则已经极大地松动，但象征性交付只有在具体情形如此地不适合现实交付，以至于根据情形象征性交付几乎接近完美时，才能满足交付要件。

根据加利福尼亚法，迈克尔面临的唯一问题是，说服法官相信，维克多意在作出生前赠与而非遗嘱赠与——他保留对画的占有并不能否认他为当下赠与的意图。而根据纽约州法，他可能还要面临另一个问题，即法院可能适用这些旧有的交付先例，或者认为任何保留利益的剩余权利赠与都无效，或者认为此类赠与未经现实交付画作就无法实现。[49] 不过，这些先例都非常陈旧，而且这两个上诉法院的观点都无法适用于本

---

[44] 当时纽约州法院意识到无体财产赠与可以通过书面文件作出，因而这个判决，如果是良法的话，意味着对于有体和无体财产存在不同的规则。请参见 Gruen 案上诉分庭的讨论，488 N. Y. S. 2d at 406。

[45] Harlan F. Stone, *Delivery in Gifts of Personal Property*, 20 Colum. L. Rev. 196, 199 (1920).

[46] 48 A. L. R. 2d 1405.

[47] Id. at § 2.

[48] In re Van Alstyne, 207 N. Y. 298, 100 N. E. 802, 806 (1931).

[49] 虽然在赠与当时，Michael 和他的父亲都无法在物理上接近这幅画，但有此倾向的法院一定会认为，在 1963 年夏天之后，他们都回到洛杉矶之时，Victor 应当将此画现实交付于 Michael。

案，因为上述先例都未涉及试图通过交付书面转让文件的方式为赠与的情形。拉姆齐地产案虽然确实提出，动产的赠与不能通过契据的交付作成，但该案几乎不具有先例价值，因为它并非上诉审判决。

3. 受领

对财产价值的让与在受让人受领财产之前无法完成，但如果让与对受让人有利，可以推定为受领。迈克尔可能预料到，说服法院相信维克多意在作出生前赠与而非遗嘱赠与，会有一些困难，证明交付要件得以满足会更困难。但即使这两个问题都得以解决，显然受领要件也会成为问题。但奇怪的是，事情的发展并非如此。

（二）初审：战略与战术

仔细分析这个案件，所有的公正都向迈克尔倾斜。显然，凯米亚对此画没有任何道德上的权利要求，维克多希望迈克尔拥有它。维克多和他的第三任妻子拉泽特买了这幅画。凯米亚对向迈克尔的赠与知情。也没有证据显示维克多没有为凯米亚做准备。实际上，她一定是遗嘱的另一个受益人，因为她主张根据遗嘱她应当取得这幅画。在后母——第四任妻子——与死者的儿子的争斗中，后母一定显得更贪婪无情。对于一个抱持同情执行维克多意愿的法院而言，很容易认定此赠与有效。维克多信件的用语和他之后关于已经将画送给迈克尔的陈述，为推断出他意在为生前赠与，提供了有利的依据。信件的交付显然满足了加利福尼亚州州法对于此类赠与的要求。即使法院认为应当适用纽约法，反对迈克尔的权威主张对于当代世界也相当陈旧且多有弊病。哪个 20 世纪 80 年代的法院会认为一幅价值巨大的画作的赠与不能通过书面文件的交付作出，或——通过写信——不能在赠与的同时保留终身权利？保罗·惠特比，凯米亚的律师，碰到了一个棘手的案件。[50]

一开始，在迈克尔和他的律师威克多·马斯金看来，他们最大的困难是越过《纽约州死者生前口头承诺法（New York Deadman Statue）》[51]，并说服法院，1963 年维克多只是为了避免潜在的财产税或遗产税，他真实的意图是将权利整体让与迈克尔，而不是为自己保留终身权利。对保罗·惠特比而言，他的问题在于，如何说服法院无视维克多赠与信件的措词，确认维克多并不想立即赠与，或采取陈旧的关于动产之

---

[50] 即使他本人也说，每个人都知道 Victor 希望 Michael 取得这幅画。前注与 Paul Whitby 的电话交谈。

[51] The Deadman statute 不允许将与死者的个人交易或交流作为一方的证据。因而 Michael 就无法将他写给 Victor 的对赠与的感谢信和其他与 Victor 的交流作为证据。Appellant's Brief, App. Div. pp. 49 - 52 以及 Appellant's Reply Brief, App. Div. pp. 27 - 28 中提到，Michael 提交的证据被不当排除。Appellant's Brief, App. Div. p. Addendum 6 中有一份 the Deadman Statue 的复印件。

交付或未来权益设定的立场，或逾越关于受领的有力推定。如果法官对赠与法抱持哪怕是一点的进步或批评态度，并赞同应当尽可能尊重维克多的意愿，那么惠特比的问题都将几乎无法跨越。在经历了七天的审判后，法官公布了一份冗长的审判意见[52]，其中他在每个实质问题上都支持了凯米亚的主张。[53] 初审法官判决适用纽约法，此赠与无效，因为没有将此画现实交付于迈克尔，因为维克多意图并已经为自己保留了终身权利，并且不希望赠与在他死亡之前生效。他还认为欠缺受领也是造成赠与无效的原因。这是如何发生的？通过惠特比四个精巧的法律谋略。

首先，惠特比申请分别审理（bifurcate the trial）* 获得成功，因而迈克尔是否对画作享有权利成为首先被审理的问题。只有迈克尔成功地使赠与的效力得到确认，法院才会审理救济问题。分别审理即不必考量维克多去世后凯米亚关于此画的言论和所为的证据。唯一有关的证据是维克多是否对迈克尔作出有效的赠与。这一点非常重要，因为惠特比不希望有关维克多死后凯米亚所为的证据对审理产生影响。审理时她甚至没有来纽约。[54]

其次，惠特比成功地暗中构建了一个适用纽约法的案件。为了避免他的意图被发现，他并未将审前摘要（pre-trail brief）归档。相反，他为每一个他预计可能在庭审中出现的问题都做了单独的摘要，并在适当的时候使用它们。最后，他将一份包括凯米亚所有主张的审后摘要（post-trail brief）归档。在对迈克尔的证人进行交叉询问时，惠特比小心地回避了任何可能提示加利福尼亚的问题。相反，他提了很多关于他们与维克多在纽约共处，维克多在纽约的活动，维克多在纽约的公寓等方面的问题。据惠特比所言，在原告举证完毕后，有很多关于维克多与纽约之联系的证据，而关于他与加利福尼亚之联系的证据则很少。[55]

再次，惠特比辩称维克多的动机是规避他去世后关于此画的财产或遗产税，而不是将此画的现时利益让与迈克尔。依据是，维克多在5月22日关于其来信目的的陈述："以便将来在我去世后，你可以不必支付遗产税即取得这幅画"，以及他没有标记画作，将此画借给博物馆时在展

---

* 指审理分成两个阶段进行。如在刑事案件中对被告人是否有罪与判处刑罚，或被告人是否有罪与是否精神错乱分开审理；在人身伤害案件中对责任与损害赔偿问题分开审理。——译者注

[52] 我并没有见到审判意见。但据 Paul Whitby 所言，它有 70 页或 80 页的篇幅。他在审后摘要中仔细探究了其中的分析。与 Paul Whitby 的谈话。

[53] 他没有支持 Kemija 试图排除的证据，不同的证人作证 Victor 曾告诉他们将画作送给了 Michael。

[54] Michael 最初反对这项申请，但随后同意推后审理画作的权利问题。他后来以误解了最先审理的问题的范围为由，上诉请求驳回申请重新审理——尤其是 Kemija 被支持的抗辩，即 Michael 为了交换后来的其他赠与，已经放弃了对画的权益，并将其还给他父亲，这个问题应当在下一阶段审理。See Appellant's Brief, App. Div. p. 56, Respondent's Brief, App. Div. p. 66. Michael 上诉审获胜，Kemija 似乎并没有继续追究此权利放弃问题。

[55] 也许关于 Victor 与 California 之联系的证据比 Whitby 在谈话中告诉我的更多，但它们没有说服法院。See Appellant's Brief, App. Div. pp. 7 - 9.

览列表上也没有显示迈克尔的权益。他还辩称，维克多对占有的保留，他支付保险费，拒绝允许将画送至纽约展览，以及他在出口许可申请表上的陈述，即他在遗嘱中将此画留给继承人，都证明他确实不愿意在去世之前放弃对画的支配。此外，维克多没有做赠与税备案，或遵从律师关于如何作成赠与的建议，都使惠特比得以将维克多描述成一个逃税者，不会按照法律的要求而是根据自己的方式行事。[56]

最后，惠特比的袖管里还藏了另一个惊喜。他把迈克尔唤至台阶处，并向后者出示了他在与第一任妻子苏珊娜离婚程序以及其后关于子女抚养程序档案中的宣誓口供。[57] 没有任何一份宣誓将系争画作列为迈克尔的财产。尽管迈克尔极力反对[58]，称对此宣誓口供的使用不当，但法官还是允许它们作为证据。显然这些宣誓口供将迈克尔置于法院的阴暗角落，它们被称为“谴责证据”（damning evidence）[59]，并成为法院认定迈克尔没有受领赠与的依据。迈克尔的律师威可多·马斯金相信，他们初审失利就是因为这些宣誓口供。[60]

至此，谜底被揭开了。通过不让凯米亚出庭，将注意力集中于父亲与儿子明显的道德缺陷，惠特比逆转了此案的情感天平。初审法官完全被他牵引，并采纳了对案件事实最有利于凯米亚的解释，并决定遵循古纽约先例中陈旧的理论。那么上诉审中发生了什么？上诉审法官是否继续遵从初审法院关于维克多之意图的认定或对法律的解读？你可能已经知道了答案，但请容许我再多说几句。我可能会告诉你一些有趣的东西。

三、法律故事，第二部分：上诉

迈克尔向纽约最高法院上诉分庭第二审判庭对此判决提出上诉。在口头辩论阶段，四名法官就迈克尔的宣誓口供对威可多·马斯金进行了盘问。他极力辩称上述宣誓口供不应决定本案——它们在赠与发生后七至十年归档，有其他证据证明迈克尔愉快地受领了赠与。对法官关于迈克尔作为一名律师似乎在法律审理中作出了误导性宣誓口供之担忧，马斯金的回应是，他向法院保证，他已经与他的当事人进行了一次诚恳的

---

[56] Appellant's Brief in the Appellate Division 第 12 页中反驳道，“审判中对于 Victor 并非意在赠与而是为了规划逃税的术语暗示违反了下述规则，即‘推定意图符合法律，除非有合理确定的证据排除清白’…… [此后省略]”。

[57] Respondent's Brief in the Appellate Division at pp. 38 - 42 描述了这些宣誓口供。

[58] See Appellant's Brief in the Appellate Divison at pp. 34 - 43.

[59] See quotation at note 66，infra.

[60] 与 Victor Muskin 的电话交谈。

交谈，后者已经完全理解了此事的严重性。显然上诉分庭对此回应很满意，他们一致同意驳回初审判决，并认定事实为，维克多意在作出即时赠与，并同时为自己保留了终身权利。

有意思的是，上诉分庭认为，初审法院非常在意的法律的选择问题并不重要。虽然有拉姆齐地产案与扬诉扬案，法官们还是推断认为，纽约法事实上与加利福尼亚法相同。法官们直奔信件的交付能否使赠与生效这一问题，并迅速得出结论，根据普通法，将书面声明交付于受赠人作为赠与的证明可以使赠与生效[61]，而且纽约法中也很确定，生前赠与可以通过书面文件作出。它指出，虽然对于死者所为之口头财产赠与主张尚可保留怀疑，但此保留态度不应适用于书面赠与。[62] 法院拒绝将扬诉扬案中的陈述作为至理名言，并将拉姆齐地产案的主张视为特殊情况。基于其他先例，法院推断认为，在纽约，可以作出动产之未来权益的赠与。惠特比代表凯米亚所主张的对无体物赠与与动产赠与的区分[63]，在该法院看来没有意义。

法院认为赠与信件无疑确证了维克多对迈克尔作出剩余权利赠与的意图。信中的表述与维克多事后的表述，即他已经将此画送给儿子，引导法官作出结论，显然维克多意在作出未来权益的即时赠与，而非未来让与。维克多没有备案赠与退税，这一点虽然在初审法院看来"非常重要"，但在上诉分庭看来，只具有"边缘意义"[64]。既然被陈述的赠与目的是避免财产税，从没有作出赠与退税备案推导出欠缺赠与意图就没有太多意义。维克多避免财产税的意图，在上诉分庭看来，毋宁进一步证明了他意在作出生前赠与这一意图——否则他的目标将无法实现。当然，查明维克多为自己保留了终身权利，上诉分庭有效地阻止了维克多逃避财产税的计划。[65]

上诉分庭还认为维克多1979年在出口许可申请表上关于他遗嘱将此画留给他的继承人的陈述无关紧要。因为该陈述发生在赠与信件寄出之后的16年，而且与他之前关于他长期坚持的无论是口头上还是书面上的表述，即他已经将此画送给迈克尔，不一致。最后，法院还否认了初审

---

[61] 当然，这是英国自1468年以来的规则。See Stone, supra note 45, at 199.

[62] 488 N. Y. S. 2d at 404. 关于法院对此问题的全面审理文本，请参见注70处的正文。

[63] Respondent's Brief, App. Div. p. 38.

[64] 488 N. Y. S. 2d at 407.

[65] 根据Internal Revenue Code § 2036，赠与人对终身权利的保留将导致赠与财产的全部价值都被视为赠与人的财产。Paul Whitby相信这是上诉分庭对Michael违背宣誓口供的惩罚。与Paul Whitby的电话交谈。Victor Muskin则认为法院的裁判有"大智慧"，因为它在将此画所有权裁判给Michael的同时，又因为可能课予的税负使他最终在经济上无法保留它。与Victor Muskin的电话交谈。然而，Michael却告诉我，他实际上并没有缴纳关于此画的财产税或遗产税，只是保险与安全费用使他无力承担。此画自1972年出国后再未归国一事实，也许可以解释为什么他没有为此画支付税金。

法院关于迈克尔没有受领赠与的结论。法院认为[66]：

> 就本案而言，赠与信件的交付即构成有效的交付，并且没有实质性的证据证明受赠人曾拒绝或否认这些文件……鉴于此，我们不能同意一审期间的结论，即原告在他的婚姻诉讼中提交的财产宣誓口供中没有将此画列入，构成未受领的"谴责证据"。实际上，如果在辩论过程中采纳此证据，我们也无法看出它为何被认为如此重要……在离婚诉讼中未将此画的剩余利益涵括在财产宣誓口供中，并不能合理地支持此推论，即原告从未受领赠与。从离婚宣誓口供中将其省略显然指向其他更合理的推断……

因而，上诉分庭的判决完全支持了迈克尔的主张，正如初审法院完全支持凯米亚的主张一般。没有受到初审的情绪氛围影响，上诉审法官们越过关于避税的主张与误导性的宣誓口供，看到并贯彻了维克多将此画赠与儿子的清晰意图。此案发回重审后，初审法院判令凯米亚支付 250 万美元，即此画的估价。之后她向纽约上诉法院提起上诉。[67]

在上诉法院，尽管诉讼摘要中提到威可多·马斯金，但迈克尔代表自己在庭审中为自己辩护。保罗·惠特比详细回忆了他到达奥尔巴尼（Albany）出庭时，他很疑惑为什么会有那么多媒体记者围在法院周围。尽管克里姆特的画非常有价值，但他认为也不至于使媒体对它产生如此大的兴趣。事实上，他确实没错。格伦案原本被安排在当天庭审的第一个，但因伯恩哈特·戈茨案（Bernhard Goetz）而被推迟。提醒大家，就是戈茨 1984 年 12 月 24 日在曼哈顿地铁枪杀了四名黑人青年，他声称自己的行为是在被他们勒索 5 美元时的自卫行为。[68] 媒体在周围逗留并非为了格伦案，显然此案没有新闻价值。[69] 上诉法院一致同意维持上诉分庭的判决。

似乎只有在一个问题上，上诉法院与上诉分庭的观点不同，即是否总是可以通过书面文件的交付作出赠与。上诉分庭完全认可下述观念：以即时赠与的意图交付书面文件有效，它如此表述[70]：

> 在普通法中，将证明赠与的文件交付于受赠人可以使财产赠与生效……如果以此方式让与财产，文件本身的交付就满足了"交付"

---

[66] 488 N. Y. S. 2d at 407 – 08.

[67] 当时地还有上诉权，但若在当今则不可能。与 Paul Whitby 的谈话。

[68] 关于其中一个因而瘫痪的青年对 Goetz 提起的民事诉讼（他获得了 4 300 万美元的赔偿判决）请参见 www. courttv. com/archiv/verdicts/goetz. html，Goetz 从纽约市迁出，请参见 www. s-t. com/daily/05－96/05－03－96/2goetz. htm。

[69] Paul Whitby 说他要说的话都在诉讼摘要中，他到庭只是为了回答法院的问题。与 Paul Whitby 的谈话。

[70] 488 N. Y. S. 2d at 403 – 04.

要件……重复的交付并不必要……在口头赠与情形，交付的事实是以证据的方式辅助确认赠与人的意图，以避免欺诈性主张……上述政策考量并不适用于通过书面的赠与，因为，正如一位评论者所指出的，"书面表达载体的交付＊＊＊要求赠与人的高度审慎，根本上更高于手头交付，是对赠与发生这一事实最清楚和最有说服力的证据"[米切姆（Mechem）："动产赠与的交付要件"（The Requirement of Delivery in Gifts of Chatttles），21 *Ill. L. Rev.* 568，586]。

上诉法院的观点则更谨慎。它如此表述[71]：

　　……构成交付"必须根据案件的具体情形具体判断"……此规则要求"'满足赠与的交付必须与财产的性质，以及双方当事人根据情形与环境可能允许的方式完全相符'。"……

　　被告声称如果动产中的一个有体物是赠与的标的，那么对此画本身的现实交付是交付的最佳形式，并且也应当如此要求。在此案中，当然，只有维克多·格伦作出赠与声明的信件之交付。被告认为应当适用的规则一般意义而言是正确的，但它忽略了下述事实，即维克多·格伦赠与原告的，并非对克里姆特画作的完整权利，而是在他去世之前都不得占有的权利。在此情形下，法律如果要求赠与人放弃正是他意在保留的占有，不符合逻辑。

纽约州上诉法院是否的确相信，如果一项动产可轻易被现实交付，而意在作出动产赠与之人将明确记载了财产赠与意图的书面文件交付于受赠人，则无法成立有效的赠与，"它在一般意义而言是正确的"？我希望不是，但只有时间会告诉我们答案。

四、结　语

上诉法院支持了迈克尔的主张，但这对他是否确有好处？凯米亚并不在美国而且不肯透露此画的去向。但有一天，迈克尔出乎意料地收到一封简信，写着类似"好吧，这是你的画"的内容。信中还附有某个瑞士银行的保险库收据。他立即飞往瑞士苏黎世，出示收据后获得了此画。[72] 不过他并没有将此画带回家，而是安排它在伦敦索斯比拍卖行

---

　⑰　496 N. E. 2d at 874（斜体为原文格式）。

　⑱　Whitby 说在上诉法院审判之后，他给 Kemija 写了一封信，告诉她他已经尽力，并告诉她应该把画交给 Michael。他不知道这是否对 Kemija 的让步产生了影响。

（Southeby's）出售。⑦ 1987 年 6 月 30 日，索斯比拍卖行以 330 万英镑（约 533.6 万美元）的价格将此画出售。买主是一个伦敦商家马尔伯勒美好艺术馆（Marlborough Fine Art），此次交易创下了克里姆特作品价格的新纪录。⑦ 买主做了一次明智的投资。10 年之后的 1997 年 10 月，此画又一次在伦敦被拍卖，这次是在克里斯蒂拍卖行（Christie's），卖出了 1 450 千万英镑（大约 2 350 千万美元）的高价。⑦ 这次拍卖不仅再次刷新了克里姆特作品的价格记录，也几乎比之前卖出的任何 19 世纪与 20 世纪日耳曼学派的画作都高出近一半的价格。⑦ 这是当时五幅古堡画作中唯一没有被博物馆收藏的一幅⑦，最终被罗马国家当代艺术美术馆（Galleria Nazionale d'Arte Moderna）收藏。⑦

1994 年，凯米亚在维也纳去世，终年 57 岁。⑦ 迈克尔继续在纽约做执业律师。2002 年，他加入了一个新的事务所继续从事土地使用方面的案件工作。2000 年，他作为当代艺术博物馆周边居民的代理人，反对该博物馆的扩张计划，包括兴建电影院、旅馆、教育分支机构、几个新的画廊，以及通往第 53 号大街西口的新通道。⑧ 迈克尔和他的妻子瓦妮莎（Vanessa）都是市政艺术协会（Municipal Art Society）的成员，并且都积极参与了抗议活动，要求控制妨碍纽约人行道的报箱。⑧

保罗·惠特比从私人律师事务所离职，因为他越来越发现这份工作不合心意⑧，并成为范·瓦格纳通信有限责任公司（Van Wagner Communications LLC）的企业法律顾问，他很满意这份工作。与在之前的诉讼实践中他总是发现人们最恶的一面不同，现在他与"诚信聪明的人"一起从事有意义的交易。⑧ 威可多·马斯金与保罗·惠特比在格伦案后

---

⑦　Michael 说此画价值巨大以至于很难维护。保险与保安问题复杂，费用昂贵。与 Michael Gruen 的谈话。

⑦　The Financial Times (London)，July 1，1987，Section 1；The Arts，p. 21.

⑦　Id.，Oct. 10，1997，Section News-UK，p. 9.

⑦　International Herald Tribune (Neuilly-sur-Seine, France)，Oct. 25，1997，Section Special Report，p. 10. 它同时也是当时伦敦拍卖场卖出的画作中价格第三的作品。

⑦　The Financial Times (London)，Oct. 10，1997，Section News-UK，p. 9.

⑦　http：www. expo-klimt. com/1 _ 3. cfm？ ID＝－334260456.

⑦　Social Security Death Index，http：//ssdi. genealogy. rootsweb. com/cgi-bin/ssdi. cgi.

⑧　New York Times，Sept. 3，2000，Section 1，Page 38，Col. 4：" 这些居民说此计划……将为此地区带来无法承受的交通压力，而且会妨碍他们观赏纽约的地标性建筑 St. Thomas Church 彩色玻璃窗的壮丽景色。"

⑧　Clyde Haberman，Foot Traffic Blocked by the Box，New York Times，Dec. 9，2000，Section B，Page 1，Col. 1；Boxes are Only One Way to Distribute a Paper（Michael S. Gruen 的来信），New York Times，Dec. 30，2001，Sec. 14，p. 13，col. 1. New York Times 分别于 2000 年 6 月 11 日与 2002 年 1 月 20 日刊登了他的两个孩子结婚的消息，并说明 Michael 是 New York Landmarks Conservancy Society 的创始人，是 Municipal Art Society 之法律委员会的成员；Vanessa 是 Municipal Art Society 特别项目的主管。

⑧　在 Gruen 案审理结束后，Michael 向律师协会提出控诉，要求处罚 Whitby，因为他不当使用了 Micheal 离婚诉讼中的宣誓口供。Whitby 说两年后该控诉被驳回，但这种一直悬而未决的感受使他非常不快，即使他认为控告根本不成立。与 Paul Whitby 的电话交谈。

⑧　与 Paul Whitby 的电话交谈。

成为朋友，有时威可多会从事些保罗交给他的工作。最近威可多从单独执业律师变成了纽约市莎伊克特与戴维斯私人顾问公司（Scheichet & Davis，P. C.）的一名顾问。

现在你们已经知道了我可以告诉你们的关于格伦案的大多数信息。希望你们喜欢这个故事。如果你们对更多的细节感兴趣，可以阅读网站中与此书配套的关于上诉审诉讼摘要的内容，根据链接观赏著名的《阿尔特湖古堡 II》，以及其他我在研究中找到的网页。

第 5 章

两姐妹对垒两父子：泽田诉远藤的故事
(Two Sisters vs. A Father and Two Sons: The Story of Sawado v. Endo)

帕特·凯恩 (Pat Cain)

■ 导 言

　　1892 年，夏威夷州通过立法正式采纳了普通法。1959 年，夏威夷成为美国第 50 个州。与 50 这个数字相联系，电视制造商在 1968 年 9 月播送拍摄于瓦胡岛（Oahu）的夏威夷 Five—O 第一集。两个月之后，在瓦胡岛瓦希阿瓦（Wahiawa）镇的人行横道上，泽田雅子（Masako Sawado）与她的姐妹海伦（Helen）被 82 岁的远藤幸吉（Kokichi Endo）所驾驶的汽车撞倒。随之引发了一个简单的侵权案件，但该案最后发展成为该州历史上最重要的普通法财产案件之一。

■ 一、侵权案件

　　雅子与泽田海伦是姐妹。雅子住在毛伊岛（Maui），海伦住在瓦胡岛的火奴鲁鲁（Honolulu）。1968 年 10 月 30 日，两姐妹在瓦希阿瓦镇，大约位于火奴鲁鲁北方 25 公里处。诉讼摘要中并未显示是什么吸引她们来到瓦希阿瓦。20 世纪 60 年代，瓦希阿瓦是岛中央的一个小乡镇，东边与西边边境都有斯科菲尔德兵营（Schofield Army Barracks）驻扎（在电影《从这里到永恒（From Here to Eternity）》中有描述）。北面是都乐菠萝种植园（Dole Pineapple Plantation）。

　　1968 年 10 月 30 日远藤幸吉也在瓦希阿瓦。他与妻子宇目（Ume）生活在这里的威里克纳街（Wilikina Drive）14 号。当时幸吉 82 岁，他的妻子 75 岁。他们只有微博的资产，也没有责任保险。但他们确实拥有自己的房屋，并作为夫妻一体所有人（tenants by the entirety）享有权利。

　　当雅子和海伦姐妹俩正横穿瓦希阿瓦的街道时，幸吉驾车驶入人行横道，将二人撞倒。她们受到了严重的永久性伤害。

　　1969 年 6 月，泽田海伦针对远藤幸吉提起诉讼。两个月后的 1969 年 8 月 13 日，她的姐妹雅子也提出了类似的诉讼。由于某些无法知晓的原因，直到 1969 年 10 月 29 日被告才收到起诉书。两个案件被审理后，1971 年 1 月 19 日，两姐妹获得胜诉（海伦应获得 8 846.46 美元，雅子应获得 16 199.28 美元）。10 天之后，远藤幸吉的妻子远藤宇目去世。

■ 二、财产法案件

　　财产法诉讼的起因，是远藤幸吉没有足以支付侵权案件判决的资产。1969 年 7 月 26 日，仅在泽田海伦提出诉讼之后的一个月，幸吉和宇目就将他们的房屋契据赠与给他们的两个儿子塞缪尔（Samuel）和澈（Toru）。此后不久，他们又将两个银行的所有存款都转移给两个儿子及名为弗朗西斯·S·户谷（Frances S. Todani）的第三人。这些财产移转过程中远藤家的所有成员对上述交通事故均知情。

　　因为将所有的可支配财产都移转给了他的儿子，远藤幸吉无法执行侵权判决。泽田姐妹接着提起了一项针对远藤和他两个儿子的诉讼，要求法院撤销不动产让与，因为该让与构成对她们的权利欺诈。

■ 三、原告论点概要

　　原告诉称，在远藤幸吉和妻子将他们的房屋移转于他们的儿子时，她们已经是他的债权人。在让与之前，这是夫妻一体所有财产。因而，在让与之前，丈夫与妻子对该财产都享有利益。原告的主张仅针对丈夫，所以只有他在此财产上的利益可被追及。当配偶双方作为夫妻一体所有人拥有财产时，配偶的任何一方都享有在他们共同生活期间使用它的权利，在一方去世时，另一方取得此非限嗣继承地产权。如果这对夫妻没有将此财产让与他们的儿子，且妻子比丈夫活得更久，她的生存者权利（survivorship rights）将发生效力，那么原告作为债权人针对此不动产的扣押权（lien）可能无法实现。不过，事实上是丈夫比妻子活的更久，可以被告对非限嗣继承地产权的生存者权益实现原告针对被告在此财产利益上的主张。因而，原告主张，让与应当作为诈欺被撤销，并应允许原告以远藤先生的生存者权益实现她们的权利。

■ 四、被告论点概要

　　被告辩称，当配偶双方作为夫妻一体所有人拥有财产时，他们不仅享有可对抗另一方配偶之债权人的生存者权利，还享有在生存期间对抗此类债权人的权利。1888 年《夏威夷已婚女性财产法案（Hawaii's Married Women's Property Act）》中规定，已婚女性的权利不应当负担丈夫的债务。[①] 而如果在妻子生存期间，丈夫的债权人任何时候都可以丈夫在夫妻一体所有财产中的权利实现债权，即使扣押权不是立即实现，"妻子的权利也将被削弱并受到极大损害"[②]。尤其是，在她与丈夫共同生活期间，"她将被剥夺在她丈夫同意时出卖、抵押或以其他方式让与财产的权利"[③]。被告声称，为了保护已婚女性免受丈夫之债权人的侵害，她对夫妻一体所有财产的全部利益，包括在她生存期间让与其利益的权利，都应当被绝对保护，以对抗丈夫的债权人（想来为了衡平，丈夫也应当被以类似方式保护，以对抗妻子的债权人，尽管这并非本案的争点）。最后，因为在共同让与（joint conveyance）时，该财产不应被丈夫的债权人用以实现债权，被告认为，让与就并非诈欺，因而不应被撤销。相应的，被告继续论证道，两个儿子享有此不动产权利，可对抗泽田姐妹的主张。

五、初审法院的观点

    1973 年 7 月 16 日，初审法官福岛泰隆（Yasutaka Fukushima）判决姐妹俩败诉，拒绝撤销上述让与。福岛法官同意被告关于夫妻一体所有财产让与之性质的观点。他解释道，债权人不应该追及夫妻双方在他们共同生活期间作为夫妻一体所有人共有的财产，因而丈夫或妻子应该可以共同将夫妻一体所有财产移转，作为他们所有权的合法行使。在此观念下，夫妻一体所有财产的移转本身不构成对债权人权利的欺诈。换言之，如果泽田姐妹不能针对此财产实现扣押权，那么她们也不会因为财产被移转于远藤的两个儿子而受到损害。在公开审理中，初审法官指出，鉴于远藤父母的年纪，已经到了他们开始将财产给予孩子的时候。[④]

    初审法官强调，让与财产是所有权的重要体现。他认为，如果损害债权人让与可以撤销是一般原则，那么夫妻一体所有财产就是例外。无欺诈意图的妻子不应该在她生存期间丧失移转夫妻一体所有财产权益的权利，虽然必须经过丈夫的同意。"这是你将拥有一个整体的领域"，福岛法官解

---

①   Hawaii Revised Statutes § 573 - 1.

②   Answering Brief of Defendants-Appelles at 17.

③   Id.

④   Sawada v. Endo, Answering Brief at 6.

释道。"那是他们夫妻一体所有的住宅。没有人可以将它夺走。"⑤

六、此案的上诉

　　泽田姐妹向夏威夷最高法院提起上诉。她们的律师安德鲁·S·哈奈特（Andrew S. Hartnett）在火奴鲁鲁和毛伊岛的怀卢库（Wailuku）都有事务所，1973 年 11 月 26 日，他提交了一份"开庭摘要（opening brief）"。1974 年 4 月 8 日，乔治·M·高根（George M. Takane）代表远藤家提交了"答辩摘要（answering brief）"，7 月，安德鲁又提交了"答辩回复摘要（reply brief）"。双方摘要的关注点都是《夏威夷已婚女性财产法》对夫妻一体所有的影响。《夏威夷已婚女性财产法》1888 年由夏威夷州议会通过，但尚未有法院就它对夫妻一体所有财产的影响作出裁判。现在，几乎是在它生效 90 年后，"德鲁"哈奈特，在他法律执业的第 7 年，准备为他的案件在夏威夷最高法院作出辩护。法院面临的问题是："配偶一方对夫妻一体所有财产的利益，是否应被该方的单独债权人所涉及和/或执行。"⑥

七、英国普通法中的夫妻一体所有

　　在普通法中，根据受丈夫保护（coverture）理论，已婚女性不享有法律主体资格。她们不能订立契约，也不能负担债务。她们不能拥有财产。只有丈夫可以拥有并管理财产。丈夫与妻子之间也不能订立契约，因为，正如布莱克斯通所解释的，他们是一个人而不是两个。结婚时，妻子的动产就成为丈夫的绝对财产。丈夫可以将某些物件赠给妻子使用，如首饰和衣物，但他保留了在生存期间不经妻子同意就处分这些动产的权利（但是，他不能在去世时通过遗嘱将其剥夺）。

　　妻子的不动产在结婚时并不能成为丈夫的绝对财产，但丈夫对妻子的不动产享有广泛的权利。他可以支配、管理或限制它。他可以取得此财产的收益并为了自己而自由地使用它们。既然丈夫可以为自己占有不动产，他的债权人也可以追及它。如果他在婚姻期间没有将不动产占为

---

⑤　Id.
⑥　Opening Brief at 1.

已有，且妻子比他活得更久⑦，她就可以重新获得所有权。如果妻子先去世，丈夫通常以鳏夫产（curtesy）保有权的形式享有对此不动产的终身地产权，只要问题源自婚姻。⑧

如果像布莱克斯通所解释的，丈夫与妻子是一个人，那么丈夫与妻子就不可能成立共同所有。受丈夫保护原则将使丈夫成为唯一的所有者，因为妻子的独立主体地位不存在。事实上，布莱克斯通早期的作品似乎省略了所有会指向被称为夫妻一体所有的配偶共同财产的内容。直至他死后出版的《评注》版本也没有指向这一普通法特别财产制度的内容。理查德·伯恩（Richard Burn）编辑的《评注》第9版，以布莱克斯通手写的对较早版本的批注为基础，有人发现在布莱克斯通关于共同保有权（joint tenancy）之论述的结尾处插入了以下内容：

> 因而，如果一项非限嗣继承地产权（estate in fee）被给予一名男性和他的妻子，他们既非完全的共同保有人（joint-tenants），也不是普通的共有人（tenants in common）：因为丈夫和妻子在法律上被视为一个人，他们不能按部分享有此地产，但双方都对整体享有权利，按整体而不是按份额（per tout et non per my）；结果是，无论是丈夫还是妻子，若没有另一方的同意都不能处分它的任何部分，但地产整体应为生存者保留。⑨

因而，不是将丈夫与妻子仅仅作为共同保有人或按份保有人，普通法推定配偶共有的地产是夫妻一体所有财产。在某种意义上，共有体即此夫妻（当然受丈夫支配），并且此共有体，只要它存在，就拥有财产。与共同保有财产一样，夫妻一体所有也附带着生存者权利。但是，因为财产的所有者是"共有体"而非两个个体，单方脱离所有权整体是不可能的。其结果是，生存者权利坚不可摧。

在普通法之下，与丈夫夫妻一体所有地产的妻子，可以享有如同单独享有不动产时的权利。实际上，她可以享有对非限嗣继承地产的剩余权益，如果她比丈夫活得更久，并且，在她生存期间，她可以享有对财产的完全管理与支配。因而，妻子的不动产无论是单独所有还是与丈夫

---

⑦ 婚姻也可能因离婚而终止，但在英国直至1857年都没有离婚制度。See Lawrence Friedman, *A History of American Law*, 204 (2d ed. 1985). 1820年基督教传教士来到Hawaii后，此地才开始采用普通法原则。1853年，准许离婚的管辖权从国王转移至法院，以过错为前提。See generally Calvin G. C. Pang, "Slow-Baked, Flash-Fried, Not To Be Bevoured: Development of The Partnership Model of Property Division In Hawai'i And Beyond", 20 *U. Hawaii L. Rev.* 1 at 15, n 47 (1998).

⑧ See George L. Haskons, "Curtesy in the United States", *Penn. L. Rev.* 196 (1951). See also Cornelius J. Mohnihan, Introduction to the Law of Real Property at 52 – 55 (1962).

⑨ Quoted in John v. Orth, Tenancy by the Entirety: The Strange Career of the Common-Law Marital Estate, 1997 BYU L. Rev. 35 at 38. 注意："per tout et non per my"可粗略译为"按整体而不是按份额"。Blackstone's Kommentaries 第9版出版于1783年。

共有，都可作为满足丈夫债权人的财产，而若受制于妻子的生存者权利，则以她比丈夫活得更久为前提。

八、普通法在美国

除路易斯安那州以外，美国所有的州都采纳或"继受"普通法为它们自己的法制的组成部分。有时是通过成文法的形式，有时是通过司法裁判的形式采纳（或"继受"）。因而，所有的州（除路易斯安那州以外），即使是实行夫妻共同财产制（community property）的州，都将普通法的受丈夫保护这一基本原则作为州法的可实行部分。[10] 其结果是，大多数州都认可夫妻一体所有是普通法的一部分，只要法律没有废止此制度。如果上述结论可以被认可，那么普通法地产就具有了它在英国普通法中的属性。它将使配偶的任何一方都享有不能剥夺的生存者权利，并且在双方共同生活期间该财产都可以被丈夫的债权人用以满足债权。

在实行夫妻共同财产制、遵从欧陆传统而非英国普通法的州中，婚姻期间所取得的财产一般为丈夫与妻子共同所有。在实行夫妻共同财产制的州中，妻子们被认为享受了更多的保护，因为与实行普通法财产制的州中的妻子们相比，她们被赋予了更多的权利。不过，因为夫妻一体所有的存在，夫妻共同财产制使丈夫获得了对所有共同财产的全部支配。无论在实行夫妻共同财产制的州，还是在实行普通法财产制的州，丈夫的债权人都可以夫妻一体所有财产满足其债权。有些实行夫妻共同财产制的州通过法案，保护妻子对单独财产的利益，以对抗丈夫的债权人。然而，夫妻共同财产仍然可用于偿还丈夫的债务。

九、已婚女性财产法

19世纪中叶，早期的男女平权主义者发起运动，主张结束已婚女性在受丈夫保护原则之下无法律主体资格的情况。在1850年于马

---

[10] 尽管路易斯安那从未采纳英国普通法，但与夫妻共同财产制相关的大陆法制度与受丈夫保护规则也非常相似。例如，直至联邦最高法院宣布州法违宪之前，路易斯安那州法都赋予丈夫对夫妻共同财产的完全支配。See Kirchberg v. Feenstra，450 U. S. 455 (1981)．

萨诸塞州伍斯特（Worcester，Massachusetts）召开的第一届全国女性权益大会（First National Woman's Rights Convention）中，代表们达成如下共识：

> 与夫妻双方相关的财产法，需要彻底地修订，以使夫妻间的所有权利都平等；——妻子在生存期间应当对她们通过共同努力与牺牲而取得的财产享有与丈夫相同的支配权，在丈夫可以成为她的继承人的同等程度上继承丈夫的财产，并应被赋予与丈夫相同的、在她死后通过遗嘱处分共同财产份额的权利。[11]

各州并没有回应男女平权主义者关于制定新的婚姻财产制度的要求。实行夫妻共同财产制的州仍旧实行夫妻共同财产制，适用普通法的州继续维护普通法的受丈夫保护原则。19世纪后半叶，在实行夫妻共同财产制的州中发生了小幅度的改革，保护妻子的单独财产，可以对抗丈夫的债权人。但在接下来的一个世纪中，夫妻共同财产仍然由丈夫完全支配。[12] 19世纪后半叶，在实行普通法的州中，男女平权主义者成功说服州议院制定法律，赋予已婚女性对她们自己的劳动所得以及受赠与或受遗赠所得之财产的有限支配权。

1888年的夏威夷制定法很典型。它规定：

> 单独财产：女性婚前所有的动产与不动产在其婚后仍然是其单独财产，不受丈夫的管理与支配，可以对抗其丈夫的债务与责任；已婚女性可以如同她单身时相同的方式受领、承认收到、保有、管理并处分财产，不论是动产还是不动产。[13]

所有类似制定法都动摇了普通法。因为是成文法解释问题，适用规则要求严格解释这些法律。

没有任何一个州完全放弃了受丈夫保护理论。正如一个评论者所观察到的，很难想象成文法表述可以达到完全废止的效果。也许只有州议院制定条款规定丈夫与妻子的权利应当如同他们从未结婚那样被确定，才可能完全废止受丈夫保护理论。但实际情形并非如此。《已婚女性财产法》假定，婚姻影响了妻子的财产权，并对普通法的受丈夫保护原则影响此类权利的内容作了小幅度的修正并予以具体

---

[11] Quoted in Reva Siegel，"Home as Work：The First Women's Rights Claims Concering Wives' Household Labor"，1850－1880，103 *Yale L. J.* 1073（1994）．

[12] Texas直至1967年都不曾赋予妻子真正意义上的对共有财产的支配权。See Joseph W. McKnight，"Texas Community Property Law—Its Cource of Develedment and Reform"，8 *Calif. Western L. Rev.* 117（1971）．Louisiana直到1980年都没有放弃丈夫是"首领与主人"这一规则。See discussion in Kirchberg v. Feenstra，450 U. S. 455（1981）（认为1980年之前Lousiana法违反了平等保护条款）。

[13] Hawaii Stat. § 573－1.

化。因而，例如，一个允许女性以自己的名义通过赠与取得财产的州，并不一定放弃受丈夫保护原则使妻子可以自己的名义通过买受取得财产。她丈夫在受丈夫保护原则下所拥有的她的劳动所得，也不会成为她的单独所有财产。[14]

■ 十、已婚女性财产法与夫妻一体所有的废止

在大多数实行普通法财产体制的州中，《已婚女性财产法》的颁布都使已婚女性获得了以自己的名义保有单独财产，以及与丈夫以普通共有（tenants in common）或夫妻一体所有的方式共有财产的权利。在《已婚女性财产法》生效之前实施普通法的州中，夫妻共同所有权的原本形式是夫妻一体所有，以丈夫与妻子是同一个人的法律拟制为基础，但此观念恰是《已婚女性财产法》意在废止的。无怪乎在这些《已婚女性财产法》实行后紧接着的数十年间，承认了夫妻一体所有的州现在都面临着这一问题：以丈夫与妻子是同一个人的法律拟制为基础的夫妻一体所有是否应当继续被认可。

在 50 个州中，有 42 个州实行普通法财产制，8 个州实行夫妻共同财产制。实行夫妻共同财产制的州不可能将夫妻一体所有作为它们的普通法规则，因为丈夫与妻子获得的财产都被假定为夫妻共同财产。因为夫妻共同财产制中没有生存者权利，夫妻一体所有中不可废止的生存者权利与婚姻财产的基本观念相悖。尽管有几个实行夫妻共同财产制的州确实在制定法与判例法中都提到了夫妻一体所有，但似乎没有任何一个认可该制度存在于它们的普通法中。事实上，得克萨斯州的夫妻共同财产制与配偶的生存者权利如此不协调，以至于最近的《遗嘱检验法（Probate Code）》宣布："废止夫妻一体所有。"[15]

但相反，多数实行普通法财产制的州都承认了夫妻一体所有，这与它们"继受"英国普通法相一贯。但也有些州认为附带生存者权利的夫妻一体所有对美国并不适用，很大程度上是因为生存者权利的特征影响了土地的自由让与性。既然夫妻一体所有创设了不可废止的生存者权

---

[14]　See, e. g. , H. Apple & Co. v. Ganong, 47 Miss. 189 (1872).

[15]　But see Chandler v. Kountze, 130 S. W. 2d 327 (Tex. Civ. App. 1939)，令状被驳回（认为尽管被称为夫妻一体所有的普通法制度已经被制定法废止，但当事人可以通过契约或意思表示设定生存者权利）。附带生存者权利的夫妻地产权在 Texas 法中经历了一段痛苦的历史。See Joseph W. McKnight, "1988 Annual Survey of Texas Law: Family Law: Husband and Wife", 42 *Sw. L. J.* 1, 10 - 13 (1988).

利，它就应该比单纯的可分割的共同保有更不值得赞同。⑯

随着《已婚女性财产法》的施行，有更多不利于夫妻一体所有的因素出现。其中不仅有尽早转让和自由让与以支持经济发展的国家需要，夫妻一体所有制还面临着来自为财产制度改革而奔走的平权主义者核心理念的挑战：妻子是一个自在独立的人。

奇怪的是，在男女平权主义的婚姻财产改革的大多数历史中，并没有实质性地提到夫妻一体所有。因而，看来这一在夫妻一体理念关照下的特殊制度并非早期男女平权主义者的首要攻击目标。虽然如此，在《已婚女性财产法》施行后，当全国的法院与立法机构面临夫妻一体所有是否仍有效的问题时，法院与立法机构也经常会为男女平权主义者提供拒绝承认此制度的正当化理由。

例如，阿拉巴马州（Alabama）最高法院作出如下推断："根据此项立法，至少在实际获得单独地产的能力方面，普通法上的一个法律主体被分解为两个不同的主体，……两个受赠人都可以单独受领，而不能如同他们是同一个人那样，要求他们一体受领。"⑰

内布拉斯加州（Nebraska）在与该地区固有的法律系统不相龃龉的程度内，通过制定法采纳了英国普通法。内布拉斯加州最高法院，认为夫妻一体所有与1900年的婚姻制度不相一致，因而它从不是内布拉斯加普通法的组成部分。⑱ 法院解释道："普通法旧有的丈夫与妻子一体性的观念几乎已经消失。女性的独立性不能被其丈夫吸收。她不再受他的支配或控制。相反，在法律上，丈夫与妻子被认为是平等的……"

尽管上述观点认为丈夫与妻子一体性的观念已经陈旧，但还是有大约一半适用普通法财产制的州在《已婚女性财产法》通过后仍然承认夫妻一体所有。例如，宾夕法尼亚州（Pennsylvania）最高法院表示："立法设计是单一的。不是去破坏丈夫与妻子的一体性，而是保护妻子的财产，将它们从丈夫的支配下剥离。"据此，《已婚女性财产法》并未说明已婚女性与她的丈夫享有的地产权是什么性质。他们唯一关心的毋宁是，无论此地产权的性质如何，它都可以被保护以对抗丈夫的债权人。

有些州通过立法宣布夫妻一体所有是共有的一种形式，在州法下被允许。夏威夷即属此类。1903年，州议会采纳了现在成为《夏威夷法律汇编（Hawaii

---

⑯ 美国大多数州通过制定法废止了普通法共同保有，也就是只要四个"共同"被满足，该地产权即自动产生。相反，共同所有权只被假定为产生了普通共同保有。可能有人认为需要一个相似的成文法取消普通法的夫妻一体所有。但至少有三个州的法院更愿意认为该制度并非它们的普通法的组成部分，尽管受丈夫保护原则是其组成部分。See, e. g.，Iowa, Conn. Ohio. See Sergeant v. Steinberger, 2 Ohio 305（1826）；Whittlesey v. Fuller, 11 Conn. 337（1836）；Hoffman v. Stigers, 28 Iowa 302（1869）.

⑰ Walthall V. Goree, 36 Ala. 728, 735（1860）.

⑱ Kerner v. McDonald, 60 Neb. 663, 84 N. W. 92（1900）. See also Whyman v. Johnston, 62 Colo. 461, 163 P. 76（1917）.

Statues)》第 509-1 条的规定。该条文从未被修订过。它的规定很简单:

> 所有针对两个或两个以上主体所为的土地或土地利益的授予、转让与遗赠，都必须被设立为普通共有，而非共同保有或夫妻一体所有，除非法律文书的意旨明确显示其目的是创设共同保有或夫妻一体所有；本条不应适用于对个人代理人或受托人的授予、转让与遗赠。

该条文并未试图通过描述夫妻一体所有的性质对其予以界定。它所做的只是规定了创设该地产权的要件：明确的意思表示。

■ 十一、已婚女性财产法与夫妻一体所有的新界定

鉴于欠缺成文法对夫妻一体所有的界定，意图认可此制度存在的法院面临的另一个问题是，该制度的本质特性是什么。生存者权利的不可废止性是普通法上它首要被界定的特性。所有的州都承认，在《已婚女性财产法》通过之后，该特性仍然存在。因而，配偶任何一方都不得单方让与夫妻一体所有财产中的利益，如果它会使配偶另一方的生存者权利落空。此外，配偶任何一方都被视为至少拥有两项对此财产的明确利益：(1) 对财产进行现时使用、收益的权利，以及 (2) 如果该方配偶比另一方活得更久，将来取得整体财产的权利。

使各州产生分歧的问题是，配偶一方可单独让与上述两项权益中的一项还是两项。对此问题的回答，是决定配偶一方的债权人能否追及此夫妻一体所有财产具有关键性的第一步。无论一个个体可以让与的权益是什么，该权益都应当可被他的债权人追及。在泽田上诉时，有四种可能性：

> 裁决 1 (3 个州)：根据传统普通法规则，授予丈夫对妻子的所有财产进行使用、收益的权利，丈夫可以让与上述权益以及他可能的生存者权利。因而他的债权人可以追及夫妻一体所有财产，只受制于妻子对生存者权利的主张。马萨诸塞州最初遵从了此裁决。[19]

⑲　See Oval A. Phipps, "Tenancy by Entireties", 25 *Temple L. Q.* 24 (1951) (Sawada 案的原告与被告代理律师都在很大程度上借鉴了此文献)。Phipps 认为适用此裁决的三个州是 Massachusetts, North Carolina, 以及 Michigan。Massachusetts 最近通过制定法实现了配偶平权，如此，配偶任何一方的债权人可追及的该方配偶的权益都受制于非债务人的配偶一方的权利。实际上，债权人只是取得了可废止的利益，除非作为债务人的配偶一方活得更久。关于 Massachusetts 夫妻一体所有的历史与新法的影响之详细论述可参见 Coraccio v. Lowell Five Cents Saving Bank, 415 Mass. 145, 612 N. E. 2d 650 (1993)。North Carolina 制定法之夫妻平权下，夫妻一体所有享有相同的保护，可对抗配偶双方的债权人。虽然一个较早的 Michigan 判例承认了普通法上丈夫的权利，即管理夫妻一体所有的收益，但 Michigan 法从未认可配偶一方可以让与夫妻一体所有财产之利益的权利。因而，Michigan 与 North Carolina 一样，都实际上排除了配偶任何一方的债权人追及夫妻一体所有财产的可能。

裁决 2（5 个州）：因为《已婚女性财产法》意在使配偶双方的权利平等，因而妻子的债权人应该在与丈夫的债权人相同的程度上追及夫妻一体所有财产。配偶任何一方都应当被视为对夫妻一体所有财产享有两项权益，即现时的使用收益权与未来可能取得的对非限嗣继承地产的生存者权利。因而，配偶一方的债权人应当可以追及该方针对此财产的两项权利，但受制于非债务人的配偶一方的权利。阿肯色州（Arkansas）似乎早在 1895 年即循此进路。[20]

裁决 3（10 个州与哥伦比亚特区）：该裁决创立了对债权人的绝对排除。他们不能追及作为债务人的配偶一方的任何利益，除非配偶另一方共同让与或同意此行为。此进路背后的理论是，配偶任何一方都不得单方让与他或她的利益。其结果是，在婚姻存续期间，没有债权人可以追及夫妻一体所有财产。佛罗里达州（Florida）自 1920 年起即循此进路。[21]

裁决 4（2 个州）：在两个州中，债权人不得追及此类财产的任何现时收益，但可以追及作为债务人的配偶一方的生存者权利。如果非债务人的配偶一方活得更久，那么债权人什么也得不到。[22]

圣路易斯大学（St. Louis University）法学院院长奥瓦尔·A·菲普斯（Oval A. Phipps）在《寺院法季刊（Temple Law Quarterly）》中详细讨论了上诉四种可能的进路。[23]他将 19 个州归列为承认夫妻一体所有的州，并将它们根据上述四种进路进行了分类。29 个州被他认为没有承认夫妻一体所有。[24]本案的原告与被告律师都在很大程度上借鉴了这篇文章，并认为其他州的做法可以支持他们各自的委托人的主张。

十二、上诉审中原告的论证

菲普斯院长描述的四种裁决中有三种（即，裁决 1，2，4）可以支

---

[20] See Branch v. Polk, 61 Ark. 388, 33 S. W. 424 (1895). Phipps 也将 New Jersey, New York, 以及 Oregon 归入此类。Alasaka 也如同 Massachusetts 一样循此进路。See note 18［疑为 note19——译者注］。

[21] Ohio Butterine Co. v. Hargrave, 79 Fla. 458, 84 So. 376 (1920)。除了 Florida 与 District of Columbia 以外，根据 Phipps 的文章，此类州还包括 Delaware, Indiana, Maryland, Missouri, Pennsylvania, Rhode Island, Vermont, Virginia, 以及 Wyoming。

[22] Phipps 列举的两个州是 Kentucky 与 Tennessee。See, e. g., Cochran v. Kerney, 72 Ky. 199 (Ky. App. 1872)（指出，若允许丈夫的债权人在妻子生存期间追及收益，将损害她的现时利益，但认为他的生存者权利可以被追及）。

[23] Oval A. Phipps, "Tenancy by Entireties", 25 *Temple. L. Q.* 24 (1951).

[24] 在 Phipps 院长就此文章进行研究时，Hawaii 与 Alaska 还不是美国的州。因而它们并未被纳入研究范围。不过，正如 Sawada 案法院所指出的，Alaska 最终加入了遵循裁决 2 的州。这 29 个州中有 8 个州适用夫妻共同财产制。

持原告所诉求的结果。然而，允许丈夫的债权人追及夫妻一体所有财产的裁决 1 并不能在夏威夷适用，因为它与夏威夷《已婚女性财产法》中妻子的财产可以对抗丈夫的支配与债务之规定相悖。泽田雅子和海伦两名原告主张夏威夷应当适用裁决 2。实际上，无论裁决 2 还是裁决 4 都可能实现两姐妹的计划，因为此案中远藤夫人比远藤先生更早离开人世。没有人主张对现时收益的权利。受到威胁的只是远藤先生的生存者权利。

泽田姐妹的律师历数了对他们有利的州，不仅包括允许债权人追及丈夫对夫妻一体所有财产之权益的 7 个州[25]，还包括 21 个因该制度与《已婚女性财产法》对婚姻共同体的观念相悖而废止或未曾认可夫妻一体所有的州（这些州适用普通法）。根据他的计算，在 41 个州中有 28 个[26]都与他们的主张相同，因而他们显然与明显的大多数站在一起。[27]

■ 十三、上诉审中被告的论证

与之相较，被告的律师将关注点放在承认夫妻一体所有的 20 个州。[28] 根据他的计算，"决定性的权重"站在他这一方。20 个州中的 10 个，以及哥伦比亚特区，都遵从裁决 3。裁决 1 无法适用，因为它维持了普通法中仅允许丈夫的债权人追及此类财产的规则。此外，根据被告的观点，裁决 2 与裁决 4 将夫妻一体所有转变成为其他的制度：附带不可剥夺的生存者权利的共同保有权。被告辩称，如果夏威夷最高法院遵从此进路，它将实际上创立一种普通法中不存在的所有权的新形式。此种法律的变更应该是立法者的工作，而非法院。此外，此种进路将无法保护远藤夫人的任何权利。她，以及所有拥有夫妻一体所有财产的已婚女性，都有在生存期间与丈夫共同让与此财产的完全既定的权利。《已婚女性财产法》保护她的所有权利，以对抗丈夫的债权人。因而，她有共

---

[25] 即遵循裁决 2 与裁决 4 的州。

[26] 这 41 个州包括除适用夫妻共同财产制的 8 个州和 Hawaii 以外的所有州。原告的律师实际上把适用夫妻共同财产制的州与适用普通法财产制的州算在一起，主张有 29 个司法管辖区废止了夫妻一体所有。Reply Brief at 13. 该陈述具有一定的误导性，因为它将把 8 个适用夫妻共同财产制的州（California，Arizona，Texas，Louisiana，Washington，Idaho，Nevada，以及 New Mexico），与虽适用普通法但实际上从未承认夫妻一体所有的 3 个州（Connecticut，Ohio，以及 Iwoa）也计算在其中。

[27] 可商榷的是，他也可以遵循裁决 1 的 3 个州为论据，因为既然丈夫的债权人可以追及普通法之下的财产，他们也应该仍可以追及在当代规则下的财产，如果妻子的利益得到充分的保护。只要妻子先于丈夫去世，也就没有值得保护的利益。

[28] "在上诉审中，我们不会关注不承认夫妻一体所有的 29 个州，而只关注承认此制度的州。"Answering Brief at 29.

同让与此财产于他们的儿子的绝对权，可对抗泽田姐妹的主张。

被告还提供了另外两个论据：

（1）根据夏威夷法，"生存者权利仅是此夫妻一体所有的附带效力，而非既定或可能的剩余权利"[29]。

（2）夏威夷法定的家宅豁免（homestead exemption）也支持被告之"家庭团结"的主张，因为它保护丈夫与妻子对家宅的利益，可对抗债权人，与夫妻一体所有的方式相同。此项豁免显示，本州有强大的公共政策，为维护家庭团结牺牲债权人利益。

十四、原告的回应

原告对被告的回应是，原告并非请求法院创制新的地产权形式，而毋宁是请求法院解释，《已婚女性财产法》如何适用于夫妻一体所有。此外，《夏威夷已婚女性财产法》并非为了防止配偶双方的债权人对此类财产权有任何追及，而是为了防止丈夫的债权人对妻子在此财产上的利益有所追及。通过保护生存者权利，法院即可实现《已婚女性财产法》的意旨。相反，被告所依据的先例实际上造成了"夫妻一体所有之附带效力在普通法中的极大变更"。

原告的律师并未直接反对生存者权利只是期待、不能让与这一观点，而是论证道，本案欺诈性移转的核心在于，远藤先生将其所有利益，包括对此财产的现时使用权与生存者权利，都予以移转。

对基于"家庭团结"利益的论点，原告反对称，"该论点的影响，是将夫妻一体所有转化成一种彻底的家宅豁免，没有范围与价值的限制。它允许丈夫与妻子保有他们所有的财产，可对抗他们各自的债权人……"[30]

十五、法院判决

法院判决支持被告，支持丈夫与妻子的一体性。据此，法院为配偶作为夫妻一体所有体拥有的所有财产创立了一个"超级家宅"豁免。时

---

[29] Answering Brief at 34.

[30] Reply Brief at 19.

至今日，泽田姐妹的律师哈奈特先生对此案件的主要记忆，仍是它所创立的家庭团结的首要性。

十六、评价

如果观察一下初审法院所做的说明（如，"这是他们的居所……谁也不能将其夺走"），看似法官可能过分被此财产是远藤的家宅这一事实所影响。当时的夏威夷法仅对家宅有极低价额的豁免，"不超过 2 750 美元"。1972 年，在本案的事故发生后、终审前，此限额增加到 2 万美元。1972 年家宅豁免额的增加可能为远藤家提供充分的保护，但泽田姐妹提出诉请当时的制定法实际上不足以支持此判决。根据记录，远藤家的房屋价值从未低于 2 750 美元。法院判决的结果是使远藤家得以享受家宅豁免额增加的好处。远藤家应该保有他们的家宅。远藤先生一直住在此房屋中，即使在他妻子去世、该房屋被让与他的儿子之后。

针对原告担心的可能因此为所有的夫妻一体所有创设"超级家宅"豁免这一点，法院勉强解释道："债权人对专门款项不享有权利。"[31] 毕竟，债权人可以调查债务人所拥有的财产，以及这些财产在债务人不履行债务时能否被追及。的确，银行在提供贷款之前会调查借款人的资信状况。但泽田姐妹很难与商业贷款人相提并论。她们是侵权行为的受害者，很难在事故发生之前调查侵权人的资信状况。

如果一个人为了对抗潜在的将来债权人，将所有的资产都设定信托，并指示受托人将信托财产的收益支付于信托设立人，但信托人的债权人绝不可对信托财产主张权利，我们将称其为挥霍者信托（spendthrift trust）。挥霍者信托可以为了第三方的利益而设立，但美国法院公正地一致认为，为设立人的利益设定的挥霍者信托违反公共政策。[32] 正如一个宾夕法尼亚法院所表述的："如果认可此建议，将非常令人吃惊。它将完全变革信用体系，摧毁所有对表象财产所有权的信赖，并否弃我们所有针对欺诈的成文法与判决。"[33] 换言之，如果允许某人为了继续享有此财产以对抗其债权人而移转财产所有权，将会违反公共政策。而这恰是夫妻一体所有所达到的效果。

根据州法，有些财产一致被豁免于债权人的权利主张。每个州的家

---

[31] Swada at 616, quoting from a Delaware case.

[32] See, e. g., Petty v. Moores Brook Sanitarium, 110 Va. 815, 67 S. E. 355 (1910).

[33] Mackson's Appeal, 42 Pa. 330 (1862).

宅法都保护所有者与所有者之家庭的生存。根据州法，职业工具、衣物与其他的个人小件物品也享受相同的针对债权人主张的豁免。但通常这些法律所处理的都是特定种类的财产，并包含各种限制。泽田案审判法院为夫妻一体所有所创立的"超级家宅"豁免，包括了所有可以作为夫妻一体所有之标的的财产。普通法中仅有不动产是此种形式之所有权的适格标的，但现代法也承认某些动产，包括银行存款，以及任何价值的股票、债券。

故此，在像夏威夷这样的州中，当债务人与其配偶享有夫妻一体所有时，可绝对对抗债权人的主张，此种所有权的共有形式将为债务人带来惊人的利益。当然，为了得到这些利益，债务人通常必须已婚且愿意与配偶分享财产。作为规避债权人的一种手段，也许这一基于家庭团结的分享原则，足以使夫妻一体所有区别于为自己创设的挥霍者信托。但这似乎是无意义的苇草，至少在笔者看来是如此。

▓ 十七、法律现状

目前，已有 25 个州承认了夫妻一体所有。[34] 其他的 25 个州则没有承认。[35] 14 个州保护夫妻一体所有以对抗债权人。[36] 如果说其中存在某种趋势的话，即承认夫妻一体所有，并保护其对抗债权人的主张。

此普通法制度的原型只能在丈夫与妻子拥有此财产时创设。但有两个州为对抗债权人提供最高程度保护，将夫妻一体所有扩张至同性婚姻。在佛蒙特州（Vermont），同性伴侣也被法律许可进入"民事结合"（civil unions）。民事结合被与婚姻同等对待，根据州法，如此的好处之一是，夫妻一体所有可完全对抗债权人的主张。夏威夷对 20 世纪 90 年代中期关于是否承认同性婚姻的回应是，通过立法承认某些未结婚的伴侣是"相互受益人"（reciprocal beneficiaries），赋予他们已婚配偶享有

㉞ 这些州是：Alaska, Arkansas, Delaware, Floria, Hawaii, Illinios, Indiana, Kentucky, Massachusetts, Michigan, Mississippi, Missouri, New Jersey, New York, North Carolina, Oklahoma, Ohio, Oregon, Pennsylvania, Rhode Island, Tennessee, Vermont, Virgina, Wyoming。需要注意的是，比 Phipps 院长文中列举的多 6 个州。Alaska 与 Hawaii 是这 6 个中的其中 2 个。Illinos, Ohio 与 Oklahoma 通过成文法许可创设夫妻一体所有。Mississipi 似乎一直都承认普通法共同保有。

㉟ 没有承认夫妻一体所有的 25 个州中有 8 个州适用夫妻共同财产制（Arizona, California, Idaho, Louisiana, Nevada, New Mexico, Texas 与 Washington）。其中有些州已经从根本上偏离了它们的大陆法渊源，并且除了 Lousiana 都以某种形式采纳了普通法。这些州中有些成文法提到了夫妻一体所有，但从未有一个州的判决中对此予以具体认可。

㊱ 除了 Phipps 所列举的 10 个州以外，还有以下这些州：Hawaii, Illinois, Michigan 与 North Carolina。

的少数权利。为"相互受益人"提供的少数利益之一就是夫妻一体所有[37]，在泽田案之后享有充分保护，可对抗配偶一方的债权人。

马萨诸塞州最高法院最近裁决，将同性伴侣从本州的婚姻制度中排除违反了马萨诸塞州宪法。若此裁决发生完全效力，同性婚伴侣将与异性夫妻享有相同的夫妻一体所有。因而，赞同夫妻一体所有的趋势中不仅包括新加入的州，还包括新的配偶形式。

但煞风景的是，即使是在完全保护夫妻一体所有以对抗债权人的 14 个州中，也有一类债权人可以追及这些财产：即美国国税局（IRS）。2002 年，联邦最高法院在联邦诉克拉夫特案（United States v. Craft）[38]的判决中认为，丈夫位于密歇根州的夫妻一体所有财产，构成联邦税务扣押权（federal tax lien）可以追及的"财产"。请注意，密歇根法排除配偶一方债权人对夫妻一体所有的任何追及。[39]还应注意的是，联邦税法根据州财产法决定纳税人的何种财产构成应纳税财产。

利用"一捆木棍"的比喻，欧康诺（O'Connor）法官注意到，在夫妻一体所有财产中，丈夫拥有一系列权利（或"木棍"）：

> 根据密歇根法，答辩人的丈夫除了其他权利之外，对夫妻一体所有财产享有以下权利：使用此财产的权利，排除第三方干涉它的权利，拥有其收益份额的权利，生存者权利，离婚时成为拥有相同份额的普通共有人的权利，经答辩人同意出卖此财产以及取得出卖所得之一半价金的权利，经答辩人同意在此财产上设定负担的权利，以及阻止答辩人单独出卖或为此财产设定负担的权利。[40]

然而，还有一个"木棍"是他所没有的——"单独让与的权利"。总而言之，该法院认为，有足够多的"木棍"使其构成符合联邦税务扣押法目的的"财产"。换言之，"单独让与"并未被认为是此捆木棍中具根本性的一根。[41]

密歇根法院如果意识到丈夫权利的局限性，可能会说丈夫对债权人扣押权可以追及的财产没有独立的"财产利益"。联邦最高法院也意识到丈夫权利的局限性，却说丈夫对联邦税务扣押权可以追及的财产确实有独立的"财产利益"。上述不同的原因在于，克拉夫特案的法院解释了联邦法的规定，即如果纳税人拖欠了任何税款，那么"为了联邦，在此人所拥有的所有财产与财产权之上，不论是动产还是不动产，都可以成立

[37] See Hawaii Stat. 509 - 2.

[38] 535 U. S. 274 (2002).

[39] See note 19 supra.

[40] Craft at 282.

[41] 但没有此权利当然会影响丈夫的财产利益。如果一个财产没有 Craft 夫人的同意就不能出卖，你愿意为他支付多少价款？

扣押权"[42]。税务扣押权所追及的是丈夫所拥有的"财产"或"财产权",而非配偶夫妻一体所有的不动产本身。因为系争不动产已被出售,扣押权所及的就是丈夫在此财产中所享有的利益份额。最高法院修改了对此数额的确定。

有人可能会想知道,泽田姐妹对此形势的变化有何想法。远藤先生是侵权人,是过错方。他未履行对她们的赔偿,而他却拥有可以满足她们债权的对夫妻一体所有财产的权益。他是活得更久的配偶一方。在远藤夫人去世之后使用此财产偿还债务并不会损害远藤夫人的生存者权利。尽管如此,夏威夷最高法院还是认为这姐妹俩不能从远藤先生处获得赔偿。25年后,联邦最高法院以泽田姐妹提出的财产法论据,即债权人扣押权可以追及丈夫在财产中的利益,裁决美国国税局可以追缴税款,如果他是远藤先生的债权人。无辜的侵权受害人败诉;美国国税局胜诉。什么政策论据可以支持此种区别对待?[43]

十八、结论

夫妻一体所有始于英国,是一种特别的夫妻间的共有地产权,受丈夫保护理论之下,以妻子无普通法上的主体资格为前提。受丈夫保护理论穿越大西洋,被美国所接受,但在19世纪中叶经过极大的修改。一旦妻子的无法律能力被废止(主要通过州《已婚女性财产法》,也有些是通过修改州宪法),就基本不再有维持此制度的必要。有些州的法院意识到了这一点,裁决此制度不再是它们的普通法的一部分。另外一些州的法院则继续承认此制度,并经常裁决认为,它们的《已婚女性财产法》对此制度未予规定,因而对它的存在没有影响。此外,还有些州议会在《已婚女性财产法》施行之后,通过立法特别指出此类夫妻一体所有是被允许的地产权共有形式。但没有任何一个州对夫妻一体所有与共同保有权之区别予以解释。它们也没有解释《已婚女性财产法》对夫妻一体所有之性质有何影响。

这些维护此制度的法院对于如何定义夫妻一体所有虽有争议,却一致认为,夫妻一体所有制下的生存者权利不可剥夺。其结果是,在这些州中,配偶一方的债权人绝不可追及此类财产,否则会损害配偶另一方

---

[42] Section 6321 Internal Revenue Code.

[43] 这不仅是一个修辞问题。非常希望读者可以对政策论据作一对比。例如,Sawada案的裁决,支持家庭团结以及保护女性免受丈夫之债权人追及的政策。而Craft案的法院判决,则支持统一纳税程序之政策,而不关注州法的变化。

的生存者权利。

虽然这些州都认同非债务人配偶一方的生存者权利应受到完全保护，但对于如何处理债务人对夫妻一体所有财产的权利这一附带问题，则并未达成共识。有些州允许债权人追及生存者权利，有些州允许对现时收益的追及，有些州则不允许对夫妻一体所有财产的任何追及。

生存者权利的坚不可摧，可追溯至夫妻一体所有的普通法根源。然而夫妻一体所有制下生存者权利完全豁免于债权人主张的观念，却是现代法的产物。夫妻一体所有的"财产保护"价值吸引了现代夫妻。但须注意，一旦婚姻终止，对抗债权人的保护也就终止。例如，在离婚时，如果作为债务人的配偶一方对此财产还享有任何利益，该利益都自此时起可被债权人追及。[44]

泽田案的审判法院区分了四种不同的可能影响债权人对夫妻一体所有财产之权利主张的裁决。现在，这些规则被归纳为三种类型：

类别一：高度保护。有些州，包括夏威夷，对配偶一方的债权人设置了绝对的障碍，只要该财产被该对夫妻以夫妻一体所有的方式拥有。据此，该对夫妻有权利共同让与此财产，而不被债权人追及。

类别二：适度保护。至少有两个州（肯塔基州与田纳西州[45]）在夫妻共同生活期间保护夫妻一体所有，但允许债权人追及作为债务人的配偶一方的生存者权利。据此，如果一个债权人追及作为债务人的配偶一方的生存者权利，只要作为债务人的配偶一方活得更久，这对夫妻对此财产的任何共同让与都受制于债权人的主张。

类别三：微弱保护。少数州允许债权人可以既追及作为债务人的配偶一方在生存期间的收益，也追及可能的生存者权利，但同时对配偶另一方的生存者权利予以充分保护。在这些州中，配偶双方对此财产的共同让与，将受制于债权人针对作为债务人的配偶一方之利益的扣押权主张。如果让与获得了价金收益，债权人应当有权利对作为债务人的配偶一方应得的份额主张权利。但是，如果非债务人配偶一方保留了生存者权利，且她确实活得更久，那么债权人

---

[44] See, for example, Corey v. Jonathan Manor, Inc., 59 Haw. 227, 580 P. 2d 843 at 844 (1978). 离婚时，妻子被赋予在生存期间对此财产100%的权利，以及生存者权利。丈夫是债务人，也享有生存者权利。法院认为丈夫可能的生存者权利可为履行债务而被扣押或执行。

[45] See Robinson v. Trousdale County, 516 S. W. 2d 626 (Tenn. 1974).

的扣押权将丧失意义。[46]

还需要解决的另一个问题是，克拉夫特案确立的联邦规则是否属于类别三，联邦规则是否允许作为债权人的美国国税局强制出卖夫妻一体所有财产，从而损害非债务人配偶一方的生存者权利。在卡拉夫特案中，并不存在这个问题，因为克拉夫特夫人，非债务人配偶一方，同意出售。该案中唯一的问题是，美国国税局是否可以针对买卖价款中应分配给丈夫的利益份额主张扣押权。最高法院认为，美国国税局可以主张分配给丈夫的份额，并修改份额的确定方式。克拉夫特夫人同意出售，也就将此生存期间的权利与可能的生存者权利一起有效地让与买受人，从而有权利就她对买卖所得价金主张完全的补偿。美国国税局有权主张余额。

如果非债务人配偶一方不同意出售，那么美国国税局是否有权强制出卖夫妻一体所有财产，则是另一个完全不同的问题。为某人的生存者权利支付合理的市场价格，与如果知道自己是活得更久的配偶一方，可以取得整体性的非限嗣继承地产权，是完全不同的两回事。如果此财产是家宅，备受喜爱的度假居所，非常喜爱的艺术作品，或其他独一无二的或结构性不可替代的财产，那么活得更久时取得其所有权，对有些配偶就非常重要。

因为没有针对此类财产本身进行特别执行的法定授权，根据州法，债权人只有权就丈夫对此财产的利益实现扣押权（即通过强制出售执行扣押权）。克拉夫特案仅仅赞同丈夫对夫妻一体所有的利益构成符合扣押权目的的"财产"，它并没有告诉我们，美国国税局可以通过强制出售夫妻一体所有财产本身，实现对丈夫之财产利益的扣押权。

克拉夫特案之后，只有一个案件考虑了这个问题。2003年6月，第六巡回审判区上诉法院的裁决支持了美国国税局，并认为非债务人配偶一方对夫妻一体所有财产的利益，包括她的生存者权利，都可为支付作为债务人的配偶一方所拖欠的税款而被强制出售。[47]该法院认为，联邦税法授权美国国税局强制出售任何负担税款扣押权之规定，许可了此类强制执行。《国内税收法典（Internal Revenue Code）》第6335（c）条规定："如果应负担扣押权的财产不可分，那么为了使〔政府〕出售其中的一部分以获得全部税款和费用，该财产可被整体出售。"若与克拉夫特案保持一贯，法院应当持有的观点似乎应该是，唯一"负担扣押权的财产"

㊻　Massachusetts 显然遵从此规则。在上注 19 的 Coraccio 案中，法院宣称 Massachusetts 法不"需要夫妻双方的同意，在此财产承受抵押贷款负担之前，并且，如果银行依法执行抵押权，就可以取得 Stephen Coraccio 在此财产上的利益，即完全不可动摇的权利，除非原告，非债务人配偶一方，比他活得更久"。612 N. E. 2d at 655.

㊼　Hatchett v. U. S. ，330 F. 3d 875 (6th Cir. 2003).

是丈夫所拥有的那捆木棍，而非此不动产本身。㊽

不过，美国国税局实现其税务扣押权的方法还有另一种选择。该替代方案允许政府强制出售此不动产，即使欠税的纳税人只对财产享有部分利益。根据《国内税收法典》第7403条，政府可以要求对财产整体进行强制执行。但联邦地方法院（federal district court）享有自由裁量权，在命令出售前可以考虑财产上其他所有权人的利益。此替代方案为非债务人的配偶一方提供了一些保护，同时也补偿了债权人的权利。㊾

如果正确适用联邦税法的规定，那么就会产生保护配偶对夫妻一体所有财产之利益的第四类方案：

> **类别四：衡平保护。**根据制定法，债权人（如美国国税局）可以请求针对作为债务人的配偶一方对夫妻一体所有的权益实现扣押权。法院可以决定是否允许此请求。在行使自由裁量权的过程中，法院可能会考量如下因素：（1）如果限制债权人出卖部分权益，他的经济利益将在多大程度上受到损害；（2）非债务人配偶一方的合理期待；（3）如果非债务人配偶一方被强制出卖财产，他或她将付出的代价；（4）财产利益的相对价值。㊿

鉴于所有的此类案件，即债权人对负担债务的一方配偶主张权利，该方配偶与配偶另一方享有夫妻一体所有，都存在相互竞争的价值，类别四的方案提供了可以平衡各种价值的可能。适用夫妻一体所有的州还没有完全研究出处理配偶与债权人相互矛盾的主张之细节，可以考虑这种可能性。事实上，所有适用夫妻一体所有的州都可以考虑这种可能性。通过颁布以《国内税收法典》第7403条为蓝本的州法，各州可以继续为拥有夫妻一体所有的配偶提供一些保护，而不必创设被泽田姐妹所诟病的"超级家宅"豁免。

潜在的政策问题是，如何最好地平衡配偶与债权人的利益。当代的夫妻一体所有应该以当代技术构建。立法授予法院权力平衡当代配偶与各种债权人之间的利益，是一个比盲目适用可追溯至受丈夫保护原则的规则与早期的《已婚女性财产法》，更有吸引力的进路。

㊽　看来该法院的观点明显错误。在本文的写作过程中，第六巡回法院还在审理此案，该法院也在考量是否应该修正观点。纳税人准备在必要的时候向联邦最高法院申请重审。

㊾　See, e. g., United States v. Rodgers, 461 U. S. 677 (1983)（认为地方法院可以根据第7403条命令出售家宅，即使妻子并未欠税，且对此财产享有家宅权）。See also Steve R. Johnson, "Fog, Fairness, and the Federal Fisc: Tenancy-by-the-Entireties Interests and the Federal Tax Lien", 60 *Mo. L. Rev.* 839 (1995).

㊿　这些因素与联邦最高法院在上述 Rodgers 案中提到的因素相似。

第6章

桑德斯（另名嘉文斯）诉第一国家房地产公司案（Saunders [a.k.a. Javins] v. First National Realty Corporation）

理查德·H·彻斯特（Richard H. Chused）*

---

　　* 本文篇幅更长的完整版本将发表于 volume 11, issue 2 of the Georgetown Journal on Poverty Law and Policy (Winter 2004)。由于编辑的坚持，完整的参考资料与引注被删减以符合本书的版式。

导 言

    1966 年 6 月 17 日，奥斯丁·弗里克林（Austin Flickling）法官的书记员召集第一国家房地产公司诉桑德斯案开庭审理。① 那一定是一出好戏。承租人的律师吉恩·弗莱明（Gene Fleming）讲述了这样一个故事，住在克里夫顿·特勒斯（Clifton Terrace）公寓的众承租人拒绝支付租金，原因是由三座楼构成的出租建筑的条件非常恶劣。他被要求收集违反《建筑法典（housing code）》行为的证据并向法院出示。他们将数袋老鼠粪便、老鼠尸体与蟑螂，以及公寓的照片带到了法院，建筑物中住满了租客。一个房屋监察员（housing inspector）也在场，他带来了一堆文件，按照弗莱明的描述，"至少有 1.5 英寸高"，记录了超过一千项建筑法违反行为。拥有克里夫顿·特勒斯公寓的西德尼·布朗第一国家房地产公司（Sidney Brown's First National Realty Corporation）委托的律师赫尔曼·米勒（Herman Miller）请求阻止任何对于建筑法违反行为的证据进行介绍，因为它可能会激怒陪审团。弗莱明当然强烈反对米勒的请求。② 弗里克林法官基于长久以来法院在租屋收回案件中一直不允许承租人进行抗辩的传统，阻止了对上述证据的介绍，将占有问题的裁决作为法律问题，并解散了陪审团。③

    这些事件只是后来的长篇故事的开端。最终，在嘉文斯诉第一国家房地产公司中④，哥伦比亚特区联邦上诉巡回法院（United States Circuit Court of Appeals for the District of Columbia Circuit）成为第一个明确认为适居性担保（warranty of habitability）是所有住房租赁合同（residential leases）的默示条款的法院，并认为在租屋收回（eviction）案件中，承租人可基于违反此保证而造成的损害进行抗辩。但是弗里克

---

    ① 因未支付租金却继续占有租屋而提起的诉讼，通常在提交起诉状之日后大约 10 日进行第一次听审。Fleming 将答辩状备案，并要陪审团审判。此后，这成为由律师代理的承租人案件的常规程序。

    ② 除了辩称他应该可以引入 Clifton Terrace 的 1 500 项建筑法违法行为外，Fleming 还希望使用 Robert Gold, Research for the National Capital Planning Commission 主席的证词，以证明低收入家庭——尤其是黑人家庭——在 District of Columbia 很难找到符合法典标准的住房。Fleming 的提供证据摘要可参见 Settled Statement of Proceedings and Evidence, First National Realty Corp. v. Saunders, et al.，备案于 District of Columbia Court of Appeals on Aug. 18, 1966。

    ③ 既然没有未决的事实争议——每个人都认可未付租金——也就没有陪审团的工作了。传统上，法院解决法律争议，陪审团处理事实争议。

    ④ 428 F. 2d 1071, 138 U. S. App. D. C. 369 (D. C. Cir. 1970), rev'g Saunders v. First National Realty Corp.，245 A. 2d 836 (D. C. App. 1968). Landlord and Tenants Division of D. C. Court of General Sessions 进行的诉讼没有公开发表判决意见。

林法官判决的正当性，经过 4 年才得以解决。在此期间，克里夫顿·特勒斯成为大量新闻报道的目标，市政大厅的政治家们长期处于争议的核心，计划将此建筑出售给一个从事翻修、拆除与再造的非营利组织，该市爆发了大型骚乱，而租客们仍然遭受着恶劣居住条件的折磨。

布朗和他的承租人在初审中激烈的庭审冲突，是嘉文斯案一系列诉讼的典型，可以说该案是 20 世纪最有影响力的出租人—承租人案。承租人大多是华盛顿——一个满是种族骚乱与抗议的城市——的穷困黑人居民。为了对抗他们的居所中存在的数百项违反建筑法的行为，克里夫顿·特勒斯公寓中的众承租人不懈努力，包括在市政顾问处（Corporation Counsel of the city）办公室与住房与城市发展部秘书处（Secretary of the Department of Housing and Urban Development）静坐，以及集体拒付租金（rent strike）活动。集体拒付租金活动以及它引发的出租人为了从未付租金的承租人手中夺回占有而提起的诉讼，导致了嘉文斯案的判决。

这一时期的抗议与骚乱绝不止静坐与集体拒付租金。1966 年 6 月 17 日，这一天是集体拒付租金的众承租人避免被从克里夫顿·特勒斯公寓被逐出的努力，第一次在房屋租赁法院（Landlord and Tenant Court）遭受挫败。就在 10 个月之前，洛杉矶瓦茨（Watts）地区因为黑人的愤怒爆发而变成火海。⑤ 10 天前，在"反对恐吓大游行（March against Fear）"中，从孟菲斯（Memphis）至杰克逊（Jackson）的暗杀行动失败，公民权争取者詹姆斯·梅瑞迪斯（James Meredith）被狙击手射杀。5 天前，开始了那个夏天芝加哥发生的两次骚乱中的第一次，在同一天，非暴力不合作学生协会主席（Student Non-Violent Coordination Committee）斯托克利·卡迈克尔（Stokely Carmichael）在密西西比的格林伍德（Greenwood, Mississippi）发表了他著名的演讲。1968 年 9 月 23 日，这些承租人在哥伦比亚特区上诉法院（District of Columbia Court of Appeals）再次败诉。⑥ 就在几个月之前，小马丁·路德·金（Martin Luther King, Jr.）被暗杀，华盛顿部分地区，包括第十四大街北区与克里夫顿·特勒斯南区，都发生了纵火事件。1970 年，联邦上诉巡回法院在发布它著名的判决时，华盛顿旧市区开始衰退，直至今日仍在修复中。

因而嘉文斯的故事充满了相信自己持有正义的演员的原始热情。重

---

⑤ Watts 地区发生的城市骚乱始于 1965 年 8 月 11 日，成为后来影响了很多美国大城市的一系列动乱的开端。

⑥ 在此诉讼进行期间，华盛顿有两个审级的地方法院体系。初审法院是 Court of General Sessions，上诉法院是 District of Columbia Court of Appeals。大多数该市的居民并不控制或选举他们的政府。这种自治的欠缺也反映在法院系统，诉讼当事人有权向 United States Court of Appeal for the District of Columbia Circuit 提出对当地法院上诉审的复审请求。具有讽刺意味的是，正是该项权利导致了在第一学年的财产法课程中会接触到的 Javins 案的审判意见。1970 年立法取消了对地方法院判决的联邦复审，同年，联邦巡回法院对 Javins 案作出判决。District of Columbia Court Reform and Criminal Procedure Act, Pub. L. 91 - 358, 84 Stat. 473 (1970).

述这个故事需要的远不止考量它对房屋租赁法带来的改变，尽管这部分材料也在考量中。只有在本文中重新体验它的演员对他们的历史时刻的情感与激情，才能理解此案的意义与影响。

一、故事的开始

（一）公寓建筑群

1914 年至 1915 年间，哈里·沃德曼（Harry Wardman）在他的建筑师弗朗克·拉塞尔·怀特（Frank Russell White）与 A. M. 施耐德（A. M. Schneider）的帮助下，在克里夫顿街西北部的第 1308、1312 与 1350 号建造了三栋克里夫顿·特勒斯公寓大楼，最初名为沃德曼庭院（Wardman Courts）。沃德曼"总是以似乎独立建造了华盛顿的面目出现，他因建造了超过 200 个公寓大楼，数百栋房屋，'公寓'单元，商业建筑与政府大楼而为人所熟知"⑦。沃德曼庭院是 1910 年至大萧条期间（the Great Depression）众多的中产阶级公寓建筑群之一，位于山顶，毗邻第十四大街主要的电车轨道。其中很多公寓可以看到华盛顿市中心的景致。它们是该地区最大的建筑群，并且因成为附近的中心标志而具有重要意义。

这些建筑是城市规划与建筑设计的关键转折点。正如 2001 年克里夫顿·特勒斯公寓被获准录入国家历史建筑登记簿中的支持性陈述所言：

> 20 世纪 20 年代至 30 年代最显著的变化，是使用现代风格建造华盛顿公寓建筑。取自 20 世纪初经典的轻石风格，与维多利亚时代的黑红砖色形成鲜明对比，构成强烈的视觉冲击。此种风格与现代运动的结合所产生的影响亦然。克里夫顿·特勒斯公寓是受 20 年代花园城市运动（Garden City Movement）影响而建造的典型样本之一。***鼓励追求健康生活与对郊区的兴趣，［建筑设计一体化］***城市生活与公寓设计中有更多绿地，摆脱城市生活的诸多污名。新"花园"公寓提供优质的空气循环，更多优美的景致、阳台，以及每

---

⑦ National Park Service, Department of the Interior, National Register of Historic Places Registration Form, Sec. 8, p. 9 (Nov. 7, 2001). ［以下简称 Historic Registration。］Washington Post 刊载的一篇长篇报道也强调了 Wardman 对这个城市的影响。Deborah K. Dietsch, "The Man Who Build Washington", *Washington Post* (Sep. 5, 2002) at H1.

个公寓内更好的采光——并且均是中等价位。[8]

花园城市运动及与之相关的美丽城市运动（City Beautiful Movement），大约始于 1898 年埃比尼泽·霍华兹（Ebenezer Howards）所写的一本小册子的出版，名为《明天：不动产改革的和平路径（Tomorrow：A Peaceful Path to Real Reform）》。1902 年，该书以更具鼓动性的名称《明天的花园城市（Garden Cities of Tomorrow）》重新出版，提倡结合现代城市建筑与田园风光，为城市居民创造健康的环境。[9] 与当时的很多规划师一样，霍华兹相信，城市社会的道德与公民品性可以通过改变城市生活的物理设施而得以改善。[10] 在当时很多规划师将花园城市运动视为可悲的浪漫与天真时，华盛顿居民却认为沃德曼公寓非常有吸引力。20 世纪 50 年代该公寓几乎一直住满了中产阶级的承租人。

（二）改革之前的租屋收回法

在沃德曼庭院时期，华盛顿以及美国大多数地区的出租人—承租人法（Landlord-tenant law）均以相对简单且过时的财产法规则体系为基础。这些规则以英国的保有观念（tenurial notion）为基础，即为了获得使用土地的许可，承租人同意支付租金、维护土地并在租期届满时予以返还。它是一种简单的契约，以某种形式的给付作为交换，如现金、服务交换占有土地的权利。向承租人让与占有的权利即履行了出租人的全部义务。在取得占有的权利之后，承租人有义务支付租金，并在租期届满时将土地返还出租人。通常认为，租约使承租人根据承租权获得事实上使用租赁物的完全支配权。[11] 因而，如果在租期届满前承租人放弃了土地，他支付租金的义务仍然存在。理由是，通过将占有让与承租人，土地出租人让与了完整的承租权，他不负有在租期届满前将其收回的义务。[12] 基于相似的理由，如果承租人因为承租财产的瑕疵而遭受损害，也无法向出租人主张损害赔偿。保持土地的使用与占有安全是承租人的义务。[13] 而且，当然，出租人有权收回占有，如果承租人未支付租金。

---

⑧　Id. at Section 8，p. 4.

⑨　关于上述运动的更多介绍请参见 Peter Hall，Cities of Tomorrow 86 - 135，174 - 202 (Blackwell，1988)。

⑩　关于乐观环境主义者——相信建筑与设计有能力增进公民责任感——的讨论可参见 *Paul Boyer*，*Urban Masses and Moral Order in American*：*1820 - 1920*，at 220 - 283 (Harvard Univ. Press，1978).

⑪　此观点在多个角度都无法成立。例如，如果以实物作为租金，土地出租人可能取得承租人收成的大部分。承租权可以轻易使承租人成为农奴——土地出租人的奴仆。

⑫　普通法规则甚至要求承租人在建筑物毁于火、暴风雨或其他自然原因后，仍负担租金支付义务。19 世纪全美国都通过制定法改变了这个规则。华盛顿关于此项争议的判例请参见 Schmidt v. Pettit，8 D. C. 179 (Sup. Ct. 1873)。

⑬　这是哥伦比亚特区的规则。在 Howell v. Schneider，24 App. D. C. 532 (1905) 案中，出租人没有义务赔偿承租人因马桶冲水箱从墙面摔落导致的人身伤害。

美国19世纪的民事程序重申了这一观念,即租赁是占有与租金的直接交换。美国的私法程序在很多方面也以英国的先例为基础,通常以标准的租赁进行狭义理解。诉讼因令状而提起,而每种令状都限于独立的法律理由。虽然每种令状都有其特定的抗辩,但诉讼与当事人的合并,以及反诉的应用都并非当今这么广泛。[14] 因而,若土地出租人因承租人未支付租金而要求其返回占有,承租人不能以土地不适于农耕进行抗辩,即使土地出租人曾对此予以保证。为了提出该保证事由,承租人必须重新基于违约提出一个诉讼。与此类似,如果土地出租人在承租人抛弃占有后诉请其支付租金,承租人不能主张他因土地出租人的过失行为而受到个人损害从而可以部分或全部免责。同理,承租人必须另行提起侵权之诉。

结合租赁法与19世纪诉讼程序的局限性,所形成的结构是:针对承租人的占有返还或租金支付之诉,被作为与违约或侵权之诉相独立的诉讼对待。[15] 基本的租赁——占有与租金的交换——在实体与程序上都与其他的契约条款相独立。由于租赁契约中的每一个条款都被认为是独立的,因而土地出租人对其中一个条款的违反——如保证适用性——不能被作为承租人违反另一个条款的抗辩——如未履行支付租金的义务。事实上,不动产契约条款独立性规则在19世纪时不仅统辖租赁法,而且统辖大多数契约。其结果是,针对未付租金的诉请,只能以和解与清偿(支付租金),推定租屋收回(constructive eviction,土地出租人的行为妨害了承租人对租赁物的占有权,以至于以租金交换土地占有被认为因欠缺约因而无效)或引诱性欺诈(fraud in the inducement,欺诈性地诱导承租人同意他原本可避免的契约)进行抗辩。

对出租人—承租人法的上述理解,为美国的住房承租人带来的最严重的后果,是使出租人可以尽快驱逐未支付租金的承租人。实际上,美国的实践通过为使用《逐出租地法(ejectment law)》驱逐承租人排除障碍,"纯化"了英国法。早期的逐出租地法通常包含一系列关于出租人尽快驱逐承租人的技术限制。例如,普通法的逐出租地规则要求出租人证明,租赁契约的条款中保留了在承租人违反某个条款时出租人享有重新

---

⑭ 当今,在普通民事诉讼中,原告可以在同一个诉中合并提出他或她基于同样的案件事实可以提起的针对被告的所有诉讼请求。Fed. R. Civ. P. 18. 被告可以通过所有可用的诉讼请求对抗原告。Fed. R. Civ. P. 13. 原告据以提出诉讼请求的案件事实中的所有诉请都应被提出。Fed. R. Civ. P. 13. 在大多数案件中,有相同诉讼请求的当事人可以参与到同一个诉讼之中。Fed. R. Civ. P. 20.

⑮ 相关的一系列规则都被用于限制承租人抗辩租赁期满后针对他们的租屋收回之诉。根据普通法,土地出租人可以不说明任何理由,仅在特定时间内进行通知,即可终止有期限的租赁保有,即使他违反了其他的注意标准。因而,在承租人向公共机构申告土地出租人违反建筑法时,土地出租人可以通过诉诸租屋收回而进行报复。直至1968年,华盛顿都适用上述规则。Edwards v. Habib, 227 A. 2d 388 (D. C. App. 1967),被 Edwards v. Habib, 397 F. 2d 687 (D. C. Cir. 1968) 撤销。

进入该房屋的权利。有些成文法，包括华盛顿和纽约的成文法，也将请求承租人返还占有的权利限于承租人逾期支付租金超过 6 个月的情形。上述限制在前工业时期的英国有其合理性，租赁保有（leasehold）安排构成早期英国财产法很多内容的基础，也体现了大量的文化规范以及人际关系的互锁链条。驱逐承租人可能造成社会地位与阶层的巨大变化。它不仅有利于保护底层，也对处于困境中的上层社会有其意义。

19 世纪的美国，市镇与城市高速发展，上述规则体系受到了一系列限制。这些限制并非为了保障日益增长的大量贫穷城市承租人，而是为了保护财产所有权人的财产安全。例如，19 世纪早期的纽约市有大量住宅承租人。其中很多移民居住的公寓与房屋都是基于口头、有期限的租约，并且可因提前一个月的通知而终止。诉诸逐出租地程序很难驱逐未支付租金的承租人。使用口头租约的出租人并非总是可以向法院证明他们保留了重新进入租地的权利。但是，最重要的是，土地出租人将 6 个月的等待期视为最大的困难。1820 年，纽约州议会重新投票修订了《逐出租地法》，允许出租人在租赁期满后或未支付租金时，立即驱逐承租人。该法律排除了一些传统的逐出租地限制，更明显的是，将此程序交予另一类快速审结案件的法院处理。在法律修改后，若未按期支付租金，土地出租人需要证明租金支付期届至，且保留了重新进入租地的权利[16]，以及在开庭审理前的至少 3 天已经向承租人发出书面的租金支付催告。与上述纽约州法类似的法律在 19 世纪盛行于整个美国，包括华盛顿。[17]

二、沃德曼庭院的衰落

（一）改革的前兆

尽管在 20 世纪前半叶，出租人—承租人法的内容发生了一些变化，但这些变化对于驱逐未付租金之承租人的程序实际上没有任何影响。与我们的故事相关的变化实际上发生在其他的消费者权益保护与民事诉讼领域。60 年代末 70 年代初发生了大量的"运动"，可以明显感知，早已应就租屋收回规则的内容进行调整。文化领域的改变也开始对沃德曼庭院产生影响。20 世纪 50 年代，当时被称为克里夫顿·特勒斯公寓的沃

---

⑯ 租屋收回案件被转至须审理大量案件的特殊的迅速审理法院时，该要求成为一种形式要求，需要土地出租人以恰当的方式声明通过口头允诺保留了重新进入租地的权利。

⑰ 大多数州的成文法在 1850 年之前即采纳了简易的租屋收回救济。

德曼庭院主要的承租人均是中产阶级的白人。但在 60 年代，西德尼·布朗第一国家房地产公司拥有这一建筑群时，它们已经年久失修，并且大多数的承租人是黑人。这些法律、人口以及结构上的改变，构成本案争议的部分背景。

在 1900 至 1970 年间，合同法与消费者权益保护法发生了重大变化。契约条款独立性观念已经从 20 世纪初的《标准合同法（standard contract law）》中消失，无论它对 19 世纪法的轮廓与司法程序曾经产生了多大程度的影响。它的衰落实际上始于 18 世纪末曼斯菲尔德（Mansfield）法官在金斯顿诉普雷斯顿案（Kingston v. Preston）中提出的一个观点。[18]卡多佐（Cardozo）法官则对 20 世纪初的美国盖棺定论。[19] 此外，19 世纪的规则倾向于契约自由，而买者自慎规则（caveat emptor）* 则或者让位于协议的司法强制限制，或者让位于通过立法强加的规制。格兰特·吉尔摩（Grant Gilmore）——12 世纪合同法领域最有影响力的法史学者，友善地如此描述 1957 年所发生的改变：

> 法学家的常识之中，19 世纪声势浩大的运动之一是从身份到契约——从对财产权与所有权的保护到对契约权利的保护。随着财富的积累，贵族社会让位于具有攻击性且富有活力的继任者。我认为上述潮流中还带着一股暗流，在大浪退去之后，我们可能遇到回流。下半个世纪也许可能会出现相反的运动。

> 在关键的交易中分配商业风险与社会风险，已经使我们朝着 19 世纪的反向潮流前进了相当一段距离。在侵权法领域，我们遵从一个包含着陌生技巧的规则：无过错责任（liability without fault）——尽管我们通过各种保险与补偿方案软化它对无辜加害人的影响。在合同法领域，我们已经完全与 19 世纪的理论决裂，即违反合同并非非常严重或应受指责——正如霍姆斯（Holmes）法官所言：每个人"都有违反合同的自由，如果他如此选择的话"——据此，违反契约的损害赔偿应当降至最低限度。而当今我们认为违反合同非常严重且非常不道德：我敢说，在我们的历史上从未有过如此轻易获得违约救济，或如此严惩违约者的时代***。对出卖人（瑕疵）担保责任的不断加重不过是合同法阵线所发生的变化的表征之一。[20]

法学院第一学年学生使用的合同法与侵权法教科书中杂乱地体现了

---

[18] 2 Doug. 689 (1773).

[19] Jacob & Youngs v. Kent, 230 N. Y. 239, 129 N. E. 889 (1921).

[20] Grant Gilmore, Law, Logic and Experience, 3 How. L. J. 40—41 (1957).

吉尔摩所描述的变化的著名例示性观点。[21] 但这些对消费者权益保护法发生重大影响的改变，对出租人—承租人法的影响却有限。不动产契约条款独立性的观念仍然统治着出租人提起的租金支付或占有返还之诉。随着改革的大潮发生改变的只是，出租人对承租人的损害应当承担责任。

在普通法中，出租人对承租人因租赁物而罹受的任何损害均不负责。一旦出租人将占有移转给承租人，他们就不再承担任何责任。有两项发展侵蚀了普通法规则。一项是，日益增加的公寓居住模式，导致一系列出租人控制之下的建筑空间致害案件。就在沃德曼庭院修建之前，哥伦比亚特区上诉法院就采纳了在全国蔓延的观点，即要求出租人对热水管中逸出的蒸汽致害负责。意识到公寓生活是"当代主要承租人群体"的生活方式，并且"设想［出租人］***有意允许原告对建筑中的主蒸汽管道实施管领"并不合理，法院课予出租人义务，维护楼道、共有空间以及其他他所控制的设施适于使用。[22] 在沃德曼庭院建成不久之后，一个针对沃德曼庭院本身的诉讼，判决结果也相同。[23]

另一项促进出租人责任的推动力，是纽约自 20 世纪之交开始采纳的《房屋与建筑法典（Housing and Building codes）》。最终，法院借助法典建立了侵权案件中的注意义务。本杰明·卡多佐法官是迈出第一步的法官之一，在著名的阿尔茨诉莱布尔森案（Altz v. Leiberson）[24]，他认为卧室天花板倒塌时，出租人应对承租人的损害负责。此类改变在华盛顿的发生较迟缓。直至 1955 年，这座城市才全面采纳了建筑法。在该法典生效后数年，贝兹伦（Bazelon）法官在惠策尔诉杰西·费希尔管理公司案（Whetzel v. Jess Fisher Management Company）[25] 中明确地以卡多佐法官在阿尔茨诉莱布尔森案表达的观点为基础，根据新采纳的规则课予出租人维护他的房产处于安全状态的义务。

同时，消费者权益保护法与侵权法的改革改变了产品制造方与出卖方的责任，民事程序改革改变了美国诉讼的面貌。1938 年，《联邦民事诉讼程序规则（Federal Rules of Civil Procedure）》颁布，促使同时审理基于同一事件发生的所有诉请。诉讼合并（Party joinder），反诉（coun-

---

㉑　其中最著名的包括 Justice Cardozo 在 MacPherson v. Buick Motor Co. , 217 N. Y. 382, 111 N. E. 1050 中关于产品责任的观点，Justice Francis 在 Henningsen v. Bloomfied Motors, Inc. , 32 N. J. 358, 161 A. 2d 69 (1960) 中对放弃合同担保之声明的效力限制，Judge Traynor 在 Escola v. Coca Cola Bottling Co. , 24 Cal. 2d 453, 150 P. 2d 436 (1944) 中关于产品责任的观点，以及在 Greenman v. Yuba Power Products, Inc. , 59 Cal. 2d 57, 377 P. 2d 897, 27 Cal. Rptr. 697 (1963) 中关于严格责任的观点，以及 Judge Wright 在 Williams v. Walker-Thomas Furniture Co. , 350 F. 2d 445 (D. C. Cir. 1965) 中关于 Uniform Commercial Code § 2 - 302 条之显失公平的买卖契约的探讨。

㉒　Iowa Apartment House Co. v. Herschel, 36 App. D. C. 457 (Ct. App. D. C. 1911).

㉓　Wardman v. Hanlon, 280 F. 988, 52 App. D. C. (Ct. App. D. C. 1922).

㉔　233 N. Y. 16, 134 N. E. 703 (1922).

㉕　282 F. 2d 943, 108 U. S. App. D. C. 385 (1960).

terclaims）与交叉诉讼（cross-claims）成为常态。在很短的时间内，大多数州各自的程序规则即在这方面赶超了联邦体系。

尽管有实体与程序两方面的改革，在华盛顿以及其他地区，出租人与承租人的日常关系并没有多少改变。大多数情形，如果出租人起诉要求返还公寓的占有，当事人双方须在承租人驱逐简易法庭（summary dispossess court）接受审理。于此，古老的普通法体制的大部分内容仍不曾改变且不受挑战地被适用。承租人仍然可以搬出房屋，并主张推定租屋收回之诉，如果该房产"并不适于承租的目的"[26]。这一标准化的、字面看来很像是一项关于适于使用的默示担保的规则，比普通法规则宽容得多。[27] 但居住性承租人很少利用规则的开放性。对于承租人而言，搬出并主张推定租屋收回之诉，充满了风险。如果承租人败诉，他们仍有义务支付租金。当时以及现在的大多数案件，都是出租人因为承租人逾期未付租金或租赁期满后仍未返回房屋的简单案件。在这些案件中，法院通常仍然适用普通法规则——不动产契约条款是独立的，没有默示担保，可以通过和解与清偿解除，不存在针对未付租金的占有返还之诉的抗辩。极少有律师愿意代理承租人，则使这一问题更加恶化。基于可能获得代理费的预期，侵权法律师有时愿意代理贫穷承租人受损的个人伤害案件，但实际上没有律师愿意在租屋收回之诉中代理未付租金的贫穷承租人。直至 20 世纪 60 年代末发起法律服务项目，律师们也很少在居住性租约争议中挑战简易承租人驱逐程序。

这也正是直至 60 年代末 70 年代初，出租人—承租人法院处理租屋收回之诉时仍然适用 19 世纪模式的历史秘密。19 世纪末 20 世纪初租屋方面的改革、美丽城市的建筑与公园、下水系统以及分区制耗费了大量的时间和精力。社会工作与居所运动非常清楚移民与黑人承租人的困境。然而，为将被驱逐的贫穷承租人提供的最常见的协助，只是敦促简易法院的法官将"善良"承租人的搬出期限延长数日，以便他们可以找到另一个居所。当时对穷人困境的谴责甚至在最具前瞻性的活动家中也很普遍。他们无法摆脱这一观念，即支付租金是不可挑战的义务。

也许可以从引发进步运动的中产与上流阶层的观念中找到解释。很大程度上而言，他们是在对 20 世纪之交城市生活的混乱与无序作出回应。以城市整洁为目的的各种运动均聚焦于，城市化使穷人的德性与健康趋于恶化，并怂恿各个阶层的孩子行为不端。结构性的改革构想倾向

---

[26] Ackerhalt v. Smith，141 A. 2d 187（Mun. Ct. App. D. C. 1958）.

[27] 更早的标准是"出租人必须有意作出持续剥夺承租人使用租赁物的行为，或应为此类行为负责"。Hughes v. Westchester Development Corporation，77 F. 2d 550，64 App. D. C. 292（1935）.

于使城市生活更加安全，穷人更有德性，使城市不和谐减少对议程单上占主导的改良的威胁。他们中的大多数接受这一观念，即改善穷人的物理环境可以增强他们的道德脊梁。租屋改革、建筑法、建造公园、改善下水系统以及分区制都是为了整体的改良，即使对于很多保守派而言也是如此。每一项运动都聚焦于穷人居住的物理环境，并允诺保护周边居住的中产及上流阶层。而重构承租人驱逐简易法庭，基本无法满足上述进步性目标，如果有的话。事实上，如果使承租人继续居住在不健康的租屋公寓中，只会使问题恶化。而那些受原住民主义或种族主义驱动者——进步的或保守的——对帮助贫民区的移民与黑人居民的观点深恶痛绝。

第二次世界大战以后，大量相同的基本趋势继续主导着城市化改革。认为自己是中产阶层中受到人为压制的成员者，在战后大萧条的复苏过程中搬离了贫民区，美国城市贫民人口的大多数是黑人。在20世纪40年代末50年代初，大量资源被用于援助退伍军人，满足中产阶层被压抑已久的居住需求，建造州际高速公路，并开放郊区以便于发展。大多数此类资源体系化排除了黑人，因为在城市发展中留下了对他们的公众厌恶。直至美国黑人开始主张他们的完全市民权并获得法律服务时，承租人驱逐简易法庭才成为公众注意的焦点。

且不论租屋收回法院改革的迟到，在1963年购买克里夫顿·特勒斯公寓时，西德尼·布朗很难预料到，承租人或城市可能给他带来法律上的麻烦。当时可以轻易驱赶未付租金的居民，城市的法典强制执行系统大多还未生效。在60年代初，出租人—承租人法院每年要审理数以万计的案件。而处理这一巨大的负担却相对容易。出租人很快即获得法院的占有判决，拒绝允许未付租金的承租人提起任何担保抗辩或其他消费者抗辩。大多数的案件审理非常迅速。对于费力出庭的承租人[28]，审理程序大致如下：

> 书记员传唤当事人：
>
> 出租人律师：（在介绍租金支付记录证据后）我的记录显示，承租人汤姆（Tom）与特丽莎（Teresa）没有支付上个月的租金。我方举证完毕。
>
> 法院（对无代理人的承租人发问）：你支付租金了吗？
>
> 承租人：没有，但是……

---

[28] 即使是当下，在城市承租人驱逐法院中，也有相当一部分承租人被告不会出庭。这一现象的形成有很多原因。有些在收到起诉书与传票后即搬离，也就不必出庭。另外一些从未收到通知或直接将其忽视。有些在收到法律文件后即支付租金，并认为可以不必搬离。而如果承租人不出庭，法院将作出支持出租人的缺席判决（default judgment），出租人因而可请求承租人返还占有，从公寓中搬离。

法院：出租人胜诉。传唤下一个案件。㉙

结果是造成了紧张形势。这些审判与在其他司法程序中广泛宣传的消费者救济相脱节。当数以千计的承租人——20世纪60年代大多数是黑人，在出租人—承租人法院受到羞辱时，种族摩擦与城市动荡不断加剧。城市黑人居住条件的恶化，进一步加剧了不满。不可避免的，在某一时刻，租屋收回法院将成为公众关注的焦点。对于华盛顿而言，这个时刻在1965后不久即到来，当时一个为贫民提供法律服务的项目——该项目由经济机会办公室（Office of Economic Opportunity）的联邦基金予以支持——在克里夫顿·特勒斯公寓的地下室设立了一间办公室。

（二）拒付租金运动

哥伦比亚之巅公寓（Columbia Heights）位于克里夫顿·特勒斯公寓附近，是设立法律服务办公室的合理地点。尽管在全国范围内，包括哥伦比亚特区，无论收入水平与种族，人们的居住质量都得到改善，但哥伦比亚之巅公寓是这一普遍潮流的例外。"1950至1970年间，全国存量房屋中'失修'的比例减少了50%以上；没有完备管道设备的房屋比例减少了80%以上；过度拥挤的房屋比例减少了将近50%。"㉚甚至收入分配中最底层的三分之一人口的居住质量也得到改善。没有完备管道设施的单元房比例减少了80%以上，过度拥挤的单元房比例减少了将近一半。1970年，来自华盛顿的数据显示了相同的普遍趋势，仅2.3%的单元房缺乏基本的管道设施。过度拥挤的房屋比例也在下降，尽管不如全国的下降速度快。但在关于克里夫顿·特勒斯公寓的统计册中，却显示了相反的趋势。在管道设施无处不在的同时，人口密度翻倍，房主自主的比例急剧下降。同样不足为奇的是，1950至1970年间，居住人口从几乎全是白人变成几乎全是黑人。在其他城市贫民区也有类似的趋势，如仅在1950年居住在低于一般标准的住宅的非白人就从1.4千万增加到1.8千万。

埃德蒙·吉恩·弗莱明，乔治·华盛顿大学法学院1961年的毕业生，是华盛顿社区法律服务项目（Neighborhood Legal Services Program）所雇佣的最早一批律师之一，大学期间他曾兼职在一家公司工作，之后获得上述工作机会。毕业之后几年的实践使他相信，"缺乏资金与世故"而被卷

㉙ 这个"审判"版本，基于我1965至1968年在芝加哥就读法学院期间，与1968至1973年于Newark的Rutgers法学院任教期间旁听出租人—承租人法院的亲身体验。Gene Fleming是Clifton Terrace承租人的法律援助代理人，在他接受Some Are More Equal Than Others采访时所描述的版本与此非常类似，它是Justice in American三部曲中的第一部，Eric Sevareid对其予以修改，并在1971年的CBS新闻报道中予以播放。

㉚ Housing in the Seventies: A Report of the National Housing Policy Review 165-182 (1974) at 165.

入法律纠纷中的人"大多数情形会被骗"③。他看到了项目负责人朱利安·赖利·杜加斯（Julilan Riley Dugas）所发表的关于华盛顿社区法律服务项目的公告，并被雇佣。在弗莱明加入该组织不久，杜加斯就请他负责克里夫顿·特勒斯公寓办公室的工作。当时该办公室还有两名律师、两名相关工作人员②以及秘书鲁斯·布拉德利（Ruth Bradley）。③

1966年1月，在弗莱明加入克里夫顿·特勒斯公寓办公室不久，帕特·卡丽斯（Pat Carris）走进办公室要求会见律师，她被安排与弗莱明见面。④卡丽斯是对抗贫困运动（War on Poverty）的社区组织者，与她的两个孩子一起住在该社区。她告诉弗莱明，克里夫顿·特勒斯公寓一团糟——在过去的六个星期一直没有供暖，还有其他一系列维护与虫害问题。卡丽斯说，"必须要有所动作"。

弗莱明考察了她的公寓。他发现卧室中央放着一个大洗衣盆用于收集照明设施附近的溢水，卡丽斯试图用厨房的炉子为房屋供暖。卡丽斯与弗莱明讨论之后一致认为，最好的战略是发动拒付租金运动。弗莱明允诺将为此提供法律援助——尽管在最近的采访中他坦承，"在去考察的路上我还幻想找到法律上的解决途径"。卡丽斯同意组织运动。

卡丽斯找到29名愿意拒付租金的承租人。⑤他们每人都向房主发出了一封由弗莱明草拟的信件，表明在信中所列的维修事项完成之前拒付租金。⑥据弗莱明所言，西德尼·布朗在回信的同时，采取了一系列措施以削弱可能发生的拒付租金运动的影响。首先，他向法律服务项目的负责人控告弗莱明对克里夫顿·特勒斯公寓众承租人的支持。项目办公室为此进行了一个小型"听证"。尽管被允许继续工作，但弗莱明对于被要求解释自己的行为仍然感到恼火。布朗还向联邦警局控告弗莱明从承租人处窃取财物。但这纯属无中生有。此外，众承租人告诉弗莱明，布朗在克里夫顿·特勒斯公寓与拒付租金的众承租人"商谈"，用租屋收回及其他报复行为"威胁"他们。重压之下，有些承租人退出活动，并支付了租金。

最后，一名原本参与拒付租金活动的承租人，因为在发出拒付租金

---

③ 引自 Gene Fleming 写给作者的电子邮件（Aug. 19，2002）。

② 这些工作人员是社区使用经济机会办公室的资金雇佣的人员。

③ Gene Fleming 声称她在这个案件中起到了"关键性"作用，"追踪所有情势，在混乱中保持秩序，与承租人交谈并回答他们的问题"。她"做了所有你可以期待一名好秘书所做的事情，包括在需要的时候发起动议"。引自 Gene Fleming 写给作者的电子邮件（Nov. 17，2002）。

④ 下文所述的事实，如果没有特别说明，均来自作者与 Gene Fleming 2002年5月29日的电话交谈。

⑤ 20世纪60年代末70年代初全美范围内有很多城市都爆发了拒付租金运动。关于其中规模最大的运动的描述请参见 Frances Fox Piven & Richard A. Cloward, Rent Strike: Disrupting the System, New Public（Dec. 2，1937）。

⑥ 事后该策略的智慧之处被披露。事实上，所有的默示担保案件，包括 Saunders 案，都要求承租人通知出租人住房瑕疵，以在之后基于建筑违反行为的租金之诉或占有返还之诉中进行抗辩。Fleming 合乎逻辑地假设，如果他可以改变现行法律规则，将会创建上述规则。

通知之前已经逾期未付租金，在出租人的敦促下同意提交一份宣誓口供，指控卡丽斯与弗莱明为不当行为，寄希望于藉此不再被追究其逾期未付租金的行为。但布朗仍然起诉要求他返还占有。该承租人——考虑到在他同意与房东合作之后不再会获得帮助——从未将他的诉讼文件拿给弗莱明。结果是，没有任何回复或反诉被提出以保护他免被驱逐。布朗以最快的速度胜诉。他获得了占有判决，该承租人的财物被扔到了大街上。这些事件在承租人中快速传播，导致最初同意拒付租金的承租人收拾起他们的帐篷。1966 年 4 月，正式爆发了租金拒付运动。暗地里不愿支付租金的承租人几乎立刻拒付租金，他们被起诉以收回租屋。[37] 开庭时，仅六名承租人以被告的身份出庭。终于，舞台留给了将改变出租人—承租人法之轮廓的法律大戏。

■ 三、当地上诉审：从拒付租金运动到市民骚乱

（一）"审判"

第一国家房地产公司的代理律师是赫尔曼·米勒。他多年以来曾在无数租屋收回案件中作为出租人的代理人出庭。在他从事职业的前期，曾经代理过一些谋求摆脱第二次世界大战期间被采纳的租金控制规则的承租人。他也曾在出租人—承租人法领域协助培训法律援助律师。但自20 世纪 60 年代末起，他的主要客户群体是出租人。据称，米勒曾经祈祷"上帝保佑起诉我的客户之人！"他也以自己曾在战争期间"代理承租人的行为而自豪"。

在提交针对第一国家房地产公司的占有起诉的答辩状时，弗莱明采取了当时并不常见的诉讼策略。通常承租人被要求在收到起诉书与传票大约十天以后出庭。之后没有其他程序上的牵绊，案件将快速被审理完结。[38] 在租屋收回案中提起抗辩的程式远未建立。[39] 很少有关于承租人抗辩的法律评论文献。国家法律服务中心（National Clearinghouse for Legal Services）（之后成为贫民代理律师的主要出处）出版的简讯《服务中心法律评论（The Clearinghouse Review）》与《CCH 贫民法律报告（CCH Poverty Law Reporter）》分别在 1967 年与 1968 年才首次发行。

---

[37] 1966 年 4 月 8 日针对他们的租屋收回之诉被受理。

[38] 请注意上文第 18—19 页［指英文原著页码——译者注］描述的典型审理过程。

[39] Pines v. Perssion, 14 Wis. 2d 590，111 N. W. 2d 409 (1961).

所以，当弗莱明说他在诉讼过程中创制了新规则时，我们有充分的理由信任他。在当时的情境下，如果期待获得嘉文斯（Javins）案最后提供的救济模式，他确实做得非常出色。在每一封答辩状中他都主张：

> 自 1966 年 4 月 1 日起，被告居住的房屋就处于不适于居住的状态，并且该状态违反了哥伦比亚特区的住房规范。原告没有，并且/或者拒绝为被告维护房屋的居住条件，以及完成他根据双方约定应尽的其他义务。而且，在被告，以及/或者被告的代理人与其他哥伦比亚特区相关主管机构反复控告之后，原告仍然不履行、与/或拒绝履行。被告所遭受的损害，与房屋如果符合哥伦比亚特区住房规范的居住标准，应予支付的租金数额相当。[40]

正如本文开始时所指出的，1966 年 6 月 17 日，奥斯丁·弗里克林法官审理了该案——数袋老鼠粪便，老鼠尸体与蟑螂，以及其他。在法院宣布出租人胜诉之后，被告们立刻提起上诉。

（二）上诉摘要

出租人—承租人法院审理的六名被告中有四名向哥伦比亚特区上诉法院提起上诉——鲁道夫·桑德斯、埃塞尔·嘉文斯（Ethel Javins）、格拉迪斯·格兰特（Gladys Grant）与斯坦德利·格罗斯（Stanley Gross）。据弗莱明所言，桑德斯是拒付租金的核心人物——"忠厚，三十多岁，纤瘦，安静而坚定"。提交上诉书时，弗莱明将他的名字放在第一位，以保证该案件以他的名字命名。在哥伦比亚特区上诉法院，他的安排如愿实现[41]，联邦上诉法院则将埃塞尔·嘉文斯放在第一位，尽管该案的第一轮摘要以桑德斯的名字命名。直到现在，弗莱明也不知道为何发生这样的命名改变。也许法学院第一学年的财产法教科书应当以桑德斯案重新命名该案件，以示尊重。下文也将如此。[42]

争议几乎箭在弦上。但一个"稀奇的"时间导致诉讼摘要的提交被延误。弗莱明来到他在克里夫顿·特勒斯公寓的办公室，发现"前一晚他的桌面被泼上了粪便，他正在撰写的文件也被毁"[43]。他请求延期审理

---

[40]　Answer in First National Realty Corporation v. Saunders, Civil Action No. LT 28968－66（April 22, 1966）. Fleming 还写了一段话，请求法院在本案审理终结前保管租金。这很可能是一个明智的策略，可以保证仅在承租人的抗辩不成立时，出租人才可获得租金。根据 Fleming 所言，这个设计的意图还在于在必要的上诉期间，中止租屋收回之诉。Gene Fleming 写给作者的电子邮件（Nov. 17, 2002）。

[41]　该审判的判决题名为 Saunders v. First National Realty Corp., 245 A. 2d 836（D. C. App. 1968）。

[42]　除了引用官方的正式报告外，下文将以 Saunders 的名字指称该案。

[43]　对 Gene Fleming 的采访（May 29, 2002）。请注意这些事情发生在电脑还未普及的年代。若出现打字错误或文稿被浊污，必须重新打出。

（continuance）并最终在 1966 年 11 月 4 日提交了承租人的上诉摘要。仅在 12 天之后，出租人方就提交了答辩摘要，一周后，承租人方提交了答辩回复摘要。原本感恩节时该案件即可审理。但直至 1968 年 3 月 11 日，在所有摘要提交将近一年半以后，该案的口头辩论才得以进行。上诉判决则直至 1968 年 9 月 23 日才作出，已经是弗里克林法官作出初审判决两年之后。

诉讼摘要中的争议非常直接。弗莱明的很多论点都与第一篇有分量的关于适居性默示担保的法律评论文章相似。[44] 该文由乔治城大学罗伯特·肖释斯基（Robert Schoshinski）教授撰写，文中涉及大量哥伦比亚特区的判例与规范，发表于本案审理前不久。他和弗莱明都运用了消费者权益保护法的最新发展，尤其是如惠策尔诉杰西·费希尔管理公司案这样的侵权案件[45]，发现建筑法中的规范创立了一项出租人注意义务。[46] 他们的论点还以推定租屋收回案件为基础，意图说明潜在的规则早已削弱了不动产契约条款独立性的观念[47]，并说服法院改变推定租屋收回规则，以将其适用于租屋收回案件。最终，根据允许承租人在租屋收回案件中"提出衡平抗辩，或在与租金给付请求相当的范围内，提出减轻给付抗辩（recoupment）或损益相抵抗辩（set-off）"的规则，弗莱明辩称，弗里克林法官拒绝在庭审中听取出租人违反建筑法行为的证据，或不允许在因违反建筑法的行为而造成的损害范围内减免租金，是错误判决。[48]

米勒为出租人提交的答辩摘要中回应道，建筑法的执行严格而言是市政与建筑所有权人的事务。他辩称，出租人并非承租人福利的保险人。推定租屋收回规则也不能为承租人提供解脱之道。因推定租屋收回而撤销（rescission）租约，要求承租人通过将占有返还于出租人而回到缔约前的状态。[49] 这份摘要中还含有大量被部分承租人与很多法律援助律师

---

[44] Robert Schoshinski, "Remedies of the Indigent Tenant：Proposal for Change", 54. *Geo. L. J.* 519 (1966). 尽管在向联邦上诉法院陈述观点时，Fleming 对这篇文章非常熟悉，但他不确定在哥伦比亚特区上诉法院审理期间，他是否已经读过这篇文章。Gene Fleming 写给作者的电子邮件（Nov. 5 and 19，2002）。两份摘要中都使用了相同的论据，显示出 Schoshinski 与 Fleming 观点的相似性。

[45] Supra note 25.

[46] Brief for Appellants（November 4，1966），Saunders v. First National Realty Corp.，245 A. 2d 836 (D. C. App. 1968).

[47] 这是一项可商榷的主张。推定租屋收回传统上仅限于因出租人的行为导致房屋整体不适于占有的案件。在此条件下，占有与租金的交换——租约条款最核心的要素——被架空。在大多数案件中，并不存在其他的条款；因而，其他条件通常无关紧要。

[48] 这份相当长的摘要中还涉及大量关于城市贫困承租人的困境，华盛顿地区日益恶化的居住条件，以及他们对于司法救济的需求的材料。

[49] Brief of Appellee（November 16，1966），Saunders v. First National Realty Corp.，245 A. 2d 836 (D. C. App. 1968).

视为令人生厌的故意挑衅的内容。[50] 例如，在某一论点中，米勒写道：

> 在很多情形下，为了符合［建筑法］，出租人花费了大量的资金，但他刚做完维护工作，承租人的使用、过失、对自己义务的无视，以及对注意义务的疏忽，很快就会造成相同的违反状态以及其他问题。难道要求出租人雇佣武装保安制止承租人持续不断地对房屋的滥用与持续的损毁，并允许承租人继而抱怨出租人有违反行为，尽管承租人仍然管领房屋并声称租金未到期或应予拒付，是合理的？[51]

书面辩论环节以弗莱明的简短回复作结，他在其中强烈恳请将合同法适用于租屋收回法。

> 如此认为显然不合理：如果承租人在这个城市中租住公寓，他对出租人提供***［基本设施］的依赖却被完全忽视，或认为他可能明知且愿意同意：出租人不必提供基本设施，或仅在出租人心血来潮时才提供这些设施。合同法的基本原则以依赖、协助与约因为前提，并为契约中受损害的一方提供救济，这些规则远比古老的意在无视当事人间义务关系的规则更为合理。[52]

（三）在公众争议中度过的等待期

在哥伦比亚特区上诉法院正式对此案进行口头审理之前很长一段时间，对上述摘要某种程度的共同热忱导致了群情爆发。事实上，由于法院迟迟不将此案的审理提上日程，弗莱明采取了不寻常的策略，他提起了一项动议要求法院尽快开庭。他主张，"从提交摘要至今经过的时间***远远超过了该案通常应予口头审理的正常时间跨度"[53]。他请求在"可操作的最早时间"审理该案。但该动议似乎并未对事件的发展有所影响，直至 1968 年 3 月该案的口头辩论才得以进行。

在等候庭审期间，承租人和他们的支持者也没有浪费时间。1967 年 6 月，房屋发展公司（Housing Development Corporation），一个非营利组织，基于经济机会办公室的资助启动了一项开发廉价房屋的项目，其

---

[50] 从我自己处理 20 世纪 60 年代末 70 年代初的出租人—承租人争议的经验看来，通常是出租人絮絮叨叨地抱怨承租人造成了大多数或全部问题。而承租人面对这样的谈话，通常会一致指责出租人无视他们的困境。当时基于种族或其他紧张局势而产生的观点差异有时非常巨大。

[51] Id. at 2. 请原谅引文表述的蹩脚，但引文必须与原文一致。

[52] Reply Brief 2 (Nov. 23, 1966), Saunders v. First National Realty Corp., 245 A. 2d 836 (D. C. App. 1968).

[53] Motion to Calendar for Argument (Dec. 19, 1967), Saunders v. First National Realty Corp., 245 A. 2d 836 (D. C. App. 1968).

中涉及购买臭名昭著的克里夫顿·特勒斯公寓的规划。10月该规划即陷于困境。联邦房屋管理局（Federal Housing Administration）声称，拆除这些建筑并重建更节约成本。此外，房屋发展公司提议的租金水平只能维持3.8千万美元的项目，联邦房屋管理局拒绝为房屋发展公司提供它所需要的4.8千万美元的贷款。房屋发展公司与市政官员回应道，联邦房屋管理局"在回避中心城区的贫民区问题，并似乎没有能力也没有意愿完成国会批准的低成本住宅项目"[54]。这是市政府与联邦政府在之后的35年期间所遭受的持续批评浪潮中的第一击，正是在此期间，克里夫顿·特勒斯公寓如过山车般在适居与不适居间反复变换。由于在华盛顿哥伦比亚之巅周边建筑群中的重要性，它既被作为为贫民提供更好的居住可能的代表，也被作为将此可能性变为现实之困难性的代表。

在争议房屋发展公司的规划期间，《华盛顿邮报（Washinton Post）》直白地描述了该建筑的条件：

> 破败的窗户和楼道、巷道，地面上杂乱的垃圾，满是沙土与煤渣的后院被称为游戏场地。
>
> 木板窗损毁了大厅，提醒我们它最初拥有的大理石台阶、雕刻的支柱与精致模塑的天花板。所有高层的单元房都曾有独立的阳台，现在很多被用于晾晒衣物，为地毯或杂物通风。
>
> ***
>
> 至少有18间单元房遭受雨水损害，有裂缝的管道导致地板变形，浸透水的天花板塌落。
>
> 集中供暖系统，每天消耗13吨燃料的燃煤暖气锅炉，在冬季每个月平均停运五至十次***。[55]

因为居住条件实在无法忍耐，原本位于该建筑地下室的一个社区组织的办公室也被迫搬离。

在各利益相关方就被提议的交易与公寓的修复讨价还价时，市政开始对来自承租人的压力作出回应，并为了促进项目的可行性，敦促布朗降低该建筑的卖价。卡尔·伯恩斯坦（Carl Bernstein）在《华盛顿邮报》中连载了事件的进展，他之后由于在水门事件中作为伍德沃德（Woodward）与伯恩斯坦调查报告组的成员而名声大噪。尽管至少三年前，承租人就已经向城市许可与调查局（Department of Licenses and In-speciton）提出关于克里夫顿·特勒斯公寓建筑法违反行为的控告，但它从未就此采取任何强制措施。1967年10月下旬，罗伯特·坎贝尔（Robert Campbell），房屋发展公司的任职人员、市政顾问处助理，对此

---

[54] Carol Honsa，"Slum Fighters are stymied"，*Washington Post*，(Oct. 2, 1967) at B1.

[55] Id.

提出强烈谴责，不久，他声称将把西德尼·布朗诉至法院，要求针对他的建筑法违反行为进行强制。罗伯特·韦弗（Robert Weaver），住房与城市发展部秘书长，声明他重启了谈判，争取联邦房屋管理局支持重新发展规划克里夫顿·特勒斯公寓。坎贝尔称，他无法理解为什么市政顾问处针对该案的诉请执行强制，尽管商讨该建筑的价款时，有些针对布朗的指控是根据市政的要求提出的。

几天之后，"愤怒的承租人代表拜访了查理斯·T·邓肯（Charles T. Duncan）市政顾问处"，要求立即为克里夫顿·特勒斯公寓提供供暖。邓肯派遣他的部分员工和一名房屋监察员，到该公寓记录持续的违反行为，并指令布朗次日提供供暖。尽管有此指令，热水并未从破旧的蒸汽管道中流过。翌日，布朗被诉至法院，审判立即进行，因违反建筑法的供暖系统规范，他被米尔顿·克龙海姆（Milton Kronheim）法官判决有罪，并处以监禁 60 天的刑罚。克里夫顿·特勒斯公寓第一次成为新闻头条：

> 在法官宣布判决时，据一名法院工作人员称，这代表着他的记忆中首次出租人因违反建筑法的指控而被判入狱，听审的超过 50 名克里夫顿·特勒斯公寓的承租人大声为此欢呼。

> 还将面临房屋监察员记录的另外 1 200 项违反行为的布朗，显然被此判决惊呆了。

> 当他被带到法院地下室的会见室时，出租人的手不停发抖，与片刻之前在证人席告诉法官区政府应当为克里夫顿·特勒斯公寓的供暖瑕疵负责的被告判若两人。

> 在会见室停留 45 分钟之后，布朗的代理人乔治·E. C·海耶斯（George E. C. Hayers）提起上诉，在支付 2 000 美元保释金（bond）之后出租人被释放。⑤⑥

尽管不久之后供暖即恢复，但形势并未因而好转。在保罗·弗雷德·科恩（Paul Fred Cohen）与弗洛伦茨·韦格曼·罗西斯曼（Florence Wagman Roisman）等一些法律援助律师的陪同下，众承租人造访了市长办公室，要求市政进行最基本的维修并将费用账单寄给出租人。罗西斯曼多次与众承租人一起造访地区大楼（华盛顿市政厅），要求对克里夫顿·特勒斯公寓采取措施。查尔斯·邓肯见证了其中的一次。他主要的助理是一位名为休伯特·佩尔（Hubert Pair）的绅士。邓肯在报告中称，"佩尔是一名非常得体且有旧学院风格的律师"⑤⑦。邓肯记得，某

---

⑤⑥ Carl Bernstein, "Landlord is Given Jail Term", *Washington Post* (Nov. 8，1967) at A1.

⑤⑦ 这个小故事来自作者对 Charles Duncan 的采访（May 27，2002）。准确的时间已无法考证。Roisman 认为，这件事可能发生在检察官对 Brown 提起刑事控诉之前，并且某种程度上检察官的指控受到这一事件的影响。Duncan 记得这一事件，但不记得它的具体时间。Roisman 也坚称她从未出现在 Pair 的办公桌后。Duncan 的记忆与此不同。

日他走进佩尔的办公室，发现弗洛伦茨·罗西斯曼正站在困惑的佩尔先生的办公桌后，与一众克里夫顿·特勒斯公寓的承租人交谈。罗西斯曼从架子上取下一份《哥伦比亚特区法典（D. C. Code）》，并"正在给承租人朗读其中关于市政有权提供救济的条款"。邓肯说，他与罗西斯曼当时的关系有些"紧张"，但"我们后来成为很好的朋友"。

西德尼·布朗以关闭整栋大楼并收回所有房屋为胁迫，回应不断发酵的争议。[58] 这也许并不仅仅是对来自市政的压力的回应，也是对他购买该建筑后无法获得对克里夫顿·特勒斯公寓之占用许可（occupancy permit）的回应。以市政相关机构的调查为基础，卡尔·伯恩斯坦在《华盛顿邮报》一篇匿名的报道中披露了布朗没有获得许可的事实。也许伯恩斯坦在为之后的水门事件做预演。

就在感恩节之前，事件冲突发展为新闻头条。11月16日清晨，市政顾问查尔斯·邓肯来到克里夫顿·特勒斯公寓。"我从未见过"，他说道，"更恶劣的居所"。这里的居住条件"惨无人道"。当天晚些时候他带市长来到现场——使这一事件成为《华盛顿邮报》的头版，并配有大幅照片和醒目的标题。当日，克里夫顿·特勒斯公寓的众承租人向联邦法院提起诉请，请求市政与西德尼·布朗进行维修。感恩节当天，报道称"60%的单元房没有供暖"。12月上旬，出租人与承租人间的会谈几乎是在"作战"[59]，法律援助律师们部分重构了他们的诉讼请求，意图阻止布朗从承租人处收回克里夫顿·特勒斯公寓的房屋。

所有的冲突，包括承租人在住房与城市发展部秘书长罗伯特·韦弗办公室前的静坐，目的都在于说服他为克里夫顿·特勒斯项目提供资金支持，最终导致出卖该建筑于房屋发展公司的协议得以签署。西德尼·布朗获得1.4千万美元的价款，比他最初的要价低40万美元。事后，布朗称该数额比他购买该建筑时的价金低20万美元，比该建筑上所设定的抵押债权少25万美元。12月15日，几乎紧接着布朗将运行克里夫顿·特勒斯公寓的权利移转给房屋发展公司的时间，对西德尼·布朗以及他的第一国家房地产公司违反建筑法行为的第二轮刑事审判即开庭。[60] 与第一轮审判类似，这次审判也是一场好戏。除了布朗以外，众承租人与律师，以及《华盛顿邮报》的记者卡尔·伯恩斯坦悉数到场。尽管大多数报道的作者都对布朗不利，但布朗传唤了伯恩斯坦作为证人。[61] 当然，

---

[58] 大多数承租人是每个月续租一次。根据普通法，出租人可以提前一个月通知后收回租屋。当今某些地区要求提出充分的理由始得终止此类租约。

[59] Jack White, Jr., "Landlords, Tenants at War", *Washington Post* (Nov. 25, 1967) at B1.

[60] 第一轮审判是在 Clifton Terrace 供暖的公众争议中进行的"快速"审理，参见上文第 32-33 页［指英文原著的页码——译者注］。

[61] 他这么做的原因无从得知。也许他认为这样可以拖延诉讼进行。也许他的律师试图控告 Bernstein 的文章，并减损它们对审判的影响。

《华盛顿邮报》派遣了律师陪同，以保护报社的利益。更具戏剧性的是，布朗的律师请求更换审理地点，因为在哥伦比亚特区无法对此案进行公正审理。撇除戏剧性不论，案情继续。

一周之后，弗莱明提出动议，申请在哥伦比亚特区上诉法院对该案进行审理。1968 年年初，所有违反建筑法的刑事指控审理完结。第一国家房地产公司以放弃抗辩为对价，请求解除所有针对西德尼·布朗个人的指控。该公司被判决支付 5 000 美元罚金，这是"在本地的建筑案件中最高数额的罚金之一"[62]。蒂姆·墨菲（Tim Murphy）法官在宣读判决时说道，该公司的不法行为"大大超出可以容忍的限度"。不过，他也指责市政道，"地区官员的延误与疏失"也是造成违反建筑法立法目的之问题的原因。第一轮审判中对布朗的 60 日监禁判决仍在上诉过程中。直至 1971 年 5 月，布朗才支付了 5 000 美元的罚金。[63] 在房屋发展公司接管克里夫顿·特勒斯公寓之后，众承租人针对布朗和市政的起诉被驳回。桑德斯案的口头辩论于 1968 年 3 月 11 日开庭。

（四）口头辩论与……暗杀

在律师们聚在一起为桑德斯案辩论时，各方都在反复思考之后作出了修正。针对租屋收回判决提起上诉的四位承租人中，有三位已经搬离克里夫顿·特勒斯公寓。而第四位承租人——格拉迪斯·格兰特——则在该建筑被出售之后向房屋发展公司支付了租金。也许该案就此成为未决案件。此外，就在五个星期之前，哥伦比亚特区上诉法院判决违反建筑法的住房租约无效。[64]《哥伦比亚特区建筑法规（District of Columbia Housing Regulations）》第 2304 条规定：

> 任何人都不得出租或承租房屋***除非该房屋***处于干净、安全且卫生的条件下，持续被维护，且不受鼠虫困扰。

法院宣读了这一规范，以特别阻止违反建筑法之租约的订立，并判决若自租赁保有之始即存在违反建筑法的条件，则租约非法。其结果是，租屋收回判决被撤销。

1967 年，弗莱明搬到了他的故乡爱荷华州得梅因（Des Moines, Iowa），以主持一个由经济机会办公司资助的新的法律援助项目。本案审

---

⑥ William Schumann, "Ex—Landlord of Clifton Fined ＄5 000", *Washington Post* (Jan. 27, 1968) at A1.

⑥ Landlord Finally Pays Fine, Washington Post (May 22, 1971) at B1. 这发生在 Monroe Freedman，他代表 Florence Roisman 与 Committe on Admissions and Grievences 斗争，寻求指派一名特派检察官完成对 Brown 的指控。Florence Roisman 写给作者的信件（Oct. 18, 2002）。

⑥ Brown v. Southall Realty Company, 237 A. 2d 834 (D. C. App. 1968). Florence Roisman 作辩护，此案 1968 年 2 月 7 日宣判。

理期间，他回到华盛顿开始了口头辩论。寄希望于布朗案的审理有助于他正在处理的案件，他特意向法院提出了不法性问题。[65] 当然，他也主张古老的不动产契约条款独立性规则已经失效，承租人有权因建筑法违反行为而要求减少租金。赫尔曼·米勒的回应强烈谴责了布朗和市政不遵守建筑法的行为。他争辩道，布朗允许承租人违反建筑法并拒绝支付租金。而且，对建筑法违反行为的刑事处罚也显示，仅市政才有能力执行建筑法的规范。

当事人双方都可以从自己的立场出发，基于房屋发展公司从西德尼·布朗处接管克里夫顿·特勒斯公寓后所面临的困难，而主张道德支持。布朗可能因继续困扰该建筑的供暖问题而幸灾乐祸。不可能在短期内更新旧的系统。与此类似，新的所有权人被迫采取措施阻止承租人与外人破坏租赁物。布朗不断地控诉承租人的不当行为。另一方面，与房屋发展公司的复建计划相伴随的，是承租人协会出乎意料地被授权巡视建筑、收取租金，并收回任何有不当行为或拒付租金的承租人的房屋。此外，房屋发展公司还与一个非营利社区组织普莱德公司（Pride, Inc.）订立契约，雇佣一些承租人与附近居民打扫并维修建筑。小马里奥·巴厘（Marion Barry, Jr.），后来的华盛顿市长，是普莱德公司当时的高级管理人员。这些行动启动了清理该建筑的进程，并且是以弗莱明和部分承租人很乐于接受的方式。尽管如此，由于该建筑的居住环境实在太差，相当一部分承租人还是选择了搬离。在1968年年中，275套单元房中仅121间仍有住户。这些承租人都搬到了该公寓的东面和南面，以便于从西面开始进行复建工程。经过一些小波折后，1968年8月13日该项目正式启动。[66]

该地块的动工是1968年夏华盛顿中心城区少有的几个明亮的时刻。华盛顿与全国大多数其他地区的黑人社区，还沉浸在备受崇敬的马丁·路德·金于4月4日星期四在田纳西州孟菲斯（Memphis Tennesssee）被暗杀事件所造成的悲痛之中——在桑德斯案口头辩论大约三周之后。几个小时之内，第十四大街的20个街区，自西北方向延伸至北方，南方始于克里夫顿·特勒斯，都陷入了市民骚乱之中。相似的，第七大街自西北方向的E街区，南方的华盛顿中心区，直至北方的W街区；以及H大街一直从东北方向的中央车站延伸至东方，也陷入其中。第八大街，从东南穿过国会大厦（Capitol Hill）的心脏，以及华盛顿东南与东北的其他地区也相同。根据报道，骚乱造成7人死亡，1 166人受伤，

---

[65] 如果仔细阅读这些诉状，会发现该问题在其中有所涉及。但在数月前的审理以及诉讼摘要准备过程中，该问题并没有引起足够的注意。法院认为他是在对 Brown 案的口头辩论中首次提出了该问题。Saunders v. First National Realty，245 A. 2d 836，837 (D. C. App. 1968).

[66] Rehabilitation Begins (Photo and Caption Only)，Washington Post (Aug. 14, 1968) at B1.

117

7 370人被捕，并有 711 处场所失火。超过 1 100 支部队受命维持秩序。直至 4 月 8 日星期一，这座充满硝烟的城市才冷静下来。像洛杉矶、纽瓦克（Newark）、底特律与其他 1965 至 1967 年间遭受大型市民骚乱的城市一样，华盛顿也面临着使种族紧张局势所引发的冲突趋于理性的严峻任务。

没有人知道为什么在马丁·路德·金被暗杀后，华盛顿的情绪被引爆，而其他城市则相对冷静。[67] 为了调查之前的种族骚乱，约翰逊总统组织了克纳委员会（Kerner Commission），1968 年，该委员会的总结报告发布了它的著名解说："我们的国家正在变成两个社会，一个黑人社会，一个白人社会——互相隔离且不平等。"[68] 也许克里夫顿·特勒斯公寓周边不安的环境——它正好位于被马丁·路德·金之死摧垮的黑人贫民区的中间位置——正是此种不平等的例证，而这被克纳委员会视为骚乱的首要诱因。

（五）判决

华盛顿大区陷入混乱之后六个月，罗伯特·F·肯尼迪（Robert F. Kenneny）于 1968 年刚刚宣布总统大选于加利福尼亚州获胜即被暗杀三个月之后[69]，芝加哥召开混乱的民主党大会与布拉格之春（Prague Spring）结束几周之后，哥伦比亚特区上诉法院对桑德斯案作出判决。既没有受到它自己对布朗案的审判的影响[70]，也没有受到克里夫顿·特勒斯公寓混乱的周边环境与马丁·路德·金死后造成的骚乱的影响，它维持了租屋收回判决。尽管提起上诉的承租人已经搬离克里夫顿·特勒斯公寓或已支付租金，但法院仍然决定对该案作出判决。[71] 但对布朗的不法性指责被判决为无法成立，因为众承租人从未声明建筑法违反行为自租赁保有之始即存在——也就是缔约当时。承租人主张将标准消费者的契约抗辩适用于租屋收回案件的诉请被无视，因为只有政府才有权力强制执行建筑法规范。"我们无法相信"，法院在判决中写道，"立法委员

---

⑥⑦　一项调查显示最有可能参加骚乱的人可能是"有志向、努力工作，但对现状非常不满的劳工阶层与中下阶层的黑人，他们认为被剥夺了原本可正当期待的所得"。John S. Adams, "The Geography of Riots and Civil Disorders in the 1960s", 48 *Ec. Geography* 24, 30 (1972). 而最有可能爆发骚乱的地区是黑人社区中"处于古老的、正空洞化的黑人聚居区内核与年轻的、繁盛的、进步的黑人聚居区之间的过渡地带。被困于这一中间地带的人们有强烈的期待，但却发现二者的鸿沟正在扩大而不是像原本应该的那样消逝"。Id. at 35. Clifton Terrace 地区也是其中所描述的地区之一。更富有一些的黑人居住区就在它的西北方。

⑥⑧　Report of the National Advisory Commission on Civil Disorders 1 (1968).

⑥⑨　暗杀事件发生在 1968 年 6 月 5 日。

⑦⑩　审理 Saunders 案的三名法官中有两名与 Brown 案相同——Andrew Hood 与 Frank Myers。

⑦⑪　法院审理该案的意愿与 Brown 案相同——该争议的解决对于此数月期间应当支付多少租金这一问题具有拘束力。

会意图使得任何一项对此规范的违反行为无论时间长短都成为拒绝支付全部或部分租金的抗辩"。此外，基于建筑法课予注意义务的各侵权法案件并不相同，法院含糊其辞地写道，因为这些结果"并未显示建筑规范加重了出租人的契约义务"[72]。法官们并没有讨论下述潜在的矛盾：为何在布朗案中允许不法性抗辩，在侵权法中允许运用建筑法创设注意义务，而在桑德斯案中却拒绝使用契约抗辩。

如果哥伦比亚特区上诉法院注意到联邦上诉法院作出的判决，也许对桑德斯案会有不同的判决。在桑德斯案的口头辩论与判决期间，联邦法院撤销了地方法院对另一个著名的出租人—承租人案件、爱德华诉哈比卜案（Edwards v. Habib）的判决。[73] 赖特法官与麦高恩法官（Wright and McGowan），同时也是不久之后桑德斯案审判庭的成员，以激烈的言辞指责哥伦比亚特区上诉法院在承租人向有关机关控告建筑法违反行为后，针对出租人终止有期限的租赁占有的意图，拒绝承认承租人的"报复性驱逐"抗辩。伴随着愤怒，赖特法官写道：

> 作为衡平法院，我们有责任考虑我们的判决可能影响的社会环境。基于华盛顿恶劣的居住条件与住房的短缺、搬迁的费用、出租人与承租人间不平等的商谈地位，以及保障最低限度居住条件的社会与经济重要性，我们毫不迟疑地宣布报复性驱逐绝对无法容忍。[74]

哥伦比亚特区上诉法院在爱德华案中对报复性驱逐抗辩的拒绝，甚至比联邦法院的指责所显示的更为严重。因为该案此前曾被上诉至巡回法院。在出租人—承租人法院拒绝在审判中允许抗辩之后，哥伦比亚特区上诉法院拒绝中止租屋收回案件的复审。中止审理的申请被向联邦上诉巡回法院提出并被允许[75]——当然是将来此类案件都会被监督的强烈信号。但这两个法院在敲不同的边鼓。

在1970年国会立法在哥伦比亚特区建立与其他州非常相似的地方法院体系之前，由总统经参议院同意指定哥伦比亚特区上诉法院的法官。实践中，监督哥伦比亚特区的参议院小组委员会主席对于当地法官的选任有实质性影响。与哥伦比亚特区联邦法院的任命不同，城市审判庭（city's tribunals）的任命通常不会引发来自总统或参议院的过多关注。主审法官安德鲁·胡德（Andrew Hood）正是一个有趣的例证，他同时是哥伦比亚特区上诉法院审理的爱德华诉哈比卜案与桑德斯案之上诉审

---

[72]　Saunders v. First National Realty Corp.，245 A. 2d at 839.

[73]　397 F. 2d 687 (D. C. Cir. 1968)，rev'g Edward v. Habib, 227 A. 2d 388 (D. C. App. 1967). 上诉法院于1968年5月17日宣判，并于1968年7月11日全体法官一致驳回了该案的重审申请。

[74]　397 F. 2d at 701.

[75]　Edwards v. Habib，366 F. 2d 628 (D. C. Cir. 1965).

意见的执笔者。富兰克林·罗斯福（Franklin Roosevelt）总统原本任命他为原市镇上诉法院（the old Municipal Court of Appeals）的法官，任期10年，该法院是1942年国会为了处理轻微刑事案件与未成年人犯罪案件而建立的审判庭。当时，重大民事与刑事案件都由联邦地区与巡回法院审理。之后杜鲁门（Truman）、艾森豪威尔（Eisenhower）、肯尼迪（任命他为主审法官）、约翰逊等历任总统都继续任命他为法官。直至1979年，胡德78岁去世时仍任职于该法院。在他任职期间，该法院从微小的上诉审判庭发展为哥伦比亚特区最高审级的上诉法院。《华盛顿邮报》关于他的讣告中写道，他任职的法院"并非激进派而是保守派"的审判庭。因为联邦法院的复审权限，他认为，"我们从不能自由地涉足激进主义，尽管我不会说我希望介入"。他认为重要的事项应当留给立法机关而非法院。如果是现在，持此观点的人几乎不可能被任命为法官或维持数个任期。但在爱德华案与桑德斯案发生的年代，胡德代表法院的立场。对于桑德斯案在联邦上诉巡回法院得以终结，应该没有人会感到惊奇，包括胡德法官。

■ 四、联邦上诉审：赖特的审理

（一）诉讼摘要

1968年10月1日，众承租人向哥伦比亚特区联邦上诉巡回法院提起申请，申请复审桑德斯案。1969年1月16日，巡回法院同意受理上诉。[76] 实际上，这是非常稀奇的。按照事件的正常进程，联邦上诉法院没有权限复审各州最高审级的法院基于州法进行的判决。然而，哥伦比亚特区在法律上一直是个异类——不伦不类。它是基于国会的法案建立的。它的诸多行政、立法与司法活动貌似属于州这一层面，但它的整体架构，包括法院，都是联邦法的产物。在桑德斯案被哥伦比亚特区上诉法院审理时，哥伦比亚特区最高审级的法院是哥伦比亚特区联邦上诉巡

---

[76] 四名承租人中三位的申请被准许。Glays Grant 的申请因为缺乏管辖权而很快被驳回。她的申请在提交之后一个月，即 1968 年 10 月 1 日被驳回，由 Judges Danaher，Burger（之后的主审法官）与 Tamm 共同签署。尽管我不敢确定，但可能是审查申请的书记员（与法官的书记员相同，只是为按期轮流到立案庭的法官工作）指出了管辖权问题并建议立即驳回。鉴于在房屋发展公司接管 Clifton Terrace 之后，她已经支付了所有租金，出租人—承租人法院没有权力继续审理针对她的租屋收回起诉。其他三名承租人的申请被受理并于 1969 年 1 月 16 日被准许。Gene Fleming 与 Florence Roisman 于 1968 年 11 月 8 日提交了诉讼摘要，请求法院审理这三个案件。Herman Miller 作为 First National Realty 的代理人于 1968 年 12 月 2 日提交了回复。主审法官 Bazelon 与 McGowan 签署了准予复审的裁定。关于此案其他实质问题的诉讼摘要提交于 1969 年。

回法院。对于当事人的复审申请，巡回法院有自由裁量权决定是否进行复审。作为 20 世纪 60 年代末 70 年代初华盛顿居民逐渐增长的对自治规则之偏好的体现——对剥夺议员选举权与种族冷漠的当地主张的某种暗中回应[⑦]——国会为哥伦比亚特区建立了新的法院机构，并实质剥夺了哥伦比亚特区联邦上诉巡回法院对当地判决进行复审的权力。

桑德斯案各类诉讼摘要的准备过程几乎贯穿了 1969 年全年。尽管比之前提交的摘要更精细且篇幅更长，但承租人的摘要仍然坚持了同样的基本法律理由。在罗列华盛顿中心城区黑人居民寻找适居住宅方面面临的特别困难之后，弗莱明辩称，建筑法应当被作为每一个居住性租约的内容，并应被其解释为排除了将维修义务课予承租人之旧规则的适用。他辩称，像惠策尔诉杰西·费希尔管理公司案之类的侵权案件[⑧]，基于建筑法规范课予出租人注意义务，使得租赁性质的不动产契约条款具有独立性这一观念失效，并为以减少租金作为可接受的救济形式提供了支持。这并非历史注解，而是经过充分准备的将标准契约理论适用于出租人—承租人法院的尝试。

与承租方一样，赫尔曼·米勒重复了大多数之前他向哥伦比亚特区上诉法院提出的理由——在语法方面也并没有太多的进步。他坚称执行建筑法规范的权力应该属于政府。它们"并没有为承租人创设任何新的契约权利"[⑨]。不过他也提出了两项新的论据。首先，诉讼摘要的前半部分内容，均意在说服法院无视或不重视布朗诉索撒尔地产公司案（Brown v. Southall Realty）中关于不法性认定的重要性[⑩]。在哥伦比亚特区上诉法院审理之后，这是米勒第一次有机会影响该案结局。他声称，该案的判决剥夺了适格机关执行建筑规范的权力，并使得根据上述规范授予运行公寓许可的标准变得模糊不清。

另一批新的论据——批评法律援助律师与法律诊所项目的法学院学生对出租人—承租人法院的影响——更为有趣。在该案未决期间，在出租人—承租人法院，有代理人的承租人数量急剧增长。除了法律援助办公室的创设之外，法学院的法律诊所项目也蓬勃发展。由福特基金会（Ford Foundation）资助的普雷蒂曼实习项目（The Prettyman Intership Program）于 60 年代中期始于乔治城。参与课程的法学院毕业生，在民事与刑事法院进行出庭实习，并在完成项目的两年期学习

---

⑦　管辖权方面的变化很难仅因为向华盛顿居民提供更多管理自己城市政府之权利的愿望即得以实现。联邦上诉法院的自由决定招致了很多反对，并导致很多保守派成员转向他们原本不会赞同的立场。

⑧　See supra note 25.

⑨　Brief for Appellee at 11, Javins v. First National Realty, 428 F. 2d 1071, 138 U. S. App. D. C. 369 (D. C. Cir. 1970).

⑩　237 A. 2d 834 (D. C. App. 1968).

任务后获得审判实践法律硕士学位（Masters of Law in Trail Practice）。此外，华盛顿法学院联合会，包括乔治城、天主教、华盛顿、哈佛与美国各大学的法学院，提出一项倡议，允许三年级的大学生在当地的法院出庭。这些项目是华盛顿地区的大学为了回应种族骚乱以及各社区群体在60年代末所提出的要求，而作出的共同努力之一。1968年一项法院规则被采纳，允许大学生在一定数目的哥伦比亚特区的执业律师的监督下出庭。启动资金来自法律教育与职业责任委员会（Council on Legal Education and Professional Responsibility，CLEPR），该委员会也参与了在全美范围的法学院成立法律诊所的项目。该项目雇佣了主持人，租用了办公室，并于1969年秋天正式启动，也就是在米勒就桑德斯案向联邦巡回法院提交诉讼摘要后不久。[81] 该项目是全美最大的法律诊所项目之一，现在仍在运行。每个参与的法学院都贡献了一定的资金以运作法律诊所。

　　正如吉恩·弗莱明在桑德斯案中提交的非常精致的诉状所显示的，60年代末，贫民律师与法学院的法律诊所教师开始发展出一套针对租屋收回诉讼的完整策略，并在数年后被法院采纳。在米勒准备桑德斯案的诉讼摘要时，上述策略已经开始发挥影响力。在诉讼摘要中，米勒对法律援助律师以及普雷蒂曼实习项目对法院的影响进行指责。他一定也曾在提交摘要后担心过，法学院学生参与庭审的项目启动后，可能会带来的影响：

　　　　上诉方抱怨由各种情形造成的执行拖延、上诉程序以及暂缓监禁。但是上诉人未能告知法院，这些条件也在很大程度上对承租人有利，包括承租人从很多渠道被鼓励拒付租金，并且一旦案件诉至出租人—承租人法院，所有在场的法官都积极指定社区法律援助律师作为代理人（巧合的是，他们在每个案件中都主张自租赁保有开始即存在建筑法违反行为，尽管没有任何相关的指令被发布，更不用提租赁保有开始的时间了）保护承租人；或者将案件交给乔治城法律实习项目，其中法学院三年级的学生在一定数目的哥伦比亚特区执业律师的监督下接管案件，或者将案件指定给法律援助协会（Legal Aid Society）代理。类似的程序都要求陪审团审判，而在此期间无法收取租金，因而在案件审结之前需要经过漫长的进程。*** 所有这些都对承租人有利。[82]

---

81 McCormick Picked to Head LSIC Program in District, 3 Georgetown Law Weekly 1 (Mar. 14, 1969); Students in Court Applications Set for 1969-1970 Year, 3 Georgetown Law Weekly 1 (Mar. 27, 1969).

　　82 Brief for Appellee at 14, Javins v. First National Realty, 428 F. 2d 1071, 138 U. S. App. D. C. 369 (D. C. Cir. 1970).

当然，出租人—承租人法院的案件审理进度一直以来都是争议问题。正如上文提到的，19 世纪建立的简易租屋收回程序，使出租人得以从逐出租地案件的技术与漫长审理进程中解脱出来。米勒的诉讼摘要含糊其辞地表达了他的客户真正的担心，即在漫长的租屋收回诉讼进行中（甚至之后）都无法收取租金。无论是承租人主要的摘要还是他们的回复都未回应这个问题。但法院，正如我们将看到的，最终对此进行了回应。

（二）另一轮等待与更多的争议

桑德斯案的法律进程在 1969 年下半年相对平静，但对于克里夫顿·特勒斯公寓以及与它碰到的麻烦相关的群体而言，则发生了许多大事。尽管无法与 1968 年的混乱相比，但房屋发展公司对该建筑的复建引发了很多重大争议。此外，西德尼·布朗也拒绝离开聚光灯，课予他 60 日监禁的判决被撤销，他还启动了一项针对弗洛伦茨·罗西斯曼的职业道德控诉程序。

克里夫顿·特勒斯公寓的复建工作在 1969 年进展迅速。房屋发展公司雇佣温斯顿·A·伯内特公司（Winston A. Burnet Company），一家成立于哈雷姆区（Harlem）的黑人公司，作为主要的承建方。如果需要的话，后者可以雇佣分包方。此外，该工程更倾向于雇佣克里夫顿·特勒斯公寓的居民与附近卡多索（Cardozo）社区的居民工作。工资来自于国际电信工作者联合会（International Brotherhood of Electrical Workers）的贷款，由联邦房屋局（Federal Housing Agency）提供担保。这种联合会关系意味着所有在此工作者都必须是联合会成员。这导致来自周边并获得会员卡的黑人建筑工作者急剧增加。超过 250 名黑人工作者为此工程工作。迪基·亨德森（Dickie Henderson）就是其中之一，他就住在克里夫顿·特勒斯公寓，西德尼·布朗被判 60 日监禁当天他就坐在旁听席。在《华盛顿邮报》2 月份对该项目的报道中，卡尔·伯恩斯坦引用了亨德森的话，"不，我从未想过会有今天的状态。***我们不仅获得不间断的供暖；而且这周我们将要安装空调管道"[83]。1970 年秋天，亨德森与其他克里夫顿·特勒斯公寓的老住户终于搬进了修缮后的新公寓，比原计划的时间晚了两年。

亨德森接受卡尔·伯恩斯坦采访数月后，4 月 25 日，哥伦比亚特区上诉法院撤销了对布朗的 60 日监禁判决，亨德森一定对此感到失望。法院写道："在此案情形下，拒绝上诉人的延期审理申请是错误的。如果进行正当的审理与刑法的有力执行是极端可欲的，那么被告就有权使用合

---

⑧ Carl Bernstein, "Black Builders Get a Big Job", *Washington Post* (Feb. 27, 1969) at B1.

理的机会准备他的抗辩。"请注意，本案是在全城都努力使克里夫顿·特勒斯公寓恢复供暖的背景下，匆忙审理完毕。布朗仅在接到通知后一天就被传唤至法院，且当时他的代理人不在本市。延期数周审理的请求，遭到政府的反对，最终被驳回。当时，布朗仅被允许在短暂的休庭期间给他的代理人办公室打电话，询问是否可由其他可以出庭的律师帮助他。确实有人出现了，但该律师抗议道，他并没有为此案审理做准备，他出庭只是因为他被告知这里有紧急情况。

也许受到上诉审胜诉的鼓励，7月14日，布朗提出了一项针对弗洛伦茨·罗西斯曼的职业道德控诉。他向位于华盛顿美国法院大楼的准入与申诉委员会（Committee on Admissions and Grievances）控告称，罗西斯曼提起的联邦诉讼意在强称布朗违反当地的建筑法，而她却完全不了解原告方的情况，并且甚至在哥伦比亚特区上诉法院已经驳回了他的定罪判决后，仍然敦促华盛顿市政顾问处继续对布朗违反建筑法的行为进行刑事指控。他还控告称，没有任何依据，罗西斯曼就给他贴上了"罪犯"的标签并污蔑他"从克里夫顿·特勒斯公寓的穷人那里敛财"。布朗写道，她对此事的兴趣"远远超出一名普通民众以及这个司法管辖区内的任何执业律师应当有的程度"。他声称"她的态度完全源自恶意，而远非一个案件律师应有的态度"，并指责罗西斯曼"挑拨诉讼（maintenance of litigation）"[84]。布朗还给社区法律服务项目委员会主席约翰·伯德纳（John Bodner）写了一封内容相似的信，试图促使委员会审查罗西斯曼的行为是否得当。[85]

布朗对罗西斯曼缺乏实质性依据的职业道德控告，一直拖延了十个月仍未解决。这并非布朗第一次对律师提出明显是污蔑性的指控。就在一年前，他在一个侮辱案中败给了丹尼斯·科林斯（Dennis Collins），后者起诉要求就第一国家房地产公司所拥有的一栋建筑行使建筑物优先权（mechanic's lien）。布朗打电话给科林斯的律师，并声称科林斯根本不关心争议的解决，他起诉行使建筑物优先权"仅仅是因为他个人对布朗的怨恨"，他是反闪米特主义者，并且曾因对布朗的欺诈被判决赔偿

---

[84] 对诉讼的"Maintenance"通常被含糊地定义为某人针对他人而支持或唆使诉讼。但实际上有律师参与的每个案件都有这种情况。对挑拨或"帮诉"——以胜诉所得的一定份额为对价为案件提供资金支持——在该项目早期通常被用于针对法律援助律师。界定上的困难以及与此相关的规则导致大多数州对其予以修订，至少还要求具有支持他人进行诉讼的某种不当动机。

[85] Sidney J. Brown 写给 Mr. John Bodner 的信件（July 22，1969）。据我所知这封信没有收到任何效果。然而在另外一个事件中，一名 Clifton Terrace 承租人的代理人被法律服务机构要求为自己处理案件的行为进行正当化解释。Gene Fleming，处理出租人——承租人案件的律师，在 Brown 给委员会成员发出控告 Fleming 行为的电子邮件后，被要求向委员会成员作出解释。委员会最终同意 Fleming 继续进行他正在进行的工作。对 Gene Fleming 的电话采访（May 29，2002）。

1.4 万美元。[86] 准入与申诉委员会很可能对此案也知情；他由哥伦比亚特区联邦法院审理，并在布朗提出针对罗西斯曼的控告之前数月由上诉巡回法院终审审结。无论如何，委员会并未驳回针对罗西斯曼的控告申请，虽然所有的程序与证据问题都已处理完毕，这促使罗西斯曼于 1970 年 3 月 4 日向特区联邦法院提起诉讼，意图启动进一步的职业道德审理程序。委员会在此之后的第九天召开了会议，并驳回了对罗西斯曼的职业道德控诉，并试图以谴责当事人的拖延，为委员会的迟缓回应开脱。[87] 不久之后，联邦法院的诉讼也终结审理。

另一个在桑德斯案之前受到更多质疑的涉及克里夫顿·特勒斯公寓的案件，最终由哥伦比亚特区上诉法院解决。尽管它对诉讼程序并无影响，但却导致房屋发展公司正在酝酿的几个复建项目被延搁。一家名为乔治·卡拉韦雷迪诺斯（George Kalavritinos）的不动产企业在 10 月上旬向特区联邦法院提起诉讼，诉称克里夫顿·特勒斯公寓复建的施工方偷工减料，联邦房屋管理局（Federal Housing Administration）没有执行各种契约要求。该案件促使华莱士·贝内特参议员（Senator Wallace Bennett，R-Utah）要求住房与城市发展部调查房屋发展公司是否为了获得复建克里夫顿·特勒斯公寓的联邦契约而施加了不当影响，成本是否过高，以及温斯顿·A·伯内特公司的施工是否符合联邦标准。此外，国会代表乔尔·布罗伊希尔（Rep. Joel Broyhill，R-Va.）要求总审计署（General Accounting Office）在住房与城市发展部发布报告后对其进行审计，并复查由联邦基金资助的房屋发展公司在另一个项目中的支出。布罗伊希尔之后还要求乔治·罗梅尼（George Romney）——住房与城市发展部部长，在调查卡拉韦雷迪诺斯的控告期间，暂停对房屋发展公司名下任何项目的资助。罗梅尼于 11 月中旬执行了该指示，尽管联邦房屋管理局的初步报告已经证明复建工作符合联邦标准。

为了反对房屋发展公司，卡拉韦雷迪诺斯投入的精力令人吃惊。他收集并向布罗伊希尔的员工提交了"数百页的个人报告"，包括"房屋发展公司的通信记录，合同与其他有关克里夫顿·特勒斯公寓的材料"[88]。《华盛顿邮报》这样描述他的动机：

> 卡拉韦雷迪诺斯的调查还关注了所谓"行动中的黑人力量"、"阴谋活动"，牵涉地方与联邦政府官员，并控告"贿赂行为"与

---

[86] Brown v. Collins, 402 F. 2d 209 (D. C. Cir. 1968). Brown 之前还在一桩不动产诈骗案中败诉，经过同一法院的上诉审，维持原判，他被判决支付 7059 美元的损害赔偿与 7.5 万美元的惩罚性赔偿。Brown v. Coates, 253 F. 2d 36 (D. C. Cir. 1958).

[87] 在职业道德申诉程序处理完最后的证据问题后数个月，联邦层面的起诉才被提起。委员会于 3 月 13 日召开会议，并驳回了 Brown 的控告。Complaint, Roisman v. Jones, et al., Civil Action No. 638 - 70.

[88] Leonard Downie, Jr., "Complaint to Romney Halts Slum Projects", *Washington Post* (Dec. 14, 1969) at A1.

"利益冲突"。

但他提供的材料中并未提供存在非法行为的证据。

卡拉韦雷迪诺斯在他的小册子中清楚地表明，他反对非营利组织翻修贫民区这一整体观念。

他将这些努力与他所谓的来自激进承租人、贫民律师以及市政官员迫使出租人放弃中心城区不动产所有权的压力相关联。

***

卡拉韦雷迪诺斯很敦实，黑色头发，抽长雪茄，他被布罗伊希尔的员工描述为"很富有的人，曾经拥有贫民区的财产，但已全部售出，醉心于这种斗争"。

卡拉韦雷迪诺斯曾经拥有中心城区的若个地块，其中有些被他用于建造公寓建筑。

但在他的兄弟皮特·卡拉韦雷迪诺斯（Pete Kalavritinos）所经营的存贷合作社（Republic Savings and Loan Association）清算期间，因银行行使担保物权，他丧失了大多数不动产所有权。[89]

在这些关于卡拉韦雷迪诺斯的评论在报纸上发表之后，在住房银行业与货币委员会房屋小组委员会（Subcommittee on Housing of the House Banking and Currency Committee）任职的国会代表亨利·罗伊斯（Rep. Henry Reuss，D. -Wis.），要求罗梅尼尽快完成对克里夫顿·特勒斯公寓的调查，并解除对房屋发展公司其他项目的限制。第二天，房屋发展公司的官员激烈抨击住房与城市发展部过分关注"无端的指控"[90]。1970年2月上旬，桑德斯案口头辩论后不久，住房与城市发展部完成了对克里夫顿·特勒斯公寓、房屋发展公司以及温斯顿·A·伯内特公司的调查后，作出结论认为，没有证据证明存在不当行为，并解除了对房屋发展公司申请的所有项目的限制。7个月之后，总审计署、国会的调查部门，也作出了相同的结论。

（三）口头辩论

在卡拉韦雷迪诺斯引发的争议逐渐平息之时，联邦上诉巡回法院开始对桑德斯案进行口头辩论阶段的审理。该案被列入简易备审案件目录——该目录中的案件都被列入简易审理程序，各方只有15分钟的时间进行口头辩论。弗莱明准备了10分钟的陈述，计划将另外5分钟留给反

89　Id.

90　Leonard Downie, Jr., "HDC Scores Criticism of Slum Project", *Washington Post* (Dec. 17, 1969) at B1.

驳时间。⑨ 他从马萨诸塞州，他担任波士顿法律援助项目（Boston Legal Assistance Project）代理执行人的地方，回到华盛顿为此案进行口头辩论。当他到达并获悉将由 J. 斯凯利·赖特（J. Skelly Wright）、卡尔·麦高恩（Carl McGowan）与罗杰·罗布（Roger Robb）法官审理该案时，他想："太好了，我们的机会来了！"尽管他推测罗布可能是个麻烦，但赖特是极其著名的自由主义者，麦高恩则通常同意赖特的观点。

口头辩论开始之前，赖特法官通知弗莱明所有其他同日的案件都已审理完毕，他可以不必考虑时间问题。弗莱明完全被惊呆了。尽管他意识到他获得了一次绝佳的机会，不过这也要求他重新构思他的陈述。弗莱明停顿了自认为相当长的一段时间后，他开始陈述，持续了一小时四十五分钟。其中有部分时间被弗莱明用于回应罗布法官不大友好的询问。但赖特和麦高恩法官的问题则充满体谅、有探究性与助益性。他们给了他相当的自由去思考争议点。与其说是进行辩论，不如说是在与他们讨论。里科·科顿（Rick Cotton）——赖特法官审理桑德斯案时的书记员，大致确认了弗莱明对辩论气氛的回忆。对于赖特而言，延长口头辩论并不罕见。如果他需要帮助，口头辩论就变成了"思考时间"。当弗莱明总结陈词时，他期望可以获得撤销判决。与之形成鲜明对照的是，赫尔曼·米勒为出租人的陈述只持续了大约十分钟，而且基本未被法院打断。科顿认为，米勒是一位没有意识到他正在为一个重要案件做辩论的"漫画式律师"。对他而言"这只是又一个可收费的案件"。

（四）终审判决

口头辩论后，三位法官并未在第一次会议中进行投票。但是他们一致同意相关规范应予修正，由赖特执笔书写判决，如果推理及结论正当合理，其他两位法官则予签字署名。完成上述工作后，赖特确实获得了他两位同事的支持。但罗布法官只同意判决结论以及对赖特的观点最狭义的理解——建筑法构成租屋收回案件中为承租人提供救济的基准。讽刺的是，罗布法官所接受的论据与承租人律师的观点非常相近。赖特法官，明显得到他的法律书记员的大量帮助，则试图在更广泛的范围内重构出租人—承租人法。

赖特法官对桑德斯案的观点⑫始于划出其自己的规则领地——重新评价"古老的规则，以当代的生活事实与价值为视角"⑬。尽管代表或支

---

⑨ 先由上诉人进行陈述。他们通常被允许保留些许时间以反驳被上诉人的主张。

⑫ Javins v. First National Realty Corp.，428 F. 2d 1071（D. C. Cir. 1970）.

⑬ Id. at 1074.

持承租人的各项诉讼文书摘要都讨论了修改现行规则的必要性，但从未达到赖特如此直白的程度。各诉讼文书摘要的作者并没有要求重构基本规则，而只是辩称，此前的判例将修改规则的基本工作归诸出租人—承租人法院，而为承租人提供他们所需要的救济只需要向前迈进一小步。例如，建筑法之前曾被用于作为创设侵权法上的注意义务的规范基础，现在所要做的只是将它也适用于租屋收回案件。里科·科顿——赖特法官的法律书记员，对上述解决路径并不满意。"对建筑法的依赖"，他认为，是解决此类问题"最没有创意的方式"。他敦促赖特法官改变潜在法的结构。如此，他认为可以使其观点"更具有说服力"。最终，赖特的观点朝此方向发展，尽管赖特因科顿撰写草稿花费了大量时间感到些许失望。

判决的撰写与公布花费了将近五个月的时间。尽管赖特法官对桑德斯案的观点是法院首次明确认可承租人可以在租屋收回案件中基于默示担保条款提出抗辩，但只是早了十一天。新泽西州最高法院在马林诉爱尔兰案（Marini v. Ireland）⑭中的观点，几乎紧跟在桑德斯案之后公布。事实上，1969 年 3 月 17 日雷斯特房地产公司诉库珀案（Reste Realty Corporation v. Coopers）⑮审结后，马林案的结论完全可以预测。雷斯特案是桑德斯案在提交诉讼摘要与进行口头辩论时，在其他司法管辖区进行审理的另外两个有建设性的租屋收回案件之一。这两个案件的判决都使得赖特的工作更为容易进行。雷斯特案实际上几乎推翻了所有的旧有规则，在一个商事案件中认为租约性的不动产契约各条款具有关联性，普通法应当承认租约中存在默示担保条款。法院在商事案件中不参引建筑法而暗示出租人义务的意愿，明确显示，如果发生了住房租约案件，可以相同的方式论证，而且在租屋收回案件中允许承租人抗辩也是可欲的倾向。这一建议在马林案中成为现实。

尽管雷斯特案远在桑德斯案的诉讼摘要提交之前即已审结，但后者的法院审理与法律顾问意见中都不曾引用该判决。雷斯特案被人们忽略着实令人费解。重要的新判例在全国范围内的传播通常需要数月之久，律师与法学院教师需等待最新印制的判例散页，但口头传播远远快于这个速度。雷斯特案一经判决，就成为新泽西贫民律师和法律诊所教师讨论的焦点。贫民律师间紧密的消息渠道，应当在桑德斯案开庭审理之前已经将其传播到华盛顿。但实际上却并非如此。不过科顿找到了这个判例，并在草拟赖特法官的意见时以此为据。

---

⑭　56 N. J. 130, 265 A. 2d 526 (1970). 新泽西最高法院于 1970 年 5 月 18 日公布了该判决，而 Saunders 案的判决于 5 月 7 日公布。

⑮　53 N. J. 444, 251 A. 2d 268 (1969).

在桑德斯案备审期间审结的另一个重要的相关判例是莱姆利诉布里登案（Lemle v. Breeden）。[96] 该案由夏威夷最高法院于 1969 年 11 月 26 日审结，即桑德斯案的诉讼摘要提交之后很久，口头辩论开始之前大约两个月。莱姆利案也是一个有建设性的关于住房租约的判例。以与雷斯特案类似的方式，法院论证道，租约性不动产契约各条款具有关联性，住房租约中包含了适居性默示担保条款，承租人如果发现租屋内有老鼠后立刻搬离，则可以要求赔偿他们所支付的安全押金或预付的租金。雷斯特案、莱姆利案与桑德斯案是 20 世纪 70 年代承认默示担保条款的第一股洪流。就像是决堤的大坝。[97]

赖特在他的意见中声明希望重新评价"旧有规则"后，他将自己的分析比喻为旧有规则与现代观点之间的竞赛，前者"对出租人—承租人法的构想来自于封建财产法，认为租约首先是向承租人让与对土地的利益"，而后者则将租约视为为城市居民提供住所的契约。[98] 他注意到，法院"正在逐渐引入现代的合同法准则解释租约。但零碎的进步导致了混乱……"。赖特声称，最好的解决路径，是直接将"城市居民单元房的租约……像其他契约一样"[99] 对待。比照其他服务与消费产品契约，终将承认住房租约中的默示担保条款。

对当代读者而言，这一定显得非常怪诞。"让与"不同于"契约"的观念，以及租约让与规则与转让其他标的利益显然不同的观点，显得既奇怪又无聊。但赖特的让与/契约二分法正与其历史背景完美契合。尽管还没有在法律评论文献中有所反映，但学术界确实正在争论合同法对租约的可适用性。正如赖特的观点所显示的，争论的焦点是，租约意味着"财产"让与还是"契约性"合意。这种形式的争论为尝试处理不动产契约条款独立性规则在租屋收回案件中是否继续有效这一问题提供了捷径。[100] 租金与占有的交换被视为"财产"交易。改革派讨论认为，该论题终结了旧有财产法规则的适用，向合同法分析的转向将迫使法院承认，租约的各项条款相互关联，并藉此为租屋收回案件提供了抗辩事由。

事后考量的话，以财产概念的使用对抗契约术语"传达了"对历史

---

[96]　51 Haw. 426 P. 2d 470 (1969).

[97]　See, e. g., Kline v. Burns, 111 N. H. 87, 276 A. 2d 248（1971）；Mease v. Fox, 200 N. W. 2d 791（Iowa 1972）；Jack Spring, Inc. V. Little, 50 Ill. 2d 351, 280 N. E. 2d 208（1972）；Boston Housing Authority v. Hemingway, 363 Mass. 184, 293 N. E. 2d 831（1973）；Foisy v. Wyman, 83 Wash. 2d 22, 515 P. 2d 160（1973）；Steele v. Latimer, 214 Kan. 329, 521 P. 2d 304（1974）；Green v. Superior Court, 10 Cal. 3d 616, 111 Cal. Rptr. 704, 517 P. 2d 1168（1974）. 同一时期，还有很多州通过修改成文法采纳了默示担保条款理论。

[98]　Saunders, supra note 92, at 1074.

[99]　Id. at 1075.

[100]　在 20 世纪初，租约与契约不同这一观念非常牢固，尽管这一区分与不动产契约条款独立性规则的来源与维续关联有限。尽管 Williston 前两版关于合同法的论文集并没有涉及这一论题，但 1920 年出版的第三版则详细处理了这一问题。6 Williston on Contracts § 890 (1936).

的错误描述。正如上文所述[10]，旧有契约规则的结合，早期程序体系的限制，19世纪对正在发展中的商用住房承租人的保护意愿，贫穷承租人代理律师的欠缺，进步的改革者对公寓承租人的偏见，以及第二次世界大战之后对城市贫民的厌恶，对在租屋收回案件中继续使用不动产契约条款独立性规则的影响，远大于将租约描述为契约还是让与的短暂争议。但是，尽管自历史的角度而言有所误导，法律争论的修辞确实使那些寻求使用消费者救济模式的改革努力——通常以侵权、契约或默示契约条款理论为依据——成为他们分析的起点。他们对此的热切渴望并不奇怪。大多数新生法律援助律师于20世纪60年代末70年代初在全国范围内大量处理租屋收回诉讼，在他们接受法学教育时，消费者权益保护改革刚被采纳不久。因而，他们使用所熟知的知识作为构思改革性论据的基础并不奇怪。

在科顿的帮助下，赖特在这场争论中占据了优势，并使住房租约被定性为消费产品交易。这一转向不仅使建筑法作为出租人维护义务的规范基础成为可能，也可以涵括在租赁性保有安排中使用默示担保理论的解释模式。"在我们的判决中"，赖特总结道，"普通法必须承认出租人具有保持租赁物处于适居状态的义务"[102]。罗布法官不愿意承认如此广义的解释。[103]在对判决的同意意见中，他仅在赖特观点的一个实质性方面与其保持一致——一个更狭义的推论，即建筑法"要求它所适用的所有公寓租约中都包含一个关于适居性的默示担保"[104]。吉恩·弗莱明对于能否获得罗布支持的怀疑并未成真。事实上，罗布采纳了承租人提交的诉讼摘要中的论证。但如果认为是赖特的让与/契约二分法吸引了学术界的关注，并将其放入第一学年财产法的教科书中，就大大低估了他。

赖特最后的任务是处理出租人的下述主张：漫长的审理程序和承租人的抗辩可能使出租人无法获得原本已届期的租金。尽管承租人提交的诉讼摘要并未直接涉及这一问题，但是赖特法官写道，他们曾提出在诉讼期间将租金寄托给法院登记处。[105]"我们认为"，他继续写道，"这是一

---

[10] 上注11至17及其相关的正文。

[102] Saunders，supra note 92，at 1077.

[103] Wright与Robb的分歧绝不限于修辞上的不同。基于让与/契约二分法的出租人—承租人法的另一适用领域是损害赔偿的减轻。根据普通法，出租人仅负有转让占有于承租人的义务，在租约终止之前再无其他义务，如果租约到期之前承租人搬离，不必减轻出租人主张的损害赔偿。但在20世纪后期，上述规则大部分已经在标准合同法中消失，但仍长时间适用于租赁保有。无论如何，Wright的理论可能被用于终结特别的出租人损害减轻规则。而Robb的理论则不会有此结果。关于减轻损害赔偿的更多争议请参见Sarajane Love，"Landlord's Remedies When the Tenant Abandons：Property, Contract and Lease"，30 *U. Kan. L. Rev.* 533（1982）。

[104] Saunders，supra note 92，at 1080.

[105] 承租人在答辩状主动为此请求。See supra note 40. Fleming拒绝自己保管这部分租金，因为他担心被指控盗窃。他的担心不无道理。鉴于Brown对律师提出控告的频率，确实应当小心行事。并且，Brown的确曾控告Fleming盗窃租金。请参见上文第22页［指英文原著页码——译者注］。

项完美的保护程序"[106]。在赖特发表他对桑德斯案包含上述评论的观点两周前，他正在对贝尔诉救陶拉斯房地产公司案（Bell v. Tsintolas Realty Company）进行口头辩论阶段的审理[107]，该案中出租人直接提出要求承租人将租金寄托给延迟租屋收回案件审理程序的法院。因而，可以预测，赖特在救陶拉斯案中的观点将是，允许出租人通过寻求诉前租金寄托来保护自己的利益。尽管他注意到如此使用保全措施，与拒绝保障原告相对方之偿付能力的一般原则相悖，同时赖特也非常清楚承租人在被认为是简易的租屋收回程序中要求陪审团审判以及抗辩可能产生的影响。法院拒绝在所有的案件中都允许租金寄托，但如果承租人要求陪审团审判或基于建筑法违反行为而主张抗辩，那么法院将允许此类保全措施的运用，不过仅在双方当事人都获得通知并有机会进行口头答辩的前提下。论证的焦点，赖特认为，应当在于某单元房中存在严重的建筑法违反行为的可能性。上述违反行为的存在可以作为要求承租人寄托一部分租金于法院的依据。[108]

对于很多法学院第一学年新生而言，他们对赖特法官的了解仅限于他对桑德斯案的观点。但实际上他是 20 世纪法律史中的重要人物。在对桑德斯案作出判决不久，他接受了哥伦比亚电视台（CBS）新闻频道关于此案件的采访。采访的部分内容收录在 1971 年播放的节目《有些人比其他人更公平（Some Are More Equal Than Others）》中，它是由埃里克·赛瓦莱德（Eric Sevaraid）解说的《美国的公正（Justice in American）》三部曲的第一部。赖特认为，法律体系性地"对贫民持有偏见"。针对那些没有律师、"像孩子一样无助"的贫民，法院所执行的是"大量的偏见性法律"。赖特指出，不为贫民提供律师援助，所谓"法律之下的平等公正不过是滑稽剧"。任何非法律人士都会认为在公寓租约中以该居所"适于居住"作为担保条款"完全合理"。如果出租人并未"完全履行他的义务，那么为什么承租人必须完全履行己方的义务"？

这是庭审法官的直接陈述。它们传达出他敏感并深刻地意识到贫穷与正义的关系。对桑德斯案的裁判以及对哥伦比亚电视台的陈述，当然并非赖特第一次为贫民的利益发声。他也是著名的显示公平（unconscionability）案件威廉姆斯诉沃克斯—托马斯家具公司案（Williams v. Walkers-Thomas Furniture Co.）[109]判决的执笔法官。他在新奥尔良（New Orleans）担任联邦地方法院法官期间，命令公立学校于 1960—1961 学年废除种族隔离的事迹，传奇地显示了他的勇气和毅力。事实

---

[106] Saunders, supra note 92, at 1083, fn. 67.

[107] 430 F. 2d 474 (D. C. Cir. 1970).

[108] Id. at 484.

[109] Supra note 21.

上，据说肯尼迪总统安排他到华盛顿联邦巡回法院而非南方任职，就是为了满足路易斯安那州的议员将他赶出城外的意愿。赖特要求该市的学校废除种族隔离的命令于 1960 年秋季生效。当戴维斯州长（Governor Davis）接管新奥尔良的学校并命令继续进行种族隔离时，赖特判决赋予州长采取此类措施之权力的州法无效。戴维斯州长继而主张，法院没有权力约束他，州立法机关随后还颁发了一系列种族隔离法。

这导致赖特颁布了一项针对州长、总检察长（Attorney General）、州警局、国民警卫队（National Guard）、州教育局长（state superintendent of education），"以及所有与上述机构或人员合作者"的禁制令（injunction），禁止他们实施新法。这一天是 11 月 10 日。11 月 11 日，州教育局宣布 11 月 14 日为州立学校的假期，这又导致赖特发布了一项反对该假日的裁定，并以藐视法院（contempt）为由传唤了教育局长。但政府的种族隔离之兽并未消亡。随后，立法机关宣布 11 月 14 日为学校假期，于是赖特将所有上述人员均列入禁止干涉废除种族隔离命令的名单中。

11 月 14 日，四名黑人儿童分别入读两所白人学校的一年级。这招致立法机关通过一项决议，撤销新奥尔良学校董事会成员的职务。斯凯利·赖特再一次直面联邦政府的权威及其挑战；他命令该决议不得执行。白人被激怒了。利安德·佩雷斯（Leander Perez）召集了一个集会并大声宣讲，"不要坐等刺蒺藜头* 冲入你们的学校。必须立刻行动起来"。白人们威胁要联合抵制学校；立法机关威胁要终止资金支持。但斯凯利·赖特占了上风。杰克·巴斯（Jack Bass）在他的《不像英雄的英雄（Unlikely Heroes）》一书中总结道："基于联邦法院体系的支持、司法部（Justice Department）最后的加入，以及他个人的决心，斯凯利·赖特破除了该州的顽固抵抗努力，并成功地阻止了新奥尔良公立学校的关闭。他面对路易斯安那整个州的暴力与威权，维护了宪法之下联邦的最高权威。"而在此过程中赖特只有自己孤军奋战，完全只有自己。[⑩]

新奥尔良案之后，桑德斯案中的默示担保条款理论与之相比，微不足道。[⑪]

赖特法官坦白地承认，他对桑德斯案的判决在很大程度上受到民权运动的影响。在给爱德华·罗宾（Edward Rabin）教授的一封信中，他

---

* 指黑人。——译者注

⑩　Arthur Selwyn Miller, A "Capacity for Outrage": The Judicial Odyssey of J. Skelly Wright 81–82 (Greenwood Press 1984).

⑪　Smuck v. Hobson, 408 F. 2d 175 (D. C. Cir. 1969).

写道：

> 我确实受到下列事件的影响：60年代全国范围内的种族动乱，以及越南义务兵役中的种族不公，华盛顿贫民区的多数承租人是贫困的黑人，而出租人大多是富有的白人。毫无疑问，这些事件在潜意识中影响了我对出租人—承租人案件的判决。
>
> ＊＊＊这是我第一次审理出租人—承租人案件，联邦上诉法院当时是当地州立法院的令状法院。我不喜欢我之所见，即使我并没有消除首都的居住条件中所包含的对贫民的不公正，至少我做了我所能做的改进。
>
> 参与造成上述不公正的先例，我没有遵循，但我完全没有歉意。[112]

■ 五、结　语

（一）今天的克里夫顿·特勒斯公寓

桑德斯案漫长熬人的诉讼过程，最终以奥斯丁·弗里克林法官不允许承租人以老鼠粪便、老鼠尸体与蟑螂作为对抗第一国家房地产公司收回租屋占有之请求的抗辩的判决被撤销为结局。[113] 尽管桑德斯案的故事已经结束，但克里夫顿·特勒斯公寓的故事才刚刚开始。很多人认为该建筑于20世纪70年代初开始恢复正常。1971年年末，在哥伦比亚电视台新闻频道播出的电视特辑《有些人比其他人更公平》中，赖特表达了他在桑德斯案中对出租人—承租人法的观点，电视屏幕中出现了几乎复原的公寓建筑。背景中，埃里克·赛瓦莱德将此项目解释为中心城区公寓住房重建的少有的成功案例。在短时间内事实的确如此。房屋发展公司翻修克里夫顿·特勒斯公寓后，其中的住户确实如此认为。

但麻烦的信号很快就出现了。主承包方温斯顿·A·伯内特建筑公司被它的母公司博伊斯·卡斯凯德公司（Boise Cascade）解散。母公司曾出资60万美元作为它的初始资金，并声称在解散该公司之前已经损失了3.9千万美元。博伊斯·卡斯凯德公司接手了复建克里夫顿·特勒斯

---

[112] 信件的全文请参见 Edward Robin, "The Revolution in Residential Landlord-Tenant Law: Causes and Consequences", 69 *Cornell. L. Rew.* 517, 549 (1984).

[113] 1970年8月，First National Realty 确实向联邦最高法院提起司法审查申请，但被驳回。First National Realty Corp. v. Javins, 400 U. S. 925 (1970).

公寓的工作并最终完工。1972 年年末，房屋发展公司与博伊斯·卡斯凯德公司在法院相见，争论承包方还有多少未完成的工作。房屋发展公司负责人雷夫雷恩德·钱宁·菲利普斯（Reverend Channing Phillips）认为，该争议很可能导致电信工作者权益联盟（Electrical Worker's Benefit Association）行使对克里夫顿·特勒斯公寓的法定抵押权。因为联邦贷款担保与补贴项目用于该建筑复建的前提是，保持租金的稳定与低价，因而没有其他资金渠道支付博伊斯·卡斯凯德公司所主张的额外的建筑成本支出。鉴于联邦贷款担保的上述要求，住房与城市发展部可能会放弃对该建筑的所有权。全国范围内类似的项目都出现了相同问题。联邦项目的潜在结构——提供补贴与贷款担保的前提是低廉的租金要求——无法为建筑复建债务以及建筑的日常维护提供足够的资金。1973 年年初，菲利普斯关于法定抵押权行使的预言成真。

住房与城市发展部接管该建筑之后，问题立刻显现出来。维护行为趋于少见，而破坏行为却常有发生。住房与城市发展部最终同意变更公寓管理人，并将其交给普莱德公司，即在住房与城市管理局接管之后负责协助清洁公寓的公司。不久之后，P. I. 资产公司（P. I. Properties）——普莱德公司的不动产分支结构，同意以 1.286 百万美元的价款购买该公寓建筑。乍看之下一切都很好。该项目似乎运行良好。普莱德公司是一家著名的非营利组织，致力于帮助未受教育以及有犯罪记录的青少年。普莱德看起来很称职。在玛丽·特雷德韦尔·巴厘（Mary Treadwell Barry）的领导下，它广为人知，包括沃尔特·华盛顿（Walter Washington）市长也曾拜访该公司，并对其予以盛赞。

但悲剧似乎一直盘绕在克里夫顿·特勒斯公寓。对于公寓管理的抱怨越来越激烈。抵押贷款也未如期支付。因建筑法违反行为发出了数百项传讯。1978 年，住房与城市发展部再一次行使抵押权，并再一次接管该公寓，尽管遭到普莱德公司的抵制。看起来事情不可能变得更糟，但它却的确继续往更坏的方向发展。真正的悲剧与承租人不支付租金或破坏公寓的行为关联甚微。1979 年 10 月，《华盛顿邮报》发表了关于玛丽·特雷德韦尔·巴厘及其部分同事的系列报道的第一篇，指控他们侵占政府以及承租人的财产 60 万美元。特雷德韦尔不仅扮演着华盛顿最有政治影响力的女性这一角色，而且还利用他人的财产过着奢侈的生活。玛丽·特雷德韦尔·巴厘的丈夫马里奥·巴厘正是当时华盛顿的市长，他的政治生涯始于在普莱德工作期间。[14] 他命令审查所有与他妻子的公司签约的项目。最终，特雷德韦尔与她的两名同事琼·布思（Joan Booth）与罗伯特·李（Robert Lee）被法院传唤、审理并定罪，该案的

---

⑭　二人于 1976 年分手。Barry 从未因婚外情而受到指控，但他与 Treadwell 的结合却使他经常见诸报端。

审判受到公众的广泛关注。她最终被判入狱三年。

在普莱德公司丧失对该建筑的所有权之后一段时间，住房与城市发展部将它卖给了菲尼克斯管理服务公司（Phonix Management Services）。同样的事情又一次发生。最初的希望迎来的是另一轮衰败，并且伴随着无法遏制的毒品、混乱，以及大量补贴资金的使用监管缺位。1996 年，住房与城市发展部再一次行使抵押权。1999 年，政府选择了一个新成立的发展团队。新泽西的迈克尔斯发展公司（Michaels Development Company）与马里兰州贝特斯达（Bethesda，Maryland）的社区维护与发展公司（Community Preservation and Development Corporation）以 1 美元的价额购买了该建筑。他们还得到住房与城市发展部提供的 9.2 百万美元的资助，用于支付 2.1 千万美元的翻修资金支出，这是为了解决"克里夫顿·特勒斯"公寓问题而设计的一系列联邦补贴中的第三次。该规划包括将单元房的数量从 289 间减少至 232 间。69 间单元房将被作为公寓出售；其余的则将以低于市场价的租金出租。2001 年 10 月 17 日举行了项目启动仪式，安东尼·威廉姆斯（Anthony Williams）市长与其他一些名流出席了仪式。在本文的撰写过程中复建工作仍在进行中。只有时间可以告诉我们，这座曾经名为沃德曼庭院的公寓建筑，最终能否恢复并维持它最初作为美好住所的状态。

2000 年 11 月 26 日，西德尼·布朗去世。

（二）当今的出租人—承租人法院

那么出租人—承租人法院的情况呢？桑德斯案后是否有很大的改观？自某种意义而言，答案显然是"肯定的"[15]。在租屋收回案中承租人可以提起抗辩。可以为某些承租人指定律师。法官通常对承租人的主张不再怀有敌意。申请保全命令的出租人通常可以获得允许。法院通常显得很公正。但对于因未按期支付租金而被诉请返还房屋占有的大多数承租人而言，程序与 35 年前没有实质区别。尽管待审案件不像 20 世纪 70 年代那么数量巨大[16]，但法院的待审案件目录仍然非常拥挤。[17] 贫民

---

⑮ 但自另一种意义而言，答案则显然是"否定的"。该法院的管辖权与 19 世纪一样受有限制。程序简易而迅速。仅因承租人的申请即可将答辩状归档。大多数诉讼只与占有相关。寻求收回租屋占有的出租人可以通过邮寄起诉书而启动程序。主张逾期租金的请求权必须送达本人。反诉仍然不被允许。

⑯ 20 世纪 70 年代出租人—承租人法院平均每年审理超过 10 万个案件。See Jonit Committee on Judicial Administration in the District of Columbia，1978 Annual Report of the District of Columbia Courts 30 (1979).

⑰ 尽管 1970 至 2000 年间该地区的人口数量有所下降，但出租人—承租人法院于 1997—2001 年间仍然平均每年审理 55 977 个案件，最多的年份是 57 621 件，最少的年份是 53970 件。也就是说平均每个庭审日审理 225 个案件，且都是由一个法官独任审理。Jonit Committee on Judicial Administration in the District of Columbia，2001 Annual Report of the District of Columbia Courts 83 (2002)；L-T Report at 25.

区仍然很常见，法院审理中的承租人仍然以黑人为主。正如赖特法官在哥伦比亚电视台新闻频道的评论中所提到的，很多承租人并不出庭。1997年，所有的案件中有34％以针对承租人的缺席判决告终。[⑱]每个观察法院审理过程的人在每天早晨书记员传唤案件当事人时，都会听到无数个出租人的代理人要求进行缺席判决的请求。也许未出席的贫穷承租人已经搬离并被收回租屋——因为几个月没有支付租金且丧失了为了搬至新住所而需要的押金取回权。也许他们认为自己对此无能为力，因为他们欠付租金。当然，还有些承租人根本不曾收到诉讼文书。[⑲]

当书记员传唤了当天所有案件的当事人，以便查明哪些人出庭而哪些人未出庭，并作出针对承租人的缺席判决之后，出庭的承租人便被鼓励与出租人的代理人商谈并达成和解。为此目的通常会休庭。不同的出租人以及他们的代理人坐在法院安排的地方，他们的承租人则排队等候会谈。此类和解协议都有固定格式，通常要求承租人将来每个月按期支付租金，并同时支付一部分之前逾期未付的租金。该协议中的典型条款还包括，如果承租人未支付租金，则视为放弃进一步寻求法院诉讼的权利。在所有违反上述协议的案件中，出租人只需要向书记员请求授权收回租屋。而包含上述条款的协议实际上是法院提供的文本！[⑳]签署此类文本时，承租人通常都不曾获得律师的建议。令人吃惊的是，1997年的数据中99.3％的承租人被告没有律师，而86％的出租人有代理律师。[㉑]会见与审判书记员（Interview and Judgement Clerk）会审查藉此达成的每一项和解协议，以确定承租人是否理解条款内容。审查的细致程度有微小差异，但大多数的协议会被确认。法官仅审理在此程序之后仍有争议的案件。

休庭之后，法官的正式审理仅会传唤经过上述程序后仍然未决的案件。这时，法官通常会询问承租人为何不支付租金。有些法官比另一些法官更倾向于询问是否存在潜在的抗辩。如果法官认为必要的话，会询问承租人是否需要与法律援助律师或一个法学院三年级的学生会谈。鉴于为此询问的时间在程序的后期，实际上仅有一小部分承租人获得了法律援助。一旦律师或学生与承租人会谈，通常会要求延期审理，以便组

---

⑱ 55 289个归档案件中有18 717个以缺席判决作结。L-T Report at 25.

⑲ 诉讼文书的送达通常通过邮件进行。因为承租人未出庭而作出缺席判决的案件很难被重新审理。虽然法律很明确，没有收到诉讼文书可以作为撤销缺席判决的依据，但必须收集证据，提出申请并安排审理。法律援助至关重要，但通常很难获得。

⑳ 法院为诉请租屋收回的出租人提供了不同的格式文本，但却没有任何一个为承租人提供抗辩条款的文本。为出租人提供的文本之一，Consent Judgment Praecipe，包含了承租人租金支付安排和出租人进行维修的空白条款，但其中的维修条款很少被使用，在法院"商谈"中大多被忽略。该格式文本的全文可参见http：//www.dcbar.org/for_lawyers/courts/superior_court/pdf/dcsc107.pdf。

㉑ L-T Report at 26.

织答辩状并要求陪审团审理。⑫ 仅在这些案件中，以及少量在开庭之前承租人主动寻求并获得法律援助的案件中，承租人才有机会获得桑德斯案提供的所有救济可能。法官和华盛顿其他有权人士也许有一天会记起赖特的话，如果不为贫民提供律师援助，那么所谓"法律之下的平等公正不过是滑稽剧"⑬。如果真有这么一天，也许他们会重构出租人—承租人法院的审理程序，以便使更多的承租人有机会获得他们所需要的法律援助，以合理使用桑德斯案中所提供的救济可能。

仅仅在租屋收回法院中为承租人提供法律援助，当然无法满足赖特的愿望，帮助那些需要住房援助的人。没有政府补贴，以及对建筑法的坚决执行——无论是在租屋收回案件还是在行政诉讼中——都不大可能使贫民的居住环境得到根本改善或在经济上更可接受。这些都证明，赖特法官希望为贫民提供律师的愿望必须扩展至法院之外。除了在租屋收回案件和其他法律争议中提供法律援助，还需要律师们帮助承租人购买、修缮与建造适当的住所，并协助发展政治支持力量，为此类住房项目提供公共资金支持。桑德斯案中承租人的律师为我们提供了榜样。他们同时致力于改变租屋收回法，并寻求克里夫顿·特勒斯公寓的复建补贴，他们知道诉讼的局限性，以及政府支持的重要性。如果要完成桑德斯案的真正传奇，我们需要更多像他们一样的律师。

---

⑫ 这些关于法院设立的描述来自我本人和我的一年级财产法学生的观察。我所有的学生都曾被要求至少旁听审理一次，并提交一份关于他们的观察的简要纪要。他们的观察与描述此类法院审理过程的文献相一致。

⑬ 参见上文第 61 页［指英文原著页码——译者注］。

第 7 章

塔尔克诉莫克塞案：开发莱斯特广场之争（Tulk v. Moxhay：The Fight to Develop Leicester Square）

詹姆斯·查尔斯·史密斯（James Charles Smith）*

---

* 佐治亚大学 John Ryry Marin 教席法学教授。

现在的莱斯特广场是一个位于伦敦剧院区中心的小型公共广场。这个布满旅馆、商店、影院和售票摊的广场，大多数时间都人头攒动。这是一个放松心情的好去处，点一份三明治与啤酒，读一份报纸，或只是看看人。它广受游人与当地民众喜爱的特点之一，是广场南端的半价售票处[1]，可以买到伦敦当天上演的大多数剧目的打折票。广场中央的标志，是乔瓦尼·方塔纳（Giovanni Fontana）完成的被海豚环绕的威廉·莎士比亚的雕像。[2] 广场四个角的入口处，是曾经住在莱斯特广场或其附近的名人半身雕像：画家威廉·霍格斯（William Hogarth）、外科医生约翰·亨特（John Hunter）、科学家艾萨克·牛顿（Isaac Newtow）与画家乔舒亚·雷诺（Joshua Reynolds）。

现在去莱斯特广场旅游，完全没有任何迹象或线索向游人显示它在法律史上的重要地位。1848 年时，莱斯特广场是著名的财产法案件塔尔克诉莫克塞案的争议地所在[3]，该判例提出衡平法地役权（equitable servitude）理论，重构了不动产契约（real covenants）法。莱斯特广场当时是私人财产，它的买受人试图在其上修盖建筑，尽管权利链条中的不动产契约限制了其权利，之前的所有权人曾经同意该广场继续向当地居民开放，并不会在其上修盖建筑。该广场上的一个土地所有权人提起控告，请求对此发布禁制令（injunction）。掌卷法官（The Mater of the Rolls）[4] 判决禁止买受人开发莱斯特广场，衡平法院（Court of Chancery）维持原判。法院认为，对于普通法上不随土地流转的不动产契约条款，在衡平法上可以突破横向相对性（horizontal privity）要求，在通知后手买受人后即可要求其强制执行。塔尔克案构成了现代地役权法的基石。

与 19 世纪大多数英国判例一样，塔尔克案不仅在英国法上影响巨大，也对美国法产生了决定性影响。塔尔克案中提出了衡平法地役权理论，使古老的相对性（privity）概念中所包含的限制得以解除。之后的判决中将契约条款中的权利限制作为衡平法地役权，即使附负担土地的权利继受人并未实际上收到关于权利限制的通知；拟制通知（constructive notice）或调查通知（inquiry notice）即为已足。而且，该理论还使"纵向相对性（vertical privity）"概念更加灵活，允许权利限制的负担人与收益人分别将此负担或收益移转于后手，后手可比最初的不动产契约双方所保有的不动产权益为少。

在当时的地理环境下，塔尔克案所判决的争议并非独立的事件。塔

---

① See http：//www. officaillondontheatre. uk/tkts.

② 该雕塑是 Kent 作品的复制品，原件位于 Westminster Abbey。海豚代表知识与智慧。Leicester Square 的雕塑上还有一句来自 Twelfth Night 的铭文："There is no darkness but ignorance"（Act 4，scene 2）。

③ 2 Phillips 774, 41 Eng. Rep. 1143 (Ch. 1848).

④ 掌卷法官是衡平法院的助审法官，19 世纪时通常是普通初审法院的审理法官，对其判决的上诉应向御前大臣（Lord Chancellor）提起。最初，他的职责还包括保管写在羊皮纸上的特许状（charters）与衡平法院的记录。F. T. Plunknett, *A Concise History of the Common Law* 199 - 200 (4th ed. 1948).

尔克案仅代表着关于莱斯特广场的长期争议中在法律上关键的一步。在将近三个世纪的时间里，所有权人们都试图提出开发莱斯特广场的规划，但持续遭到希望该广场继续保持开放的市民与居民的抵制。塔尔克案是保护莱斯特广场的关键，但 1848 年法院的判决本身并没有决定莱斯特广场的命运。它耗费了将近三十年。另外几轮诉讼一直进行到 1874 年，在一位慈善家的介入下，莱斯特广场成为公共财产，他购买了其上的各种私人权利并将其财产权让与当地政府。

■ 一、早期历史

　　莱斯特广场的名称可追溯至该区域 17 世纪 70 年代的开发过程，根据伦敦的标准相对属于近代。莱斯特广场尽管位于当今的伦敦，但曾经属于位于伦敦城西侧的乡村。该地块曾经是圣·马丁农场（St. Martin's Field）的一部分，圣·马丁教区中的公共用地（commons）。[⑤] 关于该农地最早的描绘，是阿加斯（Aggas）所绘的地图（约 1559 年），描绘了传统的田园风光，包括正在吃草的牛，以及晾晒衣物的广场，即现在的莱斯特广场。[⑥]

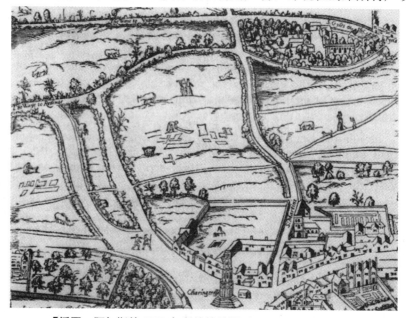

【插图：阿加斯约 1559 年所绘的地图（Aggas Map c. 1559）】

---

　　⑤　该教区仍然存在。St. Martin in the Fields 是一所著名的英国圣公会教堂，在距离广场 800 英尺的西南部，与 Trafalgar Square 及 the National Portrait Gallery 相邻。
　　⑥　在地图中，马厩的北面与西面都没有房屋。一名女性正在草地上晾晒衣物，它旁边的田地里是牛，一位挤奶女工正拎着奶桶。

中世纪时圣·马丁农场的所有权分裂为几部分。威斯敏斯特的男修道院院长与圣·彼得女修道院拥有四英亩，博蒙特（Beaumont）一家拥有三英亩。英王亨利八世（King Henry VIII）后来取得了这两个地块的所有权。1536年，男修道院院长将三英亩农村让与英王。第二年，博蒙特的遗孀去世，她名下的地块复归英王。直至1623年詹姆斯一世（James I）将其作为非限嗣继承地产（fee simple）予以出售前，圣·马丁农场都是王室财产。

二、莱斯特伯爵取得广场所有权

1630年，该广场第一次被命名为莱斯特广场。当年，罗伯特·西德尼（Robert Sidney），第二任莱斯特伯爵[7]，以160英镑从休·奥德莱（Hugh Audeley）——詹姆斯一世的买家的权利受让人处，购买了该农场中四英亩的地块。[8] 莱斯特伯爵在其上修建公馆的规划，引发了最早的有记录的关于此地块的土地使用争议。圣·马丁教堂教区内的居民主张，他们有权利使用该农场通行、晾晒衣物，并在收获节（Lammas Day）后放牧。[9] 查尔斯一世（Charles I）将此争议交给枢密院（Privy Council）的三位成员审理。[10] 枢密院成员允许莱斯特伯爵封闭该地块的北半部用于修建公馆，但命令他每年向教区居民支付一定数额的居住利益补偿，并须开放南半部（自此以后被称为莱斯特广场），供教区居民使用。[11]

枢密院的判决一出，莱斯特伯爵立刻开始动工，并于1635年建成了他的莱斯特公馆。1648年，莱斯特伯爵又购买了三英亩被称为"天鹅圈地"（Swan Close）的地块，与莱斯特农场的东面相接壤。天鹅圈地成为莱斯特农地的一部分，之后成为莱斯特广场及其相邻地块的东部。

---

⑦ Robert Sidney，第二任Earl of Leicester（1595—1677），是第一任Earl of Leicester Robert Sidney的儿子。Leicester是Midland的一个城市，位于伦敦北部。

⑧ 包括男修道院之前所有的三英亩与博蒙特家所有的一英亩。

⑨ Lammes Day（loaf-mass day），8月1日，是每年第一茬麦子收获的节日。根据习俗，这一天人们会把新麦作成的大面包带给教堂。

⑩ King Henry VIII创设了Privy Council，履行咨询与行政功能，但最终它履行了"普通法之外的大量审判职能"。Plucknett, supra note 4, at 195. 17世纪时，Privy Council"参与了大量的法律与司法工作，通常由王室法律工作人员协助完成，"Id.

⑪ 该命令要求这部分农场应当"变成通道，并在通道旁种植树木，并为居民留下足够的空地，以便他们像一直以来的那样晾晒衣物，并自由使用此地块，但不得违背它此前的用途，从此地块至蜂场的小路也应维持原状"。33 Survey of London 432（F. H. W. Sheppard ed. 1966）（以下简称"Survey of London"）。

三、莱斯特广场的初步发展

受到 17 世纪 60 年代圣·詹姆斯广场（St. James's Square）风貌的影响，莱斯特伯爵构思了一项发展莱斯特农场与天鹅圈地的规划。1670 年，国王向他颁发了建筑许可。这明显终止了教区居民的共用权（17 世纪时全英范围的公共用地都被圈为私有）。规划中有一个中央花园，周围环绕着统一风格的房屋。莱斯特伯爵授予数个建筑人租赁保有权（lease-hold），不动产租约（lease covenants）中要求他们遵守建筑规格。⑫ 承建人允诺用"横杆与柱子"围住花园，并在其中种满"小榆树"⑬。房屋以圣·詹姆斯广场时尚的蓓尔美尔（Pall Mall）民居为模板。

四、17 世纪 70 年代至 18 世纪 50 年代的兴盛

莱斯特广场新建房屋的第一批所有者大多是英国的富裕家庭。也有相当数量的外国人，包括使节、艺术家与技艺大师。最初，莱斯特广场几乎完全是居民区。1670 年的建筑许可禁止在此地块进行有害的交易⑭，这里最早的居民只有三户商人或摊主：一名粉刷工，一个男式假发作坊⑮，一位旅馆老板。⑯

莱斯特广场作为居民区的繁荣维持了大约一个世纪。它从来不是伦敦最高级的地区，但它的房屋很牢固。莱斯特广场渐渐成为艺术家、文学家与科学家喜爱的聚集地。⑰ 王室成员也经常参加莱斯特广场居民所举办的聚会。莱斯特公馆，位于广场北部前段，被乔治二世（George II）

---

⑫ 历史上以及当代，伦敦相当一部分土地的开发都使用长期租约保有权形式，通常称为"building leases"，而非 fee simple ownership。See Elizabeth Mckeller, *The Birth of Modern London*：*The Development and Design of the City*，1660 – 1720, at 57 – 68 (1999)．出租人出租土地，承租人修盖建筑以及其他设施。在美国，通常使用"ground lease"代替"building lease"。

⑬ 33 Survey of London 433.

⑭ Id. at 428.

⑮ A peruke 是一种精致的假发，至少长至肩膀，通常会更长，十七十八世纪贵族阶层的男式佩戴。

⑯ 这三个店铺都位于广场的角落，通往周围街道的路口。33 Survey of London 428.

⑰ John Hunter，外科手术的先驱，在他的第 28 号房屋内保留了超过 10 000 个解剖学样本（1783 – 1793 年）。I-saac Newton，经常被认为是该广场的居民，实际上住在 St. Martin's Street 南端的房屋内，当今的 Westminster Public Library。请参见 Newtown 房屋的会客室图片，at http：//www3. babson. edu/Archives/museums _ collections/sir _ i-saac _ newton _ room. cfm。

在继位之前取得（1717 至 1727 年）[18]，之后留给他的儿子威尔斯王子弗雷德里克（Frederick，Prince of Wales）（1728 至 1751 年）。[19]

1677 年，第二任莱斯特伯爵去世，他将所有权分配给一个儿子、一个孙子，以及三个重孙，他们是继任的莱斯特伯爵们。18 世纪莱斯特广场花园几乎没有变化。1705 年，莱斯特公馆与该地块被移交给约翰·西德尼（John Sidney），第六任莱斯特伯爵（17 世纪 30 年代修建莱斯特公馆的第二任伯爵的玄孙）。18 世纪 20 年代，第六任伯爵开始向租赁保有人收取年租，以维护花园。花园被铁栅栏和针叶植物组成的墙围住，每一侧有一个门。1748 年，约翰·范·诺斯特（John van Nost）1716 年完成的乔治一世坐在马背上的金色雕像，被移至该花园，成为它的中心装饰。[20]

【插图：约 1727 年时莱斯特广场北向景致（Leicester Square view looking north，c. 1727）】

随着时间的推移，莱斯特广场逐渐开始具有商业属性，这部分是由于为王室成员提供商品与服务的富有商人的涌入。这一过程在 18 世纪后半叶开始加速。商业性使用逐渐但也是持续地渗入莱斯特广场。商店、

---

[18] George I (1714—1727) 去世之后，George II 继位。他与父亲的关系非常不好。George I 统治时期，国王的反对者经常在莱斯特广场聚会。

[19] Frederick 在他的父亲继位之后，从德国搬到了莱斯特公馆，他与父母的关系也非常糟糕。Frederick 整个成年时期都住在这里，直至他去世。他没有成为国王，因为他比父亲去世得更早。王位由他的儿子 George 继承（George III：1760 - 1820）。

[20] 该雕像的所有权人，the Duke of Chandos，有一个支持 Frederick，Prince of Wales 的公共办公室。The Duke 于 1748 年王子生日时将该雕像送给或卖给了他。Survey of London 433.

办公室、旅店与酒馆越开越多。附近的索霍区（Soho）涌入大量法国移民，莱斯特广场成为他们的商业区。这些改变都使莱斯特广场不再适宜居住，从而又加剧了它向商业用途发展的进程。

五、莱斯特家族的退出与塔尔克家族的入驻

正是在这一时期，塔尔克家族登场。1743年，第七任也是最后一任莱斯特伯爵去世，身后无男性继承人。该地产被移交给玛丽·西德尼（Mary Sidney）与伊丽莎白·西德尼（Elizabeth Sidney），她们两姐妹是莱斯特公馆第二任莱斯特伯爵的玄孙之孙女。玛丽将她对莱斯特公馆的权利份额卖给了伊丽莎白，她们作为共有人（cotenants）共有剩余部分的土地权利。玛丽与伊丽莎白分别于1758年与1783年去世之后，莱斯特家族对莱斯特广场的所有权退出舞台。玛丽在遗嘱中为安娜·霍华德（Anna Howard）设立了终身地产权（life estate），并将剩余地产权（remainder）授予安娜的儿子乔治·扬爵士（Sir George Yonge）。扬将它的剩余地产权卖给了他的姻亲詹姆斯·斯图尔特·塔尔克（James Stuart Tulk）——来自托特纳姆（Tottenham）的酒商。安娜与塔尔克均于1775年去世，1/2的权利份额移转给了塔尔克的儿子詹姆斯·斯图尔特·塔尔克二世[21]，以及塔尔克家族的其他成员。

1783年，伊丽莎白在巨额的债务中辞世。她在经济上的困境引发了影响莱斯特广场财产权的第二次诉讼（第一次是上文提到的1630年由枢密院审理的案件）。伊丽莎白的遗嘱执行人提出了分割该地块的诉讼请求，导致伊丽莎白的抵押权人与塔尔克家族对该地块权利的分割。衡平法院发布了分割许可证书（1789年），将花园北面的土地与莱斯特公馆相邻的土地，以及南部与东部并不面对莱斯特公馆的两个地块，分割给了抵押权人。[22] 塔尔克家族获得了花园以及三个方向的地块（东，南，西）。分割许可证书中要求塔尔克家族"将来永远自己并使用合理的花费保持并维续系争广场花园或休闲场地以及周围的栅栏得到充分适当的维修，以使其一直保持当下的状态"[23]。令人吃惊的是，从来没有任何一个关于塔尔克诉莫克塞案（1848年）的报道或评论曾经提到过1789年的分割许可证书，其中载明的权利限制是嗣后成为著名的衡平法地役权的

㉑　George Yonge 的姐妹，Charlotte，嫁给了 James Stuart Tulk II。Survey of London 419，420。

㉒　34 Survey of London 421－422 and Fig. 94 at 417.

㉓　Survey of London 422.

肇始。塔尔克案的审理法院只讨论了 1808 年塔尔克与埃尔姆斯（Elms）的转让契据（deed of conveyance），而后者实质上只是重复了 19 年前分割许可证书中所提到的权利限制。如果法院考虑到分割许可证书中的权利限制，可能会采用不同的分析进路，或者得出不同的审判结论。[24]

▐ 六、莱斯特广场的衰败

伊丽莎白的破产导致莱斯特公馆被让与众抵押权人，后者于 1791 年将其拆除。[25] 莱斯特广场上的房屋成为较低档的商业区，包括妓院和赌场。19 世纪初期，只有少数居民还留在此处。花园也开始衰败；它的状态被描述为"破败不堪"。

周边的衰败当然是由一系列原因造成的，但其中之一似乎是所有权的分割。当它为莱斯特家族所有时，所有权是同一的。根据英国严格以长子继承制为基础的遗嘱执行实践，只有一个男性可以获得广场与花园的非限嗣继承地产权，在尊重租赁保有人的前提下对其予以处分，直至该地产权被传给下一位继承人。而 1775 年起塔尔克家族取得的所有权却与上述规则不同，塔尔克家族的剩余地产权是占有性的（possessory），而且随着时间的推移不断分裂。19 世纪中叶，塔尔克家族对广场的所有权由"大约十几个独立的所有权"组成。[26] 而他们之中没有任何人曾参与监管他们的莱斯特财产权。这一现象证明了米歇尔·赫勒（Michael Heller）教授所谓的反对公共用地（anticommons）的悲剧，如果所有权主体过多，他们无法达成一致，却各自享有复杂的排他性权利，就会发生资源使用被废弃的现象。[27]

---

[24]　认为 1789 年的分割许可证书无关紧要的理由是，它只是 Leicester Square 权利变迁史中的一部分，而 1808 年的契据权利限制（deed restrictions）应当被视为新设立的限制，据此产生了一系列新的财产权利。反对观点则指出，1808 年的契据权利限制，与 1789 年的表述如此相似，以至于可以认为前者是对后者的确认，确认了分割许可证书所课予的义务。实际上，1808 年的契据告知了 Emls 先前存在的司法限制（judical restriction）。接受这一前提，可能有助于解决 Tulk 与 Moxhay 案的争议，但也可能毁了这个判决。首先，Tulk 的主张可能是，在收到关于权利限制的通知后，Moxhay 不可能无视法院在他所购买的财产上课予的限制。现行法支持这一立场，法院也没有必要再检视私人契据中设定的用于限制可继承地产权（fee estate）的限制条款。其次，另一方面，Moxhay 可能对 Tulk 要求强制执行分割许可证书中的权利限制的立场提出挑战。理由是，法院限制花园权利的目的是保护抵押权人，后者取得了花园北面和东南面的土地。而 Tulk 从未获得上述地块的权利，因而可以说他从来都不是上述司法限制的受益人。

[25]　The Leicester House 旧址上现在是 Empire Cinema。

[26]　Survey of London 423.

[27]　Michael Heller, "The Tragedy of the Anticommons: Property in the Transition From Marx to Markets", 111 *Harv. L. Rev.* 621 (1998).

七、塔尔克诉莫克塞案的审理（1848 年）

原告查尔斯·奥古斯特·塔尔克（Charles Augustus Tulk）是詹姆斯·斯图尔特·塔尔克的孙子，后者是玛丽·西德尼 1758 年遗嘱中剩余地产权的第一个买主。1807 年，查尔斯·奥古斯特·塔尔克满 21 岁时，他的父亲作出了一项土地权利让与（estate settlement），赠与查尔斯花园以及花园东面与南面的两个地块。该让与协议重申了 1789 年分割协议中的权利限制，即保持并维续花园的开放。[28] 将这样的资产委托给年轻人并不总是明智的（或者说，对于笔者这样的老者而言，似乎是如此）。第二年，即 1808 年，塔尔克轻率地将花园以 210 英镑出售给查尔斯·埃尔姆斯，一位住在莱斯特广场的牙医。塔尔克与埃尔姆斯的契据包含下列条款：

> 埃尔姆斯、他的继承人以及受让人，应当自此并且永远使用自己的花费，保持并维续标的地块与广场花园，以及它周围的栅栏维持当时的状态，并使其得到广场花园与休闲场地应有的充分适当的维护，保持开放，不得在其上修盖建筑，保持它的整洁与美观；莱斯特广场的居民以及支付合理租金的原告的承租人，有权利以自己的花费取得钥匙，并有随意进入标的广场花园与休闲场地的特权。[29]

埃尔姆斯购买花园的意图已经无从考证。契据条款中的权利限制，如果仔细观察的话，严重地限制了埃尔姆斯从此地块的所有权中获利的可能。因为契据允许他向塔尔克家族的承租人收取"合理的租金"，作为允许他们进入花园的条件，也许他认为租金会覆盖他的成本，从而可以获利。历史上的伦敦，曾有很多私家花园位于居民区的广场，时至今日，仍有很多小型花园是私产，只是附近居民都有钥匙。当埃尔姆斯 1808 年购得该花园时，由莱斯特地产的分割而导致的从居民区向商业区的转变正在进行中。[30] 据推测，商业性使用人没有进入花园的意图，但也许埃尔姆斯认为仍然有足够多的住户可维持私人花园的运营。

查尔斯·奥古斯特·塔尔克生活在富有的家庭，受"绅士"教育长

---

[28]　用语并非完全一致但在实质上没有差别。Tulk 的条款中提到他以及他的继承人和受让人应当"永远保持……Leicester Square 目前使用的地块作为花园……保持当下的状态，并保持开放，不得修建任何建筑，现在以及将来都应保持……上述被用作花园的地块整洁与美观"。Survey of London 433-34.

[29]　Tulk v. Moxhay, 2 Phillips 774, 41 Eng. Rep. 1143, 1143（ch. 1848）.

[30]　See Survey of London 430.

大，既没有经济上的需要也没有职业奋斗的倾向。他曾学习过法律但从未执业。他是个缺席的业主；尽管他仍然拥有莱斯特广场上两个地块的权利，但他从未在此居住。像同时代大多数富人一样，他住在伦敦附近的豪宅中，最初是在特威肯汉姆（Twickenham），后来在托特里治公园（Totteridge Park）。塔尔克是萨德伯里（Sudbury）（1820—1826）与普尔（Poole）（1835—1837）的议员。作为一名社会活动家，他为工厂、监狱与收容所争取更好的条件。他的朋友包括萨缪尔·科尔里奇（Samuel Coleridge）与约瑟夫·休谟（Joseph Hume），他还曾是诗人威廉·布莱克（William Blake）的资助人。

塔尔克的父亲是伊曼纽尔·斯威登博格（Emanuel Swedenborg）（1688—1772年）首批英国学生之一，斯威登博格是一名瑞士神学家与科学家，呼吁建立新教堂，以上帝的精神使之恢复生机。跟随父亲的脚步，塔尔克成为斯威登博格式教学中最著名的英国赞助人。塔尔克是斯威登博格伦敦学会的联合创始人之一。他撰写并出版了专著《心灵基督教（Spiritual Christiannity）》（1846年），这是斯威登博格的作品集，附有塔尔克的大量评注，今天仍有出版。[31] 作为一位神学家，塔尔克以他对基督二体性的有力解读而闻名。[32]

被告爱德华·莫克塞的职业生涯很不寻常：最初是制鞋匠，后来成为富有的糕点师，最后是一名建筑工匠。莫克塞作为建筑工匠而为人所知，最著名的是他建造并所有的位于针线街（Treadneedle Street）（也是他所居住的街区）的商业大厅，于1843年修建完毕。尽管该大厅中有一些精美的建筑作品，包括著名的大厅正面附有雕塑的嵌板（由 M. L. 沃特森完成的宫廷浮雕），但它在商业上并不成功，而且维续时间也很短暂。在1849年莫克塞去世后，该大厅重建为伦敦银行。[33]

在查尔斯·埃尔姆斯管理期间，塔尔克于1808年购买的莱斯特广场花园变成一个"被忽视且破败的地方"[34]。埃尔姆斯的遗嘱执行人因不履

㉛ Charles August Tulk, Spiritual Christianity Collected from the Theological Works of Emanuel Swedenborg (Kessinger Publishing, LLC 2004)，可参见 http：//www. amzon. com/Spiritual-Christianity-Collected-Theological-Swedenborg/dp/1417947578。

㉜ 主流基督教教义假定基督有二体性，既有人性也有神性。Tulk 反对其中的"意识状态二体性"版本——这一版本认为耶稣的意识状态具有双重或者分裂性，作为人性的一面他并不完全知晓上帝所知的一切，而上帝是无所不知的。Tulk 反对这种观点，支持非二体性。"上帝从未限制耶稣的意识。""主并不具有双面的意识。"因此，他拒绝以下观点：耶稣孩童时逐渐意识到他的信念和使命。

㉝ Moxhay 取得该地块所有权时，其上还建有一座法国新教教堂，他于1840年开始修建商业大厅。在挖掘地基的过程中，工人发现了一个精美的罗马路面，现存于 British Museum。http：//www. victorianlondon. org/buildings/hallofcommerce. htm. London Stock Exchange 有一段时间也位于该大厅内，后来成为一个商人俱乐部。旧的 Stock Exchange 建筑毁于1838年的火灾。Exchange 搬至了新的大厅，但并没有进驻很长时间。在 Moxhay 去世后，他的地产权利人将该大厅以4.4万英镑予以出售。而他为此地块支出的成本超过6万英镑。Watson 的宫廷浮雕被保持并移至别处，现在被收藏于 Islington, London。http：//myweb. tiscali. co. uk/speel/london/isling. htm.

㉞ Survey of London 434.

行职责而被诉，并被判令修整花园。1834 年，埃尔姆斯的受遗赠人罗伯特·巴罗（Robert Barrow）将花园以 400 英镑的价格卖给了约翰·因德维克（John Inderwick），随之附带了与 1808 年转让契据相同的权利限制条款。1839 年，因德维克授权拍卖该花园，最终一名金匠海厄姆·海厄姆斯（Hyam Hyams）以 451 英镑拍得该花园。拍卖广告中为了渲染该财产的开发价值，暗示可从中获得可观的租金收益：

> 极有价值的自由保有地产（freehold ground），由广阔的构成莱斯特广场整体开放广场的休闲场地组成，也就是说，该珍贵的地块位于栅栏之内，达 3 926 平方英尺……幸运也遗憾的是（malheureusement）[35]，有一项不动产契约条款限制非限嗣继承地产的占有人在其上修盖建筑，并要求保持花园开放；不过，国会的一项法案可能为此困境提供救济……[36]

拍卖后不久，海厄姆斯又以 531 英镑的价格重新将该花园让与莫克塞。因德维克坚持在契据中载明既存的权利限制条款，而莫克塞反对，由此引发了诉讼。1844 年，莫克塞提起诉讼，诉请执行该不附花园维续义务的协议。1847 年，他获得了衡平法院的胜诉判决，但对于因德维克因违反巴伦与因德维克的契据条款而负担的赔偿责任，法院也要求莫克塞予以赔偿。[37] 1848 年 8 月，以获得赔偿为对价，因德维克将花园让与莫克塞，且契据中未附权利限制条款。

尽管 1808 至 1848 年间该花园的数次易手都附带权利限制条款，但它的价金增长速度却令人吃惊，尤其是在 19 世纪 30 年代：

1808 年售予埃尔姆斯	210 英镑
1834 年售予因德维克	400 英镑
1839 年售予海厄姆斯	451 英镑
1840 年售予莫克塞	531 英镑

关于塔尔克诉莫克塞案的一篇著名文章中提到，衡平法院认为："价格受到了权利限制条款的影响，而没有什么比第二天前手买受人以允许后手解除权利限制条款为对价，将其以更高的价格予以出售更加不公正。"[38] 这些背景事实使人怀疑法院对权利限制条款与花园实际价格之关

---

[35] Fortunately；regrettably（fr. French）.

[36] Moxhay v. Inderwick，63 Eng. Rep. 1261，1261（Ch. 1847）.

[37] Moxhay v. Inderwick，63 Eng. Rep. 1261（Ch. 1847）. 判决一作出，Moxhay 即支付给 Barrow 的遗孀120 英镑以解除 Barron 课予 Inderwick 的权利限制。但鉴于第二年 Tulk v. Moxhay（1848）案的判决结果，该诉讼策略最终失败。关于赔偿与支付对价的解除权利限制的谈判，仅在权利限制条款限于当事人之间，从而仅有直接的出让人可从中受益时才是合理的，而对于随土地流转的不动产契约条款中的权利限制，因其以广场周边住户为受益人，此类谈判并不能发生效力。

[38] 41 Eng. Rep. at 1144.

148

系的评价。1839 年的拍卖价格以及快速再度卖予莫克塞的事实显示，出卖人与买受人达成的价额合意以双方的以下共识为前提：该花园很有可能可以开发。很多年前埃尔姆斯支付 210 英镑购买该花园时，也很有可能认为未来的某一天该花园可以开发。在权利限制条款"影响"了价金这一点上，法院的判断没有错；但是暗示当事人关于价格的协定以假定权利限制条款在法律上可被强制执行或不可能被废除为基础，则是没有事实依据的。而这并不令人吃惊。当精明的当事人出卖或买受土地时，目前的土地使用限制将来被废止，或被确认为不能强制执行的可能性，也是价格谈判的筹码。

1848 年，即莫克塞与海厄姆斯签订合同之后 8 年，莫克塞才真正取得该花园的所有权。他很快即开始行动。莫克塞将他的新花园描述为"周边最不堪入目、不雅与令人蒙羞之处"[39]。在莫克塞取得权利后不久，他就开始砍伐榆树林。这导致查尔斯·奥古斯特·塔尔克提起一项控告，要求对此发布禁制令。

八、塔尔克诉莫克塞案的余波：怀尔德巨型地球仪

诉讼双方，查尔斯·奥古斯特·塔尔克与爱德华·莫克塞，都在衡平法院公布判决后不到三个月即去世，据推测，二人的死因均与此案无关。[40] 但莱斯特广场的法律争议并没有因为他们的辞世而终止。莫克塞去世时债务缠身，他的众抵押权人协议将该花园售予詹姆斯·怀尔德（James Wyld），著名的地理学家与国会议员，他计划修建一个"巨型地球仪"（Great Globe），向公众展示地球表面，作为伦敦大博览会（London's Great Exhibition）的一部分。怀尔德的规划引发了来自塔尔克家族成员的反对，他们仍然拥有广场东面、南面与西面地块的所有权。1851 年，他们与怀尔德达成协议，将该花园售予怀尔德。协议中允许怀尔德在此修建巨型地球仪，并陈列 10 年。怀尔德承诺，10 年之后将移除巨型地球仪并修整花园，他还授予塔尔克家族中的两个分支以回购权，他们可各自以 500 英镑的价格回购花园权属。怀尔德还与亨利·韦布（Henry Webb）达成协议，当时韦布拥有广场北部的一栋房屋，并向怀尔德主张 1788 年分割许可证书中确定的要求维续花园的权利。协议中，以怀尔德允诺限制建筑标的的规模为对价，韦布授予了他为期 10 年的

㊴ Survey of London 434.

㊵ 二人去世时都年事已高；塔尔克于 1849 年 1 月 16 日去世（62 岁），莫克塞于 1849 年 3 月 19 日去世（69 岁）。

许可。

1851 年 6 月，怀尔德的巨型地球仪向公众开放，球体内部是大量的辅助展厅。球体内部表面包含了一幅 1 万平方英尺的世界地图，标示了海洋、陆地、国家以及山脉。只需要支付一个先令的门票价金，游客就可以踏上台阶随着脚手架观赏地图上世界中的任何部分。克里米亚战争（Crimean War）时期，地图上甚至标示了军队的活动以便游人参观。

1861 年，怀尔德的 10 年期协议届满，引发了另一轮持续至 1873 年的诉讼。怀尔德迟迟不肯移除巨型地球仪，就此提起诉讼的并非塔尔克家族成员，而是亨利·韦布，以他与怀尔德 1851 年的协议为依据。怀尔德委托承包商拆除巨型地球仪，该工程直至 1862 年 11 月才得以完工。

花园的权属因塔尔克的回购权而变得更加复杂。1861 年 10 月，怀尔德将二分之一权利份额根据回购权的定价 500 英镑卖给了约翰·奥古斯特·塔尔克二世，他是原告查尔斯·奥古斯特·塔尔克半血缘的弟弟。而直至 1868 年查尔斯·奥古斯特·塔尔克的七个子女才行使了另外二分之一权利份额的回购权。在此期间，塔尔克家族的态度发生转变，他们开始支持开发。在广场地块的所有权人中，显然只有亨利·韦布仍然寻求继续保持花园开放。1864 年，约翰·奥古斯特·塔尔克二世以 1.2 万英镑的价格将他的二分之一权利份额卖给了一个投机商 J. L. 塔博纳（J. L. Tabberner），该投机商后来又与塔尔克的子女谈判，意图购买他们的权利份额。

巨型地球仪被移除之后，花园的状况更加不堪，甚至比塔尔克诉莫克塞案（1848 年）发生之前的状况更糟。雕塑马背上的乔治一世的状况与命运可以作为破败景象的缩影。19 世纪 40 年代，该雕塑和花园一样无人照管。氓流们卸下了乔治的手臂与腿脚。在怀尔德修建巨型地球仪时，他将该雕像埋至球体中心以下几英尺。在巨型地球仪被移除之后，乔治的雕塑又被掘出并放回原处，但"他只有一条腿，骑在只有三条腿的丑陋的马背上，用桩子支撑着"[41]。1866 年有人在乔治的头上扣上了一个表示惩罚的圆锥形帽子，给他加了一个扫帚，并把整匹马刷成白色后点上了黑色斑点，使它看起来像一头母牛。[42] 1872 年，塔尔克将该雕塑

---

[41]　Survey of London 438.

[42]　伦敦的人们发现，一夜之间该雕塑从头到脚都被漆成了白色，马的身上遍布大块的黑色斑点，国王手中拿剑的位置被塞进了一个扫把！……

这在行政与司法界被视为严重的侵害行为，每个人都在互相询问到底谁应该为此恶行负责。

很少为人所知的是，有几个人与此事件有关，事件的元凶是——但是不，我们还是让这些快乐的家伙安息吧！我自己仅满足于告诉大家，使这个大都市陷入困惑和娱乐的是距广场不足一百英里（原文如此）的剧院的工作人员，而这件事的肇始纯粹是为了娱乐，而并非很多人所想象的那样，是为了表达阶层不满。

Joseph Cunningham Harker, Studio and Stage 59–60 (1924). Punch 杂志发表的一幅漫画描绘了这幅景象。

以 16 英镑的价格售出，最终它被销毁。

【插图：http：//www. british-history. ac. uk/《宾治》杂志刊登的乔治一世雕塑漫画（Punch cartoon of George I statue）】

九、莱斯特广场的公有化

莱斯特花园的历史上第一次出现了公共组织寻求介入以提供解决方

案的情形。基于 1863 年通过的一部成文法，国会授予都市工作委员会
（Metropolitan Board of Works）权力，负责管理所有疏于照管的花园，
如果它们"为了周边居民的使用或休闲……而并非以所有权人之可撤销
的许可被隔离"㊸。1865 年 1 月，委员会公布了取得莱斯特花园之占有的
意向，并在不久后取得占有，但约翰·奥古斯特·塔尔克二世提起了侵
入（trespass）之诉，并在初审与 1868 年 6 月的上诉审中均获得胜诉。㊹
根据法院的观点，仅在莱斯特广场的居民有使用广场的法律权利时，才
能适用上述成文法，而根据 1808 年塔尔克与埃尔姆斯的转让协议，上述
居民并没有此类权利。该转让协议为作为出让人的塔尔克创设了权利，
但并未为塔尔克的承租人创设此类权利，后者与转让协议无关。这一观
点反映了禁止为第三人利益创设地役权的传统规则。

　　塔博纳的开发计划也未成功。他从未完成他的收购规划，尽管如此，
约翰·奥古斯特·塔尔克二世仍然于 1869 年起诉要求塔博纳强制履行。
在该案件未决期间，1871 年都市工作委员会请求国会同意通过国家征收
权（eminent domain）取得该花园的权利，但该提案未被通过。几年之
后，利益相关方的争议仍未停止。1873 年 1 月，塔尔克用 12 英尺高的
木篱笆将花园完全封闭，并将外围作为公告展板出售。这导致了关于该
花园之用途的最后一局诉讼，由亨利·韦布提起。1873 年 12 月，掌卷
法官判令拆除篱笆，判决塔尔克家族不得以作为花园之外的任何方式使
用该地块。㊺

　　工作委员会再一次申请将该花园收归国有（condemn）㊻，但这一努
力因为一名富有的国会成员阿尔伯特·格兰特（Albert Grant）的慈善
行为而被搁置。1874 年，格兰特以 1.106 万英镑的价格购买了塔尔克对
该花园的所有权益，并将其捐赠给都市工作委员会。之后，格兰特还雇
佣建筑师詹姆斯·诺尔斯（James Knowles）重新设计了花园的布局，并
为花园的改建工作提供了大量资金。其中包括莎士比亚的雕像，位于花
园中心，正是当年乔治一世的雕像矗立的地方。理所应当的，雕像底座
上的铭文记载了格兰特在保护这块广场过程中的作用："这块圈地由尊
敬的国会议员阿尔伯特·格兰特购买并布置装饰成花园，1874 年 7 月 2
日，他将其赠与都市工作委员会，以使其永久免费开放供公众使用与
娱乐。"

　　㊸　An Act for the Protection of certain Gardens or Ornamental Grounds in Cities and Boroughs，26 & 27 Vict.，
c. 13 (1863).

　　㊹　Tulk v. Metropolitan Board of Works，［1867 - 68］L. R. — 3 Q. B. 94（Q. B. D. 1867），aff'd ［1867 - 68］
L. R. — Q. B. 682 (Ex. 1868).

　　㊺　Survey of London 439.

　　㊻　Leicester Square Act, 37 & 38 Vict. C. X.（local act）(1874)，授予委员会进行征用的权力，但因为 Grant 的
赠与，委员会没有必要再使用该授权。

152

【插图：2006 年 7 月莱斯特广场北向景观；莎士比亚雕塑侧面像；帝国剧院（Empire Cinema）位于莱斯特公馆原址之上。】

十、结语

我们在法学院中学到的很多法院判决，处理的都是关于具历史价值与现代意义的地块的财产权利争议，例如莱斯特广场。为其目的，上诉意见必然只会以狭隘的视角描述这些地块。笔者发现，莱斯特广场历史中最有趣的是，关于该地块发生了一系列土地使用争议，其中很多被诉至法院，那么在多大程度上可以将塔尔克诉莫克塞案视为一场战役——一场重要的战役，但只是一场。这一系列争议中的第一次由枢密院于1630 年裁决，允许莱斯特伯爵修建公馆，但以其允诺将莱斯特农场开放为公共用地为对价。最后一次争议由掌卷法官于 1873 年判决，阻止了塔尔克家族的开发规划，为阿尔伯特·格兰特为公众取得该花园创造了机会。其间还发生了众多争议，其中相当一部分引发了诉讼，尽管只有一个案件（1848 年的塔尔克诉莫克塞案）很出名。出名的原因并不是它"解决了争议"，或对当事人更为重要，或比其他决定该土地将来之使用的判决发挥了更关键的作用。总体而言，该花园的法律历史反映了寻求开发广场与意图保护它作为公共空间两方力量的此消彼长。其中的每一步都是莱斯特广场走到今天——成为伦敦西端富有魅力的小型公共场所——的历程的一部分。

第8章

财产法故事：谢利诉克雷默案（Propery Stories：Shelly v. Kraemer）

卡罗尔·罗斯（Carol Rose）

引 言

      J. D. 谢利和他的妻子埃塞尔（Ethel）都是非裔美国人，1945 年 8 月中旬，他们购买了一栋位于圣路易斯拉巴迪大街（Labedie Avenue in St. Louis）的住宅。他们的邻居路易斯（Louis）与弗恩·克雷默（Fern Kraemer），在当地"改善联合会（improvement association）"的大力支持下，向法院起诉要求禁止（enjoin）谢利一家搬入并占有该住宅。[①] 克雷默的诉请以一项限制性不动产契约条款（restrictive covenant）为依据，该协议要求上述住宅不得被"任何非高加索种群的人"占用。

      几个月之前，即 1944 年 11 月，另一对非裔美国人夫妇奥泽尔（Orsel）与明尼·麦吉（Minnie McGhee）购买并搬进了一栋底特律的住宅。他们的邻居本杰明（Benjamin）与安娜·赛普斯（Anna Sipes）起诉要求剥夺他们的占有，依据同样是一项类似的限制性不动产契约条款，反对"高加索种群"之外的人占用周边的住宅。[②] 这两个案件在各自的州法院审判中均获得胜诉，并且两个州的最高审级法院均支持了限制性不动产契约条款。1948 年，这两个案件都被诉至联邦最高法院，一般被统称为谢利诉克雷默案。与之前的大多数先例不同，这次联邦最高法院推翻了州法院的判决，认为种族限制性不动产契约条款的司法强制是实施《联邦宪法第十四修正案》所谓的"州行为"（state action）。如此理解的话，此类协议的强制执行即违反了《修正案》的要求，在其管辖范围内，任何州都不得拒绝给予任何居民平等的法律保护。[③] 确定这一基本立场之后，联邦最高法院很快就对发生在华盛顿的几个案件发表了意见。虽然《联邦宪法第十四修正案》不能适用于华盛顿，因为华盛顿并不是一个州，但联邦最高法院认为，如果允许联邦法院强制执行华盛顿的种族限制性不动产契约条款，而在其他州此类协议却不得强制执行，显然违背公共政策。[④]

      谢利案曾经很重要，现在仍然很重要，原因有以下几点。首先，也

[①] Shelly v. Kraemer，334 U. S. 1，5（1948）Clement E. Vose，Caucasians Only：The Supreme Court, the NAACP，and the Restricktive Covenant Cases 109 - 114（1959）. Vose 写道，Shelly 于 1948 年 9 月 11 日购买并搬进该住宅，又将 Kraemer 的诉请描述为要求禁止 Shellys 搬入并占有。Id. at 109，114.

[②] Shelley，at 7.

[③] Shelley，at 20 - 21.

[④] Hurd v. Hodge，Urciolo v. Hodge，334 U. S. 24，34 - 35（1948）. 另一个依据是 Civil Rights Act of 1866，类推于 Shelly 案的情形得适用关于州法院行为规则的美国宪法第十四修正案的论证，Civil Rights Act of 1866 被认为可适用于华盛顿。Id. at 33.

是最明显的，该判例使半个多世纪以来开发商、专业地产组织与周边居民以限制性契据条款（deed restrictions）与居民协议（homeowner agreements）作为法律工具，排除种族与宗教上的少数族群的努力突然归于无效。在谢利案之前，这些限制与协议得到了各个审级法院的支持，包括联邦法院甚至联邦最高法院[5]，但谢利案与上述判例完全不同。其次，该案为探寻 20 世纪 40 年代晚期最高法院处理种族问题的实践进路提供了线索。虽然就理论而言，任何种族都可以使用限制性不动产契约条款排除其他种族，但实际上绝大多数此类条款都被用于将非裔美国人排除在白人社区之外。谢利案是一个明显的信号，表明法院已经注意到，该表面上表现为中性的法律设计可能导致实质上的种族歧视。[6] 此类实践的结果是，数年之后，在里程碑式的布朗诉教育局案中（Brown v. Board of Education）（1954），"隔离但平等"的教育设施被判决无效。[7] 最后，与此紧密相关的是，全美有色人种协进会（National Association for the Advancement of Colored People，NAACP）体系化消除美国法律化的种族歧视制度的一系列胜利中，该案是其早期成果之一。[8]

但作为宪法问题，谢利案的重要性首先在于，它留下了一个关于如何理解《联邦宪法第十四修正案》所谓"州行为"的难题。对于公共团体与公职人员，种族限制性不动产契约条款因为表达了应受谴责的歧视而应被禁止。但《联邦宪法第十四修正案》在法律上并不禁止私人歧视；我们也许可以认为这是不道德的，但并不必然是不法的。无论在理论上区分"公共"与"私人"有多么脆弱或有多少争议[9]，区分二者的意义被认为在于保障个人决定的空间，人们可以"私下"做一些不受公共因素限制的行为——例如，为朋友或家庭成员设定优先权（preference），或参与特定的宗教，或不使用多余的事务律师处理财产。因此，尽管有很多尖锐的质疑，我们的宪法还是坚持区分"州行为"与"私人行为"，

---

⑤　Corrigan v. Buckley, 271 U. S. 323 (1926)（以管辖权为理由，认为不动产协议条款并非联邦层面的问题）；see also citations to Corrigan in Mays v. Burgess, 147 F. 2d 869, 870 - 71 (D. C. Cir. 1945), cert. denied 325 U. S. 868 (1945)（引用了 Corrigan 案与更近期的先例）；Kraemer v. Shelly, 355 Mo. 814, 198 S. W. 2d 679, 683 (1946) (same)；Sipes v. McGhee, 316 Mich. 614, 25 N. W. 2d 638, 643 - 44 (1947)（引用了 Corrigan 案并注意到，没有终审法院以宪法上的理由推翻私人种族限制性不动产契约条款）。

⑥　Shelly, at 22. 在 Shelly 案之前，很多法院认为，由于住宅契据中的限制性条款可以被任何种族使用，因而不构成不平等。See, e. g. Parmalee v. Morris, 218 Mich. 625, 188 N. W. 330, 332 (1922)；Torry v. Wolfes, 6 F. 2d 702 (D. C. Cir. 1925).

⑦　Brown v. Board of Education of Topeka, 347 U. S. 483 (1954).

⑧　关于 NAACP 在否定种族限制性不动产契约条款的效力中所发挥的作用的研究，Vose, supra note 1. 对此的简单概述，请参见 Mark Tushnet, Making Civil Rights Law: Thurgood Marshall and the Supreme Court, 1936 - 1961, at 81 - 98 (1994) (restrivtive convenants litigation in context of NAACP's overall efforts)；Leland B. Ware, "Invisible Walls: An Examination of the Legal Strategy of the Restrictive Covenant Cases", 67 *Wash. U. L. Q.* 737 (1989).

⑨　Paul Brest, State Action and Liberal Theory: A Casenote on Flagg Brothers v. Brooks, 130 Penn. L. Rev. 1296 (1982)（讨论联邦最高法院判决中的州行为与公共—私人的界分）。

前者受到宪法上的限制，而后者则否，即使为此区分的代价是，私人的行为方式如果放在公职人员身上，可能成为引发法律诉讼的依据。

但在对"州行为"进行解释的学说中，谢利案的定位非常模糊：此案中，没有立法机构采纳了社区的种族限制性不动产契约条款；也没有当地或州层面的公职人员以公职身份参与其签署或执行。唯一发生的事情是，在某一时刻，开发商与住宅买受人达成协议，或一些住宅所有权人与另一些住宅所有权人达成协议，之后，他们或他们的权利继受人又利用法院维护自己的私人协议——正如任何人都可以选取法院维护他们其他的私人财产或合同权利一样。显然法院是公共组织，并且在此意义上私法执行会牵涉联邦州的权力。但一直以来，非公职的行为都属于"私法"，无论是合同或侵权行为或侵占，而这些当事人必须有可能诉诸法院维护他们的私法权利。难道谢利案中没有此类"私"法权利？如果"州行为"的边界是诉诸法院，那么是否意味着，所有的私法主张一旦诉至法院，都会被贴上"州行为"的标签，从而应当适用原本只适用于公职行为的限制？[10]

联邦最高法院之后的判决明确显示此问题的答案是"否定的"，司法强制的潜在可能本身，并不能使我们将私人的安排与倾向转变为州行为，即使这些私的关系可能引发种族歧视。[11] 但如果是这样的话，是否意味着，谢利案连同它将限制性不动产契约条款的司法强制宣告为州行为的观点都进入了死胡同？是否应当将其视为了摆脱给冷战时期的美国外交政策造成严重尴尬的一类私行为而采取的特别处理[12]——疑难案件制造恶法这一古老谚语的又一例证？

本文的观点是，谢利案中"州行为"难题的最佳解决方案是，将种族限制性不动产契约条款的法律性质特别解释为财产。这是在一些新近学者的帮助下研讨出的结论——尤其是学说上对财产与契约之别，以及法与道德规范之相互关系的最新关注。

■ 一、居住隔离的肇始_____

种族限制性不动产契约条款出现于 20 世纪初，当时很多非裔美国人

---

⑩　See，e. g.，Tushnett，supra note 8，at 86（将司法强制视为州行为只会推翻关于州行为的学说体系）。

⑪　See，e. g. Peterson v. Greenville，373 U. S. 244（1963）（推翻了旅馆中反对隔离座位的侵占判决，但理由是州的公共政策允许此类隔离）。之后，1864 Civil Rights Act 禁止了上述公共住宿场所的种族歧视。

⑫　See Mary L. Dudziak，"Desegregation as a Cold War Imperative"，41 *Stan. L. Rev.* 61（1988）（描述国际背景下第二次世界大战后联邦为废除种族隔离所作出的努力）。

157

从乡村迁入市区。美国白人对此的回应，则是在日常活动的广阔范围内施加种族隔离——交通、雇佣、娱乐与教育。在此意义上，种族限制性不动产契约条款的居所隔离，只是20世纪初出现的众多种族排斥手段中的一种，不过是较重要的一种。[13]

更具体地说，种族限制性不动产契约条款只是一系列居所隔离方式中的一种。20世纪初，美国白人也曾试图使用妨害排除法（nuisance law）与分区制（zoning）将非白人排除在他们的住宅区之外。他们也使用法律以外的方式，包括道德规范与暴力，从小型的骚扰到胁迫到纵火、暴动，甚至杀人。但最终，经过20世纪前20年，只有种族限制性不动产契约条款仍然得以保留为种族排斥的方式，尽管非法律的方式持续时间更久。

对于种族排斥的目的而言，妨害排除法从来不是非常奏效的方式，很快就被放弃。有些源自美国内战之前的南方的古老判例将酒馆视为"公共妨害"，因为它们吸引了成群被视为吵闹不休的非裔美国人；同时期的另外一些判例也将刚被解放的非裔美国人描述为"妨害"[14]。但这些判例都与奴隶法紧密相关，在内战结束以后即丧失拘束力。19世纪末，试图使用妨害排除法实现种族排斥的最臭名昭著的案例是法伦诉希林案（Falloon v. Shilling），该案中原告诉称，他的邻居通过将临近的房屋出租给"没用的黑人"来骚扰他，从而对他产生了妨害。[15] 但法伦案的审理法院明确地驳回了他的诉请：任何人都不会仅仅因为他或她的人种即构成妨害。其他的法院也采取了相同的立场[16]，即使是白人起诉方也加入了其他的条件，如制造潜在的噪音或拥挤。虽然有些法院似乎对含有种族暗示的排除妨害防止案件抱有同情，并且种族妨害防止案件的回声一直回荡到20世纪[17]，但妨害排除法从来没有成为仅以人种为理由实施种族排斥的实质方式。

种族分区制的影响更集中一些，但作为种族居所排斥的法律基础也很快即丧失意义。1910年，巴尔的摩（Baltimore）颁布了首个种族《分

---

⑬　See，e.g.，Jack Temple Kirby，Darkness at the Dawning: Race and Reform in the Progressive South 23 – 25 (1972).

⑭　See，e.g. U.S. v. Coulter，25 F. Cas. 675 (D.C. Cir. 1805)（将在安息日向聚集成群的黑人与奴隶卖酒作为一种公共妨害，课予罚款）；Sanders v. Ward，25 Ga. 109 (1858)（允许通过遗嘱在州外解放奴隶，将在州内解放奴隶描述为一种"重大妨害"）。

⑮　29 Kan. 292 (1883).

⑯　See，e.g. Boyd v. Board of Councilmen of Frankfort，117 Ky. 199，77 S.W. 669 (1903)（推翻了城市议会拒绝颁发修建非裔美国人教堂的决定，不能将不是妨害的事物称为妨害）；Diggs v. Morgan College，133 Md. 264，105 A. 157 (1918)（为非裔美国人建造居所"本身"并不是公共妨害）。

⑰　See，e.g. Fox v. Corbitt，137 Tenn. 466，194 S.W. 88 (1917)（在著名的关于非裔美国人光顾交谊厅的讨论后，支持了针对交谊厅的排除妨害诉请）；Stratton v. Conway，201 Tenn. 582，301 S.W. 2d 332 (1957)（驳回了将房屋售予非裔美国人视为损害的诉请）。

区条例》；其他几个城市很快跟进，尤其是在南部与中西部的南部。[18] 这些条例表面看来都不带有种族倾向，据称是为了实现普莱西诉弗格森案（Plessy v. Ferguson）在当时占主导地位的理论，联邦最高法院在此案中允许州法在"平等但隔离"的铁路设施中实施种族隔离。[19] 例如，1914年肯塔基州路易维尔（Lousiville，Kentucky）的条例即规定，任何种族群体的成员都只能搬入他所在的种族占大多数的街区居住；据称，随着时间的推移，每个街区都将居住着特定的一个种族的居民。[20]

几年之后，新成立的全美有色人种协进会在布坎南诉沃雷案（Buchanan v. Warley）（1917）中成功地挑战了路易维尔的条例[21]，这是20世纪早期少数几个不同于"隔离但平等"平等理论的判决之一。与普莱西案不同的是，该法院强调，种族分区制妨碍了对有体财产的所有与处分权能。[22] 当时的财产所有权被视为非裔美国人参与市民生活的方式，也许这可以解释在布坎南案中，法院为何认为政府不能限制少数人种的财产权。但非常有趣（也令人失望）的是，很多当代的法律评论仍然支持种族分区制。有些评论者将种族分区制解读为维护财产价值的手段，这种解读令人回想起包含了种族分区制的"美丽城市（City Beautiful）"运动。但更多的评论者将焦点集中于防止暴力的公共利益，这一点在当时美国多个城市正在发生种族暴动的背景下显得尤为重要。[23] 联邦最高法院认可但也拒绝了这些论据，包括预防种族暴力，是对它确信财产所有权之重要性的有趣注解。[24] 但当时尚未发生最严重的种族暴力事件——1919年夏芝加哥的大型种族暴动。在这一事件中，至少37人遇害，还导致了无法估量的财产损失。[25] 在这一事件使整个国家震惊之时，当然，布坎南案使得据以进行居所种族排斥的法律手段只剩下一种：种族限制性不动产契约条款。

正如戴维·伯恩斯坦（David Bernstein）所指出的，布坎南案意味着市政与公共机构不再可能以正式的方式实施居所隔离。与分区制不同，种族限制性不动产契约条款要求开发商与房屋所有权人自己承担创立与实施法律排斥的费用；毫无疑问，巨额的费用在相当程度上打击了

---

[18] David E. Bernstein，Phipp Sober Controlling Philip Drunk：Buchanan v. Warley in Historical Perspective，51 Vand. L. Rev. 797，834－36（1998）.

[19] Plessy v. Ferguson，163 U. S. 537（1896）.

[20] Buchanan v. Warley，245 U. S. 60（1917）.

[21] Id.

[22] Id. at 80－81.

[23] Bernstein 详尽分析了其论据与结论，supra note 18，at 836－60。

[24] Buchanan，at 73－74，80－81.

[25] See Thomas Lee Philpott，The Slum and the Ghetto：Neighborhood Deterioration and Middle-Class Reform，Chicago 1880－1930，at 170（1978）（描述了暴动造成的损害和人员伤亡）。

种族排斥的程度，并使更多的住宅向少数人种开放，即使在此类住宅扩张的同时仍然被隔离。[26] 但是，尽管种族限制性不动产契约条款对它的支持者而言比种族分区制成本更高，但在布坎南案——以及芝加哥种族暴动——后几十年，种族限制性不动产契约条款作为"维持"针对少数人种居所扩张"底线"的唯一法律手段，获得了更重要的意义。随着其重要性的凸显，种族限制性不动产契约条款越来越受到法学界的关注。

二、对早期种族限制性不动产契约条款的法律考量

与 20 世纪早期的《分区条例》一样，不动产契约条款源自于创设并维护"美丽城市"——创建富有魅力和吸引力的社区，不受妨害活动与组织的干扰。[27] 但不幸的是，从很早的时期开始，很多私有不动产建筑规划即将种族排斥作为其内容的一部分。[28] 事实上，几十年之后，1943年，一位所有权人仍主张这些传统的富人区甚至不必明示种族限制。1912 年，他的分割出售广告中宣告了该住宅的"高档"属性，为建筑物课予限制性契据条款，他辩称（最后未能成功），这已经足够推导出，该限制条款默示地禁止非白人入住。[29]

然而，一开始就存在的法律问题是，种族隔离是否可以进入新开发的"高档"社区的规划之中。确实，关于种族限制性不动产契约条款的主要先例完全不支持种族排斥。在甘道夫诉哈特曼案中（Gandolfo v. Hartman）（1891 年），加利福尼亚州的一个联邦法院判决否定了禁止"华人"进住的居住限制性契据条款的合法性，理由是，"禁止联邦州与市政立法机关在立法中歧视华人，但允许市民合法地通过契约为此行为，且该契约可被法院强制执行的观点"[30]，是对《联邦宪法第十四修正案》过分狭义的解读。之后法院还引用了联邦与中国的条约作为其判决的另一论据。

㉖　Bernstein, supra note 18, at 861 - 66. Bernstein 注意到，尽管如此，市政官员仍然继续回避布坎南案的结论；Id. at 862。

㉗　Gerald Korngold, "The Emergence of Private Land Use Controls in Large-Scale Subdivisions: The Companion Story to Village of Euclid v. Ambler Realty Co.", 51 *Case Western L. Rev.* 617 - 620 (2001); Evan McKenzie, Privatopia: Homeowners Associations and the Rise of Private Government 36 - 38 (1994).

㉘　See Helen Monchow, The Use of Deed Restrictions in Subdivision Develeopment 47 - 50 (1928)（描述了 84 个分割出售规划中的 40 个包含了种族限制性契据条款）；Korngold, supra note 27, at 638 - 39（注意到 Shaker Heights 分割出售规划中间接限制种族的可能性）。

㉙　Kathan v. Steveson, 307 Mich. 485, 12 N. W. 2d 332, 334 (1943).

㉚　Gandolfo v. Hartman, 49 F. 181, 182 (S. D. Cal. 1892).

但甘道夫案对《联邦宪法第十四修正案》的解读，即将私人契约的司法强制与公权力的立法行为相类比，成为接下来的几十年全美有色人种协进会在宪法上对种族限制性不动产契约条款进行反击的符咒。在布坎南案否决了种族分区制之后，甘道夫案原本应当非常关键：如果市政不能实施种族分区，那么为什么开发商和业主可以实施他们自己的种族分区？但直至谢利案，法院在审理此类案件时均或者忽略甘道夫案，或者以模糊的假装的态度轻视它。提到此案的法院认为，将契约关系与联邦州的行为相类比是不恰当的，因为前者具有私法属性，不受《联邦宪法第十四修正案》的限制。而且，甘道夫案以特别保护中国人的中美条约为判决依据。[31] 因此，甘道夫案在宪法上的论证，对于种族限制性不动产契约条款几乎没有妨碍。布坎南案也没有改变这一状况，即使全美有色人种协进会的律师之后反复强调，布坎南案在否定了市政种族分区制的同时，也否定了种族限制性不动产契约条款的效力。密歇根州（Michigan）与密苏里州（Missouri），赛普斯与谢利后来所居住的州，各自的州最高法院都曾有一个重要的支持种族限制性不动产契约条款的早期判例，并且都考量了所有的案件，唯独忽略了布坎南案，它们认为限制性不动产契约条款是私人行为，限制州行为的平等保护原则对其无法适用。[32]

最重要的是，很快，联邦最高法院就在科里根诉巴克利案中（Corrigan v. Buckley）（1926 年）表达了相同的立场，该案起因于哥伦比亚特区的种族限制性不动产契约条款。在该案中，法院没有理会全美有色人种协进会对布坎南案的引用，相反宣称，没有任何一个他们所主张的宪法依据——《联邦宪法》第五、第十三与第十四修正案——可以否定种族限制性不动产契约条款的效力，"禁止私人达成关于如何支配与处分他们自己的财产的契约"。[33] 科里根案中对《联邦宪法第十四修正案》的意见是判决附带意见（dicta），因为《修正案》并不适用于哥伦比亚特

---

[31] See, e. g. Title Guarantee & Trust Co. v. Garrott, 42 Cal. App. 152, 183 P. 470, 471 (1919)（支持种族限制性不动产契约条款属于宪法问题，但未提到 Gandolfo 案）；Parmalee v. Morris, 218 Mich. 625, 188 N. W. 330, 331 (1992)（不同于 Gandolfo 案）；Kraemer v. Shelly, 355 Mo. 814, 198 S. W. 2d 679, 683 (1946)（认为 Gandolfo 案判决无效）；Hurd v. Hodge, 162 F. 2d 233, 234, 240 (D. C. App. 1947)（多数观点中未提到 Gandolfo 案，尽管反对观点中重点引用了它）。Shelly v. Kraemer 案中所引用的一篇发表于 1945 年的非常有影响力的论文中提到了 Gandolfo 案，为了论证限制性不动产契约条款的司法强制有违法律的平等保护原则；see D. O. McGovney, "Racial Residential Segregation by State Court Enforcement of Restrictive Agreements, Covenants or Conditions in Deeds is Unconstitutional", 33 *Cal. L. Rev.* 5, 7 (1945).

[32] Michigan 的主要判例是 Parmalee 案，188 N. W. 330；Missouri 的则是 Koehler v. Rowland, 275 Mo. 573, 205 S. W. 217 (1918)。其他经常被引用的支持种族限制性不动产契约条款的早期判例是 California 的 Title Guarantee and Trust, 183 P. 470，以及 Lousiana 的 Queensborough Land Co. v. Cazeaux, 136 La. 724, 67 So. 641 (1915)，该案发生在 Buchanan 案之前，但之后的州判决引用了该案却没有引用 Buchanan 案；see, e. g. Titel Guarantee at 471；Parmalee at 331.

[33] Corrigan v. Buckley, 271 U. S. 323, 330 (1926).

区，该判例似乎同意下述区分：一方面公共种族分区制在布坎南案以后被禁止，另一方面似乎是私法性质的种族限制性不动产契约条款则被允许。事实上，就某种意义而言，布坎南案与全美有色人种协进会对种族限制性不动产契约条款的攻击相悖，因为该案显示出对隔绝私人财产以免受政府干扰的极大关切。

尽管如此，其他非宪法上的法律考量也对种族限制性不动产契约条款有所质疑，这些质疑影响了此类不动产契约条款的形式几十年之久。正如杰拉尔德·科恩戈尔德（Gerald Korngold）所指出的，一般而言，不动产契约是 12 世纪初出现的控制私人土地开发的新型手段。有充分的先例支持此类限制不受法律欢迎，应当对它们进行限缩解释，或者它们可能违反了防止现所有权人将他们的支配权扩展至永远的规则。[34] 即使科里根案本身，也并非像它表面所显示的那样，果断支持此类不动产契约条款；它并没有真正处理关键问题，即种族限制性不动产契约条款是否随土地流转，因为此案中的当事人均是不动产契约的最初签订人而非继受买受人——而契约与财产的区分，可能会对之后有关种族限制性不动产契约条款案件产生影响，下文将会述及。然而，上述质疑或其他潜在的质疑，都不曾阻止种族限制性不动产契约条款，或其他私人间并非以种族限制为目的限制性契据条款。但无论如何，至少有一些持怀疑态度的先例，确实影响了不动产开发商使用的种族限制性不动产契约条款的早期形式。

■ 三、古老普通法的影响：让与限制（Restrains on Alienation）与禁止永久权规则（Rule against Perpetuities）

（一）"让与限制"

20 世纪初的重要问题之一，是种族限制性不动产契约条款是否不法地"让与限制"。可让与性（Alienability）一般被认为是财产权权利束中的"一束"，而且从 20 世纪早期最形式主义的观点出发，让与限制似乎与财产观念本身不相容。对于谁可以成为买受人的限制，而非他们可以如何使用财产的限制，一定显得非常棘手。

即使从当下更务实的角度而言——不考虑种族平等问题——可能减少特定财产的潜在竞买人的让与限制也可能具有重要意义。毕竟，同等

---

[34] Korngold，supra note 27，at 618－23，628－630.

条件下，有意出价购买特定财产的人越少，该财产再度让与的价金就可能越少。

当代法经济学家可能认为，此类问题应当留给契约当事人考虑，因为对于再度让与时较低的价额的预期，应当被记入购买价格，因而也会被创设让与限制的当事方所内化。但此类限制的另一个方面可能产生更严重的社会影响：如果一个所有权人知道他可能很难找到买受人，那么他将比较没有动力去改善甚至维护其财产，而这会对周边的其他人产生不良影响。的确，正如我们很快会谈到的，完全有理由相信，种族限制性不动产契约条款本身可能导致必要费用投入不足，尤其是正在由白人社区转变为少数人种社区的城市社区。在这些情形下，有时白人所有权人会发现，他们无法将房屋出租或出售给唯一可能的群体——少数人种——只有这些人会真正有意购买他的财产，而所有权人无法出租或出售的事实必定又会进一步抑制他们维护该财产的意愿。一部分财产的衰败可能引发周边更大范围的财产衰败；因此种族限制性不动产契约条款更为广义，其中的让与限制可能对采用它们的当事方的外部人产生实质性的社会影响。

但必要费用投入不足的问题可以被抵消，如果限制本身对于竞买人具有价值；例如，防止噪音或商业性使用的限制对于居民区就可能非常有价值，可能使该住宅更易出售。这些价值增值的可能，可以正当化限制条款，否则，这些条款会被视为无益。但我们必须再强调一次，对于谁可以成为买受人的限制，而非他们可以如何使用财产的限制，一定显得非常棘手，甚至对于 20 世纪初的法院也是如此。

当一些较大的城市——尤其是底特律、圣路易斯、洛杉矶与华盛顿——开始出现有关种族限制性不动产契约条款的诉讼时，不同司法管辖区的法院对于让与限制问题作出了不同的结论。有些，著名的是路易斯安那州与密苏里州，允许这些限制条款，理由是，它们只是部分限制，即使排除了非高加索人，还有足够的买家；其中暗含的信息是，不允许特定群体作为竞买人所造成的财产价值的减损，可以通过其他竞买人因排除了不希望见到的买家而得到的心理满足予以补偿。[35] 然而，其他的城市，尤其是加利福尼亚州与密歇根州，采用了更形式主义的进路，认为很难界定排除特定竞买人群体的"合理"界限；因此种族限制性不动产契约条款不能限制任何种族对财产的所有权。但与此同时，这两个州的最高法院又采取了另一种形式主义的观点，它们认为"占用"限

---

[35] Cazeaux，at 643；Koehler at 220；Kemp v. Rubin，188 Misc. 310，69 N. Y. S. 2d 680，685 (Sup. Ct. Spec. Term，1947). Washington D. C. 也允许以种族限制性不动产契约条款限制买卖，但并没有讨论让与限制的问题；see, e. g.，Torrey v. Wolfes，6 F. 2d 702 (D. C. App. 1925)。

制——与所有权限制不同——无论如何不构成让与限制。㊱也许正是因为注意到这一区分，很多种族限制性不动产契约条款，包括谢利案与赛普斯案中所涉的限制性不动产契约条款，都以限制"占用"代替或附加于所有权限制，从而导出了怪诞的结论，在种族限制性不动产契约条款之下，非裔美国人与其他少数人种的成员可以拥有住宅所有权，但不能自己住在其中。㊲

（二）禁止永久权规则

禁止永久权规则是对故去的"逝者之手"的必要限制，一般性的限制土地所有权人将他们对财产的支配扩张至，粗略地说，将来的几代人之后。与"让与限制"一样，这一规则在 20 世纪初仍然适用，而对此规则的关注影响了开发商最初所使用的种族限制性不动产契约条款的形式，以及对此不动产支配制度的非种族性质的使用形式。

不动产契约条款一般会"随土地流转"，从而限制社区的每一个人，这意味着不动产契约条款中所约定的共同义务不仅约束当初的缔约者；通过这些"流转的"不动产契约条款，继受所有权人可以支配其他继受所有权人的行为、或建筑、或不动产契约条款的其他标的。而这正是限制性不动产契约条款的法律意义；它们使所有权人有可能长期维持社区的属性，维持土地使用的方式，而无论社区的私人财产经过几番易手。但这同时也意味着，开发商最初规划的社区图景可能一直持续到无法确定的将来，即使开发商早已离开人世。在 20 世纪初，开发商们显然担心不动产契约条款的这一属性可能触犯禁止永久权规则。

规避禁止永久权规则的技术之一，是为种族限制性不动产契约条款附加期限。基于禁止永久权规则本身的技术性，附加不超过 21 年的期限肯定是安全的。但如此短的期间可能使社区规划欠缺稳定性，实际上，早期的土地开发限制设定的期限大多是 33 年左右。㊳另一项使用更为普遍的规避技术，是不使用限制性不动产契约条款的形式——在此形式下，由分户所有权人自己执行限制——而将种族限制性不动产契约条款构建为"附条件世袭地产"（conditional fees），如果条件被违反，则该财产权利将复归出卖人；附条件世袭地产的制度安排并不受禁止永久权规则的限制。因而，在涉及早期种族限制性不动产契约条款的很多案件

㊱　Titel Guarantee, at 471；Los Angeles Investment Co. v. Gary, 181 Cal. 680, 186 P. 596, 597 (1919)；Porter v. Barrett，233 Mich. 373, 206 N. W. 532, 534 (1925).

㊲　See, e. g. Stratton v. Cornelius, 99 Cal. App. 8, 277 P. 893 (1929)（以高加索人使用和占有为内容的种族限制性不动产契约条款，不能妨碍非裔美国人作为买受人出现）。

㊳　Monchow, supra note 28, at 56.

中，我们会发现违反契约条款的救济，是所有权复归土地开发人，而非禁制令或向其他分户所有权人为损害赔偿。[39] 当法院逐渐适应种族限制性不动产契约条款之后，情况有所转变，但例如在加利福尼亚州，直至1928年，才不再需要以地产开发公司剥夺权利为违反契约条款的救济方式，住宅所有权人可以直接针对他们的邻居要求履行种族限制性不动产契约条款。[40]

四、未被使用的普通法不动产契约制度（Covenant Law）：横向相对性（Horizontal Privity）与"指向并关涉"（Touch & Concern）

不动产契约制度的其他方面很可能阻止开发商使用种族限制性不动产契约条款，如果它们没有的话，原本也应当可以。古老的不动产契约法包含了一系列特别限制，尤其是它的救济途径是"普通法"上的损害赔偿，而非衡平法上的禁制令。其中有两项限制对于阻止种族限制性不动产契约条款尤其重要——有着怪诞称谓的"横向相对性"与"指向并关涉"理论。

（一）横向相对性

"横向相对性"理论要求，除非不动产契约与租约或买卖相结合，否则任何允诺或不动产契约条款都不得随土地流转并约束未来的占有人。也许背后的理由在于，租约与买卖此类交易可能会在转让文件中包含此类契约条款内容，继受所有权人可以查看这些文件并在权利链条中发现它们，从而可以得知他们的权利前手在权利上所设定的义务。[41] 这一古老的理论，以及其后的通知观念，在新的种族限制性不动产契约条款出现时，原本可以充当有效的分析工具，此类契约并非由土地开发商而是由居民自身所发起——即居民协议，众业主互相同意不将房屋出售或出租给非白色人种。

虽然早期曾出现过此类意在种族排斥的居民协议——谢利案中就涉及一项可追溯至1911年的此类协议——但在20世纪20年代，这种形式

---

[39] See, e. g. L. A. Investment Co. ；Koehler（以可失效的世袭地产权（defeasible fees）设计限制性不动产契约条款）。

[40] Wayt v. Patee，205 Cal. 46，269 P. 660（1928）.

[41] 另一项限制是"纵向相对性"（vertical privity）：不动产契约中的义务仅对与前手处于相同利益状况的人才得适用；此类权利继受人更有可能去查询前手的承诺。

的种族限制性不动产契约条款才逐渐普及。也许，正如全美有色人种协进会可能会辩称的，这是因为社区居民希望以种族限制性不动产契约条款代替种族分区制，鉴于后者在 1917 年的布坎南案后已被禁止。无论如何，该事件之后出现的种族限制性居民协议所发生的社区，比由开发商主导的种族限制性不动产契约条款发生的社区略为低档，通常位于少数人种扩张所必经的城区部分。[42] 此外，开发商主导的种族限制性不动产契约条款只是"排他的"私人社区整体规划中的一个因素，而居民创设的种族限制性不动产契约条款则不包含任何其他因素。后者毋宁是将以种族排斥允诺来维持高贵身份的希望固定化。

作为一个法律争议，从"横向相对性"理论视角观察，此类居民创设的种族限制性不动产契约条款值得商榷。当开发商草拟种族限制性不动产契约条款时，它们通常将其作为所有的初始买卖契据中的一部分内容，因而在调查权利状况时，很容易发现此类限制，从而可以对所有的买受人及其后手统一发生效力。但居民创设的种族限制性不动产契约条款则草率得多。有特别利害关系的居民个人挨家挨户地收集签名，关于有多少份额的居民签名才可以使该协议生效这一问题，规则模糊不明。[43] 此外，即使此类居民创设的种族限制性不动产契约条款有登记，也通常并不包含在真正的契据之中，在此意义上，它们欠缺传统的"横向相对性"理论所要求的随土地流转应满足的要件。[44]

规避上述疑问的途径有一个讽刺的称谓，即"衡平"。当社区居民诉诸法院，要求执行种族限制性不动产契约条款时，他们诉请禁止买卖或占有而非主张损害赔偿——这意味着他们并非根据普通法而是根据衡平法起诉。在衡平法上，执行不动产契约条款的唯一要件，是买受人对于权利前手所作出的允诺已经知情。技术性的横向相对性本身就是保障后手占有人可以查明这些限制，而如果买受人或后手占有人已经知悉这些限制，或从官方登记中知情，那么横向相对性即不再必要，即使这些登记文件并非主要的契据。

那么后手权利人与后手占有人是否的确知道这些限制呢？对此问题的分析，必须注意，种族限制性不动产契约条款的历史非常之短，但却充满争议。有鉴于此，也许可以推测，后手买受人很有可能对此类限制知情，因为此类限制时间都不长，而且很有可能被广而告知（虽然实际

---

[42] See，e. g. Porter v. Johnson，232 Mo. App. 1150，115 S. W. 2d 529（1938）（支持了 1921 年的居民协议，当时非裔美国人在附近购买住宅）。Wendy Plotkin，Deeds of Mistrust：Race，Housing and Restrictive Covenants in Chicago，1900－1950，at 2－3（working paper，1997）（availalbe at http：//tigger. uic. edu/？wplotk1/deeds/www/new. html）（描述了由 Chicago 不动产利益驱动的与"黑人地带"相毗邻的社区居民的种族限制性不动产契约条款）。

[43] See 下文注 70 处的正文。

[44] 不过，有些居民创设的种族限制性不动产契约条款要求缔约人将此限制条款加入将来的买卖契据之中；See，e. g. Wayt v. Patee，205 Cal. 46，269 P. 660（1928）。

上，正如我们下文将谈到的，谢利案本身在此点上即存有争议）。此外，引发诉讼的无疑是每个人都知道了此类限制的案件，因为至少有些利益相关方曾试图实施这些限制。正如全美有色人种协进会一位著名的律师在 1945 年的研讨会上所指出的，通常只有在自我任命的"鼓吹者"极力的鼓动下，种族限制性不动产契约条款才会被实施；该研讨会上另外一名律师指出，诉讼非常昂贵，而这一点在很大程度上抑制了诉讼的意愿。[45] 鉴于大城市社区模式的演变，肯定有不少种族限制性不动产契约条款因未实施而被虚置。[46] 如果种族限制性不动产契约条款的历史更长一些，那么"横向相对性"理论的核心问题，即通知，将会变得更加尖锐。

（二）指向并关涉

另一项与种族限制性不动产契约条款有关的古老的不动产契约理论，是要求不动产契约条款必须"指向并关涉"土地，才能随土地流转。这一模糊的要求，与横向相对性类似，似乎均在很大程度上指向通知——即，后手买受人更有可能知悉与土地相关的义务。

但"指向并关涉"理论比这一简单的原则要求得更为细致：即，保障不动产不因特别限制而承受过度的负担。正如很多财产法学者所指出的，契约可以设立无数复杂的义务，因为当事人是自己为此约定并应当对他们的复杂交易细节完全知情；一般而言，契约义务并不会使初始当事人负担过度的义务。但财产不同，因为财产——尤其是不动产——在不确定的将来会移转于继受权利人，而时间间隔越久，后手继受人对第一手交易的内容就越疏离。因此，与不动产相关的义务采取相对简单与标准化的模式非常重要，唯此，间隔久远的将来买受人才不会意外地受到特别义务的限制，也不必费力查询如此复杂的交易安排。[47]

一般而言，"指向并关涉"理论的功能在于，将不动产契约可设定的义务限于大多数人将其视为可增加所涉财产净价值总和的允诺。例如，修建树篱的允诺对于所有权人而言可能很麻烦，但她的邻人因而获得美

㊺　Vose, supra note 1, at 58 - 59；这两位律师分别是 Spottswood Robinson III of Richmond（后来成为一名出色的联邦法院法官）与 Loren Miller of Los Angeles。

㊻　See Arnold R. Hirsh, Making the Second Ghetto: Race and Housing in Chicago, 1940 - 1960, at 30（2d ed. 1998）（描述了 20 世纪 40 年代中期与末期众多 Chicago 种族限制性不动产契约条款的崩解）。

㊼　对此详尽的探讨可参见 Thomas W. Merrill and Henry E. Smith, "Optimal Standardization in the Law of Property: The Numerus Clausus Principle", 110 *Yale L. J.* 1 (2000)。简要的论述请参见 Carol M. Rose, *What Government Can Do For Property* (*And Vice Versa*), in The Fundamental Interrelationships Between Government and Property 209, 213 - 15 (1999)。

好景致的价值要高于她所承受的麻烦。这是相邻居民可能会期待协商的交易，而且后手权利人可能也希望这种义务继续存在而不必再协商一次，因为此类交易增加了所涉地块的价值总和。

早期的种族限制性不动产契约条款被认为包含了此类价值增值内容，包括根据衡平法强制执行的限制性不动产契约条款。[48] 但在所有权人是非裔美国人或华人或犹太人时，它如何"指向并关涉"土地？这些人的种族属性（假设它们可被界定的话）与关于建筑设计、修剪树篱、草坪护理、噪音限制等常见的允诺有何关联？在某种意义上，"指向并关涉"理论回应了"让与限制"的法律问题，后者仅在增加了补偿利益的条件下才能有效，而以特定的人——而非特定使用方式——作为买卖限制，能否满足上述条件尤其值得怀疑。但遗憾的是，如同忽略了"横向相关性"的理论意义一样，美国的法院也完全无视"指向并关涉"背后的法律问题。

虽然衡平法院可以不适用形式化的普通法规则，但更有探索性的裁判路径应当注意到，这些似乎是形式化的不动产契约规则背后的法理，尤其是"指向并关涉"要件。对买受人或占用人的人种适用"指向并关涉"似乎不具有充分的说服力，因为一个人的人种与"指向并关涉"规则通常所涉及的土地使用权（uses）没有明显的关联。相反，正如密歇根州首个重要的种族限制性不动产契约条款案件的非裔美国人被告所辩称的，此类限制似乎认为，他所属的人种本身构成了某种妨害[49]，而这与排除妨害法的规则并不相符。

但在 20 世纪 20 年代和之后的不动产契约规则之中，表面看来很明显，人种确实与财产价值相关，仅仅因为白人所有权人如此认为。不动产专家发现了相关证据，显示非裔美国人或其他非白人少数人种的出现，确实会减损白人的财产价值。[50] 并且法院也想当然的认为此类市场指征可以为种族限制性不动产契约条款提供支持，后手白人买受人当然与其前手白人所有权人一样，希望存在相同的种族限制性不动产契约条款。[51] 在此简单的假设之下，法院支持了一系列此类惯例——正如下文将谈到的，这一点对于理解谢利案最后的判决结论非常关键。

---

[48]　Monchow, supra note 28, at 17；see also Cazeaux, at 643（认为"不以实质原则而仅是突发奇想"的关于土地的条件限制无效）。

[49]　Parmalee v. Morris, 218 Mich. 625, 188 N. W. 330, 332.

[50]　See, e. g. Standley L. McMichael's Appraisal Manual 51-54 (3rd ed. 1944).

[51]　See, e. g. Schulte v. Starks, 238 Mich. 102, 213 N. W. 102 (1927)（以内容为排除"对社区有害的人群"的种族限制性不动产契约条款为基础，阻止一对非裔美国人夫妇，证据是：上述内容应予排除的人群包括非裔美国人，而且他们的出现会使财产价值减损）；see also Fairchild v. Raines, 24 Cal. 2d 818, 151 P. 2d 260, 263 (1944)（出示证据显示，非裔美国人的出现会造成财产价值的减损，而在相邻的社区中因为黑人的出现已经发生了对社区的此类"损害"）。

五、司法宽容模式

20世纪20年代以及之后，主要的种族限制性不动产契约条款案件的相似性集中于一点：尽管非常重要，但这些案件都忽略了一个问题，即是否任何种族限制性不动产契约条款都应当约束后手买受人。联邦最高法院审判的科里根案支持了种族限制性不动产契约条款，该案被之后的判决大量引用，但在该案中，被阻止的是最初的买受人将住宅转卖给非白人买受人，并且在该案中，将基于不动产契约的义务作为普通的契约义务对待。因此未澄清的问题是，科里根案的判决是否意味着种族限制性不动产契约条款可以移转于后手买受人，而他们并非创设此不动产契约的初始当事人。(52) 在之后的判例中，法院不断引用科里根案的"契约"义务观点支持种族限制性不动产契约条款，而不曾考虑过，后手买受人是否真的应当与最初订立不动产契约的当事人，即初始所有权人，负担相同的义务。(53)

在科里根案至谢利案期间，法院大致显示了一种不断明晰的承认种族限制性不动产契约条款合法性的倾向，即使也有不适与致歉。(54) 在开发商创设的限制之外，居民创设的限制给了法院一系列令人震惊的特别机会，显示它们支持种族限制性不动产契约条款的强烈意愿，即使这一事后措施具有诸多非常规之处——并且，正如一个少见但机敏的法官反对意见所指出的，认为居民创设的不动产契约条款比开发商创设的不动产契约条款适用范围更广，未免操之过急。(55) 法院一般不经质疑即支持了居民创设的种族限制性不动产契约条款，并以"衡平"为理由豁免横向相对性规则的适用，解释签署中的不当，有时甚至在大范围弃权的情形下，仍然支持种族限制性不动产契约条款，而完全不考虑此类限制对

(52) 在很多重要的州法案件中都是如此，如，Wayt. v. Patee，205 Cal. 46，269 P. 60 (1928)（支持了"不动产契约"，原告与被告都是最初的缔约人）；Queensborough Land Co. v. Cazeaux，136 La. 724，67 So. 641 (1915) (same)。

(53) See，e. g. Sipes v. McGhee，316 Mich. 614，25 M. W. 2d 638，644 (1947)（将权利解释为"契约性的"）；Torry v. Wolfes，6 F. 2d 702，703 (1925) (same)；Letteau v. Ellis，122 Cal. App. 584，10 P. 2d 496，497 (1932)。See also Mays v. Burgess，147 F. 2d 869，875 (D. C. Cir. 1945)（同样将权利解释为契约性的）；不同观点可参见 Mays at 875－76 (Edgerton，diss.)（少数提出区分契约义务与不动产契约义务的观点之一）。

(54) 关于不适，see，e. g. Mays，147 F. 2d at 873（注意到种族歧视的社会问题）；Spies，25 N. W. 2d at 644－45 (same)；Fairchil v. Raines，151 P. 2d at 267－269 (Traynor，conc.)。

(55) Mays，147 F. 2d at 876 (Edgerton，diss.).

少数人种住房需求的影响。⑤⑥而正如下文将谈到的，在所有的判例中，没有任何一个案件比谢利案本身对种族限制更为宽容。

正如下文将谈到的，技术与理论上的质疑，确实使相当数量的种族限制性不动产契约条款陷入困境，但对它的司法宽容模式却显示，19世纪对土地使用权私人限制的质疑态度，到20世纪转为了宽容。很难说到底是对随土地流转的不动产契约条款的普遍性的司法宽容使种族限制性不动产契约条款也受益，正如本书另一个判例尼伯恩希特案（Neponsit）所讨论的，还是对种族限制性不动产契约条款本身的宽容导致了对其他不动产契约条款的宽容。也许两方面的因素都存在。

无论如何，当代的社会实践与信念，在很大程度上巩固了对种族限制性不动产契约条款的司法确认，尤其是下述信念——具有自证预言（self-fulfilling prophecy 的性质）——种族融合将导致社区住宅价值大幅跌落。全美不动产联合委员会（National Association of Real Estate Boards，NAREB）早在1913年即开始引导它的成员避免将少数人种居民引入以其他人种为主的社区之中，自1924至1950年，该联合委员会的《伦理法典（Code of Ethics）》也包含了以此为目的的条款。地方的不动产组织采纳了这部法典，正式或非正式地处罚拒绝遵守此种族"引导"条款的地产经纪人。⑤⑦在有些城市，比较著名的比如圣路易斯，类似的当地不动产委员会会协助组织居民签订种族限制性不动产契约条款，并且协助其实施。⑤⑧成立于1930年的联邦房屋管理局（Federal Housing Administration），目的是保证住房贷款，在《抵押担保手册（Underwriting Manual for the mortgages）》中，特别支持它将会提供担保的项目创设种族限制性不动产契约条款，理由是，"不协调的人种群体"将对住宅价值构成"不利影响"。⑤⑨而1944年的《美国法律研究会财产法重述（American Law Institute's Restatement of Property）》则揭示了，这些规范的表面原因背后的真实理由：种族排斥措施可以接受且

⑤⑥ See，e.g.，Sipes，25 N. W. 2d at 641（注意到对签署形式的普遍宽容）；Russell v. Wallace，30 F. 2d 981（D. C. Cir. 1929）（支持了居民创设的种族限制性不动产契约条款，其中一名缔约人反对，在登记之前撤回了同意）；Porter v. Johnson 232 Mo. App. 1150，115 S. W. 2d 529（1938）（虽然证据显示权利未行使，仍然支持了种族限制性不动产契约条款）。认为法院对于种族限制性不动产契约条款过于草率，但它可能是一种"进步的联合"策略的判决，see Pickel v. McCawley，239 Mo. 166，44 S. W. 2d 857（1931）（推翻了未经所有权人本人同意即被登记的协议）。

⑤⑦ Stephen Grant Meyer，As Long As They Don't Move Next Door：Segregation and Racial Conflict in American Neighborhoods 7（1913）；Luigi Laurenti，Property Values and Race：Studies in Seven Cities 16 - 18（1960）. 相关的段落（35段中的第34段）写道，"地产经纪人不得促成引入明显对社区的财产价值有损害的财产或占用，或此类人种或民族的成员，或任何此类个人"。Laurenti，Id. at 17；McMichael，supra note 50，at 368. Laurenti，Id. at 17 - 18，称即使在NAREB法典形式上发生变化之后，地产经纪人仍然坚持种族引导。

⑤⑧ Vose，supra note 1，at 100 - 109.

⑤⑨ Robert C. Weaver，The Negro Ghetto 72 - 73（1948）.

是"合理的"，因为它们保持了财产价值，并缓和了社会紧张。[60]

后者尤其明显，显示了种族排斥条款背后的一种暴力乐趣。事实上，这种乐趣——由担心财产贬值的白人所引发——可能是维持居所种族隔离最重要的驱动因素。

■ 六、挑战的出现

尽管种族限制性不动产契约条款背后有强大的法律权威支持，但它还是有一些可以被成功挑战的缺陷。最著名的有关种族限制性不动产契约条款的规章大部分来自少数几个司法管辖区，实际上只有：加利福尼亚州的洛杉矶、密苏里州的圣路易斯和堪萨斯市（Kansas City），密歇根州的底特律和庞蒂亚克（Pantiac），以及华盛顿。在这些城市中，除了全美有色人种协进会长期不懈地精心策划与种族限制性不动产契约条款相斗争以外，当地的律师还联合全美有色人种协进会持续挑战种族限制性不动产契约条款。[61] 直至谢利案，全美有色人种协进会的律师主要的宪法主张——对种族限制性不动产契约条款的司法强制构成"州行为"——一次又一次地失败，但是他们成功地使种族限制性不动产契约条款的非正当性问题一直作为受关注的政治焦点问题，同时他们迫使白人社区组织和不动产企业负担诉讼强制执行的费用。此外，他们不断破解种族限制性不动产契约条款的边缘法律问题，从技术基础方面进行攻击，例如签署与登记的不规范；在谢利案不久之前，一名圣路易斯的全美有色人种协进会律师总结了一份此类针对种族限制性不动产契约条款的潜在技术挑战的纲要。[62]

从当代法学家的视角观察，20世纪40年代全美有色人种协进会律师所使用的一个特别狡黠的技术性技巧，是对人种概念本身的挑战。威利斯·格雷福斯（Willis Graves）与弗朗西斯·登特（Francis Dent）使

<hr />

[60] 4 Restatement of Property，ch. 30，sec. 406，at 2411 - 12.

[61] See generally Vose，supra note 1，at 55，57 - 64。尽管 Chicago 受到种族限制性不动产契约条款以及反种族限制性不动产契约条款活动的极大影响，但却没有产生在全美范围内被广泛引用的著名判例。Chicago 确实曾有一个挑战种族限制性不动产契约条款的案件最终到达联邦最高法院，但与 Illinois Supreme Court 一样，该案最终以技术上的管辖权问题为基础作出判决：Hansberry v. Lee，311 U. S. 32（1940），reversing Lee v. Hansberry，372 Ill. 369，24 N. E. 2d 37（1939）；see Plokin，supra note 42，at 3 - 6. Vose，supra note 1，at 57 - 64，也提到了 NAACP 在 1945 年的对抗策略，排除了 Chicago 对一个案件的管辖，理由是 Illinois Supreme Court 的相反判决可能在全美范围产生不利影响。不同见解请参见 supra note 2，at 87 - 91（显示了当地的庭审律师与全美 NAACP 之间的糟糕关系，也辩称有些该组织的成员倾向于将案件从 Chicago 带到联邦最高法院）。

[62] Scovel Richardson，"Notes and Comments: Some of the Defenses Available in Restrictive Covenant Suits Against Colored American Citizens in St. Louis"，3 *Nat'l. B. J.* 50（1945）.

人种的确定问题成为赛普斯诉麦吉案的关键，该案后来与谢利案一起被诉至联邦最高法院。他们向一个白人居民询问，他如何得知搬到隔壁的是"黑鬼"从而使其陷入迷惑（对方回答："我看到麦吉先生和他似乎带有有色人种的特征。他们比我更黑……"）；他们还引入了两名韦恩州立大学（Wayne State University）社会学与人类学系的成员，以质疑非专业人士识别人种区别的能力。密歇根州最高法院并未被当代所谓的"人种的社会性因素"所打动，但底特律律师在这方面的尝试并非孤例。华盛顿的查尔斯·休斯顿（Charles Houston）敦促所有的全美有色人种协进会律师努力模糊人种概念，并将这一努力描述为，可能动摇白人种族限制性不动产契约条款的教育技巧。[63]

谢利案之前，的确有一项对于种族限制性不动产契约条款的挑战策略获得普遍的成功：律师们有效地使用了不动产契约规则中的一个衡平原则"情势变更"（changed circumstances），根据此原则，衡平法院不得强制执行已经丧失目的或失去意义的限制性不动产契约条款。[64]"情势变更"理论——与"让与限制"以及不动产契约中较形式化的"指向并关涉"要求一样——均指向价值（value）这一概念：除非它们能维护土地所有人的合理价值，否则不得强制执行。并且，"情势变更"论据在种族限制性不动产契约条款的实践背景下尤其可发挥作用，因为这些"情势变更"案件都暗示：诉讼的背景，以及为了突破种族限制性不动产契约条款所发展出来的奇特的实践技巧的背景，都是人口结构的巨大变化。

非裔美国人持续的城市化——以及速度更快的白人的郊区化——为以"情势变更"挑战种族限制性不动产契约条款提供了舞台。[65] 随着越来越多的少数人种成员搬至日渐拥挤的城市"黑鬼"区，尤其是在战争年代，这些地区的规模迅速扩大，尽管根据当代的报道，少数人种的住房需求从未得到满足。[66] 例如，战前底特律非裔美国人的数量是 16 万，而在第二次世界大战期间又增长了 6 万——6 万只有极少住房选择的人。[67] 少数人种逐渐开始寻求其他的居所地点，白人的第一种回应是暴力；1942 年，底特律的一个戏剧性事件即为一例，白人恐怖组织——包括三 K 党（Ku Klux Klan）——用石头袭击并殴打了一位试图搬进新完

---

　　[63]　Spies, 25 N. W. 2d at 641; Vose, supra note 1, at 60 - 61, 84 - 85, 126 - 31. See also Vose, Id. at 86 - 87 (描述了 Houston 在 Hurd 案中对当事人以及专家证人关于人种的界定的询问)。

　　[64]　"情势变更"是少数几个不经权利人同意即可变更财产权利的规则之一。鉴于不动产契约通常适用于数目众多的所有权人，互相之间对于对方的财产有共同的权利，因而可能会因为交易成本或谈判技巧而需要重新协商，因此比其他的财产权益更需要事后的重新调整。

　　[65]　See, e. g. Hirsch, supra note 46, at 28 - 29; Thomas J. Sugrue, The Origins of the Urban Crisis: Race and Inequality in Postwar Detroit 33 - 47 (1996).

　　[66]　Id. at 17 - 25.

　　[67]　Alfred M. Lee & Norman D. Humphrey, Race Riot (Detroit, 1942) 92 (1968).

工的住宅项目的非裔美国战地工人。[68] 白人的第二种回应是搬迁，尤其是战争结束、郊区被开发后；然而，白人的离开导致城市社区中的人种变迁更为明显。白人的第三种回应，是用现存的种族限制性不动产契约条款予以回击：当少数人种的买受人试图搬进离开的白人家庭空置的房屋，有些社区居民，在不动产企业的支持下，将种族限制性不动产契约条款作为对抗变迁的壁垒，并且通过强制执行此类不动产契约条款，为"守住底线"做了他们所能做的一切。

然而，随着人种结构的变迁，受种族限制性不动产契约条款限制的白人所有权人发现，他们很难吸引到白人竞买人，而且白人通常出价很低；同时，这些白人所有权人又因不能将房屋卖给出价更高的非裔美国人，而被债权人行使抵押权。[69] 至少其中有些白人将房子卖给了少数人种；而且在芝加哥有些白人所有权人甚至不动产企业还组织起来，阻止种族限制性不动产契约条款的实施。[70] 在这些白人出卖人被起诉时，他们与少数人种买受人一起作为被告，他们宣称"情势变更"原则使得种族限制性不动产契约条款丧失意义。藉此，在种族限制性不动产契约条款最重要的适用地区，即正处于人口结构变迁的社区，"情势变更"成为击退种族限制性不动产契约条款的一种方式；它使受限制的白人所有权人与搬进该住宅的少数人种成员结成了奇特的联盟。

但不寻常的联盟还不限于此。有些不动产经纪人意识到人种继受中大为有利可图。通过鼓励少数人种搬进白人社区，或者仅仅是通过散布此类谣言，"从不动产涨跌中牟利"的经纪人就可以在与出卖人的谈判中大大压低价格，再以高价出售给被锁定的少数人种买受人。[71] 这些经纪人通过制造混乱而牟利，受到广泛谴责。但仔细研究之下，该行业的伦理标准似乎非常模棱两可。这些经纪人之一、拉斐尔·尤西奥罗（Paphael Urciolo），在 20 世纪 40 年代末芝加哥的种族限制性不动产契约条款争议中非常出名，在与谢利案同期的一个华盛顿案件中，他是被告。案件审理过程中，尤西奥罗被控告只对尽可能多地赚钱感兴趣。但他也直接了断地说道，"我完全不相信不动产契约条款"，并且他认为，如果让他选择将房屋卖给"有色的"或外国的买受人，还是卖给白人买受人，他一定会选择卖给少数人种或外国人，因为这些买受人在寻找住所方面面临着太多的困难。[72] 不用说，尤西奥罗一定很不受华盛顿不动

---

[68]　Id. at 93；see also Hirsch, supra note 46, at 36（描述了 20 世纪 40 年代社区人口结构变迁过程中的纵火与暴力的增长）。

[69]　See, e.g., Hundley v. Gorewitz, 132 F. 2d 23, 24 - 25 (D. C. App. 1942)（描述了白人在寻找白人买受人时的困境，而非裔美国人出价更高）。See also Weaver, supra note 59, at 266 - 68（same）。

[70]　Hirsch, supra note 46, at 30；Plotkin, supra note 42, at 3 - 4。

[71]　Hirsch, supra note 46, at 34 - 36。

[72]　Vose, supra note 1, at 80。

产委员会（Washington Real Estate Board）的欢迎，后者已经将他驱逐。[73] 但也很难简单地将此理解为种族正义的敌人。1945 年全美有色人种协进会关于种族限制性不动产契约条款的研讨会，提出了与从不动产涨跌中牟利的经纪人的合作问题，而部分与会人员认为，这些中介人员过于有争议性，华盛顿的查尔斯·休斯顿——也许是想到了尤西奥罗——辩称，不动产经纪人在与种族限制性不动产契约条款的长期斗争中，发挥了非常有益的作用。[74]

第二次世界大战的结束，对种族限制性不动产契约条款的命运非常关键。战争期间，非裔美国人和其他少数人种的成员为国捐躯——这场战争本身提出了关于种族主义的重大问题。全美有色人种协进会以及其他持相同立场的评论家——著名的如，瑞典经济学家冈纳·米尔道（Gunnar Myrdal）在极有影响力的《论美国的困境（An American Dilemma）》（1944 年）中[75]——更加强调对非裔美国人进行种族隔离与歧视的社会影响。持续的种族隔离，导致美国在新的冷战局势下的严重尴尬。1947 年，杜鲁门（Truman）总统新的民权委员会（Committee on Civil Rights）发表报告《保障这些权利（To Secure These Rights）》时，注意到了这一点。[76] 在这些事项中，报告单独将种族限制性不动产契约条款挑出来作为一个问题，并要求司法部介入、挑战它们的效力。[77] 司法部确实在谢利案中支持了全美有色人种协进会——如同一系列令人印象深刻的民权、劳动与宗教组织所做的一样[78]——它的专家意见摘要（amicus brief）特别引用了美国国务卿的一封信，详细阐述了种族隔离对美国的外交政策造成的尴尬。[79]

不过另一个很少被评论的因素可能也发挥了作用：第二次世界大战之后，白人在郊区定居的狂潮。显然，除非被阻止，种族限制性不动产契约条款将在新的郊区人口结构中愈演愈烈。1947 年年末至 1948 年年初，在长岛（Long Island）开发的大型住宅区、典型的中产阶级住宅区新莱维顿（Levittown）的第一批数千套住宅开始发售。通过将所有权人限于高加索人——遵循当时联邦房屋管理局对抗种族融合的标准化建议——莱维顿的第一批房屋出售预示着这样的未来：法律上的居所隔离

---

[73]　Id.

[74]　Id. at 58 - 59.

[75]　Gunnar Myrdal，An American Dilemma (20th Anniv. ed. 1962 (1944)).

[76]　To Secure These Rights：The Report of the President's Committee on Civil Rights 100，146 - 48 (1947)；see also Dudziak，supra note 41，at 100 - 101（描述与 Shelley 案有关的州行为与司法部行为）。

[77]　To Secure These Rights，supra note 76，at 91，169.

[78]　See Vose，supra note 1，at 163 - 64，169 - 70（描述 amicus briefs 以及 NAACP 担忧可能过多的内容被提交；也涉及司法部决定在 Civil Rights 报告之后立即提交材料）。

[79]　Brief for the United States as Amicus Curiae at 19 - 20.

将按指数扩张。[80] 在这样的未来中，似乎种族限制性不动产契约条款将不仅限于相对少量的"高档"社区，像早期开发商所设立的限制那样，而且不仅限于有充分动机的顽固的白人市区居民，正如许多居民创设的限制那样；而是似乎准备扩展至郊区化过程中新的人口结构中，即美国的整个白人中产阶级。

正是在这样的时间节点，联邦最高法院对圣路易斯的谢利诉克雷默案，以及相同的底特律的赛普斯诉麦吉案作出了判决。

■ 七、谢利案与赛普斯案

无论多么值得反驳，无论联邦如何尴尬，无论实质上如何不正义，作为 1948 年的一个法律问题，种族限制性不动产契约条款几十年来一直被视为私人行为——私的当事人为了实对其私人财产的私的管领而设定的限制。如何能使对此类限制的单纯的司法强制转变为"州行为"？这是谢利案与赛普斯案的原告、全美有色人种协进会以及无数参与此案的"法庭之友"（friends of the court）所面临的问题。

（一）以司法越权解释"州行为"

对于谢利案引发的"州行为"难题——尽管事实上并非如此——可能的解答之一是：该案显示州最高法院为了强制执行种族限制性不动产契约条款可能会作出越权行为。一项可追溯至 1911 年的居民创设的种族限制性不动产契约条款，限制了 J. D. 谢利所购买的房屋。与开发商创设的种族限制性不动产契约条款不同，居民创设的协议通常在覆盖面上存在缺陷，因为事后通常很难取得百分之百的同意。而且该拉巴迪大街 39 位所有权人中只有 30 人签署了最初的协议，仅覆盖了 57 个地块中的 47 个。而且，未签名的所有权人中有 5 位是非裔美国人，并且于此期间一直有黑人生活在此社区。谢利一家自己也声明，他们无从得知限制的存在。的确，他们怎么可能知道，除非他们确实被告知？该社区的多人种特征，使他们无从注意到应当查询权利限制。正如谢利夫人在法庭上所陈述的，"我在该街区看到了其他的（与我同肤色）的人，这也是我在这里购买住宅的原因"[81]。虽然上述不动产契约条款有登记，但它并未在

[80]　Barbara M. Kelly：Expanding the American Dream：Building and Rebuilding Levittown 30 - 33，60 (1993).

[81]　Vose，supra note 1，at 111.

谢利的契据中出现，也显然不曾在其他的主要转让文件中出现；古老的"横向相关性"规则可能不承认它的效力，如同不会允许在普通法上强制执行任何事后的居民协议一样。最后，即使在种族主义的假设之下，也很难看出此类限制对该社区的白人有何价值，因为该社区的重要居民中一直都有非裔美国人。

然而，面对该种族限制性不动产契约条款的所有这些瑕疵，密苏里州最高法院仍然支持它的效力。与往常一样，这个案件被分配至衡平法院，这意味着该法院可以摆脱形式化的"横向相关性"规则，而仅仅调查是否通知了买受人。在这一点上，密苏里州最高法院认为，因为该种族限制性不动产契约条款确实曾被登记，这构成了对谢利一家的推定通知，而无论这对夫妻实际上是否有可能知悉该事实。[82] 而且该法院推翻了衡平法院御前大臣的以下裁决，即这些特别的种族限制性不动产契约条款自始即存在瑕疵，因为它们仅在得到所有地块所有权人的同意后始得生效。州最高法院认为这纯属无稽之谈：1911 年该社区的居民几乎不可能期待非裔美国人居民同意此类限制他们的占用的种族限制性不动产契约条款，因而签名问题当然会有合理的瑕疵。[83] 相似地，与对待价值的问题一样，密苏里州最高法院谨慎地暗示，只要限制将来非裔美国人的侵入即为已足。[84]

因此，密苏里州最高法院为了支持这些充满质疑的财产限制，驳回了所有的抗辩，包括初审法院发现的有争议的法律与事实的混合问题。[85] 藉此，该法院在强制执行种族限制性不动产契约条款方面似乎有所越权，否则无论是在普通法上（因为不满足形式化的要件要求）还是在衡平法上（因为未通知买受人，且该不动产契约条款对要求执行的当事人不再具有价值），它均不得强制执行。

正是在此意义上，也许可以理解为何联邦最高法院将种族限制性不动产契约条款的司法强制视为"州行为"：也许可以轻易地把密苏里州法院对谢利案中的限制性不动产契约条款的支持，解读为对种族限制的一系列不寻常的举措，而此类举措原本在法律上缺乏充分的正当性。[86] 但这种解读仅限于谢利案的事实本身——特定案件中，在合法性上存在瑕疵的不动产契约，与极度倾向于宽待上述不动产契约的州最高法院的结

---

[82] Kraemer v. Shelly，355 Mo. 814，198 S. W. 2d 679，683 (1946).

[83] Id. at 681 - 82.

[84] Id. at 682.

[85] 当时 California 的案件将此类问题作为事实问题，因而通常分配给初审法院；see, e. g. Stone v. Jones，66 Cal. App. 2d 264，152 P. 2d 19，22 - 23 (1944) （支持了初审法院的认定，即最初不动产契约缔约人的意图是，仅在一定数量的所有权人签署同意之后，它才发生效力）。

[86] Cf. Corrigan v. Buckley，271 U. S. 323，331 - 32 (1926) （如果如此的专断与悖法"仅仅是毁灭证据（spoilation）"，那么其他任何裁决都称不上是违反正当程序规则）。

合。当然，鉴于居民协议的广泛使用，以及其中大量的违规行为，谢利案中不动产契约的瑕疵并非其独有。即使如此狭义地理解谢利案——即州法院必须将更多的一般不动产契约法的严格规则适用于种族限制性不动产契约条款——也可能毁灭大量的种族限制性不动产契约条款，尤其是居民创设的此类契约条款。但这种进路无法触及其他的种族限制性不动产契约条款，即由开发商主导、注意到一般不动产契约规则之细节的限制性不动产契约条款。随着战后莱维顿这样巨型郊野社区的发展，无形式瑕疵的种族限制性不动产契约条款很容易快速散播到大量的新型社区。

谢利案是被乔治·沃恩（George Vaughn）推到联邦最高法院的，他是圣路易斯一位有些特立独行的律师[87]；其他全美有色人种协进会的律师对此案并不在意，也许他们认为，颇有争议的拉巴迪大街居民种族限制性不动产契约条款，只会促使联邦最高普通法院以程序技术性理由作出判决，正如它在 1940 年芝加哥汉斯巴里诉李案（Hansberry v. Lee）中所做的一样。[88] 为了增加使法院面对种族限制性不动产契约条款所存在的宪法问题的几率，底特律的全美有色人种协进会还就赛普斯诉麦吉案提出调卷令（certiorari）申请。

尽管联邦最高法院所有的讨论都针对谢利案，但赛普斯案也在同一判决中被裁决。但赛普斯案所涉不动产契约条款比谢利案的争点为少，虽然还没有到开发商创设的种族限制性不动产契约条款那么规整的程度。[89] 赛普斯案所涉的不动产契约也由居民创设，但与谢利案不同，它的文义中明确记载，只有在所涉地区获得超过 80% 所有权人的签名后，不动产契约才发生效力。并且，尽管该协议并未成为不动产转让协议的内容，但于 1935 年被登记，且麦吉 1944 年获得的契据中提示了“被登记的限制”。事实通知问题在此案中并无意义，因为麦吉确实知道该地区的财产受有限制。关于协议的签名有一些技术性问题，但这些问题基于州法的先例被裁决。

因而，在赛普斯案中，很难仅仅将对种族限制性不动产契约条款的司法强制，从普通的私法问题转变为因法院越权而产生的司法上的“州行为”。那么，为什么司法强制此类表面看来具有私法属性、而且是相对常规的限制，可以构成“州行为”？谢利案似乎仅仅是声明对不动产契约条款的司法强制构成“州行为”；但这又会引发下述问题，即将所有诉诸法院的私人争议都转化为宪法问题。无论如此，至少还有

⑧⑦　Vose，supra note 1，at 157，159－60；Tushnet，supra note 8，at 90－91.

⑧⑧　311 U. S. 32 (1940).

⑧⑨　McGhee 的律师确实曾以技术性的横向相关性作为论据——例如，被限制的财产，与开发商主导的限制不同，从未成为共同所有权（common ownership）的内容；see Vose，supra note 1，at 135。

另外两项将对种族限制性不动产契约条款的司法强制称为"州行为"的合理化可能。其中一项为全美有色人种协进会的律师所强力支持，另一项则不是。

（二）以私人执行政府职能（Private Takeover）解释"州行为"

另一个对"州行为"难题可能的解答，来自于另一个有关种族歧视的同时代案件。谢利案被认为与当时的"白人预选"（white primary）判例相悖，在这些案件中，联邦最高法院判决，表面看来具有私法属性的政治团体的选举可构成"州行为"，因为这个群体的选择是州选举程序的一部分。[90] 在准备谢利案的过程中，全美有色人种协进会律师的策略，是将此案解释为存在类似的私人执行政府职能的行为；他们计划引用大量涌现的社会文献，论证种族限制性不动产契约条款不仅广泛存在，损害了少数人种的利益，并据以分析种族限制性不动产契约条款与 30 年前已被布坎南案中被废止的居所隔离具有实质相似性。[91] 这些相关的论证指示了一条与完全白人预选判例相似的进路：在种族限制性不动产契约条款中，表面上的私法团体——社区改善联合会、不动产委员会与大地产商——也实际上执行了政府职能，并利用法院强制实质上的居所隔离。

正如谢利案发生的城市、圣路易斯的情况所充分显示的，对种族限制性不动产契约条款观念而言，上述解释进路绝不牵强。圣路易斯的不动产交易所（Real Estate Exchange）公开地与该市不计其数的"社区改善联合会"在广泛适用不动产契约条款进行种族隔离方面进行合作。[92] 事实上，正是广泛性导致种族限制性不动产契约条款如此具有破坏性。小规模的种族限制性不动产契约条款可能造成困扰与不便，但不至于对非裔美国人的居住机会构成实质限制。但种族限制性不动产契约条款的广泛扩散，却以与一般美国人对财产法上不动产自由转让的期待相背离的方式，对非裔美国人的居住机会构成威胁。1944 年的《财产法重述》确实认为种族限制性不动产契约条款在法律上可以成立，但该重述同样承认（相当迂回地）上述观点与适用于大多数人的财产转让不受限制的

---

[90] Smith v. Allwright，321 U. S. 649 (1944)；see also Terry v. Adamas，345 U. S. 461 (1953)（击败了"Jaybrid Democartic Association"的选举权种族隔离，因为它是歧视性团体的选举组织，选举的代表不生效力）。上述两个案件的裁决理由都是宪法第十五修正案。

[91] See Vose, supra note 1, at 151 - 52（描述了 NAACP 将此案推向联邦最高法院的策略）。

[92] Vose, supra note 1, at 106 - 107. George Vaughn 在 Shelley 案的诉讼摘要中论证道，该交易所参与共谋剥夺他的委托人的市民权；Karemer v. Shelly，335 Mo. 814，198 S. W. 2d 679 (1946)。

一般法政策相悖。(93) 广泛性与不可避免性——这是造成种族限制性不动产契约条款与私人执行政府职能具有相似的因素；其中，表面上的私人严肃地利用法院对少数人种造成不利。

（三）以实施习惯法（Custom）解释“州行为”

对谢利案中“州行为”难题的最后一种解释可能，在有关谢利案的文献中，目前的研究并不多，如果有的话。但该进路是所有解释可能中触及财产法根本问题最深的一种。该解释涉及法官对惯例的实施。

该进路始于谢利案的背景理论：联邦最高法院在谢利案中并没有推翻其先例科里根诉巴克利案，在该案中联邦最高法院支持了1926年华盛顿的种族限制性不动产契约条款。正如法院在谢利案中所正确指出的，这两个案件并不相同，因为科里根案发生在哥伦比亚特区，因而不能适用《联邦宪法第十四修正案》的“州行为”规范。(94) 但上述区分并不适用于赫德诉霍奇案（Hurd v. Hodge），发生在华盛顿与谢利案一并审理的合并案件；此案中，法院确实否定了华盛顿的种族限制性不动产契约条款，但同样没有推翻科里根案。(95)

那么，谢利案、赫德案到底与之前的科里根案有何不同？在谢利案与赫德案中，法院都艰难地论证，科里根案中的限制并非不法，只要它们源自单纯的自愿遵守，而未借助法院的强制。但下述这段文字更早地注意到了它们之间更有说服力的区别：科里根案实际上根本不涉及随土地流转的不动产契约条款。科里根案所涉的只是不动产契约最初签署人互相之间的承诺，而非嗣后取得财产的后手权利人的义务，后者的义务，如果有的话，仅仅来自土地所有权而非私人间的协议。简而言之，科里根案是关于契约的案件，而谢利案、赛普斯案与赫德案都是关于财产的案件——即使在这些案件以及其他有关种族限制性不动产契约条款的案件中，法院都忽视了这两种法律之间的区别。(96)

为什么种族限制性不动产契约条款是财产法问题而非契约问题非常关键？其中缘由与法院在不同的限制性理论中，无论是“横向相关性”、“指向并关涉”理论，还是“情势变更”的衡平法理论，考虑土地价值与

---

(93) Restatement of Property，supra note 60，at 2406－2408，2410－2412.

(94) Shelly v. Kraemer，334 U. S. 1，8－9 (1948).

(95) Hurd v. Hodge，334 U. S. 24，29－30 (1948).

(96) See，Kraemer v. Shelly，198 S. W. 2d at 683（将不动产契约项下当事人的权利作为“契约”问题）；Spies v. McGhee，25 N. W. 2d at 643 (same)；Hurd v. Hodge，162 F. 2d at 234 (same)；see also，e. g.，Mays v. Burgess，147 F. 2d 869，871 (D. C. Cir. 1945) (same)；Burhardt v. Lofton，63 Cal. App. 2d 230，146 P. 2d 720，724 (same)；不同观点可参见 Mays，at 875－76 (Edgerton，diss.)（注意到契约与不动产契约的区别）。

土地相关性的原因有关。我们从当代学者的论述中得知，这些限制性理论以非常重要的方式为不动产市场服务。一方面，它们确实允许有价值的土地使用私人安排"捆绑"于土地，免受将来买受人的逃避或进行战略性谈判的威胁。但另一方面，这些限制性理论也对这些安排作出限制，以减少未来买受人负担不可期待的不动产契约义务的可能；这些理论通过否定仅反映了早期所有权人特定意愿的不动产契约的效力，来降低买受人与出卖人的交易成本；以相同的方式，这些理论也降低了第三方在不动产市场上的检索成本，因为第三方不必负担检索非常规限制的义务，即土地所有权人通常可能的协议安排之外的限制。[97]

请注意这些土地价值方面的考量造成的契约法与财产法——这里的财产法，指可以随土地流转至后手土地买受人的不动产契约权利与义务——的区别。如果法院只是在缔约人之间强制执行契约，那么法院不必考虑世上的其他大多数人是否希望有同样的安排；缔约当事人自己明确表达了自己的意愿。但如果法院认为不动产契约条款作为财产的一部分"流转至"后手买受人，则隐含了对土地所有权人在拥有土地所有权时一般都会愿意期待并对其进行估值的因素的假设。[98] 这些后手当事人并未明示他们的意愿；其间的问题毋宁是，他们是否受前手所有权人的意愿约束。根据不动产契约规则的限制性理论，当法院将此类先前设定的不动产契约条款施加于后手土地所有权人时，法院一定明确或默示地推定，大多数人处于相同处境时会认为该限制性不动产契约条款具有价值。

如果在种族限制性契约条款的背景下考虑到上述解释性事实，那么法院作为一般事实的推定，即财产的后手买受人会认为此类限制有价值，并可期待在任何财产上都能发现此类限制，是否正确？事实上，答案很可能是"肯定的"，考虑到白人买受人，上述推定可能确实没错。但即使只是针对白人买受人（而忽视其他所有人）为此推定，法院也必须承认并强制执行广泛的种族歧视性习惯法规范。正如上文所述，在密歇根州第一个主要的种族限制性不动产契约条款案中，非裔美国人买受人辩称，法院如果支持此类不动产契约，无异于仅仅因为他的人种就将他等同于一种妨害。[99] 无论白人土地所有权人多么反感他们的少数人种

⑨⑦　Merrill & Smith, supra note 47, at 3 - 4, 25 - 27, 33 - 34（概述了财产法的限制形式及其对第三方检索成本的特别影响）；Rose, supra note 47, at 213 - 15（概述了不动产契约规则与其他财产法规则中之限制性理论的理由）。

⑨⑧　甚至在州法院最早的种族限制性不动产契约条款案中这一点也得到确认：Queensborough Land Co. v. Cazeaux, 136 La. 724, 67 So. 641, 643（1915）（提示转让的条件只有在基于"实质合理性"而非仅是"突发奇想"时才为有效）；Monchow, supra note 28, at 17；Merrill & Smith, supra note 47, at 17。

⑨⑨　Parmalee v. Morris, 218 Mich. 625, 188 N. W. 330, 332（1922）。

邻居——也无论他们在多大程度上认为其他白人也反感少数人种的邻居——排除妨害法从未承认此类歧视性的习惯法规范，在不动产契约规则中也不必承认它们。

据此，法院对种族限制性不动产契约条款的强制，就不是简单地强制执行“私人契约”，即使该术语在此类案件中频繁出现。相反，法院强制执行的是不动产契约，是财产法上永续存在的义务，藉此，法院无异于为精密设置且广为人知的针对少数人种的歧视性习惯法规范做了背书。(100) 而且，其他有关《联邦宪法第十四修正案》的理论使下述论断广为人知，对习惯法的强制执行是“州行为”。谢利案中引用了这一点，并且在当时并无争议。(101)

但更深层次的问题是，为什么习惯法本身可以被视为“州行为”。没有公权力因素制定习惯法；为什么可将其视为如同为公权力所制定？于此，现代学者的论述可提供帮助。我们从当代关于社会规范的解释中得知，社会规范与习惯法传播范围极广，其效力之强相当于具有法的实践效力，或者它们甚至可能居于形式法之上。(102) 伴随着司法确认，这些规范成为法，无论在形式法还是非形式法的意义上。(103)

考虑到不动产契约规则、土地价值与习惯法之间的相互关系，我们可以将谢利案的标语“作为州行为的司法强制”理解为与财产法密切相关，并且与财产法对下述原则的坚持有关，即所有权的权利与义务仅限于可期待的模式——相对简明且受限制，并且法院可以其对土地所有权人具有并非个别化的利益而将其正当化。种族限制性不动产契约条款意图课予将来的所有权人以义务，而这些义务完全无关于不动产契约适用的通常的土地使用惯例——妨害防止，或维护庭院，或标示控制，或其他任何买受人通常可期待并对社区规划具有价值的因素。种族限制性不动产契约条款无关于占用人对土地的使用，而是占有人本身，它们的价值立基于针对占用人的文化上与习惯法上的偏见。谢利案之后，美国人再也不能利用法院去加强此类惯例与偏见。

---

(100) Cf. Barrows v. Jackson，346 U.S. 249 (1953)，此案中法院拒绝了要求白人出卖人进行损害赔偿的种族限制性不动产契约条款的强制执行。乍看之下，这似乎是一个契约案件，因为被告是居民协议最初的缔约人；但此案中的“财产法”因素存在于原告方：请求强制执行的其中一位原告是“受益”财产的后手买受人；346 U.S. at 252，n. 1. Vose确曾指出，维护后手所有权人请求强制执行的权利是有关业主协会的重大问题，显然是因为他们理解，除非后手权利人与最初缔约方一样对种族限制性不动产契约条款具有利益，否则他们不能申请强制执行。See Vose，supra note 1，at 233，243.

(101) Shelley，at 14 (citing Civil Rights Cases，109 U.S. 3，11，17 (1883)).

(102) Robert C. Ellickson，Order Without Law：How Neighbors Settle Disputes 52-62 (1991).

(103) See，e.g. Ghen v. Rich，8 F. 159 (D.C. Mass. 1881)（尽管与普通法规则相悖，仍然采纳了关于动物所有权的捕鲸者行业规范）。

八、余 论

就实际影响而言，谢利案无疑是接下来的几十年使众多市区社区向少数人种买受人与居民开放的众多因素之一，尽管可能白人的城郊化更为根本。[104] 更难改变的，是不同种族群体之间的隔离方式。于此，谢利案的影响有限。该案当然没有影响不动产评估机构的观点，它们仍然认为种族融合对于住宅的价格不利，也没有影响不动产经纪人的观点，他们仍旧根据人种"引导"顾客。[105] 事实上，理查德·布鲁克斯（Richard Brooks）即指出，即使在谢利案之后，种族限制性不动产契约条款仍然有其作用；尽管它们不再能被法院强制执行，它们仍然向不动产经纪人与贷款人指示了社区的倾向。[106] 甚至在 1968 年的《房屋平权法（Fair Housing Act）》最终将不动产经纪人的种族引导"伦理"定性为不法之后，居所限制仍然存在。尽管有此法律，仍然有大量的证据显示，这样或那样的非法歧视性不动产惯例仍然存在。[107]

驱动当代种族隔离的因素，似乎是歧视性规范的继续，虽然与 20 世纪早期种族隔离主义者的规范相比相对微弱。托马斯·谢林（Thomas Schelling）曾指出，即使是希望与自己同人种的族群居住在一起的相对温和的倾向，也可能导致完全的隔离。如果每一个人都说，"我愿意住在多人种的社区，只要大多数居民与我的人种相同"，就不会存在多人种社区。[108]

上述态度很难被学术界所谓的"规范冒险"所挑战，在本案中，一些勇敢的人努力尝试新的规则解释模式。[109] 暴力，这一残留的种族隔离的强制方式，也许并不遥远，它是遏制改变的危险因素。而在使用暴力

---

[104] See Douglas v. Massey & Nancy A. Denton, American Apartheid: Segregation and the Making of the Underclass 45 - 46 (1993)（描述了城区少数人种居民的增加，以及与之相伴的白人的城郊化；Hirsch, supra note 46, at 28 - 30, 在 Chicago 亦同，未将种族限制性不动产契约条款作为主要因素）。

[105] Davis McEntire, Residence and Race: Final and Comprehensive Report to the Commission on Race and Housing 238 - 40 (1960); Rose Helper, Racial Policies and Practices of Real Estate Brokers 42 - 46, 117 - 23, 195 - 217 (1969). 关于隔离的继续请参见 Massey & Denton, supra note 104, at 47。

[106] Richard R. W. Brooks, Covenants and Conventions 12 (draft on file with the author, 2002).

[107] See Sheryll D. Cashin, "Middle-Class Black Suburbs and the State of Integration: a Post-Integrationist Vision for Metropolitian America", 86 *Cornell L. Rev.* 729, 744 (2001), 以及该文所引用的文献（注意到住房市场种族歧视的持续）。

[108] Thomas C. Schelling, Micromotives and Macrobehavior 140 - 55 (1978); see also Cashin, supra note 107, at 737, 768（注意到大多数人的倾向，尤其是在白人之间，也逐渐关注到非裔美国人）。

[109] See Cass R. Sunstein On the Expressive Function of Law, 144 U. Pa. L. Rev. 2021, 2030 - 2031, 2043 (1996) （注意到"规范冒险"对改变性别与种族规范发挥的作用，但也强调了法律支持的重要性）。

的意愿背后，也许又是种族隔离的瑕疵规范，但该瑕疵规范却极有力地防止了社区变迁。大多数居民担心少数人种搬入社区，不仅仅是因为他们自己的偏见，还因为他们对其他人的偏见的评价。如果他们相信大多数其他人也会拒绝与少数人种共享社区，那么他们将不会迈出种族融合的第一步，因为他们认为这一步会导致最重要的经济资产（即住宅）贬值。对其他人的偏好的确信，是反对改变的关键因素——在最严重的情形下，包括默许暴力以"保护"他们的社区。[⑩]

尽管存在上述令人沮丧的故事，谢利案发生后的半个世纪还是给了我们一些可以期盼的希望。研究显示，种族融合最大的障碍——即居所隔离——20世纪90年代以来开始了一些缓慢的进步。这一进步，部分是因为少数人种搬至城郊，曾经有观点认为，在城郊，种族限制性不动产契约条款可能协助防止城郊的大门向他们打开。[⑪] 如果不考虑其他因素，谢利案在第二次世界大战后的关键时刻防止了这些隔离，并在此意义上协助推进了迟疑的、但我们希望是持续的向种族正义发展的进程。

通过财产法的透视镜，可以在种族限制性不动产契约条款中发现一些最令人不快且狭隘的财产法因素——藉此，即使是稀疏的偏见，也在社区广泛传播，或者仅仅是相信它被广泛传播，即可排除、侮辱甚至严重伤害被认为的外来者。而且可以在谢利案中发现，尽管晦涩难懂，财产法中的一些最本质的因素：你可以拥有财产，使用它，以你喜欢的方式处分它，包括为其设定令人厌烦的条件——只要这些条件可以使所涉财产的整体价值提升。你不能设定的条件，是不能仅仅因为人种，即令其他人不能拥有或使用财产，并且以其喜欢的方式处分它。

⑩　See，e. g. Charles Abrams，Forbidden Neighbors：A Study of Prejudice in Housing 108（1955）（引述了 Cook County 暴力事件中的影响因素之一：担心财产价值的减损）；see also Laurenti，supra note 57，at 5（请注意担心财产价值减损是反对种族融合中最常被引用的原因）。

⑪　See Cashin，supra note 107，at 738 - 39（注意到市区种族隔离的缓和，尽管将其描述为"并不显著"）。

第 9 章

土地交易流程概览：保护土地权利（A Short Course in Land Transactions：Protecting Title to Land），布朗诉洛伯案（Brown v. Lober，389 N. E. 2d 1188，Ill. 1979）

彼得·萨尔西驰 （Peter Salsich）

■ 引 言

　　人们基于各种各样的理由购买土地：作为住宅，开发用作商业中心，在农场养牛或种庄稼，从地底开采煤矿或石油，作为退休的储备金。这个列表可以无限长，但大多数情形都是基于长期使用的目的。基于土地的永续性，以及非限嗣继承地产（fee simple estate）潜在的无限期性，对于土地所有权人以及将来买受人而言，特定地块上的所有权历史，以及对其使用、收益或让与的任何限制，都极为重要。

　　美国的法律体系发展出三种确认并保护土地产权的技术：（1）土地买卖契约中默示包含的，以及瑕疵担保契据（warranty deeds）中明示包含的普通法上的所有权担保条款（covenants of title）；（2）不动产公共登记法（public land recording acts）；（3）产权保险（title insurance）。这些技术的产生有先后。所有权担保条款在英国的普通法中得以确立。登记法由各州于19世纪颁行。产权保险则产生于20世纪。但它们都是美国土地买卖程序中的重要因素。普通法上的所有权担保条款不仅包含在土地买卖契约中，也包含在出卖人为买受人出示的作为所有权让与证据的契据之中。契据被登记在土地公共登记簿，以公示所有权让与。买受人与贷款人购买产权保险，为在公共登记簿中检索权利的人可能发生的错误提供保险。

　　与所有人为设计的制度一样，土地的商业交易体系也并不完美。错误时有发生。买受人获得契据之后并未进行登记，或者在支付价金并受领契据之时并没有认真检索登记簿，以至于没有发现相反利益（adverse interests）。因为疏忽或基于诈欺，所有权人将相同的或相竞争的利益出卖给数个买受人。买受人拒绝或忘记购买产权保险。产权保险公司没有发现公共登记簿中的相反利益。受损害的当事人可能向法院寻求救济，可能获得损害赔偿，或者在某些案件中获得实际履行（specific performance）的救济，因为在普通法观念中每一个地块都是特定物。①

　　1979年，伊利诺伊州（Illinois）最高法院判决的案件布朗诉洛伯案②，展示了所有权担保条款与土地公共登记簿体系。它还显示了不动产投资的长期属性，以及所有权人与买受人为了保护他们对土地的权益

---

　　① 例如，特定履行经常被作为违反土地转让契约的救济，因为土地是特定物。5A Corbin on Contracts § 1143 (1964).

　　② 75 Ill. 2d 547, 27 Ill. Dec. 780, 389 N. E. 2d 1188 (1979).

而应负担的责任。最后，它也提供了一种检验交易性争议的解决途径，以及为土地的出卖人与买受人提供服务的专业人士应当承担的责任，如律师、产权检验人（title examiners），以及不动产经纪人。

■ 一、所有权保护简史

罗纳德·沃尔克默（Ronald Volkmer）教授在他讨论土地让与契据的文章中指出[3]，当代所有权担保条款在中世纪的前身是瑕疵担保条款。在此条款中，"不动产立契让与人（grantor），代表他自己及其继承人，向受让人担保并保证让与的不动产之产权"[4]。当代瑕疵担保契据中的所有权担保条款是让与人作出的明确承诺。传统上，该条款有六项内容：（1）占有（seisin）；（2）处分权；（3）不存在土地负担（encumbrances）；（4）无滋扰享用（quiet enjoyment）；（5）其他的不动产转让证书（assurances）；以及（6）瑕疵担保（warranty）。[5] 有些州颁行了法律，通过使用诸如"不动产立契让与（grant）"这样的术语特定化契据中默示的特别条款。例如，伊利诺伊州法律规定，非限嗣继承地产让与中使用下述语词，如"grant"、"bargain"或"sell"，即"相当于加入明示条款"，向受让人及其继承人以及其他法律上的代表担保，让与人是非限嗣继承地产之无疑义的所有权人；并且受让人可以从让与人及其继承人与权利继受人处获得"无滋扰享用"，除非在转让文件中明确地予以限制。这些成文法规范允许这些条款像明示条款一样被强制执行。[6]

在土地公共登记簿中登记所有权文件的实践，可追溯至《使用权法（Statue of Uses）》（1536年），及其以书面文件代替授封（feoffments）作为土地让与证据的改进。登记代替了授封土地的公开仪式。[7] 正如约翰·麦科马克（John McCormack）教授所注意到的，在17世纪中期，马萨诸塞湾殖民地（Massachusetts Bay Colony）启动的一项登记体系，

---

③　Ronald R. Volkmer, Transfers by Deed, in 9 Thompson on Real Property, Thomas Edition, §§ 820.07 (b) &. 82.10 (a) (Thomas ed. 1994), citing 2 Edward Coke, Institutes of the Law of England; or a Commentary Upon Littelton, chapter 13 (1st Am. Ed. , from the 19th London ed. , Charles Butler ed. 1853); 2 William Blackstone, Commentaries on the Law of England *300 - 03 (1765); IV James Kent, Commentaries on American Law Part VI-Lecture LXVI at 458 (1830) . See also William B. Stoebuck &. Dale A. Whitman, The Law of Property, 3d, §§ 11.1&.11.13 (2000).

④　Volkmer, supra note 3, at 316, quoting Blackstone, supra note 3, at *242.

⑤　Volkmer, supra note 3, at 353.

⑥　Ill. Comp. Stat. 765 § 518 (2000).

⑦　Francis S. Philbrick, "Limits of Record Search and Therefore of Notice", 93 *U. PA. L. REV.* 125, 137 - 38 (1944).

已经包含了当代美国登记体系所有的五个要素：（1）登记会影响被指定的受让人的法律优先权；（2）但并非让与的效力后果；（3）文本整体都被记录，而非其摘要或备忘；（4）负责登记的政府机构并不评定或担保所登记文件的合法性；并且（5）在登记之前，文件必须有签名，且被公共机构公证。[⑧] 19 世纪，该体系在全美范围内广泛传播，且得到英国法律改革的推动，尤其是不动产委员会（Real Property Commissioners）所做的四个报告中的第二个，推荐建立公共的土地登记机构。[⑨] 不动产登记法背后的意旨是保护自护者：（1）登记了自己的财产权益的土地所有权人；（2）在受领所有权之前检索公共记录的值得保护的买受人。生效的成文法有三种类型：登记在先权利优先法（*race* statute），善意买主权利优先法（*notice* statue）与善意登记权利优先法（*race-notice* statue）。根据登记在先权利优先法，在任何关于所有权的争议中，最先登记的人权利优先。只有两个州，北卡罗来纳州与路易斯安那州基本采纳了登记在先权利优先法。[⑩] 而根据善意买主权利优先法，支付价金且未获得关于在先权利通知的人优先于在先权利人。大约有一半的州采纳了此规则。[⑪] 而根据在剩余的州适用的善意登记权利优先法，满足善意买主权利优先法规则之人（支付价金且未获得关于在先未登记权利的通知）还必须在未登记的在先权利登记之前进行登记，才能在任何争议中都优先于在先权利人。[⑫]

---

⑧ John L. McCormack, Recording, Registration, and Search of Titel, in 11 Thompson on Real Property § 92. 02 (1994), citing George L. Haskins, "The Beginnings of the Recording System in Massachusetts", 21 *B. U. L. Rev.* 1 (1948). See also A. W. B. Simpson, A History of the Land Law, 2d 280 (1986) ("在政府机构、联邦或当地的登记机构登记所有的让与或创设财产权益的交易之观念，有很长的历史")。

⑨ Simpson, supra note 8, at 280. 这里所使用的术语 "registration" 意指 recording. 另一种土地登记的可能体系，由 Sir Robert Torrens 于 1857 年在 South Australia 创设，在政府机构收到并公开登记契据或其他产权文件之后，所有权的让与才完成。Id. at 281 - 282. 九个州采纳了 Torrens 的体系，Colorado, Georgia, Hawaii, Massachusetts, Minnesota, North Carolina, Ohio, Virginia, 以及 Washington, Guam 与 Puerto Rico. Stoebuck & Whitman, supra note 3, at 923. 讽刺的是，Real Property Commissioners 建议的登记体系并没有被采纳。英国在 1897 年 Land Transfer Act 中采纳类似 Torrens 的产区登记体系之前，经过了数年的争论。A. W. B. Simpson 也反对 "律师以及他们的律师事务所" 的改革建议。他认为 "专业律师推动的法律改革不大可能表达极端的观点；极端的律师这一概念几乎无法理解"。Simpson, supra note 8, at 283. George Eloit 著名的小说 Middlemarch 中的故事情节，即以 Real Property Commissioner 的工作为中心。

⑩ N. C. Gen. Stat. § 47 - 18；La. Rev. Stat. Ann. § 272. See also Stoebuck & Whitman, supra note 3, at 873 (将 North Carolina 作为适用登记在先权利优先法的司法管辖区)；Department of Transp. v. Humphries, 496 S. E. 2d 563 (N. C. 1998)。

⑪ McCormack, supra note 8, at § 92. 13 (b), 注意到很多善意买主权利优先法的颁行都是为了回应法院判决拒绝支持登记在先权利优先法之下登记顺位优先之人的请求，如果他们知道存在在先的未登记权利。

⑫ Id. at § 92. 13 (c), 引用了 25 个州的成文法，包括 California, Colorado, Georgia, Illinois, Michigan, New Jersey, New York 与 Pennsylvania. Stoebuck & Whitman, supra note 3, at 873, n. 13, 评论道，很难对这些成文法进行分类。在 1984 年的修订明确声明 "这是一部善意登记权利优先法" 之前，Colorado 的法律最受争议。Id.

产权保险已经成为当代保护产权的主要方法。[13] 产权保险公司提供服务与承诺。"服务"是检索土地公共登记簿以查实并描述特定地块上的权利状况。"承诺"是为产权检验人的所有错误负责。产权检验可以采取两种方式：(1) 在市镇法院（county courthouse）的公共登记簿中进行实际检索，或者 (2) 检索商业公司收集整理的登记簿摘要。当下大多数产权公司都有自己的产权登记簿，被称为"产权谱册（title plants）"，以摘要索引的方式编辑，列出了与特定地块有关的所有财产权益。产权保险与一般的机动车保险、火险不同。它并不为产权瑕疵提供保险。而毋宁是为产权检验人未发现产权瑕疵提供保险。

土地公共登记簿体系与产权保险程序并非完美无缺。常常会出现错误。两个体系都有其缺陷。因此，普通法上的所有权担保条款是"修补登记体系瑕疵的创可贴"[14]。

二、布朗诉洛伯案：当事人与争点

1979 年，伊利诺伊州最高法院判决的布朗诉洛伯案[15]，展示了所有权担保条款在当代土地交易体系中的作用与局限性。布朗案中，原告方是詹姆斯·布朗与多利·布朗（James and Dolly Brown），他们是伊利诺伊州南部一个 80 英亩大地块的所有权人。被告方是 20 年前将该地块卖给布朗夫妇的出卖人之一的遗嘱执行人莫林·洛伯（Maureen Lober）。1957 年，布朗夫妇受领该地块时，他们从出卖人威廉·博斯特与费斯·博斯特（William and Faith Bost）处，二人是共有人（joint tenants），获得了法定担保契据（statutory warranty deed），其中不包含任何权利限制。当时伊利诺伊州的成文法规定[16]，任何契据都应符合该法所规定的形式，在让与非限嗣继承地产时应满足该法规定的要件，且附有三个特别条款。根据该法之规定，转让非限嗣继承地产的不动产立契让与人必须承诺：

(1) 在作成与交付契据时，他合法且无疑义地以非限嗣继承地

---

⑬　See generally D. Barlow Burke, Jr., "Law of Title Insurance (1986), with annual supplements; John L. McCormack, Title Insurance", 11 *Thompson on Real Property*, ch. 93 (1994); Joyce D. Palomar, "Bank Control of Title Insurance Companies: Perils to the Public that Bank Regulations Have Ignored", 44 *SW. L. J.* 905 (1990); Quintin Johnstone, "Title Insurance", 66 *Yale L. J.* 492 (1957).

⑭　Gerald Korngold & Paul Goldstein, Real Estate Transactions 60 (Teacher's Guide, 4th ed. 2002).

⑮　75 Ill. 2d 547, 27 Ill. Dec. 780, 389 N. E. 2d 1188 (1979).

⑯　Ill. Rev. Stat. 30 § 8. 该法所规定的担保条款仍未废止。765 Ill. Comp. Stat. 5/9 (2000).

产权的形式占有所涉地块，且对其享有完全的处分权；

（2）该地块上不存在土地负担；并且

（3）他向受让人担保，他的继承人与权利继受人保证受让人无滋扰地享用该地块，并对此地块提出权利请求的任何人进行抗辩。

该规范第 1 项的规定与普通法上的占有与处分权条款要求一致。第 2 项则表达了普通法上保证不存在土地负担的条款，第 3 项相当于普通法上无滋扰享用之条款。

虽然本案中的契据显示，让与人以非限嗣继承地产权的形式转让该地块，但实际上，该地块权利链条中的一个在先让与人于 1947 年保留了矿藏权（mineral rights）之 2/3 的收益权。[17] 1957 年 12 月 21 日，布朗夫妇取得财产所有权时，对该权利保留并不知情。案情陈述显示，买受人（布朗夫妇）先后于 1958 年与 1968 年为贷款目的两次检索了权利摘要。但没有证据显示他们是否于 1957 年获得契据之前检索过权利摘要。

被告莫林·洛伯是出卖人之一费斯·博斯特的遗嘱执行人，后者于 1974 年 12 月 21 日去世。在 2002 年 5 月的一次采访中，洛伯女士暗示，她不知道为什么会发生这个问题，但她推测是因为在检索权利状况时，律师没有发现矿藏权的保留。洛伯女士解释道，本案所涉交易所处的年代（20 世纪 50 至 70 年代），在伊利诺伊州南部，以及全美的很多其他地区，尤其是农村地区，检索不动产权利状况的标准方式，通常是由买受人聘用的律师查询土地登记簿，并制作与该地块有关的权利概况与摘要。之后，买受人的律师会以权利概况与摘要为依据，作成一份关于该地块之权利品质的意见书。

布朗案所涉的登记没有显示，在布朗夫妇购买该财产之前是否有过通常的权利检索程序。无论发生了何种类型的检索，布朗夫妇受领的契据中都没有证据显示，矿藏权不随土地所有权的移转而移转。1976 年，布朗夫妇发现他们 1974 年授予一家煤矿公司的采矿权（coal option）实际上只是 1/3 的采矿权。该案的争点终于暴露。1976 年，当该煤矿公司行使采矿权时，该公司仅支付了 2 000 美元，而非布朗夫妇期待获得的约定价款 6 000 美元。布朗夫妇受领了该 2 000 美元，然后针对威廉·博斯特与费斯·博斯特提出诉讼，诉请赔偿他们在采矿权合同项下遭受的损失 4 000 美元。洛伯女士，作为费斯·博斯特的遗嘱执行人，被追加为被告。

在采访中，洛伯女士说道，当时提出诉讼的律师现已过世，与她自孩童时期即相熟。她说，他提起诉讼之前没有告知她。她的声调表明，她没有想到，他会事先不与她联系。洛伯女士的律师事务所位于伊利诺

---

⑰　Brown v. Lober，63 Ill. App. 3d 727，20 Ill. Dec. 286，379 N. E. 2d 1354，1356 (1978).

伊州的里奇菲尔德（Litchfield），它是蒙哥马利镇（Montgomery County）的镇政府所在地，这是一个乡镇，2000 年时人口刚刚超过 3 万。[18]

该案中的争议地块位于密苏里州（Missouri）圣路易斯（St. Louis）东北部约 45 英里外，伊利诺伊州的小农场之中。该地块与滩溪路（Shoal Creek road）相邻，位于伊利诺伊州蒙哥马利镇格林森姆乡（Grisham Township）沃什维尔（Walshville）的正东方向。洛伯女士告诉笔者，博斯特先生曾经是一名奶农，后来才涉足不动产交易。她说，她相信 1957 年该地块被卖给詹姆斯·布朗与多利·布朗时，是博斯特先生起草了契据。[19] 契据中记载，该地块位于沃什维尔，但蒙哥马利镇 1966 年与 1967 年的地图册则显示该地块位于格林森姆乡。[20] 费斯·博斯特的不动产由洛伯女士受托管理，他曾是洛伯女士的初中数学老师。

▎三、被告洛伯初审胜诉

在初审中，洛伯女士成功地以《伊利诺伊州诉讼时效法（statute of limitations）》为书面契约规定的 10 年期间已经届满，对原告的请求作出了抗辩。[21] 原告的起诉书中并没有指名具体是哪项他们所信赖的所有权担保条款被违反，初审法院认为，只有现时的占有担保条款与处分权担保条款被违反。[22] 而他们所违反的现时的所有权担保条款，如果确实被违反的话，于 1957 年 12 月 21 日所有权让与时发生效力。因而于 1967 年 12 月 21 日即已完成诉讼时效，早于原告提起诉讼的时间 1976 年 5 月 25 日。

该案中较耐人寻味的一个因素是《诉讼时效法》、时效占有（adverse possession）概念与该案中所带出的法律理论问题的相互影响。伊利诺伊州有不同的涉及不动产的诉讼时效规则，规定了三种不同的时效期间。针对违反书面契约的起诉的诉讼时效期间是 10 年，请求返还土地的诉讼时效期间为 20 年。[23] 但因为对方违反附期限的不动产解除或终止条件（condition subsequent or termination）而请求返还土地，必须于诉

---

[18] U. S. Bureau of the Census, Table DP-1, Profile of General Demographic Characteristic：2000（Montgomery County，ILL.，CENSUS 2000）.

[19] 在 Litchfield 办公室对 Maureen Lober 的采访，Ill.（May 14, 2002）.

[20] Rockford Map Publishers, Tri-Annual Atlas & Plat Book：Montgomery County, Ill.（Rockford, Ill.，1966 & 1967）.

[21] Ill. Rev. Stat. 83 § 17（1975）（now at 735 Ill. Comp. Stat. 5/13－206（2000））.

[22] Brown, 379 N. E. 2d at 1356.

[23] Ill. Rev. Stat. 83 § 1（1975）（now at 735 Ill. Comp. Stat. 5/13－101（2000））.

因产生（accrual）的 7 年之内提起诉讼。[24] 据推测，伊利诺伊州立法机关在法政策上的考量是，与因对方违反不动产书面契约而遭受损害之人不同，被非法剥夺土地占有与用益之人，应当有两次诉讼机会，一次是发现非法占有剥夺，一次是请求返还土地。对于布朗案而言，能否适用 10 年的诉讼时效具有双重重要意义。 《反欺诈法（The Statue of Frauds）》要求所有不动产买卖契约必须采用书面形式，且经双方当事人签字。[25] 普通法上的吸收（merger）理论适用于商业不动产交易。如果没有证据证明当事人有意使契约承诺于不动产交割（closing）之后仍然存续，那么，以支付价金为对价的有关所有权品质的土地出卖契约中的承诺，即在土地交付时被瑕疵担保契据吸收。[26] 结果是，瑕疵担保契据中的所有权担保条款成为主要的所有权担保条款。

■ 四、上诉法院撤销初审判决

在上诉审中，原告方聚焦于保证不存在土地负担与无滋扰享用的条款。保证不存在土地负担的条款是"现时的"担保条款，而无滋扰享用条款则被称为"将来的"担保条款，因为，虽然后者在条款创设时即发生法律上的拘束力，但在某些"享有优先权（paramount title）之人剥夺占有（eviction）或干扰占有"之前，并不会"产生诉因"。若是已经被剥夺占有，就不必再证明对担保条款的违反，只有发生与实际占有剥夺"相当的行为"时，才须证明违反了担保条款。而《诉讼时效法》的时钟，直至因上述担保条款之一被违反从而"产生诉因"之时，才被激活。[27]

■ 五、确立的法律规则

该案中确立了以下法律规则。如果占有与处分权担保条款被违反的

---

[24] Ill. Rev. Stat. 83 § 1a & 1b（now at 735 Ill. Comp. Stat. 5/13‐102 &‐103（2000））.

[25] See, e. g., 740 Ill. Comp. Stat. 80/2（2000），（formerly Ill. Rev. Stat. 59 § 2（1975））.

[26] 吸收理论是普通法上的观念，假设交易最后的书面契约意在包括当事人所有的承诺与允诺。商业不动产交易传统上分为两个阶段：（1）达成买卖土地的契约；与（2）通过交付契据让与所有权作为支付价金的交换。契据被登记在公共登记簿中，但买卖契约通常并不登记。吸收理论的作用是为交易当事方的继受人或潜在继受人的期待设定限制。See, e. g., 6A Powell on Real Property 81‐297（1996）. See, e. g., also Paul Teich, "A Second Call for Abolition of the Rule of Merger by Deed", 71 *U. Det. Mercy L. Rev.* 543（1994）.

[27] Brown，379 N. E. 2d at 1357.

话，违反的时间是所有权让与之时。它们的诉讼时效期间自此开始起算。另一方面，无滋扰享用的担保条款则作用于未来。如果它被违反的话，违反的时间是所有权让与之后实际的或推定的占有剥夺之时。在布朗案中最早的时刻只能是 1976 年，用上诉法院的表述，即"布朗夫妇被迫交出担保标的之对价——潜在的煤矿收益——的三分之二"之时。㉘

上诉法院被说服且认为，无滋扰享用的担保条款是主导的担保条款。㉙该担保条款"包含了如下义务，担保人以及他的继承人、代理人，不得对所涉地产提出请求，并且有义务对优先权人的请求进行抗辩"㉚。该法院还指出，该担保条款适用于 80 英亩地块整体的非限嗣继承地产权，而非限于矿藏权益。出卖方没有让与完整的矿藏权益，构成对该担保条款的违反，但在违反行为被发现之时，即此案被诉至法院不久之前，诉讼时效才开始起算。

上诉法院还讨论了不存在土地负担的担保条款，法院认为，该条款"可适用于以下案件，因为土地负担、他人的请求或权利，在让与所有权或契据之时，出卖人并没有获得对土地的完全管领"㉛。保证不存在土地负担的条款是现时的担保条款，对它的违反行为，将导致相应的诉讼时效期间于所有权让与之时起算。但法院认为，如果对该担保条款的违反，将同时导致对无滋扰享用担保条款的违反，则应适用后者的诉讼时效，即使前者的诉讼时效期间已经届满。㉜

六、少数法官的反对意见

一项有力的法官反对意见，为洛伯女士决定是否向伊利诺伊州最高法院提起复审申请提供了鼓励。遍检伊利诺伊州的判例，很多 19 世纪的判例中，持异议的法官都会强调作用于现时的担保条款（占有与处分权担保条款）与作用于将来的担保条款（保证无滋扰享用的条款）之间的区别。该案中的法官反对意见强调，伊利诺伊州判例法中，必须存在"妨害或妨害威胁，以及对优先权的声明"，才构成违反无滋扰享用担保条款的推定占有剥夺。㉝

㉘ Id. at 1360.
㉙ 法院也讨论了瑕疵担保条款，并注意到此二者"在 Illinois 被视为等同"。Id.
㉚ Id.
㉛ Id. at 1362.
㉜ Id.
㉝ Brown，379 N. E. 2d at 1363.

在为维持初审法院的判决进行辩护时，持异议的法官强调，"此案中没有发生任何上述情形"[34]。没有剥夺原告方取得矿藏收益的行为，煤矿公司也没有声明对煤矿的优先权。他们所做的只是拒绝为他们认为原告并不享有的收益支付价金。[35] 该法官反对意见还强调，根据伊利诺伊州法，矿藏权可以与地表权相分离，并且，如果是二者分离的话，那么"对地表的占有并不意味着对矿藏的占有"。取得对矿藏的占有，需要作出将矿藏从地下移除的行为，或实施"其他可以告知社区，该项权益处于当事人的排他使用与用益之下的类似行为"[36]。在强调当事人双方都没有获得分离的矿藏权益，以及原告没有被剥夺任何权益的同时，提出异议的法官向多数意见法官提出一个假设性问题："假如从来没有人从系争地块开采或移除过煤矿呢？"在回答这个问题之时，该法官同时指出，这是"一种具决定性的可能"，异议法官认为，"在此情形下……原告方将永远不会被要求返还矿藏的三分之二收益，并且仍可受领被告被判决授予的 4 000 美元"[37]。

　　异议法官顺便提及，基于伊利诺伊州煤矿产业的发展状况，他的假设很有可能变为现实。尽管位于中西部农场地带且有世界"面包篮"的美誉，数年来伊利诺伊州却一直是重要的煤矿产地。最初，伊利诺伊州整个南部极度丰富的矿层在美国内战之后吸引了大量的煤矿开采公司[38]，因为该地煤矿的"高 BTU（英热单位，British Thermal Unit）率（每磅可以产生更多的热量）"[39]。在接下来将近一个世纪的时间里，产煤业在伊利诺伊州南部蓬勃发展。20 世纪 50 年代，也是本案所涉的交易发生的年代，伊利诺伊州是主要的煤矿产地。笔者在密苏里州圣路易斯西南近郊长大，现在仍生活在那里。孩童和青少年时期，笔者记得长达一英里的火车，有超过 100 节车厢，装满了从伊利诺伊州运往西方的煤矿，经过我们的社区。笔者曾经很好奇这些煤到底会被运往哪里。

　　然而，伊利诺伊州的煤硫含量也很高，在燃烧时会产生更多的有害物质。1970 年《空气净化法（Clean Air Act of 1970）》的通过[40]，标志着伊利诺伊州煤矿产业长期衰落的开端。虽然随着开采技术的进步，伊

---

[34]　Id.

[35]　Id.

[36]　Id. The dissent quoted at length from Scott v. Kirkendall, 88 Ill. 465, 466 - 469 (1878) and Barry v. Guild, 126 Ill. 439, 446, 18 N. E. 759, 761 (1888), Barry 案强调，"必须同时存在干扰行为与构成无滋扰享用担保条款违反行为的合法权利"。Id.（斜体为原文格式）。

[37]　Brown, supra note 15, at 1365.

[38]　例如，1887 年当地居民成立的 Litchfield Mining Company，1869 年 3 月 Litchfield city limits 从紧邻其东南部的煤矿中开采了第一批煤矿。See, e. g., http：//www. litchfield. il. us/ (last modified July 18, 2002).

[39]　Mike Vessell and C. Dennis Hoffman, Coal Mining in Illinois：See, e. g., ing Light at the End of the Tunnel, 2 (3) Ill. Labor Market Rev. (1996), http：//lmi. ides. state. il. us/lmr/article8. htm, (last updated May 1, 2002).

[40]　42 U. S. C. § 7401 et seq. (2000).

利诺伊州所产的煤更安全也更有效，但因其高度的硫含量，以及更严格的排放标准，也为客户带来了麻烦。西部各州的煤变得更为畅销，虽然它们的 BTU 率较低，但它们较低的硫含量使用户可以更经济的方式符合空气净化法的标准。为了符合环境标准必须支出的高额成本，导致伊利诺伊州的很多煤矿无法与西部各州的煤矿相竞争。1978 至 1996 年间，据估计，伊利诺伊州的 71 个煤矿中关闭了 50 个。该产业提供的工作岗位由 1.8 万减至 5 000 个。[41] 现在笔者经常见到的满载煤炭的 100 节车厢的火车，都途径笔者的社区开往东部。

■ 七、州最高法院撤销上诉法院的判决

当问到为什么决定就上诉法院的判决提出复审申请时，莫林·洛伯女士给出了两个理由：颇有说服力的法官反对意见，以及她对自己是正确的确信。"我想我一定很倔强"，她说道。[42] 洛伯女士得到了另一位来自伊利诺伊州雷蒙德（Raymond）的律师杰拉尔德·休伯（Gerald Huber）的帮助，并提出了复审申请，被伊利诺伊州最高法院受理。法院收到了案件摘要和初审法院的庭审记录。并没有进行口头审理。[43] 在三页半的简明裁决中，伊利诺伊州最高法院审理该案的法官一致决定，撤销上诉法院的判决，并维持初审法院的判决。[44] 与上诉法院异议法官所使用的 19 世纪的先例相同，该法院"拒绝将无滋扰享用担保条款的救济模式，扩张至明显可适用其他所有权担保条款的救济方式之处"[45]。对于原告方的困境，该法院几乎没有提供救济。虽然承认布朗夫妇自博斯特处受领契据时，占有担保条款即被违反，并且对矿藏权的保留应当予以登记，但法院注意到，原告方没有在 10 年的诉讼时效期间内提起诉讼。

> 可能的解释是，原告方在购买该地块时并没有获得产权评估意见，而嗣后贷款人的产权检验人也没有考虑到矿藏权。但是，原告方的失察，并不能为我们推翻之前的先例，以承认原告的诉因，提供正当化理由。[46]

该法院总结道，布朗夫妇发现他们并不享有对矿藏的全部权益，因

---

[41] Vessell & Hoffman, supra note 39.

[42] 对 Maureen Lober 的采访，supra note 19。

[43] Id.

[44] Brown v. Lober，75 Ill. 2d 547，27 Ill. Dec. 780，389 N. E. 2d 1188 (1979).

[45] Id. at 1193.

[46] Id.

而不得不修改与煤矿公司的契约这一"单纯事实",并不能满足违反无滋扰享用担保条款所要求具备的推定剥夺占有要件。[47]

八、土地交易流程概览

(一)让与过程的二分

布朗诉洛伯案显示了商业性不动产交易的流程概况。既显示了此类交易的契约与让与因素,也显示了权利移转过程的二分。在布朗案中,与典型的商业不动产交易类似,当事人首先达成买卖特定地块的契约。根据《反欺诈法》的规定,该契约采用了书面形式。[48] 在大多数情形下,买受人都打算贷款以支付约定的价金,并且需要时间进行贷款协商。贷款债权由买卖标的物上设定的抵押权进行担保。如果买受人—借款人未能偿还贷款,则银行或其他贷款人可以请求将该地块予以拍卖,并将拍卖所得用于偿还贷款。即使在买卖双方签订买卖契约之前,买受人与贷款人已经就贷款的基本条款达成一致(独栋房屋与公寓单元房的买卖交易通常如此),买受人与贷款人双方仍需要安排时间进行必要的财产勘验,如目前较常见的白蚁、氡气、或霉菌等。此外,买受人与贷款人还会检索土地公共登记簿,以确定目标地块的产权状态,但可能基于不同的理由。买受人希望确定,被移转的权利与出卖人在买卖契约中承诺让与的权利状态一致。而另一方面,贷款人则意在确认,所移转的财产之价值是否构成他的投资,即他向买受人承诺提供的贷款之充分担保。财产勘验与产权检索都需要时间,所以即使在买卖契约之前已经达成贷款合意,实际的贷款支付与所有权移转,都在买卖契约签订之后数周甚至数月之后才能完成。

(二)检索公共登记簿:买受人与贷款人的不同利益

在布朗案中财产勘察并无疑义,有争议的是产权检索。该争议的实质,生动地显现了买受人与贷款人对于产权检索的不同利益诉求。法院注意到,布朗夫妇曾分别于1958年与1968年为了贷款目的检索产权。因而在两次检索中,贷款人的利益处于优势。显然,检索报告中并未提到之前

---

[47] Id.

[48] 740 Ill. Comp. Stat. Ann. 80/2 (West 2002).

的矿藏权保留，虽然它登记在登记簿中。但这并不难理解，因为即使没有这2/3的矿藏收益权，该地块的价值与产权的品质，可能也足够担保贷款金额。因而贷款人可能根本不在意矿藏权是否贷款担保的一部分。似乎是贷款人以借款人的费用安排了产权检索。一旦贷款人决定同意借款人的贷款请求，贷款人就没有理由向借款人报告完全矿藏权的欠缺，除非借款人特别要求。本案中，贷款人愿意为借款人提供他所要求的、也是驱动产权检索的贷款。也许借款人从来不曾想过询问产权检索报告，同样是因为，贷款人同意贷款的决定已经满足了借款人的要求。

（三）不动产投资的长期性

布朗案还呈现了不动产投资的长期性。之前的矿藏权保留创设于1947年。布朗夫妇从博斯特处购买该地块时是1957年，而他们授予联合煤矿公司（Consolidated Coal Company）采矿权则是在1974年。矿藏权保留于1976年被发现，而这已是它被登记29年之后。在先所有权人为自己设定矿藏权保留32年之后，伊利诺伊州最高法院公布的判决表明，关于不动产权利的决定可产生长期的影响。

（四）土地所有权人与买受人的义务

本案对于讨论所有权人与买受人应当负担的检索义务也有意义。正如上文所述，19世纪建立的公共土地登记制度，目的在于为土地所有权人提供一项向公众公示其权益的手段。虽然登记不会改变普通法上时间在先权利在先（first-in-time，first-in-right）的原则[49]，但却提供了一种争议解决机制，用以处理因为"过错人"而陷入三方纠纷的其中两个无辜者之间的争议。典型的情形是，O先后于周一与周二将同一块土地让与A与B。[50] 在《不动产登记法》实施之前，如果A没有立刻取得该地块的占有，B也可以主张，他对O并非真正的所有权人并不知情，从而在与A的争议中处于优势，尤其是在他比A更早获得占有的情形下。而在《不动产登记法》实施之后，A可以在受领权利证书之后立即进行登记，从而保护自己的权利。同理，B可以在向O支付价款并受领契据之前检索公共登记簿，以保护自己的利益。因而，《不动产登记法》为出卖

㊾　See，e. g. ，Durand State Bank v. Earlywine，286 Ill. App. 3d 210，221 Ill. Dec. 604，675 N. E. 2d 1028（1997）；see also Lawrence Berger，"An Analysis of the Doctrine that 'First in Time is First in Right'"，64 *Neb. L. Rev.* 349（1985）.

㊿　据称Ohio的一块土地上将建成Cincinnati，为了获得从地底通往中国的探险资金，最初的买受人将根本不存在的该地块权利的契据让与了数百名不存疑义的"投资人"。Cf. Ewing v. Burnet，36 U. S. （11 Pet. ）41，48 - 51（1837）（时效占有理论用于解决同一地块的两个受让人之间的争议）。

人与买受人双方设定了"标准操作流程"[51]：在完成土地买卖交易之前检索土地登记簿，并在完成交易之后立即将自己的权益予以登记。

布朗案中，问题的根源在于买受人 1957 年 12 月 21 日从博斯特处受领契据之前没有有效地检索土地登记簿。他们没有遵循标准操作流程。结果是，他们还没有意识到存在针对博斯特违反占有担保条款的请求，10 年的诉讼时效期间已经开始起算，而在将近二十年之后，联合煤矿公司发现该问题时，根据该契据担保条款提出起诉为时已晚。他们唯一的希望只能是，说服法院相信，让与人让与瑕疵权利本身，在受让人发现该瑕疵时，构成推定的占有剥夺。但无论是初审法院还是伊利诺伊州最高法院，都不愿意为了达此目的而推翻几个世纪之久的先例。[52]

（五）所有权担保条款、公共登记簿与产权保险的相互作用

布朗案也展示了美国产权保护体系的三项因素——所有权担保条款、土地公共登记簿与产权保险——在商业性不动产交易中的使用（以及应当如何使用）。出卖人向买受人作出的最重要的承诺——出卖人享有所有权与处分权，以及出卖方的任何请求权都不能妨碍买受人将来对财产的无滋扰享用——也体现在博斯特交付给布朗夫妇的契据之中。布朗夫妇基于贷款交易的目的对土地登记簿进行了两次检索。矿藏权被登记而且应该被发现，但实际并没有。在联合煤矿公司嗣后发现该权利保留时，占有与处分权的"现时"担保条款的诉讼时效期间已经届满，而违反"将来的"不存在土地负担的担保条款的诉因还没有发生。因此，布朗夫妇因为无法向煤矿公司让与全部矿藏权，针对博斯特提出的 4 000美元损害赔偿请求权就不能得到支持。如果他们雇佣了产权检验人，那么针对这一进行产权检验、但没有发现矿藏权的检验人，可能享有诉因。但因为本案中的产权检索与贷款申请有关，很有可能是受理贷款申请的银行安排了产权检索。在产权检索进行时，布朗夫妇已经取得了所有权，所以他们很难抗辩称，他们信赖银行在产权品质方面提供的保护。

产权保险的产生，是对公共不动产登记体系的补缺，包括没有正确检索登记簿，或没有发现已登记的权益，如同布朗案中所发生的一样。只有在买受人可以证明不动产专业服务人士有过失时，才能要求他们承担责任的司法判决，也刺激了产权保险业的发展。1876 年，美国成立第一家产权保险公司——不动产产权保险公司（Real Estate Title Insurance Company）时，该产业还没有真正开始发展。第二次世界大战之后，在次贷市场发展

---

[51]　See Korngold & Goldstein, Real Estate Transactions 269 (4th ed. 2002).

[52]　Brown v. Lober, 389 N. E. 2d at 1193.

与西部地区的开发时期，该产业才得以蓬勃发展。[53] 在 20 世纪 40 至 50 年代布朗案发生时的伊利诺伊州南部，产权保险还是相对新鲜的事物。洛伯女士注意到，当时的惯例是由一名律师检索土地登记簿中出让人整个权利链条的摘要。[54] 当下，产权保险公司的雇员承担了这一任务，以地块为中心维护"产权树"（不动产登记簿的复制）。失误被最小化，因为所有影响特定地块的交易被统一编辑，而不是以单个的出让人与受让人为中心进行记录。

如果布朗案发生时已经出现了产权保险，并且他们购买了保险，那么很有可能他们可以获得保险赔付。产权保险的投保人所购买的是一种服务——准确的登记检索与分析——以及对下述任何失误所造成的损失的保险：（1）实际的权利状况与产权保险公司报告的状况不符；（2）权利之上有瑕疵、抵押权或土地负担，而产权报告中没有显示；（3）产权不可交易；或者（4）没有进入土地的权利。[55] 在布朗案中，真实的权利状况与布朗夫妇所预想的不同，存在未被报告的土地负担，即矿藏权保留。然而，更可能发生的是，产权保险公司会将矿藏权作为产权的一部分予以报告，布朗夫妇也就不享有基于产权保险的请求权。产权保险为产权检索过程中的失误提供了补救。但它并不能保证权利本身没有瑕疵。

九、争议解决模式与专业服务人员责任

最后，布朗诉洛伯案还为讨论争议解决模式，以及律师等参与商业性不动产交易的专业服务人士之责任，提供了重要经验。

（一）争议解决模式

布朗案当事人的诉讼最终到了伊利诺伊州法院体系的最高审级。最高法院作出判决之时，几乎已是布朗夫妇提起诉讼之后三年。解决该争议是否有必要进行诉讼？当事人和他们的代理律师都生活在同一个小乡

---

[53] Michael Braunstein, "Structural Change and Inter-professional Competitive Advantage: An Example Drawn from Residential Real Estate Conveyaning", 62 *Mo. L. Rev.* 241, 248 – 49 (1997).

[54] 对 Maureen Lober 的采访，supra note 19。权利链条以时间顺序记录系争地块的所有权移转过程，以镇契据登记处的出让人—受让人记录为基础。Cf. Fairfax Leary, Jr. & David G. Blake, "Twentieth Century Real Estate Business and Eighteenth Century Recording", 22 *Am. U. L. Rev.* 275, 283 – 286 (1973).

[55] See, e. g., American Land Title Association ("ALTA") Owner's Policy 1992 in James L. Gosdin, Title Insurance: A Comprehensive Overview, 552 (2nd ed. 2000). Gosdin 注意到并描述了通常对于保险范围的排除，以及可能被购买的对额外风险的保险。

镇。对于布朗夫妇的律师在提起诉讼之前，没有事先告知她，洛伯女士觉得很不可思议，因为他们在同一个社区长大。[56]

是否存在更为缓和的解决进路，可以节省大量的时间和精力，更不用说诉讼一定会带来的情感损耗？被告莫林·洛伯是费斯·博斯特的遗嘱执行人。威廉·博斯特与费斯·博斯特夫妇，将除了 2/3 矿藏权之外的农地权利出卖给布朗夫妇，并承诺称他们享有非限嗣继承地产权。但是，显然当时他们并不知情，他们的权利，虽然在非限嗣继承地产权期间，却欠缺完整的矿藏权。因为不完备或有疏漏的产权检索，没有人发现这一差异，直至若干年后。而这时，以违反占有与处分权担保为理由寻求救济为时已晚。

该案中，双方当事人都是无辜的。过错行为人，或者至少是应对此不当行为负责的人，已经过世。提起诉讼的布朗夫妇并没有被剥夺对农场的占有，也没有损失任何积极财产。引发此案诉讼的所谓损失，只是一种期待，是对他们尚未使用的从出卖煤矿中获利的期待。在此过程中，一通打给洛伯女士的电话，是否会造成不同的结果？如果有洞见的顾问介入并提供一些帮助，双方当事人是否有可能达成和解，在布朗夫妇承认他们没有确保进行完备的产权检索的前提下，认可布朗夫妇的期待损失？我们无法回答这些问题，但是这个案件却提示我们寻求更审慎的争议解决机制，而非简单地提起诉讼。

（二）专业服务人士责任

虽然问题的起源可能是博斯特在准备契据时没有获得专业建议[57]，但 1958 年与 1968 年间检索布朗夫妇的权利摘要之人[58]，或者在检索过程中漏掉了矿藏权保留，或者虽发现了该权利保留但没有通知布朗夫妇。产权检索是当时财产法律师实务的主要内容，尤其是在乡镇地区。假设产权检验人、律师或其他人，由贷款人雇佣，那么布朗夫妇是否可针对检验人与/或贷款人以没有通知矿藏权保留为理由提出请求？该问题又引发了另一个问题：银行是否向借款人作出了承诺，无论是明示的还是默示的，它将在对贷款担保财产进行产权检索时照管借款人的利益？在没有证据显示贷款人实际上有此承诺时，法院拒绝要求贷款人为买受人/借款人的产权瑕疵负责。在没有有力证据支持时，法院拒绝认可此类

---

[56] 对 Maureen Lober 的采访，supra note 19。

[57] Id.

[58] Brown v. Lober，75 Ill. 2d 547，27 Ill. Dec. 780，389 N. E. 2d 1188，1190 (1979).

承诺，原因在于，它们确信贷款人与借款人的利益非常不同，以至于足以否认贷款人对买受人/借款人的默示承诺或受托义务的存在。⑤⑨

进一步而言，新罕布什尔州（New Hampshire）最高法院总结道，在一个案件中，乍看之下，律师不应当为其他产权检索人的错误负责。但律师可以因为选任或监督产权检验人或者在基于上述检验人的报告作出建议时承担责任。不过令他们为独立缔约人没有披露土地负担的过错负责，"无异于要求律师为他们所雇佣的任何数量的专业人士的检索结论提供担保，即使他们拒绝同意承担此类义务"，法院强调。⑥⓪

美国的土地权利体系非常重视对土地登记簿之审慎准确的检索。如果这其中发生错误，或没有遵循标准操作流程会发生什么恶果，布朗诉洛伯案就是例证。在不动产交易过程中，出卖人与买受人在很大程度上依赖于专业人士，包括律师。专业人士负有特别义务，准确完备地对不动产登记簿进行检索和分析。如果出现了类似布朗案的错误，可能在问题被发现并还有机会纠正之前，已经过去了很多年。

■ 结 论

公共不动产登记簿是美国不动产流转体系的核心。所有权担保条款提供了关于产权品质的责任分配手段。产权保险则为买受人免受土地检索中出现的错误所导致的损害提供了保护。不动产的永续性，不动产概念的长期性，以及巨大的投资额，都使得大多数不动产交易非常重视土地登记簿检索与分析的准确与效率。在地理信息系统（GIS）⑥① 与其他自动登记体系将计算机技术引入不动产交易流程之后，专业服务人士的作用可能会发生改变，但不会被取代。布朗诉洛伯案强调了称职的专业服务人士的重要性，以及当事人或他们的专业顾问出现疏漏时，可能造成的困扰。

---

⑤⑨ See，e. g. ，Page v. Frazier, 388 Mass. 55，445 N. E. 2d 148 (1983)；Craig R. Thorstenson，"Mortgage Lender Liability to the Purchasers of New or Existing Homes"，1988 *U. Ill. L. Rev.* 191.

⑥⓪ Lawyers Title Insurance Corp. v. Groff, 148 N. H. 333, 808 A. 2d 44, 48（2002）；see also 18 ABA/BNA Lawyer's Manual on Professional Conduct 601 (2002).

⑥① Cf. George B. Korte, The GIS Book, 5th ed. （2001）. See also, http：//www. usgs. gov. /research/gis/title. html (last modified Aug. 19, 2002) (GIS 的主页上说明"地理信息系统技术可以用于科学调查、资源管理以及开发规划"）。

第10章

桑伯恩诉麦克莱恩：关于调查通知与默示负担的奇特故事（Sanborn v. McLean: A Strange Tale of Inquiry Notice and Implied Burdens）

杰拉尔德·科恩戈尔德（Gerald Korngold）*

---

* 纽约法学院法学教授，麻省剑桥大学林肯土地政策研究所访问学者。

20世纪之交美国的城市生活充满了发展、能量、动荡与转变。19世纪开始的北部城市的工业化潮流继续奔涌向前。经济增长将美国从19世纪的闭塞乡村地带推向20世纪的主导工业力量，而且这一过程仍在持续，美国公司开始在世界经济中发挥主导作用。来自大洋彼岸和美国乡村地区的成千上万的移民，涌入喧闹繁华的城市，在新设的工厂中寻找工作机会，追求他们的美国梦。在此背景下，噪音、污染、交通、疾病与社会混乱急速增长。

寻求精神寄托的人们，以住所规划（housing arrangements）作为对抗这个越来越喧嚣的商业与工业世界的庇护所。他们渴望安静的居住环境、和善的邻人和林荫路，免受商业设施的侵入。这样的所有权人通常认为，这样的田园风光可以为家庭营造更好的生活，并巩固道德价值，并且他们希望与持相近观念的人聚居在一起。

在19世纪末20世纪初，已登记的针对土地的不动产契约条款（covenants）是设立附带建筑要求与使用限制的住宅区的主要手段。无论是作为"衡平法地役权（equitable servitudes）"而获得禁制令（injunction）救济，还是作为"不动产契约条款"（real covenants）而获得损害赔偿救济，限制性不动产契约条款都可以约束当下的所有权人以及未来的所有权人，从而可维护住所规划的永续性。上述理论是必要的，因为根据契约法观念，如果受益土地的后手所有权人，从未获得附负担土地后手所有权人的明确承诺，那么不得针对附负担土地的后手所有权人为强制执行。关于土地使用之公共规制的法律变化，比如住所分区制这一规划社区的手段，直至20世纪20年代与30年代才出现。因此，不动产契约条款与地役权成为20世纪初希望保护自己的社区免受商业或工业侵扰的不动产所有权人唯一可用的手段。

为了发生拘束力，不动产契约条款必须符合不动产契约规则所要求的效力要件。但此外还有一个关键性要件：要使在先设立的土地之上的不动产契约条款（或其他财产利益）对附负担土地的未来买受人发生约束力，就必须在他们承诺购买之前将此限制通知他们。因为通知使他们可以决定是否真正愿意购买该被限定为居住性使用的地块，如果是的话，则可使他们得以调整谈判地位，给出更低的价额以补偿因不能自由使用不动产而遭受的损失。规则一目了然：如果不动产买受人没有获得设立土地使用负担之不动产契约条款的通知，他就不受该不动产契约条款的约束。

桑伯恩诉麦克莱恩案即是在19世纪末城市化发展过程中发生的著名

案件①，显示了创设住所绿洲的私人协议，以及财产使用限制之通知的重要性。桑伯恩案包含了多个故事，有些来自官方，有些不是。当然，其中包括密歇根州最高法院所描绘的案件情节与判决。笔者将复述这个版本，并说明为什么这个版本似乎有很大的漏洞，无论是法院选取的事实背景，还是法院使用的法律推理过程。在法院面临的两个争点上——该不动产是否受居住性使用限制（residential restriction）的约束，以及该限制是否通知了后手买受人——法院的判决都不合逻辑、没有先例支持，并且（至少在通知问题上）发生了错误。

这将我们引向桑伯恩诉麦克莱恩案另一个可能的版本，可能要用相当的篇幅解释该案的判决过程以及法院提供的官方版本的错误。前者似乎是关于司法命令之下的住所分区制的故事，没有立法过程、原则与宪法的保护。第二个版本似乎是关于专业人士对权贵的奉承与谄媚的故事，先例与事实被牺牲，只是为了取悦威权人士。

一、密歇根州最高法院的故事版本

1925 年 12 月，密歇根州最高法院公布了桑伯恩诉麦克莱恩案的判决。法院的故事版本始于 1891 年的底特律，罗伯特·麦克劳克林家与约瑟夫·麦克劳克林家（Robert and Joseph McLaughlin）把他们所有的地块分割为多个建筑地块予以出售，从而创设了绿草地社区（Green Lawn Subdivision）。法院仅讨论了其中的 91 个地块，它们面对科林伍德大道（Collingwood Avenue），位于西面的汉密尔顿大街（Hamilton Boulevard）与东面的伍德沃德大道（Woodward Avenue）之间，尽管麦克劳克林家所登记的地图中显示，该社区在与科林伍德大道相平行的街区（劳伦斯大道 Lawrence Avenue），也有类似数量的地块。② 这 91 个地块中有 53 个的契据中都明确载明了将上述地块限于住宅用途的不动产契约条款。但是，本案中仅提到麦克劳克林家让与的 21 的地块中有明确的限制，因而无从得知，其他地块中的明示限制的设定人。

法院将案件发生时的科林伍德大道描述为，"伍德沃德大道与汉密

---

① 233 Mich. 227，206 N. W. 496（1925）. Sanborn 案被很多法院在判决中引用。See，e. g.，Roach v. West Indies Inv. Co.，94 F. Supp. 2d 634，637（D. V. I. 2000）；Clancy v. Recker，455 Pa. 452，456，316 A. 2d 898，900（1974）；Shipyard Property Owner's Ass'n v. Mangiaracina，307 S. C. 299，309，414 S. E. 2d 795，802（App.）；Bowers Welding & Hotshot, Inc. v. Bromley，699 P. 2d 299，304（Wyo. 1985）.

② http：//www. cis. state. mi. us/platmaps/dt_image. asp？BCC_SUBINDEX=10053.

尔顿大街之间的高档社区，包括独栋、联栋与公寓住房"③。这些房屋正对科林伍德大道，后面是一条小巷，边道是空的。"1910 年或 1911 年"，约翰·A·麦克莱恩（John A. McLean）购买了西面 35 英尺的第 86 号地块。他并非直接从麦克劳克林家而是从其权利后手处购得该地块。④而无论是麦克劳克林家最初为第 86 号地块签发的契据，还是该地块此后的契据中，包括交付给麦克莱恩的契据中，都没有居住限制性不动产契约条款的内容。⑤ 买卖当时，该地块上有一处未竣工的房屋，麦克莱恩完成了该工程，诉讼发生时他与妻子克里斯蒂娜·麦克莱恩（Christina McLean）就住在这里。麦克莱恩的房子位于科林伍德大道与第二大街（Second Boulevard）的东北角。

案件的起因是麦克莱恩开始在他的后院修建加油站。杰西·桑伯恩（Jessie Sanborn）与其他科林伍德街区的业主向韦恩县巡回法院衡平分庭（Chancery division of Wayne County Circuit Court）的乔治·O·德里斯科尔（George O. Driscoll）法官提起诉讼，要求禁止（enjoin）该建筑的修建。德里斯科尔法官判决原告胜诉，并命令麦克莱恩拆除已经建成的部分。麦克莱恩向州最高法院提起上诉。原告方在上诉中坚称，加油站构成自动妨害（nuisance per se），违反了"该街区所有地块仅用于住宅目的总体规划"，并且麦克莱恩的土地受制于"互惠消极地役权（reciprocal negative easement）"，禁止用于建设加油站。⑥ 麦克莱恩反驳道，在他们的权利链条中并不曾出现任何权利限制，他们购买时也没有被告知存在任何互惠消极地役权，并否认存在自动妨害。

州最高法院没有处理自动妨害这一争点。因此，对于该法院而言，首要的问题是，被告的土地是否受制于不得进行非住宅性使用的限制性不动产契约条款。法院的观点是，该土地确实负担了互惠消极地役权，并判决原告方胜诉。法院声称，1891 年分割的 91 个地块"是为了居住目的设计的，而且只能基于居住目的被出售"⑦。为什么会是这样，虽然被告的权利链条（或 91 个地块中有 38 个地块的权利链条）中并不曾存

---

③　206 N. W. 2d at 496.

④　Id. at 497. Record 中规定记载的事实显示，该地块的契据仅在 1918 年由 Sarah A. Greusel 签发给了 John McLean（与他的妻子）。Record Before the Supreme Court of the State of Michigan，No. 32，094（the "Record"），at 42. 1910 年或 1911 年可能指的是 McLean 订立购买该地块的买卖契约的时间。See Testimony of McLean，Record，at 117，其中 McLean 证实，他在 1924 年诉讼发生的"大约 14 年"前购买了该地块，并且"第一年他向 Walter G. Seely 支付了约定的价款，此后该契约被转让给 Sarah. A. Greusel"。Seely 于 1910 年 12 月受领该地块，并于 1913 年将其交付给 Greusel。1921 年 John McLean 将该财产免责转让（quitclaim）给他的妻子 Christina. Record，at 41 - 42. 对于通知的目的而言，重要的是买卖合同签订的时间，即买受人取得对财产的请求权时，即使契据交付的时间在此之后。

⑤　无论是买卖契约，还是 1892 年 5 月 1 日签发给第 86 号地块第一买受人 Clark A. Serviss 的契据中，都不包括任何权利限制。Brief for Defendants and Appellants，Supreme Court of the State of Michigan，No. 32，094，at 4，34.

⑥　Id. at 496 - 497.

⑦　Id. at 497.

在任何权利限制？根据法院的观点，依据互惠消极地役权理论：

> 如果多个地块的两个或更多所有权人处于这样的关系中，即出卖其中一个地块时，该地块为了其余土地的利益而受到权利限制，则成立互惠消极地役权，并且，在此权利限制存续期间，其他地块所有权人不得针对被出售地块所有权人为任何被禁止的行为。[⑧]

因此，当麦克劳克林家出售科林伍德街区首批受有限制的地块时，还未被出售的地块（第 86 号地块与所有其他剩余地块）即立刻与首批被出售的地块受到同样的限制，即随土地移转于第 86 号地块（以及其他剩余地块）的初始与后手买受人的互惠消极地役权。根据该法院的推理，没有必要通过在第 86 号地块的契据中重设该权利限制——在地块分割之初，基于麦克劳克林家对其他地块的转让，该权利限制即已经被创设。

法院明言，互惠消极地役权产生自让与人的行为与土地开发初始阶段的意图：

> 此类权利限制一定始于地块未分割前的所有权人；不可能因为其他所有权人遵守总体规划而扩展于该地块。如果被告的地块受制于互惠消极地役权，那么它就产生于共有人之手，以及相邻的地块，其他地块被出售时受到了为该地块利益而设定的限制。[⑨]

有什么证据可以证明麦克劳克林家有在整个社区设定默示互惠消极地役权的意图？法院（或案卷中）引用的唯一证据，是在第 86 号地块之前出售的 21 个地块都包含了居住性使用限制，虽然法院也注意到，第 86 号地块之后麦克劳克林家出售的地块中，有些包含了明示的权利限制，而有些则没有（请注意，91 个地块中只有 53 个受到限制）。法院对于麦克劳克林家创设默示限制的初始意图的论证既模糊不清，遑论推测存在互惠消极地役权，并试图查明让与人的原意：

> 最初的规划在嗣后的地块交易中反复以契据限制的方式被重申，并且，如果有些被出售的地块没有被以此方式设定限制，它的买受人也都会注意到总体规划，以及仅限于居住性使用的限制目的。在所有利益相关人士三十多年的共同努力之下，使所有地块严格限于居住性使用的共同目的得以贯彻，被告是第一个违反者。[⑩]

在法院认定第 86 号地块受到权利限制之后，就必须处理第二个争点：通知。密歇根州最高法院承认，根据传统规则，只有在购买之前接

---

⑧ Id.

⑨ Id.

⑩ Id.

到通知，不动产的买受人才会受到针对该不动产的在先权利与请求的限制。善意（bona fide）买受人（即没有被通知在先权利的买受人）不受在先权利的限制。因此，只有约翰·麦克莱恩在签订关于该地块的买卖契约之前收到通知，他才受互惠消极地役权的约束。在这一点上占据优势对于原告非常关键——如果不能向善意买受人主张强制执行，获得一项不动产契约权利对他们就毫无意义。

通知可以是"实际"或"拟制"通知。"实际"通知与它的名称一样——买受人确实知道存在在先权益，因为有人告知了他这一情势。但桑伯恩案中没有证据显示存在实际通知。"拟制"通知则有两种类型——"登记"通知与"调查"通知。如果系争不动产的权利链条记录在登记簿中，那么买受人就被认为获得了登记通知。而登记通知在桑伯恩案中也不可能存在，因为第86号地块的权利链条中不可能有被登记的明示不动产契约权利。

桑伯恩案的审理法院能考虑的唯有调查通知。调查通知的原理如下：法律假设每个买受人在购买之前都会对财产进行合理检查，并对实际检查过程中发现的潜在权利瑕疵进行合理调查。[⑪]典型的例证如，潜在买受人调查财产状况，注意到存在出卖人之外的权利人，并对该人进行调查，发现该人享有（在先的）10年租约。没有进行检查或调查不会帮到买受人，因为法律将获得此类信息的风险分配给了买受人，并认为他应当知道此规则。

桑伯恩案的审判法院推论称，约翰·麦克莱恩获得了约束第86号地块之互惠消极地役权的调查通知。对于什么是合理的"调查"应查明的事项，法院的"逻辑"如下：在被告购买该地块时，其上存在半竣工的住宅；他获得的权利摘要显示，有一个共同出让人，并且还有其他97个地块[⑫]；即使他的出卖人告诉他该地块上不存在权利限制[⑬]，"鉴于该社区昂贵的住宅价格，被告也不可能没有注意到它严格的居住属性"[⑭]。

基于上述事实，法院认为："即使是最小限度的调查也会很快发现第86号地块受制于互惠消极地役权这一事实。"[⑮] 此类调查会涉及哪些内容？法院解释道，麦克莱恩并没有向他的邻居询问是否存在权利限制，

---

⑪ See, e.g., Stracener v. Bailey, 737 S. W. 2d 536, 539 (Tenn. App. 1986).

⑫ 于此，法院认为科林伍德共有98个地块，而非它之前所认为的91个。98个地块与已登记的地图显示的数目相同，see http://www.cis.state.mi.us/platmaps/dt_image.asp? BCC_SUBINDEX=10053（最后访问日期为2008年6月28日），也符合案卷中的权利摘要，supra note 4, at 202 - 203。

⑬ 笔者难以厘清的是，为何被告土地上没有权利限制，会有助于论证被告获得了关于该限制的调查通知，不过法院还是引用了该事实。206 N. W. 2d at 498.

⑭ Id.

⑮ Id.

但是，"如果他询问了，他就一定会发现该社区总体上如此一致的原因"⑯。

因此，密歇根州最高法院在两个关键的争点上都支持了原告方——首先，他们认为被告的地块受到限制性不动产契约条款的约束，禁止如建造加油站此类非居住性的使用。之后，法院又认定，被告方在购买时获得了关于上述限制的调查通知，因此应受其约束。⑰

■ 二、为何该案判决是一个麻烦的悖反

密歇根州最高法院不合逻辑地扩张了先例的适用，在桑伯恩案的两个争点，即权利限制的存在与通知的认定两个方面都支持了原告方。但在现行法和公正的法政策视角下，上述判断令人费解。桑伯恩的审理法院不必非要作成此判决，而且当今的法院当然不应再重复这些错误。下文将论证桑伯恩案中并不存在互惠消极地役权与调查通知，并且笔者将提供另一个桑伯恩的审理法院原本应当采用的故事版本。下文将阐明笔者的推测：密歇根州最高法院选择其据以作出瑕疵判决的故事版本的原因。

（一）互惠消极地役权

"互惠消极地役权"是随土地流转的不动产契约条款的下位概念（更具体而言指衡平法地役权与不动产契约条款）。⑱ 不动产契约规则聚焦于将不动产契约缔约方，即当下的土地所有权人作出的关于土地负担与利益的承诺自动移转于后手所有权人。典型的案例发生在相邻居民 A 与 B 之间。A 希望确保 B 不在自己的土地上建造商场或工厂，因而 A 支付对价换取 B 的明示承诺（在登记文件中），将她的土地限于居住用途；不动产契约规则允许 C，A 的后手所有权人，起诉要求禁制令或损害赔偿，如果 D，B 的后手所有权人，违反了此不动产契约条款（例如在仅限于居住用途的土地上建造加油站）。

---

⑯ Id.

⑰ 尽管法院支持了原告的主张，但修改了要求被告方拆除已完工部分的命令，允许被告方保留仍可用作住宅目的的部分。

⑱ 早期法院经常使用"消极地役权"作为"随土地流转的不动产契约条款"的同义词。See Gerald Korngold, *Private Land Use Arrangements*: *Easements*, *Real Covenants and Equitable Servitudes* § 8.01, 290–291（2d ed. 2004）.

而桑伯恩诉麦克莱恩案的案情与上述案例有一个重要的本质区别——本案中不存在约束第 86 号地块之用途的明示不动产契约条款！第 86 号地块曾经的所有权人中没有任何人——最初从麦克劳克林家处受让的所有权人，中间的各手所有权人，以及约翰·麦克莱恩——曾明示同意受此权利限制的约束。在权利链条中并不曾出现此类不动产契约条款——正如下文将谈到的，如果在麦克莱恩购买之前，它已经被登记，那么可以推定或默示认为他同意受其约束。因此，桑伯恩案中最引人注目的并非"互惠消极地役权"这一概念的使用，而是法院为麦克莱恩的财产设定了默示的权利限制。从麦克莱恩与第 86 号地块之前手各所有权人的立场而言，法院创设了一个从来不曾存在过的不动产契约条款。[19]

强制执行明示的土地使用私人安排，如不动产契约条款与地役权（在《财产法与地役权法（第三次重述），Thrid Restatement of Property-Servitudes》中二者被一体称为"地役权"），有很多有力的正当化理由。但是，这些理由没有一个可以适用于不经供役地所有权人同意的不动产契约条款。

效益。自由设定的限制土地用途的协议之强制执行，有利于实现对于有限土地资源的有效分配。允许当事人买卖部分土地权益，例如不动产契约权益，买受人可以仅获得他希望获得的财产利益。如果他需要并希望的只是不动产契约权益，那么他没有必要过度投资购买非限嗣继承地产。所以，继续上文提到的案例，如果不动产契约规则不承认 A 与 B 之间买卖土地权利限制的效力，那么为了避免邻居对土地为商业或工业性使用，A 将不得不购买 B 之土地的非限嗣继承地产权。这将导致 A 原本用于其他诉求的资源被占用。此外，B 也完全愿意继续以非限嗣继承地产权的方式拥有他的财产，虽然受制于居住性不动产契约条款，它可以从 A 处获得对价——每个人都得到了他或她所希望的。

上述效益最大化的契约不仅为 A 与 B 带来利益，也对 C 与 D 有利。假设 C 与 D 对此不动产契约条款知情，他们将调整各自愿意支付的价金数额。C 将向 A 支付额外的价款以体现不动产契约权益的价值，作为 A 对自己的投资的补偿，D 则降低对 B 的价金额度，以回应土地之上附带的权利限制，从而也防止了 B 从不动产契约权益中两次获利。然而，作出有效益的正当化安排，关键在于，最初的当事方同意交易条款。而只有在后手所有权人作出交易之前获得关于权利限制的通知，才能假定他们同意受已存在的不动产契约条款之约束。

---

[19] 互惠消极地役权理论可以适用于远没有如此具争议性的案件之中。例如，假如所有的地块之上都存在明示的不动产契约条款，该理论即可被用于正当化在先买受人针对嗣后买受人的强制执行要求。See Korngold, supra note 17, § 9.09. Sanborn v. McLeanz 则是一个非常疑难的案件，因为不存在针对第 86 号地块的明示不动产契约条款，所以不得不采用默示理论。

208

但上述效益最大化的好处，只有基于完备信息的合意性交易时才能发挥——即在自由市场上当事人自愿的交换承诺与对价。如果法律对当事人强加额外的、无从得知的义务，并重新安排交易，市场将无法有效运转。这正是法院在桑伯恩案中所犯的错误——它创设了一项从未被同意的义务，并将其强加于未被通知的麦克莱恩。麦克莱恩是直接受害者，但此类判决也会对整个不动产交易体系产生不利影响。

自由。人们可以通过参与合意性的不动产契约来行使选择自由及对财产的支配。收到通知的后手所有权人，也被认为是自由选择接受此类交易安排。所有权的上述权能应该得到尊重，除非在极例外的情形下，即公共政策严重被违反时，才能突破。[20]

当法律向所有权人强加他不曾同意的义务时，该所有权人的财产权即受到政府威权的限制。而这有悖于公平、信赖与所有权观念。

分割出售协议中的不动产契约条款（Subdivision covenants）。正确使用法律技术的开发商可以、也确实在分割出售协议中创设了大量的不动产契约条款。它们可以明示的不动产契约条款对所有的地块课予限制，例如，使用财产的方式、建筑的风格与样式、地块的规划与结构等。此类不动产契约条款明确为每一个地块规定了针对其他地块的共同互惠的可强制执行的权利。上述安排可以为居民社区的所有地块带来益处，通过限制对土地的自由使用避免不动产贬值。事实上，很多分割出售方案确实提升了地块的价值，因为潜在的买受人更多地关注对邻人的限制，而更少关注自己所接受的互惠限制。例如，不愿将自己的房屋涂成紫色的人，会认为禁止如此作为的不动产契约条款的成本为零。而且此人可能愿意支付相当的价款，以确保他的邻居不会把房子涂成紫色。这样的不动产契约条款会被记录在登记簿中，在买受人购买之前构成对上述限制的（登记）通知。请注意桑伯恩案与上述场景相区别的关键因素——明示不动产契约条款与登记。

桑伯恩案中的默示不动产契约条款。只有在不动产契约条款经合意设立时，它的强制执行才能被正当化。如果没有证据显示存在上述合意（例如，明示的协议，最好是书面形式），那么就意味着不存在合意安排。因此，当法院在没有明示合意的前提下，寻求默示合意时，必须极其谨慎。

鉴于上述担忧，桑伯恩案的审理法院课予默示互惠消极地役权的判决令人吃惊。而且，基于桑伯恩案的审理法院可以适用的有关不动产契约条款的先例，该判决同样欠缺说服力。审理有关不动产契约条款案件

---

[20]　See Korngold, supra note 17, §10.02（将人种限制性不动产契约条款与限制设立教养院的不动产契约条款视为违反公共政策）。

的法院，包括密歇根州的法院，通常都很警惕对土地的权利限制。因而，例如，密歇根州最高法院曾于 1905 年声明："一般规则是，相对于要求强制执行财产限制的一方，应当严格解释此类限制，在有疑义时，以支持财产的自由使用为原则。"[21] 在桑伯恩案之前与之后，该原则被密歇根州的无数判例反复重申。[22] 这一原则很有说服力。不动产契约条款确实可以带来利益。但同时，如果坚持者将来拒绝同意解除不动产契约条款，或者解除权利限制的交易成果过高，它也带来了阻碍买卖与开发的风险。默示不动产契约条款可能会对不动产市场与房地产开发带来更大的阻力，因为所有权人与潜在的买受人受制于模糊、无法预期而且可能是无法确定的权利限制。[23] 登记系统的完整性被有效但未登记的权益破坏。

桑伯恩案中，法院为上述风险敞开了大门，而不曾考虑到对不动产交易体系带来的危害，以及其他所有权人与社会从中获得的利益，是否足以弥补为此付出的代价。请时刻注意，如果麦克劳克林家希望创设的是约束所有地块的居住性不动产契约条款，那么通过将该条款载入所有地块的契据之中即可轻易实现。除非这些条款是明示创设的，否则买受人可以拒绝购买。

此外，密歇根州最高法院在桑伯恩案中所引用的判例，并不能支持为没有明示不动产契约限制的地块之后手所有权人设定默示权利限制。这些判例处理的毋宁是不同的问题。例如，艾伦诉底特律市案（Allen v. City of Detroit）[24]，所涉案情是，被告土地开发商口头明确表达了，在剩余地块上同样适用它向原告方让与的地块所负担的居住限制。原告方是开发商的第一批受让人，在被告试图以不受限制的方式出售两个剩余地块时，原告提起了诉讼。艾伦案与桑伯恩案非常不同，因为有证据证明存在明确的限制承诺。而且该案也并未涉及针对后手不受权利限制的买受人要求强制执行的争点，而更多的是禁止反言（estoppel）/消费者保护性质的诉讼，以对抗受明示不动产契约条款约束之不自量的开发商。

即使希望支持密歇根州最高法院，基于对法院所呈现的案情的公平判断，也无法清晰地看出，存在可以作为默示互惠消极地役权之推论基础的麦克劳克林家的总体规划。这些事实并没有什么意义。例如，如果 91 个地块中只有 53 块在它们的权利链条中存在权利限制，如何能认为存在一个总体规划？这只是地块总数的 58%，绝不是少数地块的不动产

---

[21] James v. Irvine, 141 Mich. 376, 104 N. W. 631, 632 - 633 (1905).

[22] See, e. g., City of Livonia v. Department of Social Services, 423 Mich. 466, 378 N. W. 2d 402 (1985); Boston-Edison Protective Ass'n v. Paulist Fathers, 306 Mich. 253, 10 N. W. 2d 847 (1943); Casterton v. Plotkin, 188 Mich. 333, 154 N. W. 151 (1915).

[23] 该判决还允许不采用书面形式即创设不动产之上的权益（例如，互惠消极地役权），从而违反了《反欺诈法》。

[24] 167 Mich. 464, 133 N. W. 317 (1911). 案件事实相似，但与 Sanborn 案不同，不过仍被密歇根州最高法院引用作为论据的判例，请参见 McQuade v. Wilcox, 215 Mich. 302, 183 N. W. 771 (1921).

契约条款被过失忽略的情形。完全可以认为，上述数据本身即说明了不存在设定总体规划的意图。法院判决不曾引用任何其他支持存在设定总体规划意愿的证据，例如，麦克劳克林家规划并开始营销时的宣传册、广告、不动产经纪人的证言、麦克劳克林家的书面或口头陈述、买卖契约等。[25] 法院判决中关于总体规划的证据非常薄弱或者说根本不存在；实际上，它被 58% 这个数据否定了。[26] 鉴于上述不可靠的证据与法律保护土地使用自由的倾向，法院对存在总体规划的认定——关键是互惠消极地役权的论点——是误入歧途的奇特观点。

（二）调查通知

法院认定，约翰·麦克莱恩在购买之前即知悉默示不动产契约条款，而这一论断的作出既没有先例支持，也是关于调查通知的错误观点。法院对案件事实的截选以及其他案卷记录信息都证明了这一点。

通知理论。美国土地交易体系的主要优势在于，我们很早即发展出了登记法与产权运作体系。[27] 登记法有多个方面的作用。首先，登记体系为财产所有权人提供了保护，它为所有权人提供了登记的机会，从而对整个世界都成立登记通知，并使已登记的权利优先于其他权利。其次，它也惩罚了没有进行登记的所有权人，后手买受人的权利优先于未登记的所有权——这构成了人们进行登记的有力动机。此外，在登记法之前适用的普通法规则是"时间在先，权利优先"，据此，即使后手买受人对在先权利并不知情，在先权利仍然优先，从而导致前者买受人的交易动机受损。与之相反，在登记法的规则体系之下，市场交易受到激励，因为买受人可以有信心地进行投资，潜在的交易方可以确定潜在目标财产的所有权人，并与他们进行协商。活跃、安全的不动产交易市场为整个社会都来了效益。

上述支持登记体系的规范目的是保护遵守登记程序者并惩罚不遵守者，而在基于公平考量的实际通知与调查通知理论之下，该规范目的无法成立。所以，尽管 A 没有进行登记，但如果 B 确实或应当知道 A 的权利，那么仍然允许 B 优先于 A 的在先权利似乎并不恰当。因此，登记法中加入了调查通知或实际通知的公平考量，要求 B 应当是"善意买受

---

[25] 之后的判例都以此类证据为依据。See, e. g., Weber v. Les Petite Academies, Inc., 548 S. W. 2d 847 (Mo. App. 1976); River Birch Assocs. v. City of Raleigh, 326 N. C. 100, 388 S. E. 2d 538 (1990); Lehmann v. Wallace, 510 S. W. 2d 675 (Tex. Civ. App. 1974).

[26] 讽刺的是，原告 Sanborn 的地块上甚至都不存在经登记的明示不动产契约条款。Record, supra note 4, at 57 - 58, 66 - 68.

[27] 关于登记法与政策的讨论请参见 Gerald Korngold & Paul Goldstein, Real Estate Transactions: Cases and Materials on Land Transfer, Development and Finance 244 - 345 (4th ed. 2002).

人"或"未获通知的买受人"。

至此没有任何争议。但是，调查通知规则不应从保护第一买受人的合法利益，扩张至用于令后手买受人吃惊。调查通知规则不应被作为剥夺无法适当获悉或期待存在在先权益之后手买受人之财产权的工具。然而，它在桑伯恩案中还是发生了。

桑伯恩案中的调查通知。密歇根州最高法院在桑伯恩案中引入了远远超过通常标准的调查通知要求。首先，它要求麦克莱恩不仅调查第86号地块（即他所购买的地块），还要调查整个社区的地块——远远超出了权利调查要求的通常界限。法院不曾解释理由，就将此负担课予买受人，即使麦克劳克林家才是没有进行明示不动产契约条款登记的肇因，而登记原本可以构成对潜在买受人的适当通知，也有助于建立准确的登记体系。法院在这一点上发生了错误。标准的规则是，进行权利检索之人只需要检索他打算购买的地块之权利链条，即，第86号地块，而非让与人拥有的其他地块[28]——该界限的目的是减轻调查负担。然而，为了论证默示互惠消极地役权，桑伯恩案的审理法院实际上是要求麦克莱恩进行更大范围内的权利检索——据此，他不得不查看整个社区地块的契据。

其次，根据法院的观点，虽然在第86号地块上没有已登记的权利限制，但从麦克莱恩对其他地块上房屋的观察，以及他从权利摘要获悉该地区由相同的开发商开发，那么他也应该可以推知，在他的地块上存在默示的不动产契约负担。即使默示互惠限制理论广为人知，将此论据不足的事实适用于晦涩难明的法律原则，仍然非常牵强。而在1910年或1911年，麦克莱恩盘算他的买卖契约时，这尤其困难，因为桑伯恩诉麦克莱恩案是可争辩的首个以默示互惠消极地役权为基础阐发限制理论的判例![29]

此外，即使假定麦克莱恩预测到，密歇根州最高法院将会采纳默示互惠消极地役权概念，猜到了法院将买受人权利检索要求的标准提高到包括对整个社区的检索，并意识到该检索过程应当提醒他怀疑他的地块是否受到默示不动产契约负担的限制，那么他应当得出的检索结论是什么？如果麦克莱恩随机调查了某些其他地块的权利，以查明是否存在指向总体规划的权利限制，他在所调查的契据中可能不会发现任何明示限制——请注意91个地块中仅53块的权利链条中存在明示限制！因此仍然不会有任何线索指向权利限制安排。的确，对其他地块随机调查的合理结论应当是，有些存在限制而有些没有。但即便如此，认为该案事实

28　See, e. g., Buffalo Academy of Sacred Heart v. Boehm Bros. , 267 N. Y. 242, 196 N. E. 42 (1935).

29　该判例受到了当时的评论家的注意。See, e. g., Charles E. Clark, "Assignability of Easements, Profits and Equitable Restrictions", 38 *Yale L. J.* 139 (1928 - 1929); "Recent Casee", 10 *Minn. L. Rev.* 619 (1925); Sanborn v. McLean, 9 *Bi-Monthly L. Rev.* [U. Det.] 37 (1925 - 1926).

显示了调查通知仍然有失偏颇。令麦克莱恩丧失财产权并不公平，因为他根本无从得知原告所诉请的权利限制的存在。

法院没有采信的其他事实则证实，麦克莱恩不可能适当地获知该权利限制。麦克莱恩购买地块时，对他而言，哪些事实看起来是或不是存在默示不动产契约限制的证据这一问题，原告桑伯恩自己即证实，大约相隔一个街区的地方还有一个加油站。[30] 此外，案卷中没有关于麦克莱恩签订买卖契约时该社区之状态的证据。决定麦克莱恩是否以及是否应当了解该社区的状况，法院应当聚焦于这个时间点——即调查通知所要求的时间。该地区后来的变迁以及诉讼当时的状况与本案争点无关。初审法院应当可以查明，原告方无法证明麦克莱恩在购买时没有进行适当调查。

分割出售协议中的不动产契约条款在当时有多流行？能否要求典型的土地买受人预期土地之上通常都存在不动产契约负担？如果土地买卖通常附有不动产契约负担，那么法院可以轻易认定，应当推知该社区的地块都受到限制，从而有力地支持它关于调查通知的论点。但遍检当时报纸上的典型广告，并不能证明一般或大多数的空地买卖附有不动产契约限制。例如，1910 年 1 月 16 日星期天（大约是麦克莱恩购买地块的时间）《底特律日报 (Detriot News)》的分类广告版中包含了 35 个"空地出售"广告，其中有很多是多功能地块。该分类广告版中也包含了类似第 86 号地块的私人出售广告。这 35 个广告（从两行至二十行长度不等，通常是六至十行）中没有一个表明受到权利限制，其中有三个特别注明不受任何权利限制，其他的广告则未涉及此项内容。[31] 因此，这些广告并未向消费者提供关于不动产契约条款或权利限制的信号，因而很难要求买受人意识到存在此类限制。

从如此薄弱的证据中进行过多的推论必须非常小心，而地块通常的后手买受人（如麦克莱恩）似乎不大可能考虑到不动产契约负担问题；所以，很难说对买受人而言，存在默示不动产契约的调查通知。在开发商新开发的大型社区的大型广告中，确实会提到不动产契约负担[32]，但此类广告仅会偶然出现在分类广告版中。请注意，此类广告所涉地块的类型并非麦克莱恩于 1910 年所购买的地块类型，后者是被后手买受人而非开发商出售的单独地块，最初的开发商已经将所有地块予以分割出售。[33]

㉚　Record，supra note 4，at 71.

㉛　The Detriot News，Classified Sec.，1/16/1910，p. 5.

㉜　For example, the ad for North Woodward Lots in The Detroit News, Classified Section, Sunday, 6/5/1910, p. 10 or the one for Marshland Boulevard Subdivision in The Detroit News, Classified Section, Sunday 6/12/1910, p. 6.

㉝　大多数地块于 1910 年前被首次出售，相当一部分于 1901—1907 年间被首次出售，即早于 McLean 购买地块的时间。Record，at 18 - 23.

鉴于上述事实与情形，根据桑伯恩案之前的法律，桑伯恩作为潜在买受人所为的权利检索，似乎远比适当检索所要求的更多。他未受质疑的证词也显示，他在购买第 86 号地块之前检索了权利摘要，并没有发现任何权利限制[34]，而且，他的出卖人也向他保证，该地块上不存在任何权利限制。[35] 就连密歇根州最高法院也在判决中写道，"我们并不是说麦克莱恩先生应当向他的邻居询问有关权利限制的情况"[36]。法院对于调查通知的认定不合逻辑，构成恶法。

三、桑伯恩诉麦克莱恩的真实情节

密歇根州最高法院在判决书中所阐述的案情并不真实。案件事实与规范目的都不能为法院对默示不动产契约条款的扩张解释提供支持，也不能论证存在约束麦克莱恩的调查通知。那么真实的情节到底是什么？

（一）并非消费者保护

笔者并不认为桑伯恩案是消费者保护案件——后者是法院保护消费者对他们所协商并支付对价的、对于分割并交付给他们的地块的居住属性的信赖，开发商（基于不法行为或不当行为）未能履行相关约定。桑伯恩案并非此类案件，有多方面的原因。首先，显著的支持消费者的判决时代在 1925 年远未到来。买者自慎（caveat emptor）、相对性规则（privity rules）与不干预市场是当时的主流。如果法院希望对消费者权益保护法进行革新，也不大可能发生在当时。

此外，庭审记录与分割出售后地块的所有权人，也使此案对于原告方而言，并没有强烈的消费者权益保护要求。庭审记录显示，上述所有权人在（购买之前）确定是否存在限制性总体规划时，缺乏应有的注意（due diligence），甚至缺乏最低限度的注意。这些所有权人证实，他们在购买地块时"被告知"[37]、"被通知"[38] 或"理解"[39] 该社区的地块受到权利限制。这些信息来自出卖人（并非麦克劳克林家而是后手所有权人），

---

[34] Record，supra note 4，at 117，150.

[35] Id. at 150.

[36] 206 N. W. 2d at 498.

[37] Record，supra note 4，at 66（Sanborn 的证言）。

[38] Id. at 93（Frederick W. Minton 的证言）。

[39] Id. at 108（George S. Field 的证言）。

或者基于证人对该社区的总体印象。九位证人[40]都不曾向律师或其他专业人士咨询有关该社区之权利限制的问题。不仅如此，九位证人中有三位认为整个社区都受此权利限制的证人，均承认他们自己的产权之中并没有明示限制。[41] 这些证言呈现了一群消极的买受人，他们不经调查即接受了关于该地区之"共同声誉"[42]之随意模糊的陈述。以原告方的证人乔治·S·菲尔德（George S. Field）为例：

> 问［主询问（direct examination）］：在你购买当时，是否曾做过关于科林伍德大道上的地块是否仅限于居住目的的调查，或收到过此类信息？
>
> 答：我理解它仅限于居住目的。
>
> ＊＊＊
>
> 问［反询问（cross examination）］：你在权利摘要中发现你的土地上绝对不存在任何权利限制，并且自始即不存在？
>
> 答：我以邻居的表现为依据，认为它被规划且仅被用于居住目的。[43]

如果得知证言显然"不谨慎"的菲尔德竟然是一名律师，你一定会感到惊讶！鉴于这些所有权人的消极性，他们对假想的权利限制的信赖似乎没有根据或值得怀疑，使得他们在 1925 年并非理想的应予保护的消费者原告方。

如果这些所有权人更积极的话，他们完全可以更早地解决该问题，防止麦克莱恩事件的发生，并帮助改善登记体系。因此，麦克劳克林家的第一批买受人在购买地块时，完全可以要求查看在该社区创设权利限制的法律文件，并以登记权利限制作为购买的条件。这将使该不动产契约限制明确地对所有的地块生效，登记也可以对抗所有的潜在买受人。即使是第一批买受人的后手买受人，也完全可以要求出示被假定的限制的登记文件，从而避免问题的产生，并完善登记体系。但与上述进路相反，他们选择忽视问题——该问题最终发生在麦克莱恩身上。

法院通过创设新的权利与义务革新法律，通常会出现在原告值得同情的情形，这促成了法律革新。但在这个故事的三个角色群体中——麦克劳克林家、分割出售后的地块所有权人，以及麦克莱恩——使麦克莱

---

40 Sanborn, Minton, Elmer W. Voorheis, Frederick A. Matthews, Field, Arthur Tuttle, Francis G. Harvey, George W. Hurd, Edmund D. Jackson, Id. at 66 - 140.

41 Id. at 57 - 58 (Sanborn), 95 (Minton), 108 (Field).

42 Id. at 93 (Minton).

43 Id. at 108, 109.

恩负担责任，从道德上的可谴责性与效益角度考虑，完全不合理。上文已经讨论了分割出售后的地块所有权人与麦克莱恩的角色。至于麦克劳克林家，案卷中没有显示他们为何创设了模糊不清的开发规划。一方面，他们可能同时采用了两种安排——包括在一部分契据中设定居住目的限制，以取悦住宅买受人，同时在另一部分契据中省略此限制，以吸引潜在的以寻求不受限制的使用为目的的商业性使用人（超过市场价）。也许他们当初无法确定，作为住宅区这个项目能否全部卖出，所以他们试图保持灵活性，设定模糊的权利限制。另一方面，当时住宅区开发刚刚兴起，还未发展成熟。[44] 在房地产开发模式成熟之后，开发商在分割地块出卖之前，会针对整个社区创设权利限制，并予以登记——但在本案发生时这样的做法并不普遍。[45] 案卷中并没有显示，麦克劳克林家在让与房产方面有法律顾问，因而也许他们只是在准备契据的时候过于疏忽大意。像很多开发商一样，他们也可能陷入财政困境，所以为了免于破产，他们愿意以任何条款出卖地块。

我们可以确定的是，桑伯恩诉麦克莱恩案看起来并非一个消费者保护案件。当时还没有进入维护消费者权益的时代，而且原告方也并非理想消费者。其他的两个故事版本可能才是实情。

（二）司法偏见导致的分区制

19世纪末，底特律发展为大型工业城市。密歇根上半岛（upper peninsula of Michigan）发现的铁矿、运河方便的交通，以及扩张中的公用事业，是促使该城市发展为重工业中心的关键性因素。[46] 它大规模生产并向国内及国际市场销售产品。[47] 汽车工业是当地经济的重要推动力，始于19世纪90年代，在20世纪前二十年高速发展。例如，受雇于底特律汽车产业的雇员人数从1908年的7 200人增长至1916年的12万人。[48]

20世纪初，底特律居民从城市中心逐渐向新城区搬迁，即"外伍德沃德"——绿草地社区即位于此地。[49] 造成这一现象的原因很多。首先，当时底特律都市地区的人口极速膨胀，需要更多的住宅空间。该地区1900年有34.084 3万人口，1910年有52.461 5万人口，1920年有

⑭ 关于大规模住宅区开发的历史请参见 Marc A. Weiss, The Rise of the Community Builders (1987)。

㊺ See Korngold, supra note 17, § 9.03.

㊻ Arthur M. Woodford, This is Detroit: 1701 - 2001 75 - 77, 85 - 86 (Wayne State Univ. Press 2001).

㊼ Sidney Glazer, *Detroit: A Study in Urban Development* 50 (Bookman Associates, New York, 1965).

㊽ Glazer, supra note 46, at 76.

㊾ Glazer, supra note 46, at 76; see Woodford, supra note 45, at 88; Heather B. Barrow, The American Diesease of Growth: Henry Ford and the Metropolitization of Detroit, 1920—1940, in Robert Lewis (ed.), Manufacturing Suburbs: Building Work and Home on the Metropolitian Fringe 200 - 220, at 211 (Temple Univ. Press 2004).

1.1862 82 百万人口，1930 年有 1.974 471 百万——30 年间增长了 479%。[50] 新增加的人口有些是当地人，有些是被这里的经济机遇所吸引的移民。[51]

此外，底特律的特殊性也促使人口搬离中心城区。与其他城市相比，底特律中心城区汽车的使用范围更广，也便利了人口的外迁。[52] 亨利·福特（Henry Ford）在之前的中心城外设立了新的汽车工厂，员工也随之迁移。[53] 中心城区之外的地区也因此得到发展。

与美国的其他城市一样，这里的雇员也试图以居住性使用限制协议作为逃避噪音、污染与商业、工业活动的庇护所，以供养家庭，并寻求内心的满足。[54] 虽然对于将居民区从其他活动中隔离出来的益处，目前有不同的观点[55]，但 20 世纪时，它代表了消费者的偏好，并被认为有益于社会效益。

但底特律的极速扩张也带来了问题。发展大多是无序的。虽然 1916 年纽约市通过它的《分区条例》之后不久，底特律就开始关于规制分区的讨论[56]，但直至 1940 年，底特律才颁布了《分区条例》。[57] 因此，该市实际上并没有规划、控制与管理土地使用与开发的制度工具。城市快速但无序的发展，引发了很多底特律市民领袖的担忧。1919 年，美国混凝土学会（American Concrete Institute）的主要负责人哈维·惠普尔（Harvey Whipple）号召颁行《底特律分区条例》，以规制无序的发展：

> 底特律的发展曾经像今天一样；它曾经没有规划；这曾经发生过；正如当前所发生的，个人的发展对于公共利益总是最有利的……没有任何机制可以确保投资人合理确知他们的财产价值。[58]

---

[50] Michigan Planning Commission, A Study of Subdivision in the Detroit Metropolitan Area (Lansing, MI 1936).

[51] Woodford, supra note 45, at 85 - 86.

[52] June Manning Thomas, *Redevelopment and Race: Planning a Finer City in Postwar Detroit* 14 (The Johns Hopkins Univ. Press 1997).

[53] Barrow, supra note 48, at 201.

[54] See Gerald Korngold, "Resolving the Intergenerational Conflicts of Real Property Law: Presering Free Markets and Personal Autonomy for Future Generations", 56 *Amer. U. L. Rev.* 1525, 1536—1537 (2007); see generally John Stilgoe, Borderland: Origins of the American Suburb, 1820—1939 (1988).

[55] See Andres Duany, Elizabeth Platzer-Zyberk & Jeff Speck, Suburban Nation: The Rise of Sprawl and the Decline of the American Dream 115 - 133 (paperback ed. 2001)（质疑居民区的扩张）；Robert Bruegemann, Sprawl: A Compact History (2005)（支持居民区的扩张）。

[56] See Edward M. Bassett, Spreading of Zoning Law: Cities All Over Country Follow Example of New York, The New York Times, 1/4/1920, p. S12; Jan Krasnowiecki, Abolish Zoning, 31 Syr. L. Rev. 719, 723 - 724 (1980)。

[57] http://www.detroitmil. gov/Legislative/BoardsCommissions/CityPlanningCommission/planning _ mission. htm（最后访问日期为 2008 年 3 月 7 日）。

[58] Harvey Whipple, City Plan Commission Begins Its Great Task of Bringing Order Out of Detroit's Chaos, Detroit Saturday Night, 3/5/1919, p. 2, quoted in Barrow, supra note 48, at 218 - 219. See also Daniel M. Bluestone, Detroit's City Beautiful and the Problem of Commerce, 47 Journal of the Society of Architectural Historians 245 (1988). 关于 Harvey Whipple 的背景，可参见 http://www.concrete.org/general/AHistoryofACI.pdf., 最后访问日期为 2008 年 10 月 16 日。

有观点认为，私人领域的市场无法有效应对高速的工业化增长。[59] 1936 年，密歇根规划委员会（Michigan Planning Commission）的研究中描述了过度分割导致的问题：分割地块供过于求，逃税漏税，以及地方政府财政问题。[60] 研究结论指出："有些社区规划得非常好，但总体而言，土地被分割为小地块，只是服务于投机者的直接利益，而非总体效益的最大化。"[61] 研究认为："低质量的住宅区中有很多被视为城郊贫民区，它们分布在各处，不仅导致救济、教育与健康问题，而且还会对高档住宅区的发展造成窒息性影响。"[62]

正是在此背景下，德里斯科尔法官审理了桑伯恩诉麦克莱恩案。并且，在笔者看来，这里出现了桑伯恩诉麦克莱恩案的关键人物——T. 格伦·菲利普斯（T. Glenn Phillips）。菲利普斯在审理中作出了华丽的表演，构思了该案的故事版本，并将其兜售给了德里斯科尔法官。初审法院与密歇根州最高法院都采纳了菲利普斯的故事版本。

菲利普斯是原告方的证人。他的证言显示，它是一个建筑师与城市规划师，并曾任底特律城市规划委员会委员 9 年之久。[63] 自 1919 年起，包括本案审理期间，菲利普斯都是该委员会的顾问。菲利普斯与其他委员一起参与城市规划，包括分区。他的证言称，他对绿草地社区的财产属性与使用方式非常熟悉。[64] 案卷中没有记载的是，菲利普斯还是关于底特律交通问题及其解决模式[65]与城市绿化[66]等问题的几篇文章与报告的作者。桑伯恩案审结之后，他还曾作为顾问为密歇根州格罗斯波因茨村落（Grosse Pointe Village）、格罗斯波因茨农庄（Grosse Pointe Farms）以及格罗斯波因茨公园（Grosse Pointe Park）等社区的《分区条例》准备工作提供建议。[67] 他同时还是一名成功的园林建筑师。[68]

然而，在笔者看来，菲利普斯的证言与本案的关键争点完全无关。他在证言中首先指出，允许建立加油站可能"对社区不利"[69]，因为它可

---

[59] 关于分区制肇始的讨论请参见 David Callies 在本书中的文章 Village of Euclid v. Ambler Realty Co. ；William T. Bogart，" 'Trading Places'：The Role of Zoning in Promoting and Discouraging Intrametropolitan Trade"，51 *Case W. Res. L. Rev.* 697（2001）.

[60] Study，supra note 49，at 1.

[61] Id. at 2.

[62] Id. at 3.

[63] Record，supra note 4，at 76.

[64] Id. at 77.

[65] T. Glenn Phillips，The Automobile：Its Province and Its Problems，116 Annals of the Amer. Academy of Political and Social Sci. 241（1924）.

[66] T. Glenn Phillips，City Tree Planning，Detroit City Plan Commission，Report No. 1，Rev.（Dec. 1914）.

[67] Grosse Point Civic News，vol. 4，no. 3，Sept.，1926，at 2；Gross Pointe Civic News，vol. 5.，No. 10，April，1928，at 3.

[68] 请参见 Henry and Clara Ford 住所的照片，http：//detroit1701. org/FordHome. htm。

[69] Record，supra note 4，at 77，78，79，80.

能构成对"高度发展的住宅区"的侵扰。[70] 对于开发商而言，这是个好建议，也构成推荐在社区创设明示互惠居住性不动产契约条款的部分理由，但是却与本案的争点无关：即，麦克莱恩的地块是否受到不动产契约的约束。此外，菲利普斯证言的总体观点，即在住宅区不应该掺杂商业用途，也与妨害问题无关，因为妨害排除法本身就是对土地的不同使用目的的衡平。

但菲利普斯做得更多——他大力提倡公共分区的技术，并且极力鼓吹此种模式的价值。菲利普斯的证言为当时典型的分区制实践提供了注脚——即，将城市划分为若干不同的区域，每个区域各有其不同用途。住宅区、商业区与工业区的分离，是早期分区制的关键特征。[71] 他在证言中宣称，绿草地社区"是本市一个高度发展的住宅区，也应该被标示为住宅区，任何对该地区侵扰的许可，都将会破坏它的居住属性"[72]。作为一名规划师，他认为自己知道该城市的需求，并知道如何分配土地以配合特定用途："对于底特律市的四百五十万人口而言，我们已经有了足够的工业与商业用地。"

菲利普斯不仅宣扬与分区制观点相一致的故事版本，而且在他的证言中，他还直接表达了对颁行《底特律分区条例》的支持。他描绘了一幅富有魅力的底特律画面，如果上述政府主导的分区架构得以实现：

> 计划中的《分区条例》，将城市分成不同的区域，从而使城市有秩序地发展，特定区域用于商业，其他地区用于住宅，将整个社区特定化，并允许其发展，因为在城市发展的同时，有很多不同特征的区域……[73]

并且菲利普斯有自信，或者说是自负，出售他的梦想。他认为，规划师与负责分区的官员、而非市场，可以更好地决定财产价值。请参照下述反询问中的问答：

> 问：在第二大道是否有一些加油站？
> 答：是的，先生，但不应该有。
> 问：但它们现在确实在那儿？
> 答：是的，先生。
> 问：您认为它们不应该在那儿？

---

[70] Id. at 78.

[71] See，e.g.，Village of Euclid v. Ambler Realty Co.，272 U.S. 365（1926）. 传统的"Euclidean"分区规划分为不同的区域。与之相较，当代的规划理论更倾向于混合用途，鼓励社区消费与社区内聚。See Duany et al.，supra note 54.

[72] Record，supra note 4，at 79.

[73] Id. at 80.

答：不是，这是基于其他人提供的数据和事实——(74)

对他而言，重要的是他的专家意见，而非市场选择所表达的人们的偏好。

此外，在菲利普斯看来，分区制不可避免，它就是未来，而且正向底特律走来，是时候上船了：

问［反询问］：您并不打算告诉法院，你知道底特律的有些区域将成为好的区域，而有些则不会？

答：我并不知道，但确实将有一个规划，其中有些区域将成为住宅区，而有些将成为工业区，诸如此类。

问：也就是说您现在并不能准确告知法院，在接下来的一、二十年内，底特律的哪些地区将成为住宅区，而哪些不会？

答：我想是的。(75)

德里斯科尔法官显然是菲利普斯所宣扬的规划论信条的拥护者。他希望听信菲利普斯的故事。在菲利普斯接受主询问期间，被告方律师曾反对（在笔者看来是正确的），认为菲利普斯的证言与本案争点无关或不重要。(76) 被告方律师还反对法院允许菲利普斯以“叙述形式”（narrative form）编织故事的范围。(77) 在下面这一点上，被告方律师同样是正确的——菲利普斯的证言读起来像是一位教授关于分区制与规划制的演讲。但德里斯科尔法官愿意听他讲的故事，并驳回了被告方的每一次反对。

菲利普斯的故事版本也许看起来不错，而且在20世纪20年代的底特律可能尤其具有吸引力。但它与桑伯恩诉麦克莱恩案的争点完全无关。本案的争点是，当事人是否在私法的许可之下，通过私法创设了对麦克莱恩之地块的使用限制。相反，菲利普斯的故事则是关于土地之公共规制的假定价值，以政府将分区制强加于未经同意的私人的方式实现。我们只能推测，菲利普斯关于分割并管制土地使用的乌托邦式的未来图景，很有可能激励了法院在被告的土地上设定默示不动产契约条款，虽然这样的判决在法律与法政策上都存在瑕疵。那么，是否真的是菲利普斯鼓励德里斯科尔法官作出不适当的“司法分区制”？

即使同意政府应当管制土地这一观念，这也应该是立法机关负责的事项，而非法院。德里斯科尔法官不应该作为政府的代言人，将未经同意的土地规则强加于私法所有权人。在我们的宪法体制之下，这样的决

(74) Id. at 83.

(75) Id. at 82.

(76) Id. at 77，78，79，80.

(77) Id. at 77；see also at 80.

策应当由经民主选举产生的可信赖的立法者作出，他们才能最好地代表民众，提出关于我们珍贵的土地资源应当如何使用与规制的意愿。土地的政府规制需要经过复杂的论证，包括条件、需求、技术，并且需要对不同的世界观作出说明。衡平这些不同利益的规制决策，不应由未来主义的法官或像菲利普斯这样未经选举的专家官员作出。

所以，桑伯恩诉麦克莱恩案的真实情节可能是，对政府主导的分区制的强烈支持说服了法院，使其认为规制土地和区分住宅用途，对社会与经济发展都非常重要。法院则将此论点错误地适用于关于合意产生的限制性不动产契约条款的私人纠纷之中。这也就可以解释初审与上述审的奇特判决了。

（三）专业人士的殷勤

桑伯恩诉麦克莱恩案还可能有另一个版本——专业人士的殷勤，或者更准确地说，谄媚。联邦地方法院密歇根东区分庭的法官阿瑟·J·塔特尔（Arthur J. Tuttle）是科林伍德大道地区的业主之一。他曾作为原告方的证人出庭，声称他与家人住在此处，并希望"于此终老"[78]。因为这里是一个"高档社区"，他才选择购买此处的空地。[79] 他说道，加油站的存在将会使他的土地贬值，而且，如果当初不是认为这里是一个仅限于居住目的的社区，他就不会购买这个地块。[80]

对原告方而言，这位证人非常有分量——从业 12 年的联邦法院法官，出现在州法院的法庭上维护自己的家园。[81] 对他们更有利的是，塔特尔法官[82]与德里斯科尔法官[83] 都是共和党成员。塔特尔法官在竞选政治领域非常活跃，甚至曾于 1924 年参加美国参议员竞选，但未能成功，当时他还是在任法官。[84] 那么，运行着一家选举办公室的德里斯科尔法官，是否曾作出调整以迎合这位同党派的重要显赫人士？也许麦克莱恩所面对的，是远比法律争议更为强大的对抗力量。对于实情我们无从得知，但这也可能是可以解释桑伯恩诉麦克莱恩案之判决的另一个故事版本。

---

[78]　Id. at 118-119.

[79]　Id. at 119.

[80]　Id. at 119-120.

[81]　Tuttle 于 1912 年被任命。关于 Sixth Circuit 的历史，请参见 http：//www.ca6. uscourts. gov/lib _ his/courts/district％20court/MI/EDMI/judges/ajt-bio. html（最后访问日期为 2008 年 7 月 17 日）。

[82]　Id.

[83]　http：//politicalgraveyard. com/bio/driscoll/html＃0PU0QJDJA（最后访问日期为 2008 年 7 月 15 日）。

[84]　http：//www.ca6. uscouts. gov/lib _ hist/courts/district％20court/MI/EDMI/judges/ajt-bio. html（最后访问日期为 2008 年 7 月 17 日）。

四、最后的故事

在桑伯恩诉麦克莱恩案中，密歇根州最高法院过度扩张解释了默示不动产契约条款与调查通知这两个概念。该判决成为密歇根州的先例，并且影响了其他司法管辖区的法院。但法院提供的故事版本在法律与法政策方面都存在可争议之处。因此，笔者推断，也许还有其他隐情——司法偏见下的分区制与专业人士的谄媚——它们也许能更好地解释，法院为何作出这一判决。对困惑于如何理解法院提供的不合逻辑的故事的人，可能因此稍有解脱，但对于必须生活在法院判决所造成的现实困境中的人们，它们的安慰非常有限。[85]

---

[85] 如果想了解 McLean 所有的地块现状，可参见 Google satellite. http：//maps. org. google. com/map? sourceid= navclient&aq＝Collingwood％ 20Avenue&ie＝UTF－8&rlz＝1T4GFRC ＿ enUS218US218&q＝Collingwood＋ Avenue&oe＝UTF－8&um＝1&sa＝N&tab＝wl，最后访问日期为 2008 年 10 月 17 日。注意该地块上唯一的住宅 (Collingwood 与 Second 相交的东北角)，以及 Collingwood 的房屋与空地。

第11章

上西区的故事：交响空间公司诉佩尔戈拉地产公司案（Upper West Side Story: The Symphony Space, Inc. v. Pergola Properties, Inc., 669 N. E. 2d 799, 1966）

杰弗里·埃文斯·斯泰克 (Jeffrey Evans Stake)*

---

* 印第安纳大学布鲁明顿法学院 Robert A. Lucas 法学教席教授。感谢 Andrew Effinger 与 McKinney Austin 的大量协助性研究工作，以及 Christopher Stake，Robert Stake 与 Don Gjerdingen 提供的有益评论。

一、"永恒的谦逊学校"①

禁止永久权规则（the Rule against Perpetuities）使法学院的学生觉得非常棘手。如果这些学生知道该规则同样使律师感到棘手，也许会感到一丝宽慰。而如果这些律师知道该规则同样使法官感到棘手②，正如交响空间公司诉佩尔戈拉地产公司案所显示的，他们也许也会有些许宽慰。此外，该规则也使财产法教授感到棘手，尽管不清楚谁可以应付这个规则。1886 年，研究该规则的著名学者约翰·奇普曼·格雷（John Chipman Gray）写道，

> 如果我的归纳正确的话，我也不敢贸然希望……关于禁止永久权规则的研究与实践确实是永恒的谦逊学校……很少有草拟遗嘱或财产授予契据（settlements）的律师不曾不慎跌入这个规则的陷阱之中，或至少在想到他们如何惊险地躲过它时不寒而栗。③

他还写道，

> 在很多法学问题的讨论中，最终只能是一位法官或学者持一种观点，另一位学者或法官持另一种观点。何种情形可以提起上诉并没有精确的标准。而对于过晚授益（remoteness），情况却并非如此；于此存在明确可认的规则：如果判决同意它，那么它就是正确的；如果判决不同意它，那么它就是错误的。法律中的任何其他推理都没有如此精确；如此不掺杂人性因素。④

教授很容易在上百个学生的课堂中讲错禁止永久权规则，尤其令人尴尬的是，除了承认错误别无他法。20% 的财产法教授在第一学年的财产法课程中会跳过该规则，而将讲错的风险留给进阶的遗嘱、信托与不动产法课程。如此分配课程内容导致的问题之一是，很多法学院学生并没有学习这些进阶课程，也就没有意识到该规则也适用于遗嘱与财产授予契据之外的其他不动产交易。正如交响空间案所显示的，在不涉及家庭财产分配的数千万美元的交易中也可能适用该规则。此外，交响空间案也说明，培养法科学生绝不仅仅是训

---

① John Chipman Gray，The Rule Against Perpetuities at xi (4th ed. 1942).

② 有意思的是，禁止永久权规则如此臭名昭著，以至于它经常被称为 "the Rule"。本文也以 RaP 指代它。

③ Gray，supra note 2，at xi.

④ Id.

练他们像律师一样思考。为这些学生参与法律实务做准备，还要求向他们传授足够的法律原理，以使他们在自己以及他们的客户摔断腿之前，就能意识到陷阱的存在。

二、普通法上的禁止永久权规则

纽约曾一度遵循关于禁止永久权规则的唯一成文法，1965 年的一部法典明确规定，州法应采纳普通法规则。纽约上诉法院赞同并引用了相关的立法历史，"该法案（bill）意在澄清美国普通法上的禁止永久权规则，曾经以及现在都适用于纽约州……该法案仅采纳完全的普通法规则"[5]。

（一）"是这样吗？是这样的。"[6]

约翰·奇普曼·格雷将普通法上的禁止永久权规则总结如下："为使一项权益授予（vest）生效，如果它可以被授予的话，它必须自该权益被创设之日起，至受益人终生加上 21 年之内生效。"[7] 鉴于这一经典表述困扰了数代法科生与法律从业人员，也许不这么诗意的表述更有帮助。

一项权益如果可能授予得过晚，则无效。

这句概括中有几个词需要进一步解释。"权益"包括不确定剩余地产权（contingent remainders）与将来权益（executory interests）。英国法上，不附带回赎权（reversion）或回赎可能（possibilities of reverter）的进入权（rights of entry）也适用该规则，但美国法并非如此。"权益"包括回赎权。该规则可以适用于普通法与衡平法权益，以及不动产与动产权益。选择权（options）作为衡平法上的未来权益也在该规则的适用范围之内。

"无效"指的是法律上的无效。该规则并非解释规则，并非可由法官选择适用的规则，也并非仅为了个案正义要求适用的规则。法院首先在不考虑该规则的前提下对案件材料予以解释，再"无情"地适用该规则。

---

⑤　1965 New York State Legislative Annual at 206 - 207.

⑥　Leonard Bernstein and Stephen Sondheim, West Side Story, Vocal Score (1959).

⑦　Gray, supra note 2, § 201 at 191. 纽约州法的表述与 Gray 的表述非常相近，它规定"为使一项地产权益生效，如果它可以被授予的话，它必须至迟在一个或数个受益人终生加上 21 年之内生效，包括胎儿妊娠期"(EPTL § 9 - 1.1 (b))。

一旦授予期间可能过晚，可能被过晚授予的权益即会被从相关法律文件中划掉。

"可能"意味着有可能，无论可能性有多小。"神奇的砾石坑"、"懒惰的遗嘱执行人"、"矍铄的耄耋老人"、"早熟的婴儿"与"未出生的寡妇"等均是在禁止永久权规则刺激下产生的术语。尽管如此，因为当代医学而产生的可能性，如胎儿在父母去世后很久才出生，并不包括在"可能发生的事项"之内，尽管当今这些情形很容易想象。"可能发生的事项"取决于权益创设的时间，在此之后发生的事项不在考虑之列，即使法院判决当时发生的事项也不包含在内。这有时被描述为该规则的"可能发生（what-might-happen）"进路，但更简便且更被熟知的称谓是"惯例规则（traditonal Rule）"。

"授予"指未来权益的授予（vest in interest），而非现时权利的授予（vest in possession）。未来权益的授予并非不确定的权益授予。在受益人未确定或在受益人取得权益附条件的情形，则是不确定的权益授予。

"过晚"指所有的"生存者（in being）"死亡 21 年之后。[8] 根据该规则，只有已经受孕的胎儿才能称为"生存者"，除非受精卵嗣后被冷冻。[9] 如果这是可能的，那么在权益已被创设、生存者都已过世后 21 年，且权益在此后被授予，那么该权益授予无效。格雷更倾向于将禁止永久权规则称为禁止过晚授益规则，但是传统的名称自 1886 年起即已牢固确定，很难被改变。

任何权益，都有可能根据该规则而被认定为有效或无效。为了使授益无效，只需要构想一个可以证明授益过晚的情形。而为了使授益有效，则必须证明授益并未超过最晚的 21 年期限，或者仍有生存受益人。所谓生存受益人指的是，无论发生什么，都会在应当授益的 21 年期限内生存（包括胎儿的妊娠期）。

（二）"这儿有一个适合我们的地方"

艾赛亚·谢菲尔（Isaiah Sheffer）与阿伦·米勒（Allan Miller）需要场地于 1978 年 1 月 7 日举办一场名为"深入人心的巴赫"的音乐会。他们找到的场地是曼哈顿上西区第 95 大街与百老汇西南角的一栋老式建筑。该建筑的历史可追溯至 1915 年，即文森特·阿斯特（Vincent As-

---

⑧ This must be modified for powers of appointment.

⑨ 有些学者更倾向于将生存者的概念限于与让与有关的人士，或者是受益人或者是可能影响授予的人。藉此，在很多案件中，就可以不必为了将其解释为无效而消灭权益创设时的所有人，但是它为该项普通法原则附加了一项复杂性因素。但另一更简单的进路也可以引向正确的结果，只要愿意作出表面上难以置信的假定，如没有成年人的照管儿童也可以成长。本文采取明显更简单的进路，尽管一项权益的无效通常要求一项涉及很多亡者的推测情形。

tor）修建第 95 街市之时。仅在此之后两年，托马斯·希利（Thomas Healy）即购买了该建筑，并将一楼装修成水晶宫（Crystal Palace）冰场，将地下室的鱼市改建为低洼花园（Sunken Garden）旅馆。他在其南面建造了希利公馆，位于第 94 大街与百老汇的西北角。在紧挨着这栋建筑的西面，希利建造了一排用花园小径区隔的小别墅；波曼德城（Pomander Walk）从此成为地标性建筑。随着时间的推移，滑冰场被改造为交响剧院（Symphony Theatre），地下旅馆被改建为塔利亚电影院(Thalia Cinema)。其他部分则被分割成小商店与办公室。最终，交响剧院改称皮特·杰伊·夏普剧院（Peter Jay Sharp Theatre），塔利亚电影院则改称伦纳德·尼莫伊·塔利亚（Leonard Nimoy Thalia），二者均属于交响空间艺术表演中心。1998 年，交响空间公司将剧院与影院上方的空间权（air rights）以 1 千万美元的价格出售于瑞雷特地产公司（Related Properties）⑩，该公司也购买了希利公馆以及波曼德城上空可转让的开发权。目前，23 层高的利瑞克（Lyric's）豪华公寓占据了该街区大部分空间，并跨过交响剧院、沿着百老汇填充了第 94 号与第 95 号街区之间的空间。

交响空间公司是一个非营利组织。每年大约有 10 万人参与交响空间的活动。根据公司网站主页的活动介绍，

> 交响空间通过举办艺术、文学与电影活动将艺术家与受众一起置于开放亲密的氛围中，促进艺术与文化的多元发展……我们：……规划并公开富有交叉性的创新艺术活动日程；为艺术家与创作者提供他们可负担的一流设施；促进已成名的艺术家与潜在的艺术家以及其他将交响空间作为有创新精神的艺术增长之所的文化组织间的联系；并在为儿童及成年人提供艺术培养课程方面居于领军地位。交响空间的双重活动哲学，即在创造并展示自己的艺术产品的同时，支持艺术家们的尝试，并通过提供可租用的设施，丰富我们的活动内容。⑪

如果看到今天的交响空间公司被挤在豪华公寓建筑群的一角，就不难想象，在周边业主均将他们的地块卖给利瑞克之时，它是仅剩的坚守者。这是否意味着交响空间公司不愿意出售它的地产？事实并非如此。交响空间公司拥有百老汇第 2527 号至 2537 号地块，并将其中的大部分都出售用于开发住宅。而交响空间公司得以拥有此价值不菲的曼哈顿地产的过程，则是一个有关房租管制（rent control）、现金流压力与规避不

---

⑩　空间权只是交响空间公司在此案中所获得的一部分权利。Pergola 的诉讼摘要中声称，1988 年交响空间公司以 1 千万美元的价格获得了价值 2.1 千万美元的财产。

⑪　http：//www.symphonyspace.org/instituional/description.php.

动产税的故事；但它首先是一个关于我们从英属殖民地独立前一个世纪即得以确立的禁止过晚授益规则，在当代之"无情"适用的故事。

（三）"有事情要发生"

1979 年，百老汇西侧第 2527 号至 2537 号地块，位于第 94 大街与第 95 大街之间，为西宽不动产公司（Broadwest Realty Corporation）所有，该公司随后被托马斯·希利信托公司管理，该信托公司由希利在他 1920 年开发希利公馆、波曼德城，以及包括剧院与影院在内的地产项目之外所创设。[12] 西宽公司努力寻求方法以增加其拥有者的收益。根据 1978 年的评估，该地产价值 1.5 百万美元，西宽公司的律师杰罗姆·K·沃尔什（Jerome K. Walsh）建议将其出售。但西宽公司的经理人贾德森地产公司（Judson Realty, Inc.），基于第 72 大街以南的财产增值潮流会向北移动、从而使该财产增值的预测，建议继续持有该财产。贾德森地产公司还认为目前的评估价格过低，因为根据 1987 年的租赁协议，每年只有 6 万美元的净获利；一旦该财产之上不再负担租赁义务，开发商作为最有可能的潜在购买者，可能愿意支付更高额的价款。基于上述建议，西宽公司同意暂不出售该财产。

暂不出售的决定，阻断了解决西宽公司现金流问题的一个潜在方案。尽管剧院可以盈利，但是波曼德城却在亏损，因为它出租的房屋处于租金管制与租金稳定法管制之下。剧院财产的大部分都受限于直至 1987 年才到期的租约，所以增加租金也并非可选方案。剧院本身是获得收益的最好选择，用于支持该财产的运营，包括维护费用与税收，但它当时也没有被有规律地使用。

（四）"这儿有一个适合我们的地方"

在"深入人心的巴赫"音乐会大获成功之后，谢菲尔与米勒注册成立了交响空间公司，并接触贾德森地产公司，希望可以获得长期租约。最初交响空间公司与贾德森地产公司只是在商讨一项简单的租约。然而不久之后，交响空间公司意识到，如果它可以拥有该剧院，那么就有资格获得纽约不动产税的豁免。因而，谢菲尔、米勒与他们的律师就开始策划以实际上免费的方式购买剧院的短期所有权。

---

[12] 有些文献中以 Healy Trust 指代 Broadwest，本文中二者交替使用。

（五）"抓住我的手，我们就成功了一半。抓住我的手，我将带你到终点。"

1978 年 4 月 3 日，交响空间公司的律师、来自德贝沃伊斯＆普林顿律师事务所（Debevoise ＆ Plimpton）的史蒂文·M·奥尔登（Steven M. Alden），写给贾德森地产公司彼得·马克斯（Peter Marx）的信件中，提出了以每个月 1 500 美元的租金承租该剧院的要约。但该要约中最重要的部分是，为交响空间公司创设一项于 1978 年 12 月 31 日之前只需提前 3 天通知即可购买该剧院的选择权（option），并附带了一项补偿条款，为西宽公司也设立了一项选择权，后者"不需要约因，即可于 1987 年 12 月 31 日之后随时从交响空间公司处回购该剧院，并且，于此情形，其信托公司应尽最大的努力在该剧院或在该剧院所处地块之上修建的任何新建筑之内，为交响空间公司提供场所"。

没有证据显示，有人意识到上述选择权条款可能违反禁止永久权规则。也没有证据显示，西宽公司曾经寻求法律咨询，它只是一个仅知道该规则之模糊轮廓的门外汉。如果当时西宽公司寻求了法律咨询，也许它就有机会知道，该选择权由于可能"过晚"行使而无法强制执行，并且选择权条款的文义实际上可能允许在过于遥远的未来行使。

该要约中也提到了交响空间公司计划为该剧院申请不动产税豁免的计划。如果交响空间公司成功地获得不动产税豁免，于 1979 至 1987 年间将每年为西宽公司节省 3 万美元的开支。果如此，西宽公司所免缴的税金，将超过于此期间获得的任何租金收入。它们以为该低于市场价的租约到期之后，西宽公司可以重新获得该地产，到时它仍然可以将整栋建筑予以出售，而暂时将所有权移转于交响空间公司又可以增加现金流，且不必牺牲该不动产长期增值的潜在价值。另一方面，交响空间公司也可以获得一个暂时的场所，且不必支付租金，从而得以节省每个月 1 500 美元的租金。

此时，尚有一系列的事项需要解决。交响空间公司能否获得不动产税的豁免尚不确定。而且，该要约也没有提到购买价额，没有提出如果不能豁免不动产税，在双方之间如何分配纳税的确切建议。要约中写到，

> 交响空间公司正在查询有关剧院与信托之税收豁免的法律。如果在购买之后、税收豁免尚未生效之前会产生税负，应公平分担。

一天之后，谢菲尔又给马克斯写了一封信，重申这一建议，即交响空间公司购买该地产且赋予西宽公司一项 1987 年之后的回购选择权。

> ［交响空间公司］对剧院的兴趣远不止于租约，因为我们希望可

以在租约到期之前购买该剧院，但同时受到土地所有权人在 1987 年 12 月 31 日之后随时有权回购的限制。购买与回购均不需要约因。

尽管该信件请求贾德森地产签章，以按照上述要约完成交易，但马克斯拒绝签署该信件，因为贾德森地产公司希望 1987 年租约到期之后可以立即出售该地产。

鉴于上述未决事项，贾德森地产公司与交响空间公司于 1978 年 4 月 27 日签署了一项每月 1 500 美元租金的租约，1978 年 12 月 31 日到期。这使得双方当事人有时间处理更复杂的长期交易的细节，同时也使交响空间公司有机会规划其他的艺术活动。当然，双方当事人最终执行的复杂设计，以仅在非营利组织为所有权人时才能获得不动产税豁免这一假设为前提。而如果税收豁免依法仅取决于活动内容及占有人的身份，而非不动产所有权人的身份，那么租约本身即足以满足税收豁免的条件，本案就根本没有发生的必要。

最初，交响空间公司的律师所商讨的是一项共有权（condominium）方案，依此方案，交响空间公司只需要购买剧院所在的地块，而将该建筑的大部分仍留给西宽公司。但该方案面临的问题之一是，该剧院与其他的商业地产捆绑在一起作为一个纳税地块。而获得不动产税豁免，可能需要冗长且花费巨大的程序，以将其分割为不同的税收地块。此外，即使交响空间可能获得整个税收地块的所有权，且美国国税局（IRS）将其认定为非营利性质，也未必可以保证在纽约获得不动产税豁免。正如奥尔登在 1978 年 5 月 10 日的信件中告诉阿伦·米勒的，"税收豁免并非一个权利事项，而是取决于税务机关的自由裁量"。最终，只有在交响空间公司获得所有权之后，才有资格提出税收豁免申请。这些现实都改变了商讨过程。

1978 年 7 月 24 日，艾伦向马克斯发出一份新要约。交响空间公司提出要约，以设有不动产抵押的 1 万美元本票购买该剧院，20 年到期，包括利息。交响空间公司希望在年末之前达成交易，以便在年度税收豁免申请截止日期 1 月 25 日之前提交申请。西宽公司将获得一项附有 60 日窗口期的回购选择权，"在 9 年之后"以 1.5 万美元的价格回购。与之前与之后的要约都不同，该要约中的选择权并没有违反禁止永久权规则。阿伦写给米勒的另一封信中解释了 1.5 万美元的选择权价款与到时将会到期的附抵押本票的金额相同。因而，这份要约保留了上一份要约的基本架构，即购买与回购的约因在实质上相同。通过将"没有约因"替换为一定数额的美元，虽然只是名义上的，双方当事人增加了交响空间公司被认定为所有权人并从而获得不动产税收豁免的机会。正如艾伦所言，"税务机关一定愿意将交响空间公司作为所有权人对待"。

1978 年 10 月 5 日，艾伦又提出了一份要约。这份要约仍旧包含了

1 万美元的本票与 1.5 万美元的回购价格，但允许西宽公司 1988 年以 1.5 万美元，1993 年以 2 万美元，1998 年以 2.5 万美元，2003 年以 3 万美元的价格行使回购选择权。该要约中固定的多次行使日期，使得它对禁止永久权规则的违反较难发现。必须以各个可能的回购选择权行使日期减去该契约的执行日期，以确定回购选择权的行使是否过晚。因为 2003 年的行使日期是唯一超过普通法上禁止永久权规则所允许之期限的日期，将该日期包含在内具有决定性作用。相应的，这些日期如何产生以及为何添加了这些日期，在记录中引发了大量的争论。西宽公司的律师沃尔什在他的宣誓证言中宣称，

> 交响空间公司请求……在回购选择权协议中……加入 1987 年之后的行使日期，直至 2003 年，目的是制造出长期让与的表象，以保证交响空间公司可以获得税收豁免。西宽公司……同意这些日期的存在，因为它们似乎并没有改变交易的实质。只要回购选择权协议中保留了可于 1987 年行使的权利，其余的日期看来就是多余的。

谢菲尔作为争议的另一方，则对其余的日期有不同看法。在他的宣誓证言中，他陈述道，"在回购选择权被创设之时，我们不能确定西宽公司是否会行使它，无论是在 1987 年或其他之后的日期"。在阅读这些证词时请注意，一旦该剧院的租金超过了税负的金额，或者一旦有人希望开发该地产整体，那么对于西宽公司而言，行使此回购选择权即至关重要。

1978 年 11 月 9 日，克雷格·伦纳德（Craigh Leonard）在写给交响空间公司的信件中提到，伦纳德的理查德 & 奥奈尔律师事务所（Richards & O'Neil），被贾德森地产公司雇用"为西宽公司提供咨询"，并负责起草与系争地产的出售与回租有关的法律文件。这也许是西宽公司第一次向律师寻求咨询意见。该信件也确认了交响空间公司同意支付与文件起草有关的 5000 美元首期费用。当时，西宽公司并不知道起草中的文件可能构成交响空间公司主张不能废除的（indefeasible）的所有权之依据。

1978 年 12 月 31 日，双方当事人签署了一系列法律文件。包括一项买卖契约与契据，一项租约，一项抵押贷款与附抵押的本票，以及回购选择权协议。买卖契约中记载，西宽公司同意以不动产转让契据（Bargain and Sale deed）的方式让与交响空间公司 1242 大楼第 55 号地块，即百老汇第 2527—2537 号地块，及其所有纳税备查表与相关动产，包括两个 35 毫米的放映机，美国无线电公司（RCA）生产的音响设备，全套的字幕设备，922 个观影座位，两个售票机，一个糖果店，一个爆米花机。并且，买卖契约中包含了以下条款：

> 以下是出卖人［西宽公司］履行义务的条件，在下文的权利产生之前或结束之时，出卖人与买受人应当及时订立：

（a）一项租约与一项协议……以及

（b）一项回购选择权协议……

因此契约明确记载了，租约与回购选择权是买卖契约的条件。自另一个角度而言，租约与回购选择权是西宽公司签署契据之约因的组成部分。无论如何，该契约说明的现实是，如果没有签署租约与回购选择权协议，西宽公司就无法继续该交易。

根据租约，西宽公司应当每年向交响空间公司支付 1 美元的租金，并继续收取商业租金收入，大约每年 14 万美元，并且在发生火灾时领取保险，在被征收（eminent domain）时领取补偿金。相应地，在责任方面，西宽公司仍将继续为现存的 24.3 万美元的抵押负责，并为租约中第 3 条第 1 款的以下事项负责，

租约标的在此期间被确定的、收取的、摊派的、课予的，以及到期的与应支付或被扣押的所有的不动产税、评估费用、供水与排水费用，保险库费用以及其他任何种类或性质的政府征收费用，正常的与额外的、一般的与特定的、可预见的与不可预见的费用。

可见，这些法律文件除了增加获得财产税豁免的几率之外，还试图尽可能不对西宽公司的所有权造成实质影响。与西宽公司继续保留有限的所有权相一致，租约还允许西宽公司无须交响空间公司的同意即可进行让与或转租。西宽公司原本可以及时利用这一条款将它的权益让与一系列买受人，佩尔戈拉地产公司、布拉德福特·N.s 斯维特、卡萨蒂乌姆有限责任公司（Bradford N. Swett，Casandium Limited）与达仁斯咨询有限责任公司（Darenth Consultants Limited）。

抵押贷款与附抵押的本票将交响空间公司支付给西宽公司的金钱性质的约因予以特定化。抵押贷款的金额为 1 万美元，附 5％的利息，按月偿还，前 60 期只需偿还利息，之后每期支付 66 美元，直至全部偿清。应于 2003 年 12 月 31 日全部清偿。在抵押贷款协议中的一项关于税附负担的条款中，租约协议的承租人西宽公司要求所有权人交响空间公司，每个月向西宽公司支付 1/12 的不动产税、供水与排水费用以及保险费用，以保证每年支付这些费用的资金储备。

（六）"我们有机会，总有一天有机会"

最后一份协议是交响空间公司与西宽公司的回购选择权协议，允许西宽公司回购百老汇第 2527—2537 号地产。回购期限，也是最终的争议所在，规定在协议第 3 条。

3. 回购期限。西宽公司可以通过发送选择通知（Notice of E-

lection）……在下述任何期间（每个期间都被称为"行使期间"）行使这里的回购选择权：

（a）1979 年 7 月 1 日之后的任何时间，只要选择通知特定化的日期是 1987、1993、1998 与 2003 年的日期；

（b）本票记载并由抵押权担保的债权到期之后的任何时间，无论是以加速到期（acceleration）的方式或其他方式；

（c）出租人终止租约之后的 90 天内，除非终止原因是未支付租金或承租人根据租约第 7、9 或 10 条予以终止，条件是西宽公司根据租约第 7 条终止租约后的 5 年内不得将该地产或该地产部分作为剧院使用；或

（d）西宽公司就交响空间公司违反不动产契约或抵押贷款协议中的违约行为发出通知 30 日之后 90 日内，如果在此 30 日期间，交响空间公司没有补救其违约行为，或不能合理期待它在此 30 日补救其违约行为，即可认定交响空间公司未审慎地为补救行为。

西宽公司为了行使回购选择权而须支付的价款规定在第 4 条：

4. 回购价格；支付方式。西宽公司行使回购选择权应支付的价款，取决于选择通知所确定的以下交割日期：

交割日期不晚于：	回购价格
1987 年 12 月 31 日	15 000 美元
1993 年 12 月 31 日	20 000 美元
1998 年 12 月 31 日	24 000 美元
2003 年 12 月 31 日	28 000 美元

为了预先保障西宽公司重新获得该地产的权利不受损害，且不因而丧失所有权，回购选择权协议中还规定了一个针对此内容的条款。

5. 独立条款。西宽公司行使回购选择权的权利，除了这里明确设定的情形以外，不附任何条件，且不受西宽公司无论明示还是默示的履行或不履行租约义务，或其他协议所规定的义务之影响或损害。

契据规定西宽公司"于此授予"交响空间公司

永久性的……这些位于纽约州、市、镇曼哈顿区的地块，分别是第 25、26、27、28、29、30、31、55 与 64 号地块，以及 1869 年 5 月 29 日"J. C. 克拉克森（J. C. Clarkson）不动产地图"中以"B"开头的地块，这幅地图在纽约市镇注册办公室中有存档，其中对这

些地块的描述是：起点是（BEGINNING）第 95 大街与百老汇（之前的 Boulevard）西南角；沿百老汇西侧向南延伸 164 英尺 7 英寸；在西侧几乎与第 95 大街平行，与该地图中的第 56 号地块相距 125 英尺；北面沿第 56 号与第 63 号地块延伸，距第 95 大街南侧 162 英尺 6—1/4 英尺；西面沿第 95 大街南侧延伸，与起点相距 125 英尺。

通过这些文件，交响空间公司希望可以每个月不超过 100 美元的支出获得百老汇的场地，与之前的租金相比，可节约至少 90% 的费用。对于西宽公司而言，虽然租金收入有所减少，但它也希望可以通过减少不动产税负担来增加现金流。西宽公司保留了转租权，并希望保留 1987 年租约到期之后取回该财产的回购权，以便到时通过出售或开发整体财产而获利。双方当事人都意识到，他们的计划立基于交响空间公司获得不动产税豁免这一前提之上。但它们却都没有预料到，它们的计划以后也受到纽约州上诉法院（New York Court of Appeal）对财产法上一项晦涩难明的规则的解释之制约，而该规则最初产生于向后代无偿让与家庭财产的规范领域。

完成上述交易之后，交响空间公司开始着手保证它所占有的整栋建筑的 58% 可以获得至关重要的不动产税豁免。美国国税局已经批准其所得税（income taxes）的豁免，但不动产税的豁免被证明是块更难啃的骨头。《纽约州不动产税法（New York RPTL）》第 420—a 条规定：

> 仅以宗教、慈善、医疗、教育为目的或为了促进男性、女性与儿童的道德与精神而设立或运行团体或组织，或仅服务于上述两项或多项目的的组织，它们所拥有的不动产，以及无论是该团体或组织自身，还是其他团体或组织使用的不动产，如果仅用于进行上述一项或多项目的的，就应当获得本条所规定的税收豁免。

尽管交响空间公司的公司注册证明（certificate of incorporation）中记载的经营目的是，"仅为了慈善、教育，以及支持男性、女性与儿童的道德与精神进步"，纽约州的财产委员长（Commissioner of Finance）还是拒绝了它的税收豁免申请。

（七）"亲爱的法官大人"

交响空间公司诉至法院，但初审败诉，初审法院支持财产委员长的意见。交响空间公司从演出入场费中盈利，因而并非慈善机构。交响空间公司没有教员和学生，也并未获得教育委员长（Commissioner of Education）的批准，或者高校董事会（Board of Regents）的许可，因而也并非教育机构。此外，它与基督教青年会（YMCA）也不同，并非为了道德目的而运行的机构。

交响空间公司又提起上诉，但再一次被上诉分庭（Appellate Division）判决败诉。它再次提起上诉，并最终在上诉法院获得胜诉。该法院当时刚刚支持了将土地用于环境保护与野生动物庇护目的的不动产税豁免，这些案件显示，下级法院对《纽约州不动产税法》第420—a条的解释过于狭隘，以至于驳回了交响空间公司的税收豁免。该税收豁免争议最终于1983年7月12日获得解决，交响空间公司也获得了它在诉讼进行的5年中所支付税金58%的返还。在法院意见中，上诉法院并没有提及交响空间公司以远低于市场价的金额购得该财产的事实，并承认了限制其在土地上长期获益的回购选择权。

1982年3月15日，不动产税豁免案仍在审理的过程中，西宽公司将其附回购选择权的地产、波曼德城以及希利公馆以4.8百万美元的价格售予佩尔戈拉地产公司、布拉德福特·斯维特、卡萨蒂乌姆有限责任公司与达仁斯咨询有限责任公司。作为交易的一部分，佩尔戈拉与斯维特取得西宽公司回购选择权"项下及与之有关的权利、权属与利益"。佩尔戈拉与斯维特的权属规定在一项共有协议（Agreement of Tenancy in Common）中。根据该协议，斯维特是"管理人"，应支付4.8百万美元价款的15%以获得40%的财产权益。佩尔戈拉是"公司"，该公司最终至少由阿斯特家庭部分所有，它支付了85%的价款获得60%的权益份额。

1985年1月下旬，斯维特寄了两封挂号信给琳达·罗杰斯（Linda Rogers），交响空间公司的执行董事。第一封信1月29日寄出，标题是"回购选择权行使通知"。在此信中，斯维特写道，他代表他自己、佩尔戈拉、卡萨蒂乌姆与达仁斯行使回购选择权，将于1985年5月6日以1.5万美元的价格回购该地产。信中还写道，他行使回购选择权的依据是回购选择权协议的第3（b）与3（d）条。根据上述条款，在债务到期或在交响空间公司不履行债务且收到不履行债务通知时，相对方均可行使回购选择权。

斯维特的第二封信一定程度上解释了他的法律地位。这封1月30日寄出的信标题为"加速到期通知"，要求立即支付所有贷款。斯维特声称，交响空间公司已经延迟支付贷款数日，此事实使其有权加速贷款的到期，并使剩余债务立即到期。这使他可以根据第3（b）条行使回购选择权。他还声称，这封信也是交响空间公司不履行债务的通知，从而可以启动行使第3（d）条的回购选择权。

在斯维特向交响空间公司寄出上述信件之前大约一周，他自己也收到一封信件，其中表明佩尔戈拉地产公司终止了他的管理权限，并买断他与他的合伙人所拥有的权益。1985年2月1日，斯维特行使回购选择权后不久，佩尔戈拉地产公司的律师即向斯维特发函通知他，"佩尔戈拉接管该地产之上的商业活动与事务处理"，该通知将于 1985 年 2 月 20 日生效，依据是共有权协议第 2 条第 2.1（d）款，该款规定：

> 无论何时，只要公司依据它的自由裁量权认为管理人对该地产的日常业务与事务处理不具备商业上的合理性，或对重大商业决定，管理人与公司在 30 日内经磋商仍未达成一致意见，公司都可以通知管理人，由公司接管该地产之上的商业活动与事务处理。

佩尔戈拉地产公司也告知交响空间公司，斯维特不再拥有管理权限，也没有权利行使回购选择权。一封 2 月 19 日寄给斯蒂芬·奥尔登的信件中写道，

> ……我们的客户将于 2 月 20 日获得该财产的管理权。因此，我们请求您终止与布拉德福特·斯维特个人的所有接触，并且我们明确表示，他在任何情况下所作出的关于该财产或回购选择权的任何陈述，都在不动产共有权协议中的管理权限之外，都与我们无关。

（八）"我喜欢曼哈顿岛。你仔细考虑一下吧！"

斯维特尝试行使回购选择权的自然结果是，使交响空间公司注意到它对百老汇的使用期限。尽管佩尔戈拉地产公司 2 月曾向交响空间公司保证，在 1987 年行使回购选择权之前，令其继续使用。但 1985 年 3 月 13 日，交响空间公司还是提起了一项确认之诉（declaratory judgment action），如果胜诉的话，将可以清除未来的权利隐患。交响空间公司请求法院宣判回购选择权协议无效，从而永久禁止佩尔戈拉地产公司与斯维特行使回购选择权。交响空间公司否定斯维特的回购选择权行使，基于两项理由，一是它违反了禁止永久权规则，另一则是它违反了交响空间公司在普通法上回赎抵押物的权利（right to redeem the mortgage）。大约在 1984 年或 1985 年年初，奥尔登萌发了诉诸禁止永久权规则的想法。他在宣誓证言中提到，"我记得最近读到的判例中，支持将禁止永久权规则适用于不动产的回购选择权"。他在起诉书中声称，回购选择权无效的原因在于，它可以"在 2003 年抵押贷款到期之后的任何时间行使"。不过，起诉书中却并没有提到其他可以行使回购选择权的可能情形，这显然是基于以下假定：一个无效情形将导致所有行使回购选择权的情形均无效。

佩尔戈拉地产公司对交响空间公司起诉的回应是行使回购选择权。在它 4 月 4 日发出的选择通知中，佩尔戈拉公司以回购选择权协议第 3（a）条，以及斯维特曾使用的第 3（b）与第 3（d）条为行使依据。根据第 3（a）条，回购选择权的行使日期可以是"1979 年 7 月 1 日之后的任

何时间，只要选择通知特定化的日期是 1987、1993、1998 与 2003 年的日期"。三周之后，不过仍在答复交响空间公司的起诉书之前，佩尔戈拉地产公司提议进行和解。佩尔戈拉地产公司愿意"撤回 1985 年 1 月 29日的回购选择权行使通知"，以交换附回购选择权的地产契据，并要求交响空间公司在其提起的诉讼中"撤销对每一个被告的起诉"。佩尔戈拉地产公司还提出，"交响空间公司可以每月 500 美元的净价格承租目前使用的地产，该租约将于 1987 年 1 月 5 日到期，之后应将该地产完全交还"。佩尔戈拉地产公司的律师施特伦尔（Strenger）补充道，该要约包含了"在贷款与回购选择权利益方面相当大的让步，并使你的客户有充分的时间准备搬迁"。这封信件给了交响空间公司 4 天的时间接受要约。鉴于可能失去附回购选择权的整体财产之风险，而这种可能性在当时完全有实现的可能，和解要约的内容原本可以更慷慨。

斯维特在 1 月 30 日寄给交响空间公司的回购选择权行使通知中，要求后者于 1985 年 6 月 6 日将契据交付于斯维特。斯维特按期出现在指定的交割地点，但毫不意外，交响空间公司并未露面。

由于佩尔戈拉地产公司与斯维特就共有权财产的管理未达成一致，并且双方都希望宣告己方的支配权，针对交响空间公司的起诉，他们各自提交了一份答辩状。斯维特提出反诉，要求回购选择权的实际履行。佩尔戈拉地产公司的答辩状则请求实际履行以及律师费的承担，并辩称交响空间公司破坏了该财产的潜在买卖。事后，斯维特抨击佩尔戈拉地产公司的答辩状包含了"无关的反诉，以及冗长且无必要的声明"，导致该案件无法进行简易判决（summary judgment）。两份答辩状都包含了一些肯定性抗辩（affirmative defenses）。*

佩尔戈拉地产公司的肯定性抗辩之一是，如果该回购选择权无效，那么该契约即欠缺约因，权利的让与即自始无效。佩尔戈拉地产公司的律师陈述道，"除了交响空间公司以抵押贷款的方式获得而从未支付的 1万美元的购买价款，……以及相对方对部分财产的回租，回购选择权协议是西宽公司让与附回购选择权财产的唯一约因"。当然，契据的效力不以约因为要，所以除了欠缺约因之外必须寻求其他的支持。也许这一欠缺约因的抗辩，部分突出了以下事实：如果判决回购选择权无效，可能使交响空间公司不当得利。

在上诉分庭与上诉法院的审理中，佩尔戈拉地产公司请求基于共同错误（mutual mistake）而撤销（rescission）契约。两个法院都驳回了这一请求，理由是，

> 如果双方当事人的错误是对禁止永久权规则的适用，那么因为

---

* 指被告并不否认原告所主张之事实的真实性，而是提出其他理由说明己方不应承担责任。——译者注

契约并未负载当事人的真意而确认其无效的救济方式，就与禁止永久权规则的规范目的相冲突，因为该规则的目的恰在于否定当事人的意志。"上诉法院继续论证道，如果允许撤销"，还会违反公共政策，因为这将导致与强制执行回购选择权同样的结果，从而使违反禁止永久权规则的契约得以强制履行。

法院的正确之处，是指出该规则的目的即在于凌驾于当事人意志之上，而诉诸当事人真意的立基点很薄弱。尽管如此，两个法院讨论的都是"双方当事人"的意思，而非"让与人"的意思，说明回购选择权案件的政策考量与普通的永久权案件不同。有没有阻止当事人将来参与此类交易的正当理由？

另一项肯定性抗辩是欺诈，如果得到支持，将允许法院取消对交响空间公司的财产让与。如果交响空间公司知道该回购选择权无效，那么交响空间公司最初向西宽公司提出的以回购选择权交换土地的要约就可能构成欺诈。交响空间公司自始提出的要约中，回购选择权的行使就可能超过永久权期限，这看上去当然很可疑。要么就是交响空间公司的律师们没有意识到调整回购选择权期限的这一重要规则，要么就是他们意识到了但却希望西宽公司的律师没有意识到。奥尔登的宣誓证言并没有消除可疑性。

问：你难道不需要告诉你的委托人，你所起草与审查的法律文件是否有效吗？

奥尔登：又来了，这些文件不是我起草的。它们确实经我审查但并非我起草。就回购选择权协议而言，我当然不认为，如果它不可强制执行的话，我的委托人会反对它。我不是必须告知他们。

问：你不是必须告诉谁？

奥尔登：我的委托人。

问：那么，它是否可强制执行呢？

奥尔登：它是正确的。

问：你有没有告诉你的委托人它是否可以强制执行？

奥尔登：我不认为如此。我们没有提到或回答这个问题。

问：你的意思是说，你的委托人没有提出这个问题或你自己没有回答这个问题？

奥尔登：是的。

问：你并没有起草意向书，对吧？

奥尔登：在这些文件之前？

问：是的。

奥尔登：在整个交易期间都没有。

问：你是否有这些记载了回购选择权期限的意向书，你记得吗？

奥尔登：我想是的。

问：你当时是否认为其中的回购选择权期限可强制执行？

奥尔登：没考虑过这个问题。

问：你当时是否认为它们不可强制执行？

奥尔登：没考虑过这个问题。

但是，这项抗辩并没有提交上诉法院，也许部分是因为奥尔登之后提交了一份宣誓证言，声称德贝沃伊斯 & 普林顿律师事务所在 1985 年之前都没有意识到该回购选择权无效。

斯维特的抗辩中提到，交响空间公司的案件是未决案件（moot），因为在交响空间公司起诉之前，斯维特已经行使了回购选择权。如果接受这一抗辩，那么法院就不得不忽略禁止永久权之传统理论的实质要素。根据该理论，在权利被创设之后，效力取决于可能发生的情形，而非已经发生的情形。如果从回购选择权创设的日期，即 1978 年 12 月 31 日起算，可能构成过晚授益，那么即使限制授益的事件在永久权期限内已经终止，授益仍然无效。这就意味着，即使实际的授益是及时的，但只要曾经可能构成过晚授益，授益仍无效。斯维特所暗中请求的，是法院对回购选择权采用当代的"情事等待（wait-and-see）"进路，而非传统的"可能性（what-might-happen）"进路。在上诉法院审理阶段，佩尔戈拉地产公司明确请求法院采用情事等待原则，但被法院驳回，理由是成文法的文义排除了它的适用。而可能性进路的必然推论是，违反该规则的权益自始无效（void ad initio）。如果系争回购选择权违反了该规则，那么它一开始就是无效的并且永远不得行使。因此在逻辑上，斯维特的未决案件论点并无出路。该案件未决的唯一可能，是法院认为此案不应适用禁止永久权规则。但如果法院认为不应适用此普通法规则，也就没有必要提出未决抗辩，因为系争权益有效。而如果法院认为应适用该普通法规则，那么任何行使行为都不会导致案件未决，因为自始就不存在可行使的权利。

斯维特的答辩状中还以交响空间公司的请求已罹于 6 年的诉讼时效期间为由进行抗辩。与上述抗辩理由一样，此项抗辩也违反了禁止永久权规则的本质。即使法院采纳了此项抗辩，交响空间公司也可以不顾及佩尔戈拉地产公司行使回购选择权的尝试，并拒绝进行交付，正如它在对方提交答辩状时的所为。之后佩尔戈拉地产公司就必须起诉交响空间公司违反回购选择权契约，而交响空间公司则可以否认，因为该契约并未创设任何回购选择权，拟被创设的回购选择权违反了禁止永久权规则。或者交响空间公司也可以提起一项确权之诉（quiet title action），以澄清所有权状况，并解决永久权问题。鉴于交响空间公司有其他方式向法院提出关于适用禁止永久权规则的请求，那么回购选择权无效之诉并未歧视斯维特的利益。

斯维特答辩状中提出的另一项抗辩理由是，交响空间公司与西宽公司的意图是使西宽公司获得确定权益（vested interest），因此西宽公司获得的是一项完全回复抵押物（complete defeasance）的确定权益。如果是这样的话，该权益并非无效，因为禁止永久权规则仅适用于不确定权益（contigent interest）。这一新奇的抗辩的问题在于，确定与不确定权益的区别并非取决于当事人的意图，而是取决于让与表示的文句。在本案中，创设系争权益的文句出现在回购选择权协议之中。它明确显示该回购选择权具有将来权益的性质。"交响空间公司授予西宽公司对该地产排他性的回购选择权……西宽公司可以根据下述第4款确定的回购价款行使该权利。"西宽公司必须满足的条件——行使权利并支付价款——也属于创设权利的文句内容；它们并非权利创设之后剥夺权利的文句。尽管文句中有逗号，用于描述附回购选择权的财产，但并没有将这些条件与权利授予相隔离的标点。因此，它们是事先条件而非嗣后条件。鉴于很多法院都明确将创设权益的回购选择权视为以行使为条件的不确定权益，该法院如果将其认定为确定权益，将非常令人意外。

在答辩状与答辩回复交换期间，佩尔戈拉地产公司正试图申请禁制令，排除斯维特对共有财产的支配。案卷记录中显示了共有人间的激烈矛盾。在讨论佩尔戈拉地产公司寄给斯维特的一封要求其退出该地产磋商的信件时，斯维特在宣誓证言中提到，

> 这封信写于1985年4月4日，当时系争地产的市场价正处于历史高点，毫无疑问获得该地产权益对于所有的共有人都有利，这也是我们所追求的目的。但是，佩尔戈拉地产公司的律师却通知交响空间公司的律师，可以继续保有该地产直至1987年，并请后者忽视我们行使回购选择权购买该财产的行为。这简直令人难以置信！！［下划线为原文格式］

下面这段话描述了他被背叛的感受：

> 因此，原告［佩尔戈拉地产公司］的律师通过告知交响空间公司的律师，依其所述，我没有行使回购选择权的权限，无异于为后者提供了信息，以帮助其在交响空间公司与共有人的诉讼中获得胜诉。而这同样绝对令人无法置信！！［斜体为原文格式］

法院艰难地审查了九份宣誓证言及其速记副本之后，最终于1987年2月6日命令斯维特与佩尔戈拉地产公司合作，并令佩尔戈拉地产公司获得共有权的管理权。一个月之后，即1987年3月12日，佩尔戈拉地产公司又向交响空间公司寄出一封选择通知信，大约是为了确保交响空

间公司获知佩尔戈拉地产公司是管理人且在行使回购选择权。但斯维特并不合作。12 天之后，斯维特向佩尔戈拉地产公司寄信告知，就后者对共有权的管理权，他已经提起上诉，并且他仍然是该地产的管理人。奥尔登将信件内容告知了施特伦尔，并要求他解释。直至 1987 年 8 月管理权争议才结束，佩尔戈拉地产公司才得以将其全部精力集中于处理与他之前的租客、现在的业主——交响空间公司的纠纷。

（九）"有事情要发生，我不知道是什么事，但一定是好事！"（法院判决佩尔戈拉地产公司败诉）

五年之后，纽约州纽约镇最高法院［初审法院］的莱伯戴夫（Lebedeff）法官才就永久权诉请作出裁判。判决意见直指底线，其中写道，

> 无疑义的是，系争回购选择权可于 2003 年行使，即该协议开始履行 25 年之后……鉴于有公司涉入其中，而不存在"生存的"自然人，相关的 21 年期限应自书面契约开始履行时起算。

其中阐明的规则与传统的禁止永久权规则并无不同。根据"可能性"进路，可能存在诸多导致无效的情形，而只要能证明存在其中的一种即可。可能的情形之一如：回购选择权被创设后，一年之内相关的成人中数人都育有后代，两年之后，所有相关生存者均去世，23 年之后成年以后的后代对谁拥有佩尔戈拉地产公司存有争议，他们行使了回购选择权，消除不确定因素并完成授益。在此情形，授益行为发生在所有该权益被创设时的相关生存者死亡 21 年之后。这也显示了初审法院认为"在此期间之后强制非自愿的所有权人出卖标的物的回购选择权无效"的原因。

初审法院批准了交响空间公司的简易裁判申请，驳回了佩尔戈拉地产公司的诉请。之后，佩尔戈拉地产公司提起上诉。上诉分庭埃勒因（Ellerin）法官同意初审法院的意见，即系争回购选择权违反了禁止永久权规则。上诉分庭向上诉法院咨询"纽约州纽约镇最高法院的审判得到我们的维持，这样处理此案是否恰当"？上诉法院的主审法官凯（Kaye）对此予以肯定回应，并最终终结了佩尔戈拉地产公司获得系争财产的希望。

佩尔戈拉地产公司与斯维特提出了一系列衡平法上的抗辩，包括禁止反言（estoppel）、失权（waiver）、迟误（laches）、诈欺与污手（unclean hands）。初审法院将这些抗辩统称为"失权抗辩"并予以驳回，理由是不得违背禁止永久权规则。初审法院得出此项结论时论证道，禁止永久权规则的适用目的即在于不顾及当事人意志，它是一项法律禁令而非建构性规则。即使双方当事人都同意排除该规则的适用，法院也不能

排除。此外，就欺诈抗辩而言，西宽公司没有理由信赖交响空间公司的法律意见。西宽公司的律师代表其执行协议，而在回购选择权行使的 10 年前，纽约的立法即已使其受制于禁止永久权规则。

本案引发的禁止永久权规则的难题在于，回购选择权是否禁止永久权规则的适用对象。回购选择权协议本身并非其适用对象，因为它更像是对土地权益的让与。然而，因为土地被法院认定为特定物，有关土地买卖的契约在衡平法上必须实际履行。衡平法将应为视为已为，且衡平法上的转化原则（equitable conversion）将买受人请求实际履行的权利转化为衡平法上的所有权。⑭* 因而，此类契约有在回购地产上为回购选择权人创设衡平法权益的效力。如上文所述，该衡平法上的权益并未被授予，因为它以回购选择权的行使为前提。因此，理论上，如果受让人享有回购选择权并可在被授益时终止此前的不动产权利，那么该回购选择权即是一项衡平法上可行使的权益，且受制于禁止永久权规则。

需要注意的是禁止永久权规则适用的五种例外情形。第一，有些判决，包括纽约的判决，承认优先购买权（rights of first refusal）或优先权（preempitve rights）为例外。优先权使权利人在所有权人决定出卖标的物时获得购买的权利。但回购选择权并不属于此种例外，因为它使西宽公司有权强制交响空间公司以协议约定的价格出售，即使后者并无此意愿。而优先权则仅使权利人获得根据出卖人确定的价格在将来买受的权利，且此之买受人不同于回购选择权项下的买受人。而且，回购选择权更有将来增值的潜力，如本案中的回购选择权即价值数百万美元。

第二，租约附带的回购选择权构成禁止永久权规则的例外。但本案也不属于此种例外情形，因为回购选择权的期限长于租约，且标的范围比租约更广。在回购选择权最后的行使期未届至之前租约即已到期。而且，租约的标的仅限于非剧院地产，而回购选择权的标的包含了剧院地产。

第三，佩尔戈拉地产公司还主张系争回购选择权是从属选择权（dependent options），因而属于禁止永久权规则的例外。从属选择权与独立选择权的区别在于，前者是整体交易的一部分。初审法院在纽约州法中找到了强调这一区别的条款。纽约州立法创设了一项例外，即从属于超过 2.5 百万美元抵押贷款的选择权不适用禁止永久权规则。而如果所有的从属选择权都成立例外，就没有必要通过立法单独为大额抵押贷款的从属选择权创设例外。法院引用了回购选择权协议第 5 条，该条的条旨

---

* 原文没有注 13，可能是编辑错误。——译者注

⑭ 即使禁止永久权规则可以使 Pergola 在系争土地上的衡平法权益无效，也并不必然可以使 Pergola 要求 Symphony 承担违约损害赔偿的权利归于灭失。See Worthing Corp. v. Heather, ［1906］2 Ch. 532. 在未澄清此争议的情况下，法院即判决回购选择权契约在任何意义上都不得强制执行。

为"独立条款"，并据此推断该条款意味着系争回购选择权是"独立于当事人间所有其他协议的条款"。但这项论据难以令人信服。第 5 条的意旨并不在于使回购选择权独立于其他交易条款，而是为了表明无论西宽公司是否违反了此协议的其他义务，都可以行使回购选择权。此与不动产租赁法的观念类似，即传统上，租约中的很多承诺都构成独立条款。因此上述条款既没有明言也没有暗示系争回购选择权独立于整体交易。如果回购选择权并非整体交易的一部分，该条款将丧失意义。该条款的存在本身即意味着，该回购选择权是一项从属选择权。

第四，根据一项严格适用禁止永久权规则的美国理论，出让人所保留的回购选择权不受制于禁止永久权规则。出让人让与后所保留的回购选择权是一项衡平法上的不确定权益，但它与进入权（right of entry）或不确定回赎权（possibility of reverter）更接近，而非不确定剩余地产权或期待利益。进入权与不确定回赎权都不在该规则于美国的适用范围之内。遗憾的是，美国法院遵从伦敦与西南铁路公司诉冈姆案（London & South Western Railway Co. v. Gomm）的先例[15]，而这一英国判例并不认同上述例外，而认为出让人保留的进入权同样受制于禁止永久权规则[16]，因为该规则可适用于所有选择权，包括出卖人保留的选择权。[17] 不限制禁止永久权规则的适用非常具有讽刺意味，因为没有理由放弃理论上的一贯而将该规则适用于回购选择权。于此，美国财产法的立场扭曲。它一方面承认很多学者批评将禁止永久权规则适用于回购选择权。并且承认出让人保留的回购选择权是一项衡平法上的回赎权益，而非受让人权益。然而，它仍然为以下观点背书：出让人保留的回购选择权应受制于禁止永久权规则，因为回赎权益不应排除该规则的适用。其结果是，选择权不应适用该规则，而出让人保留的回购选择权却应适用该规则，原因在于，后者与一项不适用但却应适用该规则的权益相近。

如果要使理论上的论证在此案中获得支持，佩尔戈拉地产公司就不得不说服法院采信与美国权威观点相悖的正确的理论立场。但这还远远不够。佩尔戈拉地产公司还必须说服法院相信，系争回购选择权是一项出让人保留的选择权。而事实上它的确是此类权益。就像 1978 年 12 月 31 日日出时，西宽公司拥有某一地块，且午夜时分，它拥有购买此地块

---

⑮　20 Ch. D. 562（1882）.

⑯　有疑问的是，Gomm 案时代英国法院是否将禁止永久权规则适用于不确定回赎权？之后一项有关不动产的判例支持了这种适用，紧接着的英国立法也采纳了这一立场。因此，在英国，理论上该规则适用于出让人保留的回购选择权，无论是以附条件（进入权）还是附期限（不确定回赎权）的方式创设。然而，在美国，上述两项权益均不在此规则的适用范围之内，因而理论上相应的，出卖人保留的回购选择权即构成此规则的例外。即使美国法院试图以英国法院 19 世纪晚期的判例改造该规则，至少应使以附期限方式创设的出让人回购选择权成为例外。

⑰　极少数限制禁止永久权规则适用的法院判例之一，支持了一个白人家庭行使回购选择权，从一个黑人家庭手中重获土地。Coley v. Hord，250 Ky. 250，62 S. W. 2d 792（1933）.

的选择权。然而，将来权益法之下，与土地法的很多领域一样，形式不仅支配着实质，形式就是实质本身。事实是，让与交响空间公司地产权的是一个法律文件，而为西宽公司创始回购选择权的是另一个法律文件。除非这两个文件可以结合为一个交易整体，否则西宽公司即不能主张它保留了权益。佩尔戈拉地产公司的诉讼策略某种程度上强调了"一个交易整体"的观点：回购选择权是财产让与契据的约因，而非佩尔戈拉地产公司在其原本的地产权之外保留的权益。

第五，即最后一个值得注意的禁止永久权规则的例外是，慈善收益之下的不确定权益不受该规则约束。传统上，为了适用此例外，慈善收益之下的不确定权益人也必须是慈善机构。这一例外使捐赠人可以为第一慈善机构施压，使其将财产用于特定的慈善目的。该例外的正当性在于：如果捐赠人知道，若其捐赠财产未被使用于特定目的，那么即使死后他的意志仍可重新支配捐赠财产，捐赠行为将得以鼓励；而这对于第一慈善机构并无不利。而如果将此例外扩展至慈善机构所拥有的所有收益，上述意旨将更能发挥效用。捐赠行为将大幅增长，而这对慈善机构与社会均有益。鉴于交响空间公司是慈善组织，只要将慈善例外稍加扩展即可使佩尔戈拉地产公司的权利不受禁止永久权规则制约。而佩尔戈拉地产公司试图使法院认识到交响空间公司企图以极低的代价获得该地产的意图，也正可与该论点相结合。

（十）分立的未来事件

还有一项可支持佩尔戈拉地产公司之回购选择权有效性的理论论据。自 1770 年朗格海德诉菲尔普斯（Longhead v. Phelps）案[18]的判决起，禁止永久权规则的判决即承认了被称为分立未来事件（split contingencies）、替代未来事件（alternative contingencies）或可分性（separability）的理论。当存在两项及以上的不确定权益授予可能时，即可适用该理论。为了便于理解，可举例说明。假设一名任性的死者立遗嘱遗赠（devise）"黑田于交响乐团公司，但如果游乐场公司雇佣我的女儿玛尔乌卡（Maruca）饰演《西区故事（West Side Story）》中的玛利亚（Maria）或游乐场公司将《西区故事》题献给我，则将黑田遗赠于游乐场公司"（两个公司均为营利组织）。第一个未来事件如果会发生的话，必须发生于玛尔乌卡有生之年。[19]而第二个未来事件的发生时间则可以很遥

---

⑱　Longhead on the demise of Hopskins v. Phleps and Others，2 Black. W. 704（KB 1770）.

⑲　于此，Maruca 的生存即"有效期间"。

远。尽管游乐城公司只有一项将来权益，且有一种情形将导致其授益过晚[20]，它的权益也并非完全无效。根据分立未来事件理论，第二个事件无效，而第一个事件有效。游乐场公司仍然可以通过雇佣玛尔乌卡饰演玛利亚使交响乐团公司的不动产权益归于消灭。

就佩尔戈拉地产公司的回购选择权而言，毫无疑问，分立未来事件理论分隔了第 3（b）、3（c）、3（d）条的未来事件与第 3（a）条的未来事件。其中前三者均无效。有疑问的是，分立未来事件理论是否会分隔第 3（a）条所规定的各种未来事件，根据该条款，回购选择权的行使可以是"1979 年 7 月 1 日之后的任何时间，只要选择通知特定化的日期是1987、1993、1998 与 2003 年的日期"。

据此，问题的关键即在于，分立未来事件理论是否将过晚的 2003 年日期区别于其他三个在永久权规则期限内的日期。法院不会支持法律文件中没有明确分割的未来事件的分立，因为如此，将无异于采取禁止永久权规则的"情事等待"进路，而此进路直接与传统的"可能性"进路相悖。但是选择权回购协议第 3（a）条明确创设了四个独立的未来事件。该协议第 4 条也支持这一论断，因为第 4 条特意为每个不同的日期确定了不同的回购价格。其中，第一个未来事件是交割日期被特定化为1987 年的日期，第二个未来事件是交割日期在 1993 年年内，第三个未来事件是交割日期在 1998 年年内，最后一个未来事件是交割日期在2003 年年内。因为上述四个分立的未来事件被法律文件明确表述，禁止永久权规则的适用也应当分别考量。根据普通法上的禁止永久权规则，"与 2003 年"的表述应当与第 3（b）、3（c）、3（d）条一起从法律文件中删除。

上诉分庭驳回了分别对待未来事件的请求，理由是，无视无效的未来事件将变更该法律文件，而该法院并不愿意使用它的衡平法权力对法律文件进行如此大幅的改动。该案件上诉到上诉法院之时，佩尔戈拉地产公司似乎承认了分别对待未来事件将构成对法律文件的改变，并敦促法院为此改动：通过请求法院为了它的利益适用"挽救条款（saving statute）"解决此模糊问题，但被法院驳回。不过上诉分庭与佩尔戈拉地产公司之区别对待未来事件将导致变更法律文件的假定并不正确。将禁止永久权规则适用于法律文件并不意味着对该法律文件的变更；是法律的适用本身，推翻了一些表述，而非其他表述。分立未来事件理论是禁止永久权规则的一部分，而非解释规则，也并非衡平法为了救济适用该规则导致的不利而调制的秘方。

---

[20] 其间有很多孩子出世，很多年后，所有相关生存者均辞世。又过了 22 年。游乐场公司题词将《西区故事》题献给死者。游乐场公司的未来权益获得授益。

（十一）"抓住月亮，用一只手抓！"（禁止永久权规则的规范目的）

禁止永久权规则以多种方式在多种情形下增进社会福祉。下面几个案件将证明该规则的积极作用绝不体现在单一方面。然而这些案例也将证明，该规则所产生的积极效应并没有因为将其适用于选择权而得以增长。

禁止永久权规则有利于增进所有权的流转效率。在一个不确定剩余地产权永续存在的司法管辖区，T 去世，H 为继承人。T 在遗嘱中将黑田"在 A 生存期间遗赠于 A，在 A 去世后遗赠于其孙子女"。而此时，A 尚无子女。该不确定剩余地产权无效。A 拥有终身地产权，H 则有回复权（reversion）。如果 X 比任何人都更加享受在该黑田的生活，那么从 A 与 H 手中购买该地产，较之于从 A 与 A 未出世的孙子女手中购买更为明智。因为禁止永久权规则通过将权益分配给更有可能作出让与的当事方，增加了土地的流通性。因为这是该规则的有力依据，废除该规则的改革通常仅限于信托利益。但该规则的这一功能并不会因其适用于回购选择权而有所增强。为了购买上述土地，X 只需要与选择权人交易，正如佩尔戈拉地产公司从西宽公司手中购得选择权。

禁止永久权规则消减了死者对生者行为的支配。O 遗赠"黑田于 A 及其继承人，但如果占有人中有人酗酒，则遗赠于禁酒联合会（Temperace League）"。如果没有禁止永久权规则，A 与其他占有人将不会酗酒或偷偷酗酒。但禁止永久权规则破坏了禁酒联合会的期待利益，使占有人免受死者的控制，他们可以酗酒并大约生活得更快乐。但很难看出，将该规则适用于通常的选择权会有此效用。

禁止永久权规则减少了丧失占有的风险。T 遗赠黑田"于 A 及其继承人，但如果我的母校再一次赢得全美大学生篮球联赛冠军，则遗赠于我的母校"。该规则破坏了 T 母校的期待利益。A 将过得更快乐，因为他不必担心会失去黑田，即使 T 的母校看起来完全有能力赢得联赛。若以遗嘱设立信托，该规则的这一优势仍然存在。但是，在 A 获得权利的同时，T 的母校丧失了权利。是否有理由相信，被分割权能的权利比因该规则而未被分割权能的权利更不具有价值？此类权益从未出现在市场交易中的事实显示，它们不会增加社会效用。此外，心理学实验也表明，A 因丧失此收益而产生的不快远大于 T 母校获得此权益的快乐。而另一方面，回购选择权产生于市场交易中，由了解情况的当事人所创设，因而可被假定为可以产生价值。将禁止永久权规则适用于选择权将与其此项功用背道而驰。

禁止永久权规则重新分配所有权，使其归属于有能力而非无能力享受所有权之人。在一个不确定剩余地产权永续存在的司法管辖区，T信托遗赠"A终身权益，在A去世后遗赠于其孙子女"。当时，A为10岁，没有子女更没有孙子女。H是T的继承人。禁止所有权规则使不确定剩余地产权无效，其结果是，A享有终身地产权，H拥有未来权益的概率高于A的孙子女，因为A在世。H可能拥有的时间并不长，但相比于A未出世的孙子女在出世前拥有此权益的概率当然更高。尚未实际享有权利并不意味着该权益不得被享有。不确定未来权益就像是一张将于未来开奖的彩票。彩票所有者可能以持有它为乐，即使她知道在她死后才会开奖并且该彩票无法出让。而在临近开奖时，彩票将更有价值。就回购选择权而言，虽然同样是随着行使期的接近价值随之提升，但将禁止永久权规则适用于此，并不会产生将所有权从尚未出生者重新分配于在世者的价值。换言之，该规则的这一效用，与上述其他效用一样，都不会因适用于商业交易创设的选择权而有所增强。

与禁止永久权规则的功能有关的，是避免首代人垄断的问题。假设对于将来的100代人而言，每代人中只有一人能拥有某项财产。若没有禁止永久权规则的存在，那么当下的所有权人即可以控制将来100代人中何人可以成为所有权人（虽然她们可以出让自己的暂时性权益）。这将导致三个方面的问题。如果一个人可以从自己的受益权中创设出100个连续的终身权益，那么这100个权利人都会丧失选择自己去世后的所有权人的乐趣。而选择将来的所有权人可能与其他的消费一样，边际效用会递减；第一次看一部电影会带来快乐，但看100遍就另当别论。第一次就一项财产为他人创设一个终身权益，会产生赠与的快乐，但创设100次则未必如此。更重要的是，第99代所有权人，因为他认识下一代人，那么他从选择第100代所有权人中所获得的快乐很可能大于第1代人选择第100代所有权人的快乐。此外，代际接近的几代人更有能力确定谁将从该财产中受益最多。孩子们的父母，而非去世已久的先祖，更清楚哪个孩子更喜欢家庭照片或可以从医疗护理中受益最多。而且，受赠人在对赠与人有记忆的情况下，从礼物中获得的快乐更多。然而，必须再一次强调，避免代际问题同样不能正当化禁止永久权规则对选择权的适用。

该规则也减少了财产积聚（accumulation）问题。如果一项信托可以永续存在，且没有可以制约收入积聚的规则，则捐赠人可以设立一项一百万美元的信托，并使之存续500年之后，分配给到时在世的百万名后代。基于复利计算法，如果该信托的增长率是6%，通货膨胀率是3%，那么他的每个后代所获得的份额都将高于现下的一百万美元。如果信托的收益人仅限于遥远的后代，那么这项捐赠就是通过排除当下消费来增加未来消费。而最需要它的又是哪代人？

禁止永久权规则还解决了受益人倍增所导致的行政问题。上述案例即显示了这一问题。追踪受益人并确定他们的份额，成本巨大。而该规则在有些情形下重新将收益分配给更容易确认与分配的群体。但是，商业性的选择权几乎不存在确定权益人的困难。

（十二）将该规则适用于回购选择权的效用

根据上文所述，将禁止永久权规则适用于回购选择权与它的传统功能不符。纽约上诉法院在交响空间案的判决意见中显示，考量是否应将该规则一般性地适用于选择权时，该法院承认这可能是"将信将疑的思虑所迈出的一步"。法院承认，该规则的创设并不是为了适用于选择权。

> 该规则的产生是用于制约家庭财产分配；而有生之年再加 21 年的期间设定，也是为了调整此类赠与。对于公平的契约交易，并不存在此规则所意欲解决的问题，而且有生之年与此后的 21 年也与商人及其事务无关。[21]

尤其是在财产法领域关于旧有规则的讨论中，经常出现的论点是，如果某一特定规则产生的原因已经不存在，那么，该旧规则就应被摒弃。但是，这一论点还不足以证明旧规则不能适用于当下情形。还必须考量的问题是，是否存在将该旧规则适用于新情形的新原因，如果有的话，这些新的原因是否充分。

在分析将禁止永久权规则适用于回购选择权可能带来的效用之前，值得一提的是，扩张适用该规则于回购选择权的正当化理由之一是，此为避免脱法行为（circumvention）的需要。例如，遗嘱人可以通过要求剩余地产权人支付极低的价金，而创设一项若无此价金要求即违反该规则的不确定剩余地产权。而对此潜在问题的更优解决方案是，将不适用选择权的例外仅限于商业选择权。尽管这可能在少数情形导致争讼，但在大多数案件中，法院与律师都可以轻易分辨商业选择权与脱法行为。

暂且不论脱法问题，现在的问题是，该规则适用于选择权能否产生额外效用。选择权是否引发了可以由该规则予以救济的问题？以选择权形式被分割权能的所有权，若可于 2040 年，或 2400 年，或 24000 年行使，会产生什么问题？交响空间案显示，选择权与租赁类似（在本案中运用这一类推尤其需要小心，因为西宽公司同时是回购选择权

㉑　669 N. E. 2d at 804，quoting W. Barton Leach，该规则最重要的批评者之一。

人与大部分回购标的的承租人）。购买土地的选择权人即该土地之长期利益的受益人。与所有权人类似的是，选择权人虽然并非占有人，但仍然关心该财产上发生的状况，因为如果选择权有价值的话，那么财产价值的任何减损都会导致选择权的价值减损。反之也很明显，创设选择权即剥离了创设人在土地上的权益，这又使创设人的地位与承租人类似。选择权相对人与承租人一样，虽为占有人，但对于土地权益的长期增值兴趣有限。因为如果他"成功"使土地增值，之后导致回购选择权的行使，就会丧失增值利益。土地所有权人与选择权人的类比有助于澄清，选择权的创设不会消减投资土地的动机。这些动机不会灭失；它们只是部分转移到交易的另一方，即选择权人，他某种程度上像是新的土地所有权人。

尽管如此，选择权与租赁仍有区别。选择权分配的是收益风险而非失利风险。如果财产价值低于某一特定水平，选择权人并没有损失。而如果财产价值高于某一特定水平，选择权相对人也没有获利。而在租赁，在土地价值变动时，出租人与承租人均有所收益或损失。土地所有权人与选择权人对土地的长期权益并不相同。于此，问题在于，上述区别是否会导致禁止永久权规则适用的区别。

初审法院查明，被告没有进行必要的维修以使租赁物处于适用的状态，并据此否定其回购选择权。法院没有考虑到，所有权人通常不会继续维护不值得维护的财产，从农场上发霉的谷仓到凋敝的城市中被废弃的建筑莫不如是。初审法院称，"禁止永久权规则是防止城市衰落的公共保护手段：防止前所有权人的死亡之手妨碍或推延财产的维护、改良与开发"。显然法院在本案中没有考虑到，在本案中谁的手是死亡之手。西宽公司及其权利继受人佩尔戈拉地产公司认为它们对该财产有长期利益。如果回购选择权的存在使交响空间公司有理由不进行维护投入，那么将刺激佩尔戈拉地产公司进行维护的动机。当然，通过回购选择权造成的所有权权能分裂确实可能造成暂时的外部效应。但是，正如上文所述，一项为期25年的租赁造成的所有权权能分裂也会产生相同的问题。关键不在于回购选择权是否会引发问题，而在于它所带来的益处是否超过了弊端。当双方当事人决定分割所有权的权能，无论是通过回购选择权还是租赁，都意味着他们认定分割所有权权能较之不分割更加有利于土地价值的增值。于此，法院事后猜测当事人的共同决定并不适宜。

上诉法院犯了同样的错误。佩尔戈拉地产公司指出，该法院此前曾为商业优先购买权创设了例外，并敦促法院也将选择权作为例外。法院的回应是，"选择权赋予权利人根据自己的意愿购买标的物的绝对效力……这一达摩克利斯之剑妨碍了所有权人对财产进行维护投入"。由于没有意识到于此存在两个"所有权人"，法院也就没有意识到，回购选择权使进行维护的利益转移于回购人。西宽公司保留了投保与征用程序中的权利这一事实也说明，它是该地产的第一利益人，如果经济上的理由成立的话，它也很有可能对该地产进行投入。"此外"，法院继续论证道，"回购选择权的存在显著妨碍了所有权人将该财产让与第三人的可能，从而使其在实践中丧失可让与性"。法院在本案中犯此错误令人震惊。本案的事实本身即足以驳斥这一不可让与的主张。西宽公司将其所有权权益让与佩尔戈拉地产公司，后者愿意支付数百万美元。最终，到了需要开发该地产的时候，佩尔戈拉地产公司即行使了回购选择权。而阻止更早进行开发的，是早于回购选择权创设的租约。是租约妨碍了西宽公司 1978 年出卖该财产，且租约的存在也是回购选择权被创设的第一动因。阻止财产开发的，是初审法院对佩尔戈拉地产公司行使回购选择权的拒绝。正如本案事实所显示的，回购选择权在削弱了相对人出卖土地之可能的同时，增加了回购选择权人出卖土地的可能。法院也承认回购选择权"赋予回购选择权人对财产的可让与性进行实质控制的权能"。然而，在区分回购选择权与优先权时，法院没有说明，为什么是占有人还是其他人享有让与可能性，会对禁止永久权的适用目的造成如此大的不同。

如果选择权的行使期不在禁止永久权规则的期限范围内，则是另一个问题。选择权始终不能行使，权利人没有出卖土地的法律权利，而有法律权能的相对人实践中出卖土地的可能也被消减。但严格而言，选择权与地产权都是可以让与的，土地可以让与的原因是，双方当事人可以共同让与土地的完整权益。不过，就实务而言，在永久权期限内无法行使的选择权，可能削减土地的流通性。基于这一原因，也许可以将选择权作为一种财产指定权（power of appointment）。㉒ 而如果一项一般性的基于生前赠与（inter vivos）的财产指定权在禁止永久权规则的期限内可以行使，那么即使可能超过该期限，它仍然有效。在本案中，西宽公司的回购选择权的最早行使期在永久权期限内。据此，该回购选择权不会持续妨碍让与。

因此，几乎没有理由将禁止永久权规则适用于选择权。而与没有理由适用它相反，不应适用该规则却还有另一个理由。禁止永久权规则否定了有些权能分割的形式，在各个部分的价值总和可能小于整体价值这一层面，这些形式可能导致不效率。而各个部分的价值总和非常可能小于整体价值的原因在于，这些权能分割形式并非市场的产物。然而，对商业性回购选择权而言，让与人分割所有权权能导致价值减损的可能性则更小。赠与、遗赠或生前赠与的设定人对于赠与物的财产增值同样有

㉒ 财产指定权是赠与人为受赠人设定的指定下一位财产取得人的权利。

250

其利益，但在多数受赠人之间分配赠与物，以及控制他人的将来行为的自然欲望，与上述利益相冲突，他可能更愿意接受一部分价值减损以实现其自然欲望。有学者曾认为，在有些情形，禁止永久权规则的复杂性，可能减轻它通常可能造成的对赠与人行为的限制所造成的危害。赠与人保有与真正的消费快感一样的消费假想，但并未对社会实际消费支出产生影响。但我们有理由相信，商业回购选择权产生的利益确实会创造价值，而非消耗价值。当禁止永久权规则否定了回购选择权的效力，或迫使当事人改变交易模式，该规则是在消耗而非保护财富。

然而，最后需要说明的是，交响空间案本身并不必然意味着应为选择权创设例外。使其成为例外的理由，是回购选择权可以创造财富。在本案中，回购选择权为当事人双方创造了财富，但并没有创造社会财富。当事人创设该回购选择权，并不是为了设定比单纯租赁更有利的权能组合，而是为了减少该财产上的税负，并且实现了这一目的。但对于法院而言，该目的没有带来任何社会效益，因此，与大多数商业回购选择权不同，本案中的回购选择权不值得保护。[23]

因为禁止永久权规则是一个计算问题，因而不应产生争讼。确实，并不需要复杂的永久权分析，就可以发现本案中的选择权行使过晚。也并非该规则的复杂性，导致当事人在创设选择权时意识到永久权问题。问题毋宁在于，西宽公司的律师并不知道该规则可以适用于选择权。问题出在他们的专业训练中，或他们的知识记忆中。但问题同样存在于法律中。如果一项规则可能使没有理由否定其效力的交易无效，那么律师就极有可能记不住这一规则。很难强记没有道理的规则，也很难看出将禁止永久权规则适用于选择权有何意义。将该规则适用于选择权很有可能弊大于利。因此，很多州的立法都将商业选择权排除在该规则的适用范围之外。而在实行普通法之禁止永久权规则的州中，排除商业选择权的适用则是法院的职责，正如本文所证，无论是美国法的法律技术还是理论，都有理由将让与人保留的选择权作为该规则的例外。

禁止永久权的复杂性，并不是引发本案的原因，但一旦该问题在法庭上被提出，它就会成为症结。不能期待法官知晓或理解该规则的方方面面；他们必须依赖职业律师。对于佩尔戈拉地产公司而言，不幸的是，它的律师并没有向法院主张分立未来事件理论。佩尔戈拉地产公司的诉讼摘要中指出了判决交响空间公司胜诉的不公之处。交响空间公司提议的交易模式是，它可以一万美元的价格购买价值数百万美元的财产，并在西宽公司希望的时候交还该财产。但到了应当返还附回购选择权的财

---

[23] 法院似乎认为 Symphony Space 的持续占有产生了社会效益，而如果法院为商业回购选择权创设了例外，那么上述效益即会丧失。

产时，交响空间公司却找到了一项高度法律技术化的理由予以拒绝。佩尔戈拉地产公司的律师向法院显示了这其中的不公，却没有为法院支持佩尔戈拉地产公司提供坚实的理论之锚。但分立未来事件理论作为这样的理论之锚早已存在于法律之中。它就在那里，只是律师未能使用它。

（十三）"美国的一切都是免费的，可以极小的代价取得！"

但也许即使律师提出了上述抗辩，结果也不会有所不同。也许法院仍然可能无情地适用该规则，即使理论与法政策理由都反对如此。也许法院的成员欣赏过交响空间公司的演出，不想关停它。也许法官认为佩尔戈拉地产公司的庭外和解要约应当更加慷慨。但很难看出，这些理由的分量会超过对佩尔戈拉地产公司造成的明显的数百万美元的不公。如果这是对法律的严格适用所导致的结果，那么它可能进一步刷新了效率与正义之间的紧张关系。但该规则的技术性结果却并非如此，而是与正义相符。也许交响空间案会成为正当化改革或废止该规则的"荒谬"案件之一。但这并不公平。因为并非禁止永久权规则，而是它的不当适用，导致了不公的结果。

第12章

卢卡斯诉绿色机器案：利用征收条款促进规制效率？（Lucas v. The Green Machine: Using the Takings Clause to Promote More Efficient Regulation?）

维基·比恩（Vicki Been）*

* 感谢 Peter Byrne 教授以及 Georgetown Law School Environmental Research Workshop Series 的参与者，以及 Dana Beach，William Blackwood，Sarah Chassis，Eileen Connon，Bill Eiser，William Fischel，Matthew Hand，Richard Lazarus，Daryl Levinson，Richard Revesz，Michael Schill，Qiong Sun 与 Katrina Wyman 对本文的建议。感谢 Matthew Jacobs，NYU'09，Ashley Miller，NYU'04，William Blackwood，NYU'06 与 Amy Widman，NYU'02 的协助性研究工作，以及 Filomen D'Agostino and Max E. Greenberg Research Fund at New York University School of Law 的资助。

20 世纪 80 年代早期，健壮且蓄着络腮胡的大卫·卢卡斯（David Lucas）正在从赤贫到暴富的道路上大步迈进。他出生于一个卫理公会教徒家庭，因为"抓住了经济之梯"，他得以逃离南卡罗来纳州（South Carolina）特基克里克（Turkey Creek）的"棉花地与烟草棚"。但他的登梯之路却受到"自己的政府……之不必要的压制性规制"的威胁。至少，他以此方式讲述了在卢卡斯诉南卡罗来纳州海岸委员会案（Lucas v. South Carolina Coastal Council)① 力量悬殊的较量中，他如何战胜了环境主义（environmentalism）的"绿色机器"②。

根据《联邦宪法第五修正案》的"征收（takings）"条款，何时应当补偿所有权人因政府规制而遭受的财产价值减损，卢卡斯案表明了联邦最高法院对此最新的界定尝试。学者与法官都为法院无法精准表达补偿要求的困难感到遗憾。例如，斯蒂文斯（Stevens）法官即抱怨道，"即使最睿智的律师也不得不承认该法院之征收理论范围的不确定性"③。

众多学者与法律从业者附和斯蒂文斯的不满，甚至将征收理论称为"'最需要原则理论奖'的首席候选者"④。上述绝望性后果，部分是因为现实生活中的戏剧性事件的复杂与混乱，如大卫·卢卡斯案就使法院与评论者都极难同意补偿要求的正当性。

征收争论中补偿要求的典型原因有四。其中两种认为补偿要求是促进效率的必要；另外两种则认为它可促进公平。首先，有观点认为，补偿是保证政府仅采取有利于总体福利最大化的规制措施的必要。这一成本内化（cost-internalization）理论假定，政府不会充分考虑其规制行为导致的成本，除非它们被迫补偿因其规制行为而导致财产价值减损者的损失。如果政府必须支付上述成本，那么规制者就更有可能仅采取收益大于成本的措施。⑤ 其次，另一些学者认为，除非补偿是强制性的，否则投资人由于担心政府规制可能摧毁他们的劳动成果，他们的决定将会被扭曲，可能不会以最有效益的方式使用资源。这一预防（insurance）理论主张，消除投资者对于规制损失风险之厌恶的方式，是以强制补偿

---

① 505 U. S. 1003 (1992).

② David Lucas, Lucas vs. The Green Machine 6 - 7 (1995).

③ Nollan v. California Coastal Comm'n, 483 U. S. 825, 866 (1987) (Stevens, J., dissenting).

④ Abraham Bell and Gideon Parchomovsky, Givings, 111 Yale L. J. 547, 558 - 59 (2002), quoting Jed Rubenfeld, Usings, 102 Yale L. J. 1077, 1081 (1993).

⑤ 以成本内化正当化补偿要求的理论，通常认为可追溯至 Frank I. Michelman, "Property, Utility, and Fairness: Comments on the Ethical Foundations of 'Just Compensation' Law", 80 *Harv. L. Rev.* 1165, 1173 - 83 (1967)，尽管他实际上只是主张以功利主义论证补偿要求，只要一项措施的"非道德化"成本，如受害人因为规制而遭受的损失，超过了其"和解"成本，如确定并赔偿受害人的成本，那么补偿就是必要的。Michelman 并没有明确主张补偿是强迫政府内化规制措施成本的必要。这一主张毋宁来自 Richard A. Posner, Economic Analysis of Law 64 (5th ed. 1998)。司法判决对该理论的认可，可参见 Pennell v. City of San Jose, 485 U. S. 1, 22 (1988) (Scalia J., concurring in part and dissenting in part)。

保证财产权利人免受损失。⑥ 再次，虽然最不精确但是最常见的理论是，强制补偿可以防止政府强制少数财产权利人承担公平要求之下原本应由更大范围的主体承受的规制负担。⑦ 最后，也即第四种理论则主张，政治程序的体系不太可能保护此类财产权利人免受利用。基于政治程序的这种缺陷，应当支付补偿以保证公平。⑧

大卫·卢卡斯案被誉为对上述第一个正当化理由，即成本内化理论，具有智慧的"精妙诠释"⑨。然而，仔细检视卢卡斯和他的两个海岸地块的传奇，则会发现以成本内化正当化补偿要求的几个非常严重的问题。首先，在卢卡斯获得补偿裁定之后南卡罗来纳州放松开发海岸限制的决定说明，补偿裁定对该决定的影响程度，远不如成本内化理论支持者所主张的那样。其次，评估卢卡斯案中补偿裁定对立法者或规制者所产生的实际影响（如果有的话）的困难说明，我们对政府官员作出决定的机制如此欠缺了解，以至于无法确定强迫政府规制者补偿受规制影响者，会促成更有效还是更无效的规制（还是根本没有影响）。再次，鉴于补偿要求可能对政府决策者构成限制，卢卡斯案也提供了数个理由使我们相信，补偿要求很可能导致对开发海岸的规制过少。历史显示，海岸地产所有权人的政治力量，导致联邦政府与州政府均不愿阻止无效率的土地开发，如开发有侵蚀或海岸风暴等自然危险的地区。如果再为这些所有权人的政治工具中加入补偿要求，可能导致土地使用规制更加无效率。此外，如果补偿命令会对政府构成限制的话，那么强迫政府规制者内化规制的成本，却不允许他们内化规制的收益，同样可能鼓励政府采取更少而非更有效率的规制措施。综上所述，卢卡斯案说明，补偿命令造成的成本内化并不会促进效益，相反，成本内化理论，至少以其目前的粗陋形式，有严重缺陷，无法为要求政府机构补偿政府规制为所有权人所造成的损失提供正当化理由。

---

⑥　See，e. g.，Lawrence Blume & Daniel L. Rubinfeld，"Compensation for Takings：An Economic Analysis"，72 *Cal. L. Rev.* 569 (1984)．

⑦　See，e. g.，Andrea Peterson，"The Takings Clause：In Search of Underlying Principles Part II -Takings as Intentional Deprivations of Property Without Moral Justification"，78 *Cal. L. Rev.* 53，60 (1990)．

⑧　See，e. g.，William Michael Treanor，"The Original Understanding of the Takings Clause and the Political Process"，95 *Colum. L. Rev.* 782，860 (1995)．关于政治进程的缺陷，有时要求不以补偿保护财产权利人为目的，而是保护公众免受财产所有权人之优势政治力量的侵犯的论述，请参见 Glynn S. Lunney，Jr. "A Critical Reexamination of the Takings Jurisprudence"，90 *Mich. L. Rev.* 1892，1963 - 64 (1992)；Hanoch Dagan，"Takings and Distributive Justice"，85 *Va. L. Rev.* 741，743 - 47 (1999)；Glynn S. Lunney，Jr.，"Takings，Efficiency，and Distributive Justice：a Response to Professor Dagan"，99 *Mich. L. Rev.* 157，158 - 59 (2000)．

⑨　William A. Fischel，Takings and Public Choice：The Persuasion of Price，in The Encyclopedia of Public Choice 549 (Charles Kershaw Rowley，ed.，2003)．

一、大卫·卢卡斯与他的海岸地块

（一）大卫·卢卡斯：从挖掘工至合伙人到原告

20世纪70年代末，卢卡斯是一位"年轻且上进的独户住宅建筑工"，同时兼职作乡村音乐与蓝草音乐的吉他手。[⑩] 在一次"恰当的时间与恰当的地点"发生的偶然事件中，卢卡斯被邀请在州长吉姆·爱德华（Jim Edwards）举办的宴会上进行表演，爱德华是自美国重建时期（Reconstruction）起南卡罗来纳州首位共和党州长。[⑪] 为了消除登台前的紧张，卢卡斯结识了受邀演奏钢琴的安妮·芬奇（Anne Finch）。而安妮恰好是州长首席政治顾问之一、雷蒙·芬奇（Raymon Finch）的妻子。[⑫]

1978年，雷蒙·芬奇决定自己竞选州长，卢卡斯向安妮提议，由他的乐队为雷蒙的竞选提供娱乐服务。[⑬] 虽然有音乐助阵，雷蒙还是在预选（primary election）中败北。他暂时搁置了自己的政治生涯，转而与他的兄弟在查尔斯顿（Charleston）的离岸沙洲岛棕榈岛（Isle of Palms）合伙开发野生沙丘海滩与网球俱乐部（Wild Dunes Beach and Racquet Club）。嗣后，卢卡斯告知芬奇，他"乐意参与的事项不限于政治竞选"，很快芬奇即雇佣卢卡斯为俱乐部"管理舒适之家建筑公司"[⑭]。

为芬奇工作不仅使卢卡斯获得了"好生活"，还使他成为参与海滩与网球俱乐部众商人中的核心人物，包括J.C.朗（J.C. Long），他"被称为整个西南部最成功的不动产开发商"[⑮]。芬奇还参与竞选活动多年，他进一步将卢卡斯拉入政治领域：当芬奇成为罗纳德·里根（Ronald Reagan）在南卡罗来纳州竞选的财政主管时，卢卡斯也加入帮忙。借此机会，卢卡斯又结识了李·阿特沃特（Lee Atwater），在1968年尼克松竞选时二人有短暂的合作。芬奇、阿特沃特、卢卡斯和他们"里根派专用的"同伙，向南卡罗来纳州的选民兜售"罗纳德·里根博士限制政府的真正的万能灵药"[⑯]，并帮助里根赢得预选。这个团队获得的奖赏是，当

[⑩] Green Machine，supra note 1，at 29.

[⑪] Lucas 的代理人曾协助 Edward 州长参加竞选，代理人的妻子之后被任命为州长官邸的管理人。她邀请 Lucas 参与演出。Id. at 14 – 15，19.

[⑫] Id. at 21 – 23.

[⑬] Id. at 25 – 26.

[⑭] Id. at 30.

[⑮] Id. at 32 – 33.

[⑯] Id. at 36，38.

时的州长爱德华被任命为里根的能源部长（Secretary of Energy），芬奇被任命为爱德华的过渡工作组成员，阿特沃特则迅速被提拔为共和党全国委员会主席（Chair of the Republican National Committee）。[17]

然而"里根改革"令爱德华和芬奇感到失望，他们回到南卡罗来纳州，确信里根总统的预算赤字意味着国家陷入了困境。芬奇坚信，"至1986或1987年，不动产价值将尾旋下降"。他还担心，"绿色政策，无沉积政策，以及吊桥思路"已经"夺取了地方政权"。芬奇认为到了出售海滩与网球俱乐部的时候，并"说服其他合伙人相信，应当在收益尚可的时候退出度假产业"[18]。他们向"富有的阿拉伯人、拉丁美洲人、精明的欧洲人，甚至有些非常著名的美国商人"发出要约。[19] 这些投资人都未表示出充分的兴趣，1984年3月，芬奇最终以2.5千万美元的价格将该度假村出售给当地人大卫·卢卡斯，以及他召集的合伙人。[20]

卢卡斯创设的合伙以"野生沙丘协会（Wild Dune Associates）"的名称为人所知，并开发了野生沙丘项目，一个1500英亩的项目，包括2500户公寓住宅与独户住宅，环绕在两个"举世闻名的"高尔夫球场与西南部最大的艇船坞周围。[21] 该合伙大获成功，第一年即盈利6.4千万美元，第二年的盈利超过1亿美元。卢卡斯更倾向于每年限额出售，以防"过多的产品冲击市场"，而他的合伙人则"更有兴趣以最快的速度出售最多的房屋，以最大可能地盈利"[22]。此外，卢卡斯游说国会拒绝1986年《税制改革法案（Tax Reform Act）》（减少了空置房屋的减税额）的努力失败，他的朋友阿特沃特告诉他，该法案一定会通过。与其他合伙人的分歧，以及担心税制改革立法挫伤人们购买二套房的积极性，都促使卢卡斯认定，他也应当"在还来得及的时候……退出"[23]。1986年7月，卢卡斯退出这一"富有的"交易，并开始将精力集中于希腊阿拉伯马之类的嗜好。[24]

根据卢卡斯的陈述，随后他作出了最终将自己抛到联邦最高法院的决定。卢卡斯声称，在他退出合伙之后，他收到购买度假村最后未被开发的地块的要约。卢卡斯称他"努力咬住了"这个要约，并购买了第22

⑰ Id. at 38.

⑱ Green Machine, supra note 1，at 42 - 43.

⑲ Id. at 43.

⑳ Id. at 51 - 59. 买受人还承担了未被告知数目的现存债务。Id. at 51.

㉑ Carl Babcock, Wild Dunes Buildings Large "Resort Marina," The News and Courier (Charleston, S. C.), Feb. 5, 1984, at 1-C; Michael Trouche, Wild Dunes Club Owners to Build 240-Condo Complex, The News and Courier (Charleston, S. C.), Apr. 10, 1984, at 1-B; Patrica McCarty, Second Wild Dunes Golf Course Should Rank Among the World's Best, The News & Courier, (Charleston, S. C.), May 25, 1984, at 2-C.

㉒ Green Machine, supra note 1，at 61, 64.

㉓ Id. at 63.

㉔ Id. at 64，70 - 71.

号与第 24 号地块，位于东比奇伍德（Beachwood East）11 号与 13 号。[25]这两个地块大约 90 英尺宽，160 英尺长，分别距离海洋高水位线 310、340 英尺（大约相当于一个足球场）。[26] 1980 年建造的"重要"住宅隔开了这两个地块。[27]卢卡斯打算在第 24 号地块建造自己的房屋，在第 22 号地块建造另一个住宅作为投资。卢卡斯分别为这两个地块支付了 47.5 万美元与 50 万美元——是 1979 年它们首次出售价格的四倍。[28]由于野生沙丘项目已经完成，仅剩少数海岸地块空置，卢卡斯预测，"一两年之内……每个地块的价值都可能超过百万美元"[29]。

有些不动产开发方面的专家质疑卢卡斯有关取得上述地产的陈述。[30]卢克斯出于不动产开发之政治与经济气候方面的担心而退出合伙之后不久，即花费 50 万美元购买地块用于投资，确实显得很蹊跷。卢卡斯声称，自己"有足够的智慧在适当的时间退出不动产开发投资，即在该行业尚能盈利、价额尚高之时"[31]。那么，为何他会在几个月之后出于投资目的购买新的地块？

蹊跷的还有，一个合伙人——实际上是该合伙的创设人——在离开合伙之后支付了全额市场价以为自己的家庭保留一个住所。报纸将卢卡斯自相矛盾的陈述解释为，当卢卡斯最初于 1980 年开发该项目时，即"为自己挑选了两个海岸的地块"[32]。卢克斯将这些地块的所有权作为最初的合伙份额，或收购控股权的份额，是合乎逻辑的解释。

尽管很难理解为什么卢卡斯在套现离开合伙之后，又在市场价高位时买受地块，但如果将关注点集中于交易，也许就比较容易理解，他为何以上述方式描述获取地块的过程。如果卢卡斯打算出售地块的话，那么以 1986 年的市场价而非之前更低的价格作为买受价，可使资本收益的税收额度更低。或者，如果将此交易的目的"定位"于嗣后的征收诉讼，那么将自己描述为只拥有两个地块且其价值被毁损的"小民"，无疑要优于被指为只是不能在两个地块上建造房屋但拥有超过 2 500 间房屋的富有开发商。[33]

---

[25] Id. at 72.

[26] Trial Transcript at 17 (David Stevens 的证言)，Lucas v. South Carolina Coastal Council (S. C. Ct. C. P. 1989) (No. 89 - CP - 10 - 66)。

[27] Lucas v. South Carolina Coastal Council, No. 89 - CP - 10 - 66, slip op. at 4 (S. C. Ct. C. P. Aug. 10, 1989).

[28] Trail Transcript at 44 - 45 (Donald Pardue 的证言)，Lucas (No. 89 - CP - 10 - 66)。

[29] Id. at 32 (David Lucas 的证言)。初审时 Lucas 证明了自己对海岛及其不动产交易的熟悉程度。因为他拥有野生沙丘不动产，他为岛上 1 000 至 1 500 个住宅"确定了最终价格"。Id. at 34.

[30] See Dwight Merriam, "Rules for the Relevant Parcel", 25 *U. Haw. L. Rev.* 353, 373 (2003).

[31] Green Machine, supra note 1, at 71.

[32] See Lyn Riddle, Courts Sinks a Choice Lot, N. Y. Times, Mar. 31, 1991, § 8, at 1.

[33] 关于如何确定征收索赔人的哪部分财产份额应被纳入确定所有权损失的考量范围之问题的介绍请参见 William W. Fisher III, "The Trouble with Lucas", 45 *Stan. L. Rev.* 1393, 1401 - 05 (1993).

无论如何，卢卡斯留用了设计师与工程师为两个地块进行房屋设计。用于再出售的地块最先建造完毕。作为一个封闭管理的社区，野生沙丘设置了一系列限制性不动产契约条款与其他规则保护居民。根据这些规则，在获得当地政府的许可之前，卢卡斯的建筑规划必须获得野生沙丘业主协会（Wild Dunes Homeowners' Association）的认可。业主协会拒绝了他关于意欲再出售的房屋的规划，因为该规划朝海的一面超出了邻家房屋 10 英尺。为了避免"破坏现状，或与邻人一开始即不睦"，卢卡斯同意撤回规划。㉞ 但卢克斯很快就意识到，由于"该地块太过狭窄，以至于无法建筑任何符合市场要求的建筑"，没有办法迁就邻人。㉟

1987 年深秋，卢卡斯听闻关于海岸土地的立法在南卡罗来纳州议会被搁置。他"立即询问该立法是否包含（不溯及既往的）祖父条款"豁免现存的项目。当被告知有此条款后，他"放松了戒备"㊱。他既没有努力获取棕榈岛市的许可，也没有取得南卡罗来纳州海岸委员会的许可。

（二）1988 年《南卡罗来纳州海岸管理法（The South Carolina Beachfront Management Act)》

1977 年，即卢卡斯寻求开发两个地块 6 年前，南卡罗来纳州立法机关采纳了《海岸分区法案（Coastal Zone Act)》。㊲ 回应对州海岸受侵蚀的持续关注以及 1972 年《联邦海岸分区管理法（Federal Coastal Zone Management Act)》㊳ 对各州规划海岸开发的刺激，《南卡罗来纳州海岸分区法案》设立了南卡罗来纳海岸委员会（Coastal Council），指示其研发全面的海岸管理项目。立法机关授权委员会在海岸分区内指定"州高度关注"的区域，并在上述区域内规制开发行为以及侵蚀控制设备（erosion control devices）的使用。

但《海岸分区法》并没有赋予委员会对"首要的前排沙丘"朝向陆地一方的管辖权。很多所有权人利用了这一关键性的限制，在仅距高潮线一到两英尺的地方建造建筑。㊴ 此外，委员会定期为受侵蚀管制的建

㉞　The Green Machine, supra note 1, at 77.

㉟　Id.

㊱　Id. at 78 - 79.

㊲　1977 S. C. Acts 123 (codified as amended at S. C. Code Ann. §§ 48 - 39 - 10 - 48 - 39 - 220) (2006). 关于 South Carolina 海岸保护项目的历史概述请参见 Newmann Jackson Smith, "Analysis of the Regulation of Beachfront Development in South Caroline", 42 S. C. L. Rev. 717 (1990 - 91); James G. Titus, "Rising Seas, Coastal Erosion, and the Takings Clause: How to Save Wetlands and Beaches Without Hurting Property Owners", 57 Md. L. Rev. 1279, 1333 - 39 (1998).

㊳　16 U. S. C. §§ 1451 - 1465 (2007).

㊴　Smith, supra note37, at 720; Fred Rigsbee, New Deputy Director of Coastal Council Highly Critical of Beach Development Trend, The News and Courier/The Evening Post (Charleston, S. C.), Sept. 15, 1984, at 1 - B.

筑颁发许可，而此类建筑的激增甚至可以作为证据证明，它们实际上引发了而非预防了严重的侵蚀。[40]

20 世纪 80 年代中期发生的几个事件使委员会确信，需要用不同的策略保护州海岸。1984 年，联邦环境保护署（U. S. Environmental Protection Agency）与南卡罗来纳州海洋补助项目（South Carolina Sea Grant Program）资助了一个研讨会，吸引公众注意全球变暖（在众多因素中）所造成的海平面上升对南卡罗来纳州的海岸线与堰洲岛（barrier islands）所带来的危险。此外，1986—1987 年冬季的风暴严重侵害了防波堤、建筑物以及邻近海岸的游泳池。[41] 委员会的回应举措是：收紧许可，任命蓝带委员会（Blue Ribbon Committee）研究侵蚀控制并为修改《海岸分区法》提供建议。[42] 蓝带委员会建议扩展海岸委员会对沙丘之后、受侵蚀区域的管辖权。它还建议启动"撤退"项目，将新的开发项目与受损建筑的重建地址搬离海岸。[43] 经过充分的公众讨论，南卡罗来纳州议会 1988 年颁布了《海岸管理法》，落实蓝带委员会的建议。[44]

《海岸管理法》序言中写道，《海岸分区法》未能使海岸委员会"有效地保护海岸/沙丘系统的完整"并"导致，……不明智的开发项目选址距离［海岸/沙丘］地区过近，加剧了侵蚀，并使附近的地产处于危险之中"[45]。发现"公共利益与个人利益都要求保护该地区免受不明智开发的威胁"，《海岸管理法》试图"在未来 40 年逐渐从［海岸/沙丘］地区撤退"[46]。与之相应，《海岸管理法》要求海岸委员会在"过去 40 年受侵蚀地区最靠近陆地之处"确定进入侵蚀区域的"基线"[47]。《海岸管理法》还要求委员会每年在基线朝向陆地的方向以侵蚀率的 40 倍确定"撤退线"，或至少 20 英尺。[48] 因此，《海岸管理法》不仅允许委员会规制现存的海岸，还可规制由于自然侵蚀力在未来 40 年可能偏移的海岸与沙丘。[49]

《海岸管理法》禁止在基线陆地朝向 20 英尺之内的"封闭区（dead

40　Smith，supra note 37，at 718 - 19.

41　Id. at 719. See also Carol Farrington，Out with the Tide，S. C. Beaches in Danger，The State（Columbia, S. C.），May 22，1988，at 1A（1987 年 1 月 1 日的风暴造成了 2 千万美元的损失）。

42　Smith，supra note 37，at 720.

43　Report of South Carolina Blue Ribbon Committee on Beachfront Management（1987）.

44　1988 S. C. Acts 634（codified as amended at S. C. Code §§ 48 - 39 - 250 - 48 - 39 - 360（2006））.

45　S. C. Code § 48 - 39 - 259（4）（2006）.

46　S. C. Code §§ 48 - 39 - 250 - 48 - 39 - 260（2006）.

47　S. C. Code § 48 - 39 - 280（A）（2）（2006）.

48　Section 48 - 39 - 280（B）.

49　以每年的侵蚀率为基数确定"浮动撤退"的技术，也被沿海的其他州采纳，如 New York，Florida，New Jersey 与 North Carolina. 关于各州不同的海岸分区政策请参见 Dennis J. Hwang，"Shoreline Setback Regulations and the Takings Analysis"，13 *U. Haw. L. Rev.* 1（1991）。

260

zone）"建造新的建筑，除非是"祖父"项目，即所有权人在 1988 年之前即已获得建筑许可或规划开发许可，并已开始建设。⑤ 之后，《海岸管理法》还将在封闭区与 40 年撤退线之间的区域建造的房屋面积限制在5 000平方英尺之内，且应尽量建于地块面向陆地的方向。《海岸管理法》还禁止受到火灾或其他自然力毁损的建筑物所有权人在封闭区内重建被毁建筑，并要求封闭区与撤退线之间的重建规模限于原有建筑的规模。⑤

根据《海岸管理法》，委员会确定了临时基线与撤退线。在 1988 年《海岸管理法》通过后几个月，卢卡斯发现他两个地块的"绝大部分"都位于委员会划定的基线之朝海方向。⑤ 因而根据《海岸管理法》无法进行开发。⑤

（三）为建筑权而战

面对《海岸管理法》为他的计划设置的障碍，卢卡斯决定奋起反抗："应该感谢这个国家和这个州的人民"，是他们允许他"自由地生活在美国梦之中"，从而才"有可能获取大量财富"⑤。而且，他的"父亲和母亲，还有他童年时代的英雄大约翰·韦恩（Big John Wayne）、查尔斯·斯塔利特（Charles Starrett）、伦道夫·斯科特（Randolf Scott）、吉恩·奥特里（Gene Autry）等都教导他为自己所坚信的原则而战"⑤。

通盘考虑之后，卢卡斯决定放弃《海岸管理法》为所有权人提供的方式，即针对基线与撤退线的划定方式提出异议。卢卡斯推断该进路是一个"泥潭"。他与划线的工程师们有私交——后者曾为野生沙丘项目工作。但卢卡斯担心私交并不能"保证"工程师们会为了他重新划线。⑤

也许是受到公爵案的启示，卢卡斯决定以诉讼的方式进行抗争。他在起诉书中声称，该法将"禁止他对财产进行任何形式的开发、建造或建设"，从而断绝了他"对系争财产所有的合理使用可能"，也破坏了他

---

⑤ S. C. Code Ann. §§ 48 - 39 - 290 -- 48 - 39 - 300 (Supp. 1988) (1990 年修订，现行版本请参见 S. C. Code Ann. §§ 48 - 39 - 290 - 300 (2006))。

⑤ S. C. Code Ann. §§ 48 - 39 - 290 (Supp. 1988) (1990 年修订，现行版本请参见 S. C. Code Ann. §§ 48 - 39 - 290 (2006))。

⑤ Complaint at 5，Lucas (No. 89 - CP - 10 - 66)。

⑤ Id. at 6.

⑤ Green Machine，supra note 1, at 81.

⑤ Id.

⑤ Id. at 80 - 81. 委员会在几个个例中进行了重新划线，包括棕榈岛海岸别处的开发项目。See, e. g., Prentiss Findlay，Number of "Endangered" Folly Home Reduced，News and Courier (Charleston, S. C.)，Feb. 17, 1989, at 1 - B, 2 - B. 事实上，棕榈岛的另一个开发商在为委员会划线的工程师的协助下，对划线安排提出异议，并取得成功。对 South Carolina Coastal Conservation Council 执行总监 Dana Beach 的电话采访 (Dec. 5, 2003)。

对系争财产所有"基于投资的合理期待",并使系争财产"丧失价值"⑰。卢卡斯还声称,在《海岸管理法》通过之前,他在棕榈岛的财产之市价超过 2 百万美元。而在《海岸管理法》通过之后,他抱怨道,这些财产被剥夺了所有的"市场价值或其他经济价值"⑱。起诉书据此宣称,《海岸管理法》同时违反了《联邦宪法第五修正案》与《南卡罗来纳州宪法》的征收条款,以及两部宪法的平等保护保证。

海岸委员会回应道,《海岸管理法》并不构成对卢卡斯财产的征收。⑲ 委员会还指出,如果法院认为构成征收,它就应当将该事项"发回"海岸委员会,由后者选择颁发许可还是支付补偿。⑳

卢卡斯与委员会均同意,《海岸管理法》将阻止"在系争地块上建造任何住宅或娱乐设施"㉑,但允许卢卡斯修建"通往海岸的小路"和"小平顶屋"㉒。双方还同意,尽管总体而言海岸仍在沉积(growing),但"确实已经有侵蚀发生"㉓。

拉里·R·帕特森(Larry R. Patterson)法官于 1989 年 8 月进行了为期一天的审判。几天之后,他作出判决,认定建筑限制"剥夺了卢卡斯对该地块任何合理的经济使用"㉔。他指出,《海岸管理法》的施行确实"剥夺了卢卡斯所有权的所有关键成分"㉕。此外,他还进一步强调,撤退线导致"原本完全适于建造独户住宅的地块丧失价值。禁止任何开发形式的限制,造成这两个地块丧失了全部价值"㉖。

帕特森法官判令向卢卡斯支付 1.232 387 百万美元本金并附利息——其中 1.17 百万美元是《海岸管理法》生效之日系争地块的市场价,其他金额包括卢卡斯在《海岸管理法》生效之后支付的不动产税与抵押贷款利息。㉗ 收到上述款项后,卢卡斯应当将系争地块权利移转于州政府。

由于帕特森法官认为,强加的撤退线导致对卢卡斯地块的"完全征收",并且卢卡斯拒绝对《海岸管理法》的正当性提出质疑,所以他认为州提供的关于禁止卢克斯修建建筑的正当化说明作为证据不具有可采性。

㉗ Complaint at 6,Lucas(No. 89 - CP - 10 - 66).

㉘ Id. at 8.

㉙ 答辩状还声称法院没有管辖权,因为该争议尚未成熟(ripe),Lucas 尚未就该财产的使用向委员会申请授权,也没有对基线或撤退线的划定提出异议,因而关于他的财产使用或划线还没有最终的决定。在 Williamson County Regional Planning Commission v. Hamilton Bank,473 U. S. 172(1985)案中该论据发挥了作用,但似乎被委员会所放弃。

㉚ Amended Answer at 13,Lucas(No. 89 - CP - 10 - 66).

㉛ Trial Transcript at 13(Stipulation of Parties,? 11),Lucas(No. 89 - CP - 10 - 66).

㉜ Id. (Stipulation of Parties,? 10).

㉝ Id. (Stipulation of Parties,? 12).

㉞ Lucas,No. 89 - CP - 10 - 66,slip. op. at 5.

㉟ Id. at 7.

㊱ Id. at 6.

㊲ Id. at 8.

（四）卢卡斯地块上漂移的沙土

初审中，协助委员会确定基线与撤退线的海岸审核与管理专家，解释了他们在如此靠近内陆之处划线的原因。卢卡斯的地块位于棕榈岛，一个堰洲岛。堰洲岛是近海处狭长的沙坝，可以作为保护内陆不受风浪危害的缓冲。虽然棕榈岛整体在沉积——长期以来棕榈岛增加的沙量都超出流失的沙量。但卢卡斯的地块位于该岛"侵蚀区域的入口"，受到所谓"沙洲依附现象（shoal attachment phenomena）"的影响。

卢卡斯的地块所处的海滩，由分割棕榈岛与附属堰洲岛的入口沙洲处的泥沙形成。入口沙洲的泥沙逐渐被海浪推向海岸，并最终依附于棕榈岛，这一过程使该地区"非常活跃"。随着沙洲的泥沙不断向岛岸移动，沙洲北侧与南侧方向的岛岸不断被严重侵蚀，而正对沙洲的岛岸一面的泥沙量则快速沉积。一旦沙洲整个依附于岛岸，泥沙即分散开并会填补被侵蚀一侧的沙量。在此条件下，几年之内岛岸背对沙洲一侧可能被严重侵蚀，但一旦沙洲依附于岛岸，又得以修复。[68] 但无法预测何时沙洲开始向岛岸依附，何处的沙量会增加或被侵蚀。[69] 在过去的 50 年内，这一"沙洲依附现象"在棕榈岛发生了不下 15 次。[70]

初审庭审中，州专家出示证据证明，过去的几十年间，卢卡斯地块位置的海岸线一直在变动。1949 年，海岸线完全位于卢卡斯地块面向陆地的一方。20 世纪 50 年代，又向朝海方向移动了 200 英尺。1963 年，海岸线又移回陆地方向。1973 年，海岸线进一步向陆地方向移动，甚至超过了卢卡斯地块的边线，他的两个地块的部分区域上形成了一个小水塘。70 年代末，海岸线又一次向朝海方向移动。[71]

专家证明，"海岸线可能又一次向陆地方向移动，可能移回 1963 年的海岸线［超过卢卡斯地块陆地方向的边线］甚至更深入陆地方向"[72]。他提交的 1963 年与 1973 年侵蚀期的照片显示，卢卡斯的地块当时"位

---

⑥⑧　Trial Transcript at 72 - 77 (Christopher Jones 的证言)，Lucas（No. 89 - CP - 10 - 66）。

⑥⑨　See Summer House Horizontal Property Regime v. South Carolina Department of Health and Environmental Control，No. 97 - ALJ - 07 - 0403 - CC，1998 WL 268396 (S. C. Admin. Law. Judge Div. Apr. 28，1998)，关于沙洲依附现象的详细解释可参见 Bob Deans, Fighting Erosion: Some Ways Working Better than Others, The News and Courier (Charleston，S. C.)，Apr. 8，1984，at 1 - A，2 - A（记录了 Timothy Kana 对这一现象的描述，她是 Costal Science Engineering Inc. 的董事长，该公司帮助 Wild Dunes Development 策划侵蚀控制）。

⑦⓪　Summer House，1998 WL 268396，at﹡3.

⑦①　Lucas 及其证人关注的是海岸整体的沉积，尽管在反询问阶段，参与该海岛开发的一位工程师承认，1983 年 Lucas 地块南向地区确实遭到严重的侵蚀。该工程师还承认有时高潮线位于 Lucas 地块面向陆地的一侧。Trail Transcript at 21 - 22 (David Stevens 的证言)，Lucas（No. 89 - CP - 10 - 66）。

⑦②　Id. at 74 - 81 (Christopher Jones 的证言)。

于活跃的海岸……［而且］在海潮来临时被打湿"[73]。州专家总结道，该地区"长期而言，以每年 2 或 2.5 英尺的速度沉积，但是以循环往复的方式，且在此过程中可能发生沉积也可能发生侵蚀……300 英尺左右"[74]。他还进一步强调，在过去的 40 年中有一半的时间"卢卡斯的地块都部分或全部被海岸所占据"[75]。

委员会还出示证据证明，20 世纪 80 年代早期，包括卢卡斯地块在内的野生沙丘开发项目的部分区域，也遭受了专家所描述的典型的沙洲依附现象。[76] 之后，野生沙丘寻求紧急命令，允许所有权人移走泥沙并放置沙袋保护他们的建筑。在发现野生沙丘的住宅面临紧急威胁之后，委员会例外地允许野生沙丘开发项目修筑一条长达 1 300 英尺的花岗岩卫墙或"护岸"保护海滩。[77] 野生沙丘项目还在护岸前方与上方放置了 35 万立方码的沙袋。[78] 护岸一直延伸到卢卡斯计划出售的地块的前方。然而，它并未能保护整个地块。也未能保护卢卡斯计划建筑自住房的另一个地块。

（五）上级法院的反复

初审法官并未驳回委员会证明开发这一"活跃"海岸的危险性的任何证据。卢卡斯也承认《海岸管理法》的效力，因而帕特森法官转而关注卢卡斯的另一主张：即使不考虑州政府禁止开发的原因，州政府也应当补偿卢卡斯，因为《海岸管理法》毁损了他的地块的所有价值。帕特森法官认为：

> 显然，海岸委员会强加的撤退线导致对卢卡斯两个海岸地块的征收。相应的，根据州宪法与联邦宪法，他都有权要求合理补偿。[79]

委员会提起上诉。在开庭审理之前，飓风胡果（Hurricane Hugo）以每小时 135 英里的风速袭击了棕榈岛，造成了严重损失。棕榈岛"物

---

[73] Id. at 82.

[74] Id. at 83.

[75] Id. at 84. 对该专家的反询问聚焦于他同意该海岛总体而言在沉积。

[76] Id. at 99 - 103 (Steven Moore 的证言). See also Deans, supra note 69, at 1A - 2A，其中指出：银行家……以月份而非世纪为交易的时间单位。虽然科学家证实长期而言棕榈岛在沉积，但不时发生的海岸侵蚀的短期效应，却使 Wild Dunes 的投资者感到担心……去年大西洋对两段海岸的侵蚀，威胁到 Wild Dunes 两套豪宅的安全，价值超过百万美元。Lucas 证实，"我们所有的研究，以及我所知的所有研究，都认定该海岸属于沉积区域——一个沉积中的海滩；超过 1 500 年的时间都在朝海洋方向发展，只是会间歇性地暂时发生侵蚀现象"。Trail Transcript at 26 (David Lucas 的证言)，Lucas (No. 89 - CP - 10 - 66)。他承认，1983 年有"一小段"海岸线在有些 Wild Dunes 建筑的正前方，意味着海水侵蚀到此处。Id. at 37.

[77] Id. at 99 - 104 (Steven Moore 的证言).

[78] Deans, supra note 69, at 1A.

[79] Lucas, slip op. at 8.

264

质与经济上均一片破败"[80]。岛上 20% 的房屋被毁坏，有些甚至连同地基一起被飓风卷起又抛至邻居的地面。飓风引起洪水泛滥，将岛上所有的房屋都淹没在泥浆与污物之下。超过 80 栋房屋最终被弃用。野生沙丘度假村关闭了数月进行重建，岛上所有的海岸贸易也关闭了数月之久。[81]

飓风胡果造成的巨大灾难并没有消减南卡罗来纳州"开发海岸的荒唐"热情。[82] 相反，因灾难而团结在一起的业主，明确坚持他们希望重建，尽管存在《海岸管理法》的规范。飓风过后不久，海岸委员会通过解释《海岸管理法》，允许超过 90% 遭受严重侵害的滨海房屋所有权人进行重建。[83] 立法机关走得更远，它修订了《海岸管理法》以缩减封闭区的范围，并允许在基线与撤退线之间新建建筑或复建被毁损的建筑。[84] 1990 年的修正案甚至创设了一项特别许可程序，许可机关甚至可以据此允许在基线朝海一侧进行建设，只要该建筑并非位于最近海的沙丘或活跃海岸，且不会对公共健康、安全与福利造成损害。但为了获得特别建筑许可，修正案要求所有权人同意在委员会因侵蚀原因命令搬离时移除建筑物。[85] 旧法禁止在受侵蚀控制地区为新的建设，因此，1990 年修正案的效应是，允许地块所有权人开发他们的地产，但须承受由于侵蚀而造成的财产损害风险，以及搬离活跃海岸的强制。[86]

1990 年修正案生效之后，州最高法院以 3 比 2 的意见比率驳回了帕特森法官的判决。[87] 多数意见推论道，卢卡斯未能反驳立法机关的发现，即新的海岸建设可能导致严重的公共损害，因而应当适用马格勒诉堪萨斯案（Mugler v. Kansas）[88] 阐明的补偿要求的"类似损害例外（nuisance-like exception）"。法院指出，卢卡斯主张他有权要求赔偿，而"无论他对地块的使用目的如何造成公共损害……因为对其地块所有的经济上的使用可能均已丧失"，这一抗辩可追溯至罗奎斯特（Rehnquist）法官在基斯顿烟煤协会诉德贝尼迪克斯（Keystone Bituminous Coal Ass'n v. DeBenedictis）案中的反对意见。[89] 南卡罗来纳州最高法院拒绝遵循该反对意见。

卢卡斯的初审律师在上诉审中继续为其代理，以风险代理的方式计

[80] Rudolph A. Pyatt, Two Months Later, Hugo Still Packs a Punch: Despite Rebound in Tourism, Boom in Construction, Many Industries Face Long, Uncertain Return to Stability, Wash. Post, Nov. 19, 1989, at 1A.

[81] Id.

[82] Mary T. Schmich, After Hugo, Residents Rebuild, Chi. Trib. , Apr. 15, 1990, at 12.

[83] Id.

[84] 1990 S. C. Acts 607, § 3.

[85] S. C. Stat. Ann. § 48-39-290 (2006).

[86] Id.

[87] Lucas v. South Carolina Coastal Council, 304 S. C. 376, 404 S. E. 2d 895 (1991).

[88] 123 U. S. 623 (1887).

[89] 480 U. S. 470 (1987).

费（contingency fee）。在该律师拒绝继续以此方式计费后，卢卡斯说服了两名南卡罗来纳州哥伦比亚的律师，以及埃默里大学（Emory University）的法学教授大卫·贝德曼（David Bederman）继续以风险代理的方式为其辩护。[90] 卢卡斯坚信，此案"可能是私人财产在美国最后的抵抗"，如果他放弃或败诉，"私人财产可能遭遇灭顶之灾"[91]。

联邦最高法院驳回了南卡罗来纳州最高法院的判决，认为"若该州意图维持剥夺土地之所有经济收益的规制，……那么只有对地产属性的预先调查证明被禁止的用途并非地产权利人之权能时，才能拒绝进行补偿"[92]。与之相应，联邦最高法院将案件发回南卡罗来纳州最高法院，由后者裁决卢卡斯开发地块的期待是否属其权利之权能。

南卡罗来纳州最高法院很快就放弃了联邦最高普通法院为其提供的机会。它认定不存在允许海岸委员会禁止土地开发的"普通法原则"[93]。法院认定，委员会可能向卢卡斯颁发建筑许可，因此对其地块的征收只是暂时的。它指示初审法官确定与卢卡斯地块被暂时征收而遭受的损失相应的补偿金额，计算的标准通常是使用被限制期间的租金、因延迟而导致的收益损失，或者若所有权人在此期间将该地产投资于证券市场或其他方面可获得的收益。[94] 法院指出，如果委员会拒绝颁发许可，那么卢卡斯就有权"就随后可能发生的权利剥夺提起诉讼……"[95]

（六）联邦最高法院判决的余波

案件发回初审法院后，卢卡斯改变了起诉请求，其中有一项是，他主张根据1990年《海岸管理法修正案》自己有权获得许可。海岸委员会的答辩状中不承认卢卡斯的上述主张，并要求卢卡斯证明自己有获得许可的资格。作为回应，卢卡斯同时将委员会的成员以公职身份与个人身份作为被告提起一项新的诉讼。在此诉讼中，卢卡

---

[90] Lucas 也曾向 Pacific Legal Foundation（PLF）求助，后者是一个致力于保护私人财产的保守组织。PLF 同意，如果 Lucas 愿意支付费用，它们可将此案诉至联邦最高法院。Lucas 声称，他的不动产投资因低迷时期而失败，所以，他甚至无力支付上诉的费用。因此，他说服自己的两名 South Carolina 律师在上诉审中进行风险代理并借款支付了上诉的现金支付成本。Green Machine, supra note 1, at 165. PLF 在此案中提交了专家意见（amicus brief）。

[91] Green Machine, supra note 1, at 182.

[92] 505 U. S. at 1027.

[93] Lucas v. South Carolina Coastal Council, 309 S. C. 424, 424 S. E. 2d 484 (1992).

[94] See Robert Meltz et al., The Takings Issue 483 – 510 (1999); Richard J. Roddewig & Christopher J. Duerksen, Measuring Damages in Takings Cases: the Next Frontier, in 1993 Zoning & Planning Law Handbook 273 (Kenneth H. Young ed.); Joseph LaRusso, "Paying for the Change": First English Evangelical Lutheran Church of Glendale v. County of Los Angeles and the Caculation of Interin Damages for Regulatory Takings, 17 B. C. Envtl. Aff. L. Rev. 551 (1990).

[95] 424 S. E. 2d at 486.

斯主张委员会为相同地理位置的土地所有权人颁发许可而没有为他颁发许可，构成歧视。[95]

随后双方当事人开始进行和解磋商。卢卡斯要求补偿他因系争地块所欠的3百万美元的债务、支出的费用以及律师费。他愿意接受1.575百万美元与建筑许可，将系争地块及其权利一并移转于委员会。在偿还抵押贷款、支付律师代理费与其他费用之后，他仅剩"不足10万美元"[97]。

卢卡斯继续在波兰与墨西哥开发低成本住房。[98] 他仍居住在棕榈岛，虽然他声称自己的房屋比海岸委员会代理律师科顿·哈尼斯（Cotton Harness）的房屋离海岸更远。[99] 1993年秋天，卢卡斯协助成立了财产权委员会（Council of Property Rights）。[100] 他成为财产权运动的代言人——或者如他自己所称，"私人财产权的拉尔夫·纳德（Ralph Nader）"[101]。他的演讲与活动促成了佛罗里达州《小伯特·哈里斯私人财产权保护法（Bert Harris Jr. Private Property Rights Protection Act）》的颁行。[102] 他努力促进南卡罗来纳州通过立法确立更严格的补偿规则，但结果只是促成了一项改进程序的措施的产生。依此程序，在地产所有权人对土地使用规制持有异议时，可以进行诉前调解。[103]

同时，海岸委员会的态度大为改变。由于卢卡斯的地块位于封闭管理的社区内，不可能向公众开放，而且相邻地块均已开发，委员会宣布这两个地块不适于作为公共绿地。据此，委员会宣称这两个地块必须出售用于开发。这两个地块以及建筑许可最终以73万美元的价格出售。卢卡斯原本打算留作自用的地块上盖起了五居室的房屋；他打算用作投资的地块上则建起了四居室的房屋。[104]

然而，事实证明了海岸委员会划定撤退线的明智。20世纪90年代中期，系争地块被开发后不久，它们所处的海岸即进入"暂时侵蚀期"。

---

[95]　Green Machine, supra note 1, at 247 – 48.

[97]　H. Jane Lehman, Case Closed, Settlement Ends Property Rights Lawsuit, Chr. Trib. July 25, 1993, at 3G.

[98]　Green Machine, supra note 1, at 237 – 240; Lehman, supra note 97.

[99]　Green Machine, supra note 1, at 286.

[100]　Id. at 279 – 80.

[101]　Robert Aalberts, Whatever Happened to David Lucas?, 25 Real Est. L. J., 211, 213 (1997).

[102]　Fla. Stat. Ann. § 70.001 (West 2006).

[103]　The Land Use Dispute Resolution Act, 2003 S. C. Acts 39. See generally Jennifer Dick and Andrew Chandler, Shifting Sands: the Implementation of Lucas on the Evolution of Takings Law and South Carolina's Application of the Lucas Rule, 37 Real Prop. Prob & Tr. J. 637 (2003).

[104]　See Charleston County Property Information System, at http://gisweb.charlestoncounty.org/ccpa.htm (for parcels No. 604 – 10 – 00 – 043 and No. 604 – 10 – 00 – 041); see also Dana Beach and Kim Diana Connolly, A Restrospective on Lucas v. South Carolina Coastal Council: Implications for Public Policy for the 21st Century, 12 Southeastern Envt'l L. Rev. 1 (2003).

"两年之内海岸线后退了约 200 英尺"[105]，有些房屋被潮水侵入 10 至 15 英尺。[106] 为了保护房产，卢卡斯原有地块的现所有权人联合邻人，申请修建由 2.5 吨重的"沙袋"组成的 6 英尺高的岩石护岸，或 6 英尺高的由沙子填充的管状物，以对抗侵蚀。[107] 海洋与海洋资源管理办公室（The Office of Ocean and Coastal Resource Management，海岸委员会的继任机构）驳回了该申请。部分所有权人提起诉讼，称海洋与海洋资源管理办公室拒绝许可修建侵蚀防治护岸，构成征收。[108] 1996 年卢卡斯案的初审法官帕特森，驳回了所有权人申请临时禁令的动议，认定《海岸管理法》禁止修建侵蚀防治护岸是所有权的固有限制，因而并不构成征收。[109] 根据海洋与资源办公室前代理人玛丽·沙希迪（Mary Shahid）的陈述，但当侵蚀向北移动时，上述所有权人放弃了诉讼。[110]

可侵蚀还是回来了。2007 年 10 月，野生沙丘"已经存在的侵蚀问题"达到了"非常严重的程度"[111]。剧烈的风暴、汹涌的潮水与不规则的压力系统，导致严重且持续的海岸侵蚀。据推测，2007 年 10 月的侵蚀期将延续到 2009 年；无法确定，棕榈岛的部分滨海房屋能否维持那么久。[112]

---

[105] See Christina Binkley, Coalition Plans to Push "Takings Law," Wall St. J., Dec. 18, 1996, at S1.

[106] Lynne Langley, Sandbar, Season Erode Wild Dunes, Post and Courier (Charleston, S. C.), Feb. 19, 1997, at 1 - B.

[107] See Lynne Langley, Palms Board Oks Giant Sandbags, Post and Courier (Charleston, S. C.), Oct. 21, 1995, at 17 - A.

[108] See Lynne Langley, Six Landowners Sue State Over Erosion, Post and Courier (Charleston, S. C.), July. 19, 1996, at 1 - B.

[109] Jerozal v. South Carolina Dep't of Health & Envetl. Control, No. 95 - CP - 10 - 4365 (S. C. Ct. C. P. 1996) （驳回了临时限制令）。See also Lynne Langley, Jude Hears Wild Dunes Arguments, Post and Courier (Charleston, S. C.), July. 30, 1996, at 1 - B; Lynne Langley, Wild Dunes Sandbag Injunction Denied, Post and Courier (Charleston, S. C.), Aug. 21, 1996, at 1 - B; Lynne Langley, Sandbag Proposal Beached, Post and Courier (Charleston, S. C.), Oct. 12, 1996, at 1 - B.

[110] Robert C. Ellickson and Vicki L. Been, Land Use Controls 177 - 78 (2005) （记录了对 Ms. Shahid 的采访）。然而 1998 年，棕榈岛上的其他所有权人申请许可以保护房产对抗侵蚀，同样被驳回。See Lynne Langley, Panel Sacks Sandbag Request, Post and Courier (Charleston, S. C.), Sep. 12, 1998, at 1 - B.

[111] Bo Peterson, Wind and Tides Cut Away at Isle of Palms, Charleston Post & Courier, Oct. 3, 2007, available at http://www.charleston.net/news/2007/oct/03/wind_tides_cut_away_at_isle_palms17914/.

[112] Id. （"一个顾问估计此次海岸侵蚀期可能持续超过 1 年，或达 18 个月之久，Vest［附近一个堰洲岛的财产管理人］称：她估计建筑群可以维持 18 个月。但这是在最近一次风暴之前的估计。现在再问她可以维持多久，Vest 停下来深呼吸，她说"我不知道"）。

二、卢卡斯与"价格劝导"

《标准法（the Standard Law）》与契约的经济模式、侵权法与财产法均假定，市场环境下理性的经济参与者将生产出效益数量的产品或服务——即可最大化社会福祉的数量——只要参与者必须承受或内部化其行为产生的所有成本。如果海岸度假村的开发商可以修建房屋，但不必顾及相邻所有权人所遭受的侵蚀，以及侵蚀对这些所有权人造成的成本支出，开发商建造的度假村数量就会超出社会最优数量。但如果开发商必须内化这些成本：向邻人为损害赔偿，或支付价款以交换邻人放弃主张权利免于妨碍建设，那么只有开发的总收益大于总支出时，开发商才会继续修建引发侵蚀的建筑。因而，成本内化对于自由市场的效益至关重要。

卢卡斯案的争点所指向的征收论断所强调的成本内化理论遵循相同逻辑：只有当政府必须支付其规制的所有成本时，它才会选择最有效率的规制水平——规制的收益大于支出。该理论主张，如果政府不必为规制强加给财产权利人的成本付账，政策制定者就可能陷于"财产幻象"：他们会低估他们并未负担的成本，从而基于其政策价值的幻象而采取规制。[⑬]

鉴于海岸委员会出售系争地块的决定，卢卡斯案现在通常被称为补偿或"价格劝导"在保证政府效率行为方面可以以及应当发挥作用的"首要例证"[⑭]。经济学教授比尔·费谢尔（Bill Fischel）对《联邦宪法第五修正案》的补偿要求进行了广泛研究，并辩称：

> ……在卢卡斯案判决之前，南卡罗来纳州认为卢卡斯地块（或其他相似地块）的价格很低，因为它不曾想到须为此支付补偿。以此价格为基准——零美元零美分——即使对环境保护最不敏感的立法者也会认为环境价值优先。不必放弃任何高速公路或医院或机场的建设——这些州财政须支付的其他款项——以保护海岸。立法机关也不必承担增加税收以购买系争地块所造成的选民的愤怒风险。它所需要做的只是通过一项立法，而由此产生的不利留给一小部分土地所有权人承受。
>
> 然而，一旦州获得系争土地，它就有理由关注与环境价值相比的市场价值……州机关当然会注意到开发商愿意为每个地块支付将

---

⑬　See, e.g., Louis Kaplow, "An Economic Analysis of Legal Transitions", 99 *Harv. L. Rev.* 509, 567 (1986).

⑭　Fischel, supra note 9, at 552.

近 50 万美元的价金，并且做了一个理性且忠诚的公职人员应当做的事：将地块卖给开发商。

……州只是对维持这一小块海滩地块（不足一英亩）所需支出的高额成本作出回应，并做了合理行为

……为可怕的预算之外的资源支付金钱，促使官员计算特定项目是否合算……[115]

因此，像费谢尔这样的法经济学者即将卢卡斯案视为一个尴尬的教训：除非政府必须向其规制行为所影响的所有权人支付补偿，否则可能导致过度规制。但深入研究该案，不免令人怀疑卢卡斯案的补偿对南卡罗来纳州弱化其海岸管理政策所起的作用，且以成本内化理论作为补偿要求本身的依据，是对《联邦宪法第五修正案》征收条款之正当性的尴尬的不当解读。

（一）金钱抑或选票？

海岸委员会处理地产所有权人请求重建被飓风胡果毁损的房屋的方式，以及州议会 1990 年对《海岸管理法》的修正，都偏离了旧的《海岸管理法》所确定的撤出封闭区的政策。根据成本内化理论，对此转变起关键作用的，一定是须补偿撤退政策所造成的损失之预期。[116] 其他方面的限制因素——如因该政策受影响的选民的愤怒——本身则不足以使南卡罗来纳州的管理者与立法者清醒意识到撤退政策的成本与收益。该理论主张，只有当海岸委员会与议会面临补偿要求的威胁时，它们才会意识到撤退政策的成本远超其收益。

但议会对于撤退政策的态度转变之过程，却不符合补偿要求的威胁对修订《海岸管理法》起到关键性作用的假定。首先，1988 年《海岸管理法》的立法过程显示，立法者完全清楚一旦该法通过，封闭区撤退政策可能被裁定为征收且须为此支付补偿。[117] 对财产权的顾虑以及征收裁

---

[115] Id. See also William A. Fischel, Regulatory Takings (1995).

[116] Fischel 关于 Lucas 的论证引自上注 115 处的引文，关注的焦点是海岸委员会将系争地块出售给开发商的决定，而非委员会与议会关于封闭区撤退政策的态度转变。但一旦发生这样的态度转变，那么委员会就没有理由将 Lucas 的地块置于旧《海岸管理法》之下，而对其他地块适用更有利的 1990 年新《海岸管理法》。为了论证委员会对系争地块的处理显示了补偿要求对于促进成本内化的作用，就必须证明，1990 年《海岸管理法》的修订所反映的态度转变是受到补偿要求的刺激。

[117] See, e.g., Cindi Ross, Major Provisions of the Beachfront Protection Legislation Bill is [sic] Approved as Tide Rises in Favor of Beach Protection, The State (Columbia, S.C.), June 2, 1998, at 1A. 还可对比 "Dead Zone" Elimination Sought, News and Courier (Charleston, S.C.), Feb. 10, 1989, at 1-B (报道了议员 James Wanddell, 海岸委员会前任主席, 担心委员会因《海岸管理法》的封闭区规定可能承担的潜在责任, 希望可以修订该法); 与 Waddell's Proposal on Beach Act Blasted, News and Courier/Evening Post (Charleston, S.C.), Feb. 18, 1989, at 1-B (引用了几个立法者的言论, 反对 Waddell "毁坏"《海岸管理法》的企图, 并指出通过《海岸管理法》时, 他们 "知道自己在做什么")。

判可能为州带来的责任，均使该法案的支持者在立法争论过程中作出了若干方面的妥协。[118] 此外，会议委员会特地修正了法案，为地产所有权人提供了一项异议权利，如果他们认为该法的适用将导致对其特定地块的征收。[119] 这一模仿北卡罗来纳州海岸保护体系的程序，使海岸委员会在所有权人可证明构成征收时，或者颁发建筑许可，或者支付补偿。但会议委员会至少有一位成员更倾向于以支付补偿代替建筑许可，并宣称："如果这是我们必须支付的价款，那就是我们的撤退政策必须付出的代价。"[120]

议会在颁行《海岸管理法》之前，即考虑到补偿要求的可能性这一事实，并不足以否定，法院现实的补偿命令是议会嗣后转变态度的刺激因素。也许议会意识到可能会有补偿要求，甚至为支付补偿做好了准备，但依然决定通过该不提供补偿的法案，因为考虑到法院也可能驳回补偿要求。[121] 因为州不必支付惩罚性赔偿（punitive damages），立法机关在被法院命令支付补偿之前不必遭受金钱惩罚（不同于与被认定构成征收的立法相关的律师费以及其他拒付行为）。[122] 与之相应，成本内化理论的支持者可能会如此辩驳：即使在立法过程中明确考虑到州在理论上可能面临的补偿裁定，但这还是不能替代现实的补偿命令的惩罚性。

但认为帕特森法官的补偿命令导致了议会的态度转向，还与下述事实不符：在帕特森法官宣判之前，态度转向已经开始发生。1989 年年初，《海岸管理法》颁行后几个月，议会中即有人建议将封闭区从《海岸管理法》中删除。[123] 早在 1989 年 2 月，查理斯顿的报纸就开始谴责不动

[118] See, Bruce Smith, Coastal Council "stretched," The State (Columbia, S. C.), Mar. 19, 1998, at 3D; Ross, supra note 117.

[119] S. C. Code Ann. § 48 - 39 - 290 (Supp. 1998)（1990 年修订，现行版本请参见 S. C. Code Ann. § 48 - 39 - 290 (2003)）.

[120] Ross, supra note 117.

[121] 也许议会认为 South Carolina 最高法院判定该立法构成征收的风险很低，因为该院所有的法官都曾在立法机关任职。Cindi Ross Scoppe, High Level Reformers Want to Change Way S. C. Selects Judges, The State (Columbia, S. C.), Feb. 16, 1994, at B5（1991 年所有该院法官都曾在议会任职）. See generally Martin Scott Driggers, Jr., "South Carolina's Experiment: Legislative Control of Judicial Merit Selection", 49 S. C. L. Rev. 1217, 1235 (1998). 事实上，最终执笔州最高法院关于《海岸管理法》不构成征收的判决的 Toal 法官，在《海岸管理法》通过之前一个月还在议会任职。因而，因为议会决定为地产所有权人提出异议而提供一项快速程序，并将举证负担予州，就断言立法者是财产权的拥护者，且该程序是财产权的胜利，与法院更可能驳回征收诉讼的确信并不一致。See Ross, supra note 117.

[122] 如果立法机关通过立法时，并没有预先将法院要求补偿的可能性编入预算，那么补偿裁定就可能对州财政预算造成严重破坏。对此混乱情景的顾虑，可能消解立法机关在法院不支持构成征收的可能性上下赌注的动机。

[123] See "Dead Zone" Elimination Sought, News and Courier (Charleston, S. C.), Feb. 10, 1989, at 1 - B; see also Waddell's Proposal on Beach Act Blasted, News and Courier/Evening Post (Charleston, S. C.), Feb. 18, 1989, at 1 - B.

产行业与银行业对《海岸管理法》的消解。⑭ 此外，1989 年 5 月，媒体报道，达成了修订《海岸管理法》的"交易"，州参议院在 1989 年 6 月休会之前通过了最终成为 1990 年《海岸管理法修正案》的法案，这些都发生在帕特森法官 1989 年 8 月的裁判之前。⑮

虽然在帕特森法官宣判之后，直至 1900 年议会才通过了《海岸管理法修正案》，但通过当时，该案仍在南卡罗来纳州最高法院的上诉审过程中。如果州议会的首要顾虑是补偿的威胁，那么鉴于通过所有法案都非常困难，且两年前通过《海岸管理法》时发生了激烈的争论，那么在没有确定初审法院的判决是否会最终得到支持之前，立法者急于表达其顾虑即难以理解。⑯ 州态度的快速转变必有其他原因。

更有可能的诱因是飓风胡果。《海岸管理法》所反映的策略是：通过将被损毁建筑的复建地址向内陆迁移，逐渐从海岸撤退。如果不曾发生这一《海岸管理法》通过前几十年南卡罗来纳州都未遭遇的灾难，上述策略仅会影响极小的一部分地产所有权人。但飓风胡果导致大量的所有权人意外受到《海岸管理法》的限制。数量突然激增的愤怒的选民，以及否定刚刚遭受灾难的受害者之重建的权利，所带来的政治与公共关系困境，都对议会成员产生了巨大影响。

因此，州议会对《海岸管理法》的修订过程说明，并非卢卡斯案的补偿裁定所导致的成本内化限制了州立法机关。而且，检视州议会对待卢卡斯的方式，也使我们有理由怀疑，成本内化理论并非议会态度转向的原因。

（二）原则、诉讼立场与情感

州议会的态度转变不仅体现在封闭区撤回政策，而且还体现在是否允许在特定地块上进行开发，这也是卢卡斯案的争点。按照成本内化理论对补偿要求的正当化解释，州议会最初否定卢卡斯的建筑权，后来又允许在系争地点进行建设的行为，说明仅在州议会被实际要求补偿被损

---

⑭ Takings Sides Withe the Beachfront, News and Courier (Charleston, S. C.), Feb. 24, 1989, at 8 - A; see also John Burbage, Focusing in On Our Environment, News and Courier (Charleston, S. C.), at 8 - A; Those Who Will Not see the Beach, News and Courier (Charleston, S. C.), May. 12, 1989, at 8 - A.

⑮ Tentative Deal Struck on Beach Bill Revisions, News and Courier (Charleston, S. C.), May 31, 1989, at 4 - B; Cindi Ross Scoppe, S. C. Lawmakers Wind Up Session of Compromise, The State (Columbia, S. C.), June 4, 1989, at 1 - A.

⑯ 在关于州议会 1990 年审议是否放松海岸保护规则的报道中，媒体强调了州可能面临的支付补偿的可能性。See, e. g. , Russell C. Munn, Beachfront Management Act Revised as Session Ends, S. C. Bus. J. , July 1, 1990, at 13 （"修订法案的建议是为了防止州可能面临的财政噩梦"）。然而，对修正案的指责并未归咎于法院的补偿命令，而是"居住在这些岛上的一小部分人的政治力量"。See, e. g. , Schmich, supra note 82, quoting Orrin Pilkey, 一位"著名的 Duke University 海岸管理专家"。

毁的财产价值时，才会考虑待开发土地的价值。[127]

必须再一次强调，上述论断并非众多可能解释州议会态度转变的因素中的主因。首先，起草意在普遍适用的规则的立法者或规制者，通常无法预见该规则对每项财产所带来的特定的成本或收益。土地使用与环境规制都典型地规定了个案变通或特别许可程序，使地产所有权人有机会要求规制者精确分析将一般规则适用于特定财产的成本与收益。但《海岸管理法》并不包含这样的特别许可程序，至少没有通常形式的此类程序。如上文所述，作为对地产所有权人的妥协，《海岸管理法》通过前，草案经过参议两院会议委员会（House and Senate Conference Committee）的修改，增加了一项行政机制与一项司法程序：根据前者，土地所有权人可以对基线与撤退线的划定提出异议；根据后者，土地所有权人可以对该法适用于其土地的合理性提出质疑，并由州选择颁发建筑许可还是支付补偿。[128] 也许议会认为这些条款可以替代特别许可程序。但卢卡斯并没有诉诸上述两种救济可能，而议会也没有坚持他必须如此。[129] 因此，卢卡斯之征收诉讼的程序立场，迫使州议会（与初审法院）将其主张作为对州是否应当为《海岸管理法》所造成的成本支付补偿这一一般原则的检验，而非聚焦于禁止开发卢克斯的特定地块将造成的特定成本或收益。

该案初审之后，1990 年《海岸管理法修正案》采纳了明确的特别许可程序。南卡罗来纳州只有 12 个地块——其中两个是卢卡斯的地块——尚未开发，且完全被《海岸管理法》禁止开发。其他 10 个地块的所有权人诉诸 1990 年《海岸管理法修正案》的特别许可程序，且都获得了建筑许可。[130] 只有卢卡斯拒绝诉诸许可程序。通常，在地产所有权人使用个案变通或特别许可程序之前，法院会拒绝审理征收诉讼。上述"诉讼成熟（ripeness）"规则可以保证规制者有机会考量特定地块的特性，并决定在此情形适用规制的适当性。[131] 虽然在 1990 年《海岸管理法修正案》采纳特别许可程序之后，法院完全可以中止卢卡斯案的审理，但南卡罗来纳州最高法院[132]与联邦最高法院都拒绝如此。[133] 因此，在南卡罗来纳州

---

[127] See Fischel, supra note 9.

[128] 请参见上注 119 处的正文；see also Ross, supra note 125（将上述修正描述为对财产权保护的妥协）。

[129] 联邦最高法院此前判定，在地产所有权人诉诸上述行政程序之前，不应提起征收诉讼，除非诉诸行政程序无功而返。Williamson County Reg'l Planning Comm'n v. Hamilton Bank, 473 U. S. 172 (1985). The Council's amended answer to "clarify" the remedies available if the trial court found a taking may have been a clumsy attempt to raise a Williamson County objection. 请参见上注 60 处的正文。

[130] Dwight Merriam, "Reengineering Regulation to Avoid Takings", 33 *Urb. Law.* 1, 17 - 18 (2001).

[131] See Vicki Been, *The Finality Requirement in Takings Litigation after Palazzolo, in Taking Sides on Takings Issuese* (Thomas E. Roberts ed. 2002).

[132] See Respondent's Brief on the Merits at 5, Lucas, 505 U. S. 1003.

[133] 505 U. S., at 1011.

最高法院与联邦最高法院的审理中，州议会就无法就禁止开发卢卡斯地块的价值是否符合成本—效益作出决定，而必须针对一般原则进行论证，即它不必因《海岸管理法》造成的财产价值减损为地产所有权人支付补偿。[⑭]

进行新的土地开发的净成本或收益——以及重建被毁损建筑的净成本或收益，是州首要关心的问题——无疑与单独禁止卢卡斯地块的开发之净成本或收益完全不同。因此，可以合理认为，在诉讼结束后，州议会关于开发卢卡斯地块的效益所采取的态度，可能不同于在诉讼中检视不向受规制影响者支付补偿即进行规制这一更一般性的原则时，它所采取的态度。

其次，在委员会第一次与卢卡斯发生诉讼时，成本/收益计算就已经发生改变。根据1990年《海岸管理法修正案》，卢卡斯的邻居以及一般意义上的海岸土地所有权人，进行建设或重建的条件，比旧《海岸管理法》宽松得多。因此，仅仅禁止卢卡斯两个地块的开发所带来的效益显著缩减。一旦在类似飓风胡果这样的损害事件发生时，卢卡斯的邻居都被赋予重建权，那么坚持不允许卢卡斯进行建设也就丧失了合理性。与之相应，委员会对卢卡斯地块的态度转变，也可能是对下述州政策转变的理性回应：从就《海岸管理法》完全禁止封闭区的建设与重建，到1990年修正案允许所有权人进行建设，但防止他们干扰侵蚀的自然力。

再次，委员会自卢卡斯处购买地块再出售用于开发的决定，可能是因为卢卡斯不愿意接受1990年《海岸管理法修正案》所规定的特别许可条款，或不愿意接受他在许可之外额外要求补偿的请求。卢卡斯将特别许可视为一个"真正的地雷"，并拒绝面对以下现实：许可可能限制他所修建的房屋面积，并要求他在委员会命令搬迁的时候同意搬迁。他将后者视为"布置陷阱"，并抱怨道："如果他们［'委员会……的官僚们'］利用大量的专家意见认定，你正处于不利的进程中（如本案中的侵蚀或自然力），那么就请立刻离开你的房屋。"[⑮]委员会可能不会通过诉讼坚持上述条款，而是理性地决定节约诉讼成本，从卢卡斯处购买地块，并将其出售给没有意图去抗争许可是否应当附加条件的买家。同理，如果在颁发许可之前，委员会认为卢卡斯对"暂时征收"所要求的补偿过高，那么也可能理性地推断，从卢卡斯处购买地块再出售，也许比颁发许可并支付补偿更合算。

---

⑭ Lucas的诉讼策略模糊了系争地块的特殊性。Lucas在初审（以及上诉审）中主张，不必考虑开发他的地块会造成的公共成本，鉴于规制将"摧毁地块的所有价值"，因此他有权要求补偿。初审中，他拒绝出示任何关于他开发地块将会造成的特别损害的证据。初审法院允许议会出示了部分上述证据，前提是"不会花费太长时间"。而初审法院的判决中完全无视上述证据。

⑮ Green Machine, supra note1, at 148-49.

274

最后，委员会的所为也可能反映了争讼的幸存者有时会出现的非理性。研究显示，妨害诉讼的当事人有时会以适得其反的方式行为，拒绝将法院裁定的权利与受害人进行交易，即使为此交易可能促进更有效益的结果，例如，因为诉讼导致的敌对情绪。[⑥] 同理，个人仇视与其他"经济上非理性的"偏好，可能影响委员会在联邦最高法院裁判后所作出的有关如何处理系争地块的决定。[⑦]

（三）规训政府决策者

基于上述论据，有理由怀疑成本内化理论在议会与委员会改变封闭区撤退政策过程中所发挥的作用，不过允许开发卢卡斯地块并不否定更一般的论断，即补偿命令可以规训政府决策者。但精确确定补偿命令在议会与委员会审议中的作用的困难性，揭示了上述一般论断的核心问题：目前我们关于立法或规制过程中政治因素如何回应刺激或阻碍因素的理解，显然无法支持基于成本内化理论正当化补偿命令。

如果面临补偿命令，那么政府将会颁行更有效率的规制规则这一论断，隐含了下述假设：政府决策者的行为与财产法、侵权法与合同法所预设的、理性的追求利润最大化的公司一样。[⑧] 但该假定对于政府而言不太可能适用。不同的政治学家与经济学家提供了不同的关于政府（或组成政府的政客或官僚）所追求目的的解读，但这些学者并不认为政府直接受制造"利润"动机的刺激。[⑨] 因而，政府决策者不太可能关注补偿裁定，除非不得不向地产所有权人支付补偿将导致他们所追求的目的难以实现。

对于被选举的州立法机关成员而言，他们最关心的是最大化自己重新当选的几率，例如，只有在支付补偿的威胁可能导致相当数量的选民决定反对其当选时，他们才会关注此事。但是针对州的补偿裁定中，每个选民可能仅需要负担几美元，他们也不会关注此类裁定，或者将其归咎于法院、而非立法者。或者，关注补偿裁定的选民人数，远远小于关

[⑥] See Ward Farnsworth, "Do Parties in Nuisance Cases Bargain After Judgement? A Glimpse Inside the Cathedral", 66 *U. Chi. L. Rev.* 373 (1999).

[⑦] See, e. g., Peter H. Huang, "Reasons within Passions: Emotions and Intentions in Property Rights Bargaining", 79 *Or. L. Rev.* 435 (2000).

[⑧] 不少重要的公司法理论，如公司章程的州际竞争，也假定政府与公司行为模式相同。但这一假定也遭到严厉的质疑。See, e. g., Marcel Kahan & Ehud Kamar, "The Myth of State Competition in Corporate Law", 55 *Stan. L. Rev.* 679 (2002).

[⑨] See, e. g., Ian Ayres & John Braithwaite, Responsive Regulation (1992); Daniel A. Farber & Philip P. Frickey, Law and Public Choice (1992); Sam Peltzman, Towards a More General Theory of Regulation, 19 J. L. & Econ. 211. 213—14 (1976).

注在近海岸建设可能造成的税负成本的选民人数。⑭

此外，州或联邦层面的政府决策者与地方层面的决策者对于补偿要求的反应并不相同。政治成本更有可能与地方财政而非联邦或州财产相关。⑭ 微型或中级的地方政府与联邦、州或大城市政府相比，大多"是多数主义者（majoritarian）且特别的为当地的地产所有权人负责"⑭。因为地方政府的选民同时也是土地使用规制的受益方、补偿裁定与财产税的支付者，因而与规训联邦或州的行政官员相比，补偿要求更有可能促成地方政府官员内化其规制行为的成本。此外，与州或联邦政府相比，地方政府更自然地倾向于冒反对风险。例如，50万美元的征收裁判的预期，对于微型地方政府与州或联邦政府具有完全不同的意义。⑭

预估补偿要求如何影响政府是否决定在如卢卡斯案的情形中进行规制，需要了解"政府活动的社会成本与收益，如何体系化地转化为政府决策者个人的政治成本与收益，以及……［补偿］要求在此过程中起到的作用，如果有的话"⑭。如果没有关于此政府决策模式（或者关于不同层级不同规模的政府的决策模式）的统一认识——这一模式并不存在——我们就无法确定补偿要求是否会导致过少的、过多的还是正好合适（有效率）的规制水平。补偿要求可能导致更优的政府决策与更有效率的规制，但也可能导致政府过分谨慎，以至于未能采纳最大化社会福祉的措施。⑭

---

⑭　正如很难评估补偿要求对议会的影响，因为无法确定立法者的诉求，以及补偿命令如何影响他们达致目的，要完全理解补偿要求在委员会决定中所发挥的作用，同样需要了解委员会（或其雇员）的动因。例如，委员会的政治受命者或职业公职人员可能仅在其职业晋升前景受影响时，才会注意到 Lucas 这样的地产所有权人，或在他们最关注的项目中为他们保留少量资源。但上述顾虑都未必意识到：Lucas 案的败诉可能不会被"归咎于"委员会或其成员或职员；而且 Lucas 所要求的补偿的一部分或全部将来自（正如最终所显示的）议会的特别拨款，而非委员会的预算。

⑭　Christopher Serkin, "Big Differences for Small Governments: Local Governments and the Taking Clause", 81 *N.Y.U. L. Rev.* 1624, 1628 (2006)（"财政与政治成本令人吃惊地处于地方层面，迫使政府进行补偿可能促进更有效率的规制动机。因此，批评征收条款的经济成本的力量，随着为被质疑的行为或规则负责的政府的层级与规模的大小而增强或减弱"）。

⑭　Id. at 1645（"传统的征收条款的经济理由隐含了多数决政治体制的假定，而公共选择理论则假定政府更多地受制于少数派的压力"）。

⑭　Id. at 1628（"……冒反对风险的概率随着政府规模的减小而增加"）。

⑭　Daryl J. Levinson, "Making Government Pay: Markets, Politics, and the Allocation of Constitutional Costs", 67 *U. Chi. L. Rev.* 345, 357 (2000)。

⑭　采取严格补偿要求的各州的经验表明，征收条款的成本内化理由在地方层面更适用，但也表明，补偿要求并不必然导向更有效率的规制水平。例如，在 Oregon, Measure 37 要求地方政府或者按照市场价补偿不动产所有权人因土地使用限制而遭受的财产价值减损，或者放弃对异议土地所有权人的规制。Or. Rev. Stat. Ann. § 197.352 (2007)。自从 Measure 37 通过之后，土地所有权人提起了 6 800 个请求要求将近 2 百亿美元的补偿。Or. Dep't of Land Conservation & Dev., DLCD Measure 37, Summaries of Claims, http://www.oregon.gov/LCD/MEASURE37/summaries _ of _ claims.sthml（最后访问日期为 2007 年 10 月 1 日）。面对支付补偿的预期，地方政府通常会放弃对所有权人的规制。然而，很多邻居与被放弃规制的开发行为影响者，均提出了有力的证据，说明被放弃的规制可能有效地防止各种侵害。See, e.g., Sightline Institue, Two Years of Measure 37 (2007), http://www.sightline.org/research/sprawl/res _ pubs/property-fairness/measure-37-report（最后访问日期为 2007 年 10 月 21 日）。

确实，海岸开发至少有两项经济与政治上的特征表明，如果补偿要求可能规训政府决策者的话，其结果也是导致对海岸开发的过少而非过分规制。[146]

（四）海岸地产所有权人的政治力量

公共选择理论——经济学理论在政治学研究中的应用——认为，人数较小且具有同质兴趣、受结果影响较大且有既存的社交网络或其他组织优势的群体，与分散、异质、难以组织且受结果影响相对较小的群体相比，更有可能影响立法者或其他决策者。[147] 例如，南卡罗来纳州（与其他地区）的海岸地产所有权人是一个相对较小的群体——最多只有几千人，受到《海岸管理法》撤退政策的限制。[148] 他们有共同的利益：开发地块以最小的个人风险最大化其财产价值。在此博弈中，他们都有数十万美元的财产受到威胁。因此，与普通纳税人——禁止不明智的海岸开发为他们带来的利益份额相对较小——相比，他们可能拥有并行使的政治力量更有影响。[149]

海岸开发与灾难救助政策的历史都确证了政治理论的预测：海岸地产所有权人在与海岸开发管制的博弈中，不断在联邦、州与地方层面取得胜利。[150] 其结果是，对于正在被侵蚀的海岸"采取有效率的土地使用

---

[146] 关于 1988 年法案的争议导致"［立法］进程中最激烈且持续时间最长的争论之一"。Bobby Bryant, Some of Year's Legislation Flared While Other Bills Fizzled, The State (Columbia, S. C.), June 5, 1988, at 12A. See also Farrington, supra note 41（描述了立法的公众听证如何"激烈"，有些海岸地产所有权人痛斥强制撤退的前景，而另一些人则将其视为 South Carolina 海岸的"New Jerseyization"）。

[147] See, e.g., Antony Downs, An Economic Theory of Democracy (1957)；Daniel A. Farber & Philip P. Frickey, Law and Public Choice: A Critical Introduction 1 (1991)；Russell Hardin, Collective Action (1982)；Mancur Olsen, The Logic of Collective Action (2d ed. 1971).

[148] 在飓风胡果之前，海岸委员会预估撤退线朝海方向以外的建筑有 2 059 栋，其中 1 239 栋位于 20 英尺的封闭区之内。无法确定的是，这些建筑所有权人中有多少受到飓风胡果的侵害，并成为 1990 年修正案的诉求群体成员。Bruce Smith, 2059 Beach Structures Defy Setback, The State (Columbia, S. C.), Sept. 29. 1988, at 1C.

[149] 确实，Lucas 对自己的描述，也许有些自我吹捧，他当然并非 South Carolina 政策的不幸受害者。他与 South Carolina 政界与商界精英的联系，他在大范围的海岸开发中取得的显著成功，以及在反对开发理论的影响下不利风险逐渐超出其承受范围时有意识地离开不动产开发业的决定，都揭示了他在政治上的机敏以及对政治进程的熟知。他关于自己对联邦 1986 年《税法改革法案》的游说的描述，包括他与自己的老朋友国会议员 Lee Atwater 的交谈——1980 年代最有影响的政治策略之一，都使人很难想象，他无法将自己对《海岸管理法》的顾虑告知 South Carolina 议会，如果他选择如此作为的话。

[150] See, e.g., Rutherford H. Platt, Disasters and Democracy 165 - 286 (1999)；David Salvesen and David R. Godschalk, Development on Coastal Barriers: Does the Coastal Barrier Resources Act make a Difference? 6 - 7 (2002), available at www. coastalliance. org/cbra/cbrarep2. pdf（回顾了关于联邦政府指定禁止为堰洲岛开发提供补贴的区域的争议）；Marc R. Poirier, "Takings and Natural Hazards Policy: Public Choice on the Beachfront", 46 *Rutgers L. Rev.* 243, 271 - 84 (1993)（回顾了 New Jersey 与 New York 在 1992 年东北飓风后关于重建受灾地区之争议的结果）。

管制，各个层级的政府都犹豫不决"[151]。

（五）单独强制成本的内化

以成本内化理论正当化补偿要求的假定是，政府规制者对于他们所考虑的规制所带来的效益更易于"过分热情"，必须强迫他们关注规制成本，以使其可以准确评估规制是否有价值。但卢卡斯案中的规制者（以及南卡罗来纳州的选民）并未理所当然地意识到限制海岸侵蚀的所有甚至是部分效益。强制成本内化的补偿命令，而不要求相应的机制——或没有相应的机制——使决策者内化其收益，很难促使立法者或规制者准确评估海岸管制的净社会收益或成本。

限制恶化海岸侵蚀或加剧飓风或其他海岸灾难之损害的地产开发，会带来多方面的益处。海岸湿地可以减缓风暴。它们可以为成千上万种鱼类与禽类提供栖息地与繁殖地。它们过滤污染、净化水质。[152]然而这些益处难以量化。[153]而且，这些益处所带来的收益不仅限于南卡罗来纳州的选民，而是在全国范围内累积（可能对其他国家也有益）。如果补偿命令会影响政府决策，那么一方面强制南卡罗来纳州负担管制海岸的所有成本，另一方面却无法计算规制的收益，且收益范围不限于南卡罗来纳州，就不太可能引向有效率的规制。如果有影响的话，反而更有可能促使南卡罗来纳州消减规制，允许更多的海岸开发，而非采取最大化社会福祉的措施。

结束对海岸地产所有权人的补贴所节约的成本，或许是最容易计算的效益，因此它们被作为规制措施无力对州规制者内化收益所带来的影响的生动说明。为补贴此类损失，联邦、州与地方政府允许海岸地产所有权人将相当一部分侵蚀与风暴损害风险转嫁给他人，将纳税人与其他罹受较小风险的财产放在保险池中。[154]补贴主要有四种形式。第一，联邦、州与地方政府大力投资基础设施建设，如道路、饮用水供应与污水处理设施，以使开发商可以在海岸进行地产开发。有关《沿海屏障资源法（Coastal Barriers Resources Act，CBRA）》的研究提供了关于这些补

[151] Platt, supra note 150, at 99, 102. See also David Godschalk, et al., Natural Hazard Mitigation (1999); Dennis S. Mileti, Disasters by Design (1999) for critiques of the regulation of beachfront development.

[152] See Salvesen and Godschalk, supra note 150; Ross B. Plyler, Note, "Protecting South Carolina's Isolated Wetlands in the Wake of Solid Waste Agency", 53 S. C. L. Rev. 757 (2002).

[153] See, e.g., Oliver A. Houck, "Land Loss in Coastal Louisiana: Causes, Consequences, and Remedies", 58 Tul. L. Rev. 3, 92 (1983).

[154] U. S. Fish and Wildlife Service, The Coastal Barrier Resources Act: Harnessing the Power of Market Forces to Conserve America's Coastal and Save Taxpayers' Money 2 (2002), available at http://www.fws.gov/cep/Taxpayers-SavingsFromCBRA.pdf.

贴价值的最佳估算。美国国会 1982 年通过的《沿海屏障资源法》，禁止联邦政府为指定的 1.326 百万英亩范围内的堰洲岛的开发提供补贴[155]。正如当时在任的里根总统在签署该法案时所指出的，《沿海屏障资源法》"只是采取了明知的进路：在这些敏感地区新增的私人地产开发的风险应当由个人负担，而非转嫁给全美的纳税人"[156]。

在 2000 年被授权修正《沿海屏障资源法》时，国会指令美国渔业与野生动物服务协会（U. S. Fish and Wildlife Service，FWS）评估《沿海屏障资源法》通过限制联邦资助道路建设、废水处理系统、饮用水供应与灾难救助而为纳税人节省的资金总额。美国渔业与野生动物服务协会的研究表明，保守估算，联邦政府为开发堰洲岛支出的成本包括每英亩道路 6 022 美元，每英亩废水处理设施 1.718 9 万美元，每英亩饮用水供应 6 270 美元[157]。按照美国渔业与野生动物服务协会的估算，仅联邦为 1 500 英亩棕榈岛野生沙丘开发项目提供的补贴即高达约 4.5 千万美元。

第二，联邦、州与地方政府花费了数十亿美元支撑被侵蚀的海岸线以保护海岸地区的房屋与商业。例如，在飓风胡果之后，政府花费了 6.5 百亿美元重建南卡罗来纳州被毁损的沙丘岛，以保护地产所有权人免受将来潮水高涨引发的洪灾之侵害[158]。

第三，联邦政府的全国洪灾保险项目（National Flood Insurance Program，NFIP）为私人地产所有权人提供了保险以规避损失。全国洪灾保险项目提供的保险是私人保险公司通常无法提供的，至少不会以前者的保费标准提供，从而使原本投资风险极高的对洪水易发地区的开发

---

[155]　Pub. L. No. 97 - 348，96 Stat. 1653（1982），后修订为 Coastal Barrier Improvement Act of 1990，Pub. L. No. 101 - 591，104 Stat. 2931. 关于 CBRA 的讨论请参见 Elise Jones，"The Coastal Barrier Resources Act: A Common Sense Approach to Coastal Management"，21 *Envt. L.* 1015（1991）；Robert R. Kuehn，"The Coastal Barrier Resources Act and the Expenditures Limatation Approach to Natural Resources Conservation: Wave of the Future or Island Unto Itself"，11 *Ecology L. Q.* 583（1984）.

[156]　18 Weekly Comp. Of Pres. Doc. 1340，1341（Oct. 18，1982）.

[157]　U. S. Fish and Wildlife Service，supra note 154，at 12. 估算以 1996 年美元币值为准。FWS 提醒，它的估算是保守计算，因为没有将沿海屏障的地质特征纳入考量，而地质特征可能导致基础建设成本的增加；它只考量了现场的建设成本；它没有计算将新设施与旧设施相连接的成本；也没有计算维持基础设施的成本。Id. at 25. 他也没有计入很多形式的基础设施建设，如桥梁与海岸加固。Id. at 3，27. 其他关于联邦对堰洲岛基础设施建设的补贴计算总额更高。例如，1981 年的一项研究发现，以 1980 年的美元币值计算，每开发一英亩堰洲岛，联邦政府即平均为其基础设施建设支出 5.3 万美元。See Jones，supra note 155（citing Barrier Islands: Hearings Before Subcomms. On Fisheries and Wildlife Conservation and the Environment and on Oceanography of the House Comm. On Merchant Marine and Eisheries，97th Cong.，1st & 2nd Sess.，54，139（1981 and 1982）and Scheagger & Roland，Inc.，Barrier Island Development Near Four National Seashores（April 1981），reprinted in Barrier Islands: Hearings，at 55 - 125）.

[158]　Robert Dvorchak，Storm Brews Over Beachfront Building: Environmentalists Say Overdevelopment Threatens Shores，Public Access，Wash. Post，Oct. 14，1989 at F31.

成为可能。[159] 全国洪灾保险项目的费率被认为只有私人保险公司的10%～40%。[160] 尽管全国洪灾保险项目的费率被要求符合明智的保险精算，但该项目"收取的资费无法覆盖其多年的风险承担"，并累计导致超过5亿美元的净损失。[161]

亏空的部分原因是"反复受损"的地产——不止一次获得1 000美元或更多保险金。尽管全国洪灾保险项目承保的地产中反复受损地产占比仅为2%，但为它们支付的保险金占比却达40%。[162] 棕榈岛是劣迹最重的地区之一——虽然它的常住人口不足5 000人，却是"被支付保险金最多的前200位反复受损社区"之一。[163] 反复受损地产导致的问题促进了改革的呼声，有些直率地称，"两场洪灾后你将被从纳税人口袋中取钱的法律中除名"[164]，不过棕榈岛与其他堰洲岛仍然在承保地区内[165]，而因为它们的地理位置，当地的地产所有权人反复要求支付保险金几乎不可避免。

大卫·卢卡斯自己就曾突出全国洪灾保险项目在开发棕榈岛海岸过程中所发挥的作用。在采访卢卡斯之后，一名《巴伦报（Barron's）》的编辑写道：

> 卢卡斯认为在他的棕榈岛地块上进行建筑是安全且明智的。他声称，在飓风胡果过境时，他的地块的每个方向都只是受到"表面的"损害。它们是飓风侵害范围内相对较新的房屋；只有岛上的旧

---

[159] 关于 NFIP 的讨论请参见 Platt, supra note 150, at 28 - 33; Jones, supra note 155, at 1028 - 30; Oliver Houck, Rising Water: The National Flood Insurance Program and Louisiana, 65 Tul. L. Rev. 61 (1985); Rutherford H. Platt, Congress and the Coast, Env't, July-Aug. 1985, at 12; Poirier, supra note 150, at 229; Saul J. Singer, Flooding the Fifth Amendment: The National Flood Insurance Program and the "Takings" Clause, 17 B. C. Envtl. Aff. L. Rev. 337 (1990). See also National Flood Insurance Program: Hearings Before the Subcomm. On Policy Research and Insurance of the House Comm. On Banking, Finance and Urban Affairs, 101st Cong. , 1st Sess. (1989).

[160] See, e. g. , U. S. Fish and Wildlife Service, supra note 154, at 28 ("通过 NFIP, …… ［高度危险地区］独栋房屋的所有权人每年可获得价值 25 万美元的建筑保险，价值 10 万美元的家具保险，以及价值 1 000 至 1 500 美元的其他私人财产保险。私人市场的保险费完全无法与 NFIP 相比；据传闻，像 Lloyd's of London 这样的银行提供的保险价值为 2 500 至 7 500 美元。而且，与 NFIP 不同，私人市场的保险通常要求更高的自负额，且可在几乎未告知的情况下被取消。私人市场的洪灾保险成本更高且更不稳定，并且因为有些堰洲岛的风险过高，无论以何种水平的保险费，都没有保险公司愿意承保")。Salvesen and Godschalk, supra note 150, at 41 (私人洪灾保险"承保的价值 20 万美元的海岸房屋，需要每年支付保险费 2 500 至 1 万美元，取决于自负额与洪灾风险等因素。而 National Floold Insurance Program 承保同一房屋，每年仅需支付大约 500 美元保险费")。

[161] General Accounting Office, Flood Insurance: Challenges Facing the National Flood Insurance Program, Testimony Before the Subcomm. on Housing and Community Opportunity, Comm. on Financial Services, House of Representatives at 5 (2003).

[162] National Wildlife Federation, Higher Ground: Voluntary Property Buyouts in the Nation's Floodplains, A Common Ground Solution Serving People at risk, Taxpayers and the Environment (1997).

[163] Id. at Table 3. II.

[164] H. R. 253, 108th Cong. , 1st Session (2003).

[165] See GAO, supra note 161, at 11.

房子才几乎完全被摧毁。

但是不要取消他的联邦洪灾保险，否则这位财产权与自由的冠军斗士将会非常不安——不仅因为他现有的棕榈岛房屋受飓风胡果侵害，而从糖叔叔（Uncle Sugar）那里获得了3.5万至4万美元的保险费。卢卡斯还承认洪灾保险为这片曾经贫穷的地区带来了繁荣。"洪灾保险项目是关键"，他声称。"你必须得看看这个项目带来了什么：工作、经济发展。因为联邦洪灾保险项目，我们才有了旅游业和健康的经济。"[166]

第四，在灾难过后，政府介入清理并复建，且为灾民提供救助。据估算，仅联邦政府在飓风胡果过后的清理费用就达2.15亿美元。尽管南卡罗来纳州有义务偿还联邦政府清理费用的25%，但是乔治·布什总统免除了其中的5千万美元，因而需要全美范围内的纳税人继续为选择居住在南卡罗来纳州飓风海岸的居民提供补贴。[167]联邦政府为重建西海岸，以及维尔京群岛（Virgin Islands）与波多黎各（Puerto Rico）被飓风胡果侵害的房屋，共支出将近5亿美元。[168]另有5.4亿美元支付给个人以帮助他们重建；仅南卡罗来纳州就有超过4.265万名风暴受灾者向联邦应急管理局（FEMA）申请灾难救助。[169]

事实上，注意到飓风胡果过后旅馆业与建筑业迅速回暖，一名记者指出："这场灾难的讽刺事件之一是，很多［南卡罗来纳州查理斯顿的］旅馆房间都住满了保险金支付调停员，联邦灾难救助人员与清理志愿者，巨额保险金输入的代理机构，联邦救助与其他外界救助促成了建筑业的繁荣。"[170]流入重建的资金额如此巨大，以至于有预测称，1990年南卡罗来纳州经济中的个人收入增长指标将高于其他地区。[171]当地的"繁荣"说明，如果南卡罗来纳州通过限制高风险的海岸开发控制风暴损失，那么为联邦政府、纳税人以及低风险地块地产所有权人所节约的成本将

---

⑯　Thomas G. Donlan, Editorial Commentary: Liberty and Property-The Rights of Owners Don't Include a Federal Subsidy, Barron's June 1, 1992, at 10.

⑰　Bill McAllister, Bush Waivere Hurricane Cleanup Costs; Tax Burden in Island, South Carolina Eased, Wash. Post, Nov. 23, 1989 at A13.

⑱　Federal Emergency Management Agency, Hugo: Recollections of a Strom, available at http://www.fema.gov/regions/iv/1999/r4_44.shtm.

⑲　Id.

⑳　Rudoph A. Pyatt Jr., Two Months later, Hugo Still Packs a Punch; Despite Rebound in Tourism, Boom in Construction, Many Industries Face Long, Uncertain Return to Stability, Wash. Post, Nov. 19, 1989 at H1.

㉑　Id.

累积增长。⑰

当然，无法得知如果南卡罗来纳州更早采取撤退政策的话，可以避免多少金额的成本支出。也无从准确预知，如果南卡罗来纳州坚持旧《海岸管理法》的撤退政策，并禁止卢卡斯进行建设、禁止其邻居进行复建，将避免多少将来的风暴、海岸线升高与其他自然力可能带来的损失。但无疑可以大大节约成本。而随着越来越多的人移居海岸，且海岸开发已经从适度的夏季别墅发展为像野生沙丘这样的项目，过去 20 年间，飓风与其他自然灾难对经济的影响显著增强。⑱ 这至少在一定意义上说明，土地使用政策的成本并没有阻止海岸开发。

然而，问题在于，避免此类成本支出的收益会累加于全美纳税人与其他人，而他们在南卡罗来纳州没有投票权。如果要求南卡罗来纳州的纳税人承担所有分散海岸开发之风险与损失的成本，而收益却由其他地区获得，至少很有可能导致非效率的低水平海岸保护，而非有效率的决策。因而，卢卡斯案有力地证明了下述规则保守的片面性：以补偿来强制内化成本 （compensation-to-force-cost-internalization rule）。

■ 三、结 论

虽然以成本内化理论正当化补偿命令的追随者主张，补偿要求会促成更有效率的规制，但卢卡斯案及其后续发展显然与此主张不符。卢卡斯案本身无法证明，是补偿命令导致了州决定允许在卢卡斯的特定地块或南卡罗来纳州海岸整体进行开发。也无法证明，州允许更多的海岸开发的决定比之前的严格撤退政策更有效率——创造更多社会财富。在更一般的意义上，"卢卡斯诉绿色机器案"的真实故事说明了，很难预测补偿命令对政府决策者的影响程度，如果有的话，因为我们并不了解被选

---

⑰ 联邦为重建 South Carolina 注入的大量资金也生动地说明了补偿要求的不公正：它要求 South Carolina 的纳税人为联邦财政收入创造的财产价值支付补偿。虽然很难计算具体的数额，但是至少某些政府提供的基础设施以及政府承担的海岸支持与重建项目带来的益处，与灾难救助所分散的风险及政府资助的洪灾保险，都转化为海岸地产的资本价值。政府行为所创造的私人财产价值通常被视为"赠与"，尽管政府可能通过税收政策得到部分补偿，但没有系统化的赠与补偿机制。与之相应，如果政府被要求为海岸保护所导致的地产价值的减损提供补偿，就是被要求买回政府自己创造的价值。关于如果政府必须为"征收"提供补偿，就应当可以寻求"赠与"补偿的经典论证请参见 Windfalls for Wipeouts (Donald Hagman & Dean Misczynski eds. , 1978)。近期对此一般论断的研究可参见 Bell and Parchomovsky, supra note 4；Eric Kades, "Windfalls", 108 *Yale L. J.* 1489 (1999)；Levinson, supra note 144, at 418。关于海岸土地之价值赠与问题的深刻探讨请参见 Daniel D. Barnhizer, "Givings Recapture: Funding Public Acquisition of Private Property Interests on the Coasts", 27 *Harv. Envtl. L. Rev.* 295 (2003)。

⑱ See, e. g., Platt, supra note 150, at 11 - 46, 按时间顺序编排了不同种类的联邦灾难救助支出。

举与被任命的官员如何决策。在补偿命令确实规训了政府决策者的限度内，卢卡斯案说明，僵化的成本内化规则忽视了某些地产所有权人的政治影响力，仅关注政府规制的成本而非收益，更有可能导致政府允许开发地产，而非作出更有效率的社会最优决策。

第13章

牛群与退休人士之争：太阳城、斯珀工业与德尔·E·韦布开发公司之战（Cattle vs. Retirees: Sun City and the Battle of Spur Industries v. Del E. Webb Development Co.）

安德鲁·P·莫里斯（Andrew P. Morriss）

亚利桑那州（Arizona）最高法院 1972 年 3 月对斯珀工业诉德尔·E·韦布开发公司案① 的判决，令世人震惊。斯珀工业案看似一个寻常的妨害（nuisance）案件，主张饲牛场② 构成对周围住户的妨害。如果法院支持初审法院的判决，认定饲牛场构成公共妨害并命令其关闭，没有人会感到奇怪，因为该饲牛场中的两三万头牛每天会产出超过百万磅的粪便，蝇蚁横飞且臭气熏天。③ 该法院也可以适用历史悠久的"接受妨害（coming to the nuisance）"④ 原则判决饲牛场胜诉，因为在居民迁入此地区之前，饲牛场已经存在。该法院甚至可以拒绝命令饲牛场关闭，而判令其支付损害赔偿，此与具里程碑意义的布默诉大西洋水泥公司案（Boomer v. Atlantic Cement Co.）⑤ 的判决一致，而完全不必作出奇特的判决。但与之相反，该法院认定饲牛场构成公共妨害，判令其停止运营，并判决由受妨害地产的开发商负担饲牛场重新选址的费用。

透过这种聪明的救济手段，一个并不以法律理论革新而闻名的州法院，创制出一类具有里程碑意义、某种意义上而言甚至是独特的妨害判例，30 年后仍被作为很多财产法教科书的专题之一。⑥ 也许最令人惊讶的是，正如杰西·杜科密尼尔（Jesse Dukeminier）教授与詹姆斯·克里尔（James Krier）教授所指出的，该法院几乎与耶林大学法学院教授吉多·卡拉布莱斯（Guido Calabresi）、律师道格拉斯·梅拉莫德（Doug-

---

① 108 Ariz. 178，494 P. 2d 700 (Ariz. 1972).

② 如果读者不熟悉饲育场（feedlot），或与其他人对此概念的理解有冲突，可参考下述官方定义（U. S. Environmental Protection Agency 的定义）。饲育场包括：

"1. 基于下述目的之一在特定时间内将大量家畜聚集在一个狭小的空间内：

　　a. 产肉

　　b. 产奶

　　c. 产蛋

　　d. 繁殖

　　e. 马厩设备

2. 动物饲养的运输场地

3. 为了圈养家畜或家禽，该地区无法种植植被、生产作物或牧草。"

Enviromental Protection Agency, Office of Air and Water Programs, Effluent Guidelines Division, Development Document for Effluent Limitations Guidelines and New Source Performances Standards for the Feedlots Point Source Category (1974) at 8.

鉴于本文并非法律评论文章，笔者减少了通常的逐句作注，而代之以每部分作注，表明引用的文献资料。直接引用与数据则单独作注。

③ Spur, 108 Ariz. 183，494 P. 2d at 705.

④ "Coming to the nuisance"是一项抗辩，被妨害的财产所有权人主动搬至妨害财产附近。因此，从市区搬至农场附近的居民，受到"coming to the nuisance"抗辩的限制，不能因附近农场的家禽聚集而获得妨害防止案件的胜诉。

⑤ 26 N. Y. 2d 219，309 N. Y. S. 2d 312，257 N. E. 870 (1970).

⑥ See, e. g., James A. Casner, et al., Cases and Texts on Property (4th ed. 2000) at 910－917 (reprinting opinion); Jesser Dukeminier & James E. Krier, Property (4th ed. 1998) at 765－776, 1146－1147 (reprinting opinion); John E. Cribbet, et al., Property: Cases and Materials (8th ed. 2002) at 621－623 (reprinting opinion); Edward H. Rabin, et al., Fundamentals of Modern Property Law (4th ed. 2000) at 566－579 (reprinting opinion).

las Melamed）同时创制了第四种妨害防止案件的处理进路，后面两位的观点体现在其合著的著名论文《财产规则、责任规则与不可让与性：关于主教堂的一种观点》[7]中。鉴于该文至今仍被认为是对法经济学者最有贡献的作品之一[8]，亚利桑那州法域独立创制此规则的努力值得赞颂。正如杰西·杜科密尼尔教授与詹姆斯·克里尔教授所指出的，由法院创制该规则"并非逻辑的必然"，而由卡拉布莱斯与梅拉莫德（作为学者）创制该规则则是"模范训练的逻辑必然"[9]。对于一个无名的州最高法院而言，这着实不易。

本文意在展示这一里程碑案件的背景。该案的判决过程呈现了，在未受到如卡拉布莱斯与梅拉莫德同年及嗣后的理论论证指引的前提下，普通法创制适于实际案件的救济方式之运作机理。普通法院[10]创制规则的必要性，很快成为一类令人印象深刻的学术谱系。普通法论理模式，通常被认为不如全面的成文法"改革"有价值，但却使法适于创制具有经济理性且符合正义的结论。阅读斯珀案非常有助于了解普通法论理模式，以及它与卡拉布莱斯、梅拉莫德之理论进路的区别，虽然二者达致了相同的结论。

阅读斯珀案的同时了解饲牛产业与近郊发展，也有助于了解妨害防止法发展的一个重要面向。饲牛场与地产开发商之间的争议，是因改变土地用途而引发的一类典型案件。谁的土地使用应与谁相协调——某些方面与本书第一篇文章讨论的斯特奇斯诉布里奇曼案所涉问题相同——是所有此类问题解决方式的关键所在。分区制（zoning）、不动产契约条款（real covenants）一类的私人协定与妨害防止法，都致力于分配相互冲突的地产权对土地的使用方式。分区制的手段是赋予政府机构限制开发的权利；不动产契约条款通过契约解决问题；妨害防止法则诉诸法院。

通过研究案件的起因，可以评价法院解决争议的高明程度。而这同样有助于判断何时适用妨害防止法处理此类争议是合理的选择。斯珀工业与德尔·E·韦布开发公司的争议是亚利桑那州经济中两类发展中的

---

⑦　Guido Calabresi & A. Douglas Melamed，Property Rules, Liability Rules, and Inalienability：One View of the Cathedral，85 Harv. L. Rev. 1089（1972）. See Dukeminier & Krier，supra note 6，at 774 - 775（讨论了 Spur 案判决与 Calabresi，Meleamed 的分析一致）。

⑧　Andrew P. Morris，John C. Moorhouse and Robert Whaples，Law & Economics and Tort Law：A Survey of Scholarly Opinion 62 Albany Law Review 667（1998）（指出 Calabresi 与 Melamed 的文章是法与经济学家推荐法学院学生必读的两篇论文之一）。

⑨　Dukeminier & Krier，supra note 6，at 774.

⑩　该法院的"普通"体现在，它的成员既不是法律领域内得到全美认可的领军人物（如 California Justice Roger Traynor），也未在 Arizona 律师界之外取得事业上的声望。例如，按照法院网站的介绍，当时的 Vice Chief Justice（嗣后的 Chief Justice）James Cameron 的主要成就，是在司法行政方面的贡献。See Retired Arizona Supreme Court Chief Justice James D. Cameron Dies，May 28，2003，http：//www. supreme. state. az. us/media/archive/CameronObit. htm（最后访问日期为 2003 年 10 月 17 日）。

产业的冲突。一方面，第二次世界大战后亚利桑那州房地产业繁荣发展。得益于联邦国防投入与罗斯福新政（New Deal）资助，战后亚利桑那州迅速从资源依赖的攫取式经济，转型为高科技的密集型都市经济，繁荣的都市中心凤凰城（Phoenix）与图森（Tucson）带动了"新"亚利桑那州的发展。在此盛景中春风得意的是德尔波特——"德尔"·E·韦布，一个霍雷肖·阿尔杰式（Horatio Alger-style）的成功故事，从一名身无分文的伤寒患者，成为一名建筑巨头，主要得益于联邦资助的项目与拉斯维加斯的赌场建设。另一方面，来自传统资源依赖型经济的饲牛业，也由小规模的饲牛场发展为战后满足全美旺盛的牛肉需求、可容纳数万头牛的大型产业。亚利桑那州法院解决经济社会变革中产业冲突的方式，提供了一个法院解决此类争议的优秀样本。

一、亚利桑那州的发展[11]

人们对于亚利桑那州的通常印象是大峡谷（Grand Canyon）与树形仙人掌。而实际上，第二次世界大战以后它已经发展为密集的都市区。亚利桑那州的发展很快，整个 20 世纪的增长速度都超过了全美的平均增长速度。1900 至 1940 年间，人口增长了至少四倍，增长人口超过 50 万。[12] 虽然它留给人们的是牛仔印象，以及西方个人主义与保守政治的堡垒，但它的发展却主要得益于联邦投入的项目。这些项目也成就了德尔·韦布，为他提供了帮助公司成长的契约交易，并协助建筑业转型。

鼓吹人士一直盛赞亚利桑那州宜人的气候。例如，帕特里克·汉密尔顿（Patrick Hamilton）1883 年于旧金山（San Francisco）出版的《亚利桑那州的资源（Resources of Arizona）》一书中称颂道："这里的气候四季如春，即使在最干燥的季节也从不缺饲料，农场主可以坐在庄园的荫蔽处，看着他的畜群成长繁殖。"正如随后一位作者所指出的，"突然之间，长满仙人掌的荒芜的亚利桑那，被鼓吹成之前圣经用于描述加利福尼亚州的物产丰饶之地"[13]。鼓吹起了作用，至少引来了牛群。1917

---

⑪　本部分的参考文献如下：William Stuart Collins, *The New Deal in Arizona*（unpublished Ph. D. dissertation, Arizona State University, May 1999）；Timothy D. Hogan, *Arizona Population Trends*, in Arizona's Chaning Economy：*Trends and Prospects*（Bernard Rona ed. 1986）；Bradford Luckingham, *Phoenix：The History of A Southwestern Metropolis*（1989）；Thomas E. Sheridan, *Arizona：A History*（1995）；and Charles Ynfante, *The Transformation of Arizona into a Modern State*（2002）.

⑫　Hogan, supra note 11, at 1.

⑬　Sheridan, supra note 11, at 131－132.

年，超过 1.434 百万头牛在亚利桑那州游荡。[⑭] 人口增长的两个制约因素仍然存在：饮水资源过少，气候过于炎热。但这两个问题在 20 世纪都得到了解决。

水资源是最迫切的问题。19 世纪时，这里的地表水每三年中只有一年能满足凤凰城地区（盐河流域，the Salt River Valley）的需要。[⑮] 由于水资源的匮乏，早前的政府报告为此地贴上了"无价值"的标签，并总结称："到了这里以后，除了离开别无选择。"[⑯] 水源项目改变了这一状况，并带来了繁荣，这些项目由来自华盛顿新的联邦改造基金资助。盐河项目（the Salt River Project），根据 1902 年《改造法（reclamation act）》运行的第一个联邦水源项目，与罗斯福大坝（Roosevelt Dam）均于 1911 年完成，通过稳定增长的水源供应，促成了 20 世纪该地区的人口增长。由于该水源项目不是以英亩为单位，而是以单个土地所有权人为单位控制用水量，它也导致了细分土地的动机，通过扩张所有权人数而获得更多的水量配额。因为水源的补给，柑橘与棉花也成为重要的作物。水源的供给使亚利桑那州的经济得以多样化发展，但在该州参加第二次世界大战时，其经济仍然主要是资源依赖的攫取式经济。

水源问题的解决为新形式的经济发展扫除了障碍。首当其冲的是 20 世纪 20 年代旅游业的繁荣。甚至在水源项目完成之前，"由于铁路的修建，全美的医生都开始将病人送到西南城市过冬。凤凰城成为养生人士与季节性游客的'理想目的地'"[⑰]。其结果是，"凤凰城成为养生人士的天堂与旅游度假的首选；它以医院与旅馆而闻名"[⑱]。虽然夏天的气候仍非常炎热，但冬季旅游不断增长，并导致服务于游客的永久居民不断增加。随着水源问题的解决，凤凰城与亚利桑那州迅速发展，凤凰城成为亚利桑那州的领军城市，并成为 1930 年美国西南地区第二大都市中心。[⑲]

30 年代亚利桑那州蓄势待发；罗斯福新政与国防投入引燃了爆点，并使该州从资源攫取与农业经济转型为高科技的工业经济。自某种意义而言，亚利桑那州只是在正确的时间处于正确的地点。廉价的土地、便捷的交通与良好的气候，帮助它引来了高科技的航空工业。此外，由于战争迫在眉睫，30 年代末期与 40 年代军事政策的变化，导致军事机构与产业向内陆地区扩散，该政策使整个西部内陆受益，尤其是亚利桑那

---

⑭ Collins，supra note 11，at 209.

⑮ Metro Arizona (Charles Sargent, ed., 1988). at 56. 人们立刻开始修建运河，一名"英国的学者—冒险家—酒鬼，'Lord' Darrel Duppa，为 Phoenix 命名"。"在评论 Salt River Valley 古老遗址与运河时，他说道，'一个更新更美像凤凰一样的城市将从过去的灰烬中崛起'"。Silver Anniversary Jubilee：A History of Sun City，Arizona（1984）at 1.

⑯ Silver Anniversary，supra note 15，at 3.

⑰ Luckingham，supra note 11，at 3.

⑱ Luckingham，supra note 11，at 3.

⑲ Luckingham，supra note 11，at 8.

州。例如，位于凤凰城城外马里科帕镇（Maricopa County）的固特异航天公司（Goodyear）最多的时候曾雇佣 7 500 名职员，成为盐河流域最大的雇主。[20] 繁荣还得益于亚利桑那州商界与政界对联邦机构的大力支持与资助。例如，二战期间，凤凰城以 4 万美元的价格购买了 1 440 英亩土地，并以每年 1 美元的租金租给路克空军基地（Luke Air Base）。[21] 对这座城市而言，这笔交易很上算："当地的热心鼓手完全有理由庆祝；其中一人指出'除去设立基地的 1.5 百万美元初始成本，基地的发展预计每年可为该流域带来 3.5 百万美元的利润。在任何人看来都是合算的交易'。"[22] 对德尔·韦布而言，这笔交易也很上算，因为正是他的公司建设了该基地。

战后的繁荣带来了新的居民，该州的人口飙升，1940 至 1950 年间增长量超过 50%，高于该地区的增长速度（40.9%）与全美的增长速度（14.5%）。[23] 新居民集中于凤凰城与图森，导致"城市爆炸，改变了该州的政治与经济布局。1940 年，亚利桑那州大约一半的居民居住在凤凰城与图森。10 年之后，这一数字增长到三分之二，这些都是联邦军事政策的直接结果"[24]。战争导致的人口增长，使凤凰城与图森从"1940 年分别只有 6.4 万与 3.6 万人口的西南小城，……发展为全美最大的都市地区之一"[25]。

然而变革并不限于人口的增长。罗斯福新政尤其改变了亚利桑那州的房屋建造模式。

20 世纪 40 年代之前，住房建设规划还是以传统的方式进行——土地买受人在单个地块上按照习俗修建房屋，大多由当地木匠完成。大多数的住房规划样式，包括凤凰城的核心地区与其他偏远城镇的布局，都来自出版的"样式模板书"，其中有大量的建筑风格。一小部分来自西尔斯房屋概览（Sears catalog of homes）。[26]

---

[20] Sherida, supra note 11, at 272.

[21] Ynfante, supra note 11, at 66.

[22] Luckingham, supra note 11, at 137. See also Sherida, supra note 11, at 272（基地"预计每年可为当地商业创造 3.5 百万美元的利润"）。

[23] Hogan, supra note 11, at Table 2, at 14.

[24] Sheridan, supra note 11, at 273.

[25] Hogan, supra note 11, at 3. Arizona 的人口增长主要来自其他州的居民迁入，而非国际移民或内部增长。Hogan, supra note 11, at 1（"Arizona 超过一半的人口增长来自净迁入人口"）。即使对于整个西部地区而言，Arizona 的迁入人口也居首茅。Id.（"净迁入人口对 Arizona 人口增长的影响超过了整个西部地区"）。Arizona 的人口迁入促成了其整个世纪的经济增长，并使该州一直是国内人口迁入量的前端。1935—1940 年该州的净迁入量位居第三，1955—1960 与 1965—1970 则位居第二。Metro Arizona, supra note 15, at 64. 战后迁入人口的来源发生了变化。之前迁入人口主要来自南方；战后则主要来自西部其他州，尤其是 California, and the Midwest. Hogan, supra note 12, at 9.

[26] Metro Arizona, supra note 15, at 107. See also Collins, supra note 11, at 442—443（"FHA 利用其土地分割标准刺激更有效率的房屋建设，以拉低价格。20 年代，Phoenix 的住宅分割标准是开发商分割其土地，也许是受到有轨电车的发展的促进，再将分割后的地块分别出售。个人可以雇佣承包人修建房屋。也可能是建筑商购买数个地块并建造房屋用于炒卖"）。

罗斯福新政带来了资助房屋建设的新工具，而这又反过来改变了建筑模式。联邦房屋管理局（Federal Housing Administration，FHA）的

标准促使开发商、设计师与建筑商进行了公司式的垂直一体化整合。逐渐的，在已经建造完毕的房屋卖出之前，开发商为其所有权人。由开发商向买受人提供有限的房屋样式选择，即他所修建的房屋样式。这种方式促进了房屋的大规模建造，也降低了单个房屋的建造成本。[27]

联邦房屋管理局的规则影响了房屋开发模式，制造了采用大规模简易建造技术的刺激因素，降低了房屋建造成本。而联邦房屋管理局的影响在亚利桑那州体现得尤其明显，凤凰城的河谷国家银行（Valley National Bank，VNB）踊跃地接受了联邦房屋管理局的资助。1936 年 3 月，河谷国家银行位列联邦房屋管理局全美贷款的第五位，并继续积极从联邦财政借贷，一直到 20 世纪 40 年代："随着经济的持续增长与联邦房屋管理局的资助，亚利桑那州各银行的贷款与贴现价值翻倍，达 3 千万美元。1945 年与 1947 年将分别再次翻倍。经济爆发将改变这个州。"[28] 确实，一项分析总结道："没有任何一个机构比沃尔特·比姆森（Walter Bimson）的河谷国家银行［对亚利桑那州'郊区的胜利'］发挥了更大的作用，它是该州最大的金融机构。"[29] 河谷国家银行也引领了其他金融改革，它是该州第一家提供 20% 首付款 20 年期贷款的银行。作为河谷国家银行的董事，德尔·韦布最先看到该银行策略的成功之处，而作为建筑商他在建筑业的繁荣中大有所获。

战争时期的大发展需要借助新的商业工具满足不断增长的住房需求。战争时期数千名防御工程人员涌入凤凰城，"固特异公司（Good year）"一类的新社区被建造，以为这些人员提供住所。战争年代大量的联邦建设项目，创造了可以提供新商业工具的公司。例如，德尔·韦布雇佣了 2 500 名员工修建梅萨军事航空港（Mesa Military Airport）。韦布也修建了凤凰城军事航空港，包括 126 栋建筑，可为 2 500 人提供食宿。

战争期间，联邦资助与新的金融工具带来的经济增长创造了新的城市形式。联邦房屋管理局标准推进的建筑业的革新，意味着大规模的土地开发取代了单个地块的建设，将农村土地转变为新的社区，取代了城外缓慢线性的发展。房屋开发"跨过了运河，跃进乡村土地与遍布仙人

[27] Collins，supra note 11，at 442 - 443.
[28] Collins，supra note 11，at 440.
[29] Sheridan，supra note 11，at 281.

掌的沙漠，吞没了其道路上的一切"㉚。"对有些人而言，快速发展的凤凰城似乎处于美国新都市的刀尖。一名评论人士称，现代美国人'渴望的并非统一的而是分立的大都市'，因此他们'在汽车的帮助下，选择分解城市'，创造了二十世纪晚期分散且分立的都市世界。'"㉛ 随着 20 年代汽车文化的兴起，部分地区的景象确实如此。但亚利桑那州有部分地区并非如此，凤凰城的城市领袖欢迎分散的发展，而城郊的生活方式"取向于凤凰城的鼓手所促进的便利生活方式"㉜。

新城市的成长同样需要新的政府。40 年代，凤凰城的政府是传统的城市政治机器。1942 年突然爆发的种族暴动威胁了城市的繁荣，商业群体意识到如果要保持经济繁荣，必须控制当地政府。不满于政治领导对暴动的回应，商业群体迫使城市政府的人员与结构进行变革。㉝ 无党派的宪章政府委员会（Charter Government Committee，CGC）提出了一种政府模式，这"无疑受到二战时期典型的以集结军队为目的的公司组织形式的影响"。宪章政府委员会"渴望一个由廉洁有效的政府运作的正派且有效的城市，它们还希望该政府继续吸引新的商业，尤其是与美国国防部（Pentagon）密切相关的航空航天与电子工业公司"。这导致打击"腐旧贪污与裙带关系，因为军方的承包商与公司选址团队很反感这些问题，以及它们所传达出的过去的堕落衰败景象"㉞。商业群体首先在1948 年全民投票的竞选中促成了新的城市宪章的形成，主题是有必要"让政治从市政厅中走出来"，新的无党派的专业政府结构以 3∶1 的得票获胜。但旧的公职人员仍然在岗，随后商界领袖主导了一场竞选，在宪章政府委员会的领导下，1949 年竞选中商界认可的公职人员开始执政。

㉚　Marshall Trimble，Arizona：A Cavalcade of History (1989) at 297.

㉛　Luckingham，supra note 11，at 9.

㉜　Luckingham，supra note 11，at 5.

㉝　Luckingham，supra note 11，at 150（"CGC 是真正促使 Phoenix 政府管理发生改变的力量"）。导致 Charter Government Committee 成立的事件，是 1942 年年末休假的联邦非裔美国人军队与试图逮捕其中一名战士的军事警察间的争端。在此事件导致的暴动结束之后，当地军队指挥官命令休假军队不得进入 Phoenix，直至该城处理了色情业与博彩业问题。

该城市年轻且积极的商业群体很快响应了 Hoyt's 的号召。正如一位商人所言，意识到"军人的工资花费构成该市最重要的利润来源"，超过 75 名商业领袖在 Adams Hotel 的桥牌屋拷问市长 Newell Stewart 与市政官员。在施压数小时之后，大多数筋疲力尽的市政官员最终同意解雇市执行长、办事员、治安官与警长。色情业、博彩业与毒品交易一概被禁止。三天之后，Col. Hoyt 解除了他的禁令。Frank Snell 律师嗣后提到，"这更像是一场政变，我们称之为'桥牌屋政变'"。

Sheridan，supra note 11，at 274. See also Luckingham，supra note 11，at 145. 这也是 Arizona 州政治改革的开端，导致保守白人商界精英控制了该州的政治。Sheridan，supra note 11，at 274-275. See also Luckingham，supra note 11，at 6（"Phoenix 自始即英裔美国人为英裔美国人而建"），150。

㉞　Sheridan，supra note 11，at 275.

70年代之前，商业群体一直控制着该地的竞选。[35] 牢牢控制着政府，商业群体得以维持其发展优先的政策，将战争时期的繁荣一直延续到五六十年代。

战后与战前相比，亚利桑那州与凤凰城都发生了剧变。"二战带来的变革几乎是沧海巨变，即使是沙漠地区也发生了重大变化。亚利桑那州不再是殖民命令下孤立的西南州。相反，它是阳光地带冉冉升起的新星，这一新崛起地区重塑了该州的地缘与政治特征。"[36] 不过，新亚利桑那州仅限于凤凰城与图森，该州其他地区的私产土地[37] 仍然保持着旧的攫取式经济。谢里登（Sheridan）总结道，战后"亚利桑那州变成了两个州"，一个是蓬勃发展的都市，一个是传统的乡村。[38]

40年代至50年代初期，战争带来的经济繁荣造成的"两个州"之所以一直并存，部分是因为它们在物理上相割裂。亚利桑那州的都市集中于凤凰城与图森，而乡村、农业与矿业经济存在于其他地区。然而更重要的是，冲突被最小化，因为城市扩张带来的好处如此巨大，双方都有受益。例如，战争时期的经济发展，为每个人都带来了巨大的财富，土地所有权人将土地出卖给联邦政府获利，工人在新的工厂获得工作机会，经济增长也造成了服务业的发展。战争经济与人口增长也需要农业与矿业的产品，从棉花到牛群到铜矿。最重要的是，所有这些都由联邦房屋管理局与国防投资付账。分一块快速膨胀的蛋糕并不会引起太多冲突，这毫不奇怪。

战争的结束并没有结束经济的繁荣。战后"亚利桑那州的未来一片光明。战争使航天业成为亚利桑那州发展的先锋。战后该州的气候吸引

---

[35] Luckingham, supra note 11, at 180. CGC 的崛起带来了多方面的影响。有些可以预见。如，商界精英还与劳工组织相抗衡，以便使该地区对新的交易更有吸引力，虽然该地区选举主要倾向于民主党，还是在 1946 年基于宪政倡议通过了 open shop law. Luckingham, supra note 11, at 158; Sheridan, supra note 11, at 277. 与之相似，"有影响力的 Phoenicians 还推动了州税法的改革，使 Phoenix 的商业气候更具有吸引力"，包括 1955 年 12 月废除了一项州营业税，该项税收针对的是出卖给联邦机构的产品生产。Luckingham, supra note 11, at 157. 另一些影响则无法预见：CGC（以及运作竞选的能力）帮助 Barry Goldwater 起步，Luckingham, supra note 11, at 151; Sheridan, supra note 11, at 277, 为 1964 年 Goldwater 的竞选铺平了道路，就长期而言，也为 1980 年 Ronald Reagan 的竞选创造了条件。它也代表了在主要倾向于民主党的州与地区，保守的主要由共和党组成的商界精英控制政治的一种方式。商界精英的掌控确实避免了在社会过渡过程中对商业环境的破坏。例如，1953 年高级法院（Superior Court）法官 Frederic C. Struckmeyer, Jr. 判令结束高中的种族隔离，Charles E. Bernstein 判决小学的种族隔离违宪，但该地区却没有出现其他地区的反抗行为。Luckingham, supra note 11, at 174. 而 Struckmeyer 的判决是全美首个反对学校种族隔离的判决。Sheridan, supra note 11, at 283.

[36] Sheridan, supra note 11, at 288.

[37] Arizona 的很多土地曾经（以及仍然）是联邦土地与印第安人居留地，直到近期印第安人博彩业兴起之前在经济上都没有建树。

[38] Sheridan, supra note 11, at 278（"自某种意义而言，Arizona 在战后变成了两个州，是由两个截然不同的部分组成的一个州。Phoenix 与 Tucson 吞没了不景气的沙漠河谷，都市蔓延的 Rorshach 墨水渍满了规划者的地图。与之相比，乡村仍然保持着旧有的攫取式秩序，或被锁在轰炸训练场、印第安人居留地与国家森林之内。矿工、伐木工与农民仍然不合比例地占据立法力量的多数，但他们对 Arizona 经济的贡献却不断降低"）。

了数以千计的退役军人与产业工人。四处散发着对机遇与财富的期待。甚至在战时这种积极情绪也在蔓延"[39]。河谷国家银行 30 年代与联邦房屋管理局打交道的经验，也为持续的财产增长做好了准备。1940 年之前，该地区的人口增长已经非常迅速，但战后亚利桑那州的人口增长甚至更快，在此后的 40 年中增长了超过五倍。[40] 50 年代的人口增长率为73%，超过了地区增长率（38.9%）与全美增长率（18.5%）。[41] 其结果是，"50 年代第二次更持久的人口增长潮席卷了整个州，这是亚利桑那州历史上人口增长最快的 10 年"[42]。制造业继续蓬勃发展，农业与旅游业则分别位居第二与第三。[43] 被吸引到亚利桑那州的制造业大多是"清洁的"，尤其是电子工业公司，对它们而言，亚利桑那州的气候非常适宜，而该州相对封闭的地理位置则无关紧要。50 年代凤凰城地区最主要的公司有摩托罗拉（Motorola）、通用电器（General Electric）、凯撒航空与电子（Kaiser Aircraft and Electronics）、固特异航空、盖瑞特航空研究（AiResearch）与斯佩里·兰德（Sperry Rand）——这些公司"代表了当地的鼓手希望吸引的产业类型：清洁且雇佣数以千计的专业职员"[44]。制造业的发展又继续带来新的居民。"超过了 50 年代的艾尔帕索（El Paso），60 年代亚利桑那州的资本稳居该地区都市层级之首。"[45]

战后该地区也吸引了老年美国人的迁入，他们想摆脱其他地区寒冷的气候与高额的生活成本。1955 至 1960 年间，60 岁以上年龄的人口净迁入超过 2 万人，在全美的老年人迁入地区中亚利桑那州排名第三。[46]"1960 年时，这里超过 65 岁的居民即达 10 万人，'阈值人口'使城市边缘出现了越来越多的富有退休人口聚居地区的城镇景象、大量端庄的退休人士村落与活动房公园。"[47]

尤其是凤凰城在 50 年代继续蓬勃发展。"在 1948 至 1960 年间，将近 300 家制造业公司在此开业经营，都市地区的制造业岗位三倍于前。"[48] 50 年代，建筑业的产值由 1955 年的 2.2 千万美元增长至 1960 年的 9.4 千万美元，并且，"1959 年凤凰城的建筑业总量超过了 1914 至 1946 年间的总和"[49]。《亚利桑那州共和报（Arizona Republic）》的一篇

39　Ynfante, supra note 11, at 128.
40　Hogan, supra note 12, at 1.
41　Hogan, supra note 12, at Table 2, at 14.
42　Sheridan, supra note 11, at 279.
43　Luckingham, supra note 11, at 9.
44　Luckingham, supra note 11, at 156.
45　Luckingham, supra note 11, at 136.
46　Metro Arizona, supra note 15, at 65.
47　Metro Arizona, supra note 15, at 68.
48　Luckingham, supra note 11, at 156.
49　Luckingham, supra note 11, at 160.

报道中问道，1959 年"都建了些什么"，答案是："足足 5 000 个新寓所、429 个游泳池、115 栋办公楼、94 个新商店、25 个新教堂与宗教建筑、13 个汽车旅馆、55 个加油站、10 栋政府建筑与 25 个教育建筑。"⑤⑩ 亚利桑那州的鼓手继续努力吸引新的商业。

科技在解决暑热的气候难题中发挥了重要作用，首先是"湿地降温"，然后是制冷系统改变了凤凰城。⑤① 正如摩托罗拉的一名执行经理所言，"制冷系统使凤凰城变成了一个全年宜居的城市"⑤②。50 年代末，凤凰城是"全球范围内最彻底的受空调设备调节的城市"⑤③。结果进一步导致了人口的急剧增长。"50 年代人口增长了 311%，是当时全美前五十大城市中人口增长最快的城市，60 年总人口达 43.917 万，1950 年该数值是 10.681 8 万，1940 年该数值是 6.540 4 万。"⑤④ 尽管增长速度在 60 年代有所放缓，但亚利桑那州的人口增长率还是超过了 36%，仍然高于地区（24.1%）与全美增长率（13.2%）。⑤⑤ 然而，随着都市中心的发展速度不断远超乡村地区，事关乡村利益的冲突不可避免。即使是紧邻高速发展的凤凰城的马里科帕镇，50 年代农业仍是其重要产业。

此外，1950 年的经济增长的成本似乎也开始攀升。尽管新兴产业总体而言属于清洁产业，但凤凰城与马里科帕的发展并非没有造成环境污染。1950 年的环境污染愈演愈烈——尤其是粉尘与烟雾的混合物，居民称之为"烟尘"⑤⑥。加之气候的影响，空气污染导致有时连附近的山脉也无法看清，《华尔街日报（Wall Street Journal）》称凤凰城为 60 年代空气最脏的城市。这不足为奇。该地区的首批制造业对区域环境质量的边际影响相对较小，因为数量有限。而经过 20 年制造业主导的大发展之后，事实即不再如此。

因此，在斯珀工业诉德尔·E·韦布开发公司案发生时，亚利桑那州城市地区与 40 年前完全不同，到处是迁入人口、高科技制造业，而新的建筑方式与金融革新则带来房屋建筑业的繁荣。凤凰城与图森这两个主要都市中心之外的乡村地区也发生了改变。尤其是在五十与六十年代，饲牛业所发生的剧变丝毫不逊于亚利桑那州都市的变化。此剧变使饲牛场非常不受附近居民的欢迎，而正是与此同时，亚利桑那州都市的发展导致大量城市居民向乡村搬迁，从而遭遇了饲牛场。

⑤⑩ 1959 Construction Sets Phoenix Mark, Arizona Republic (January 2, 1960) at 11.

⑤① Sheridan, supra note 11, at 279.

⑤② Quoted in Sheridan, supra note 11, at 279.

⑤③ Luckingham, supra note 11, at 160.

⑤④ Luckingham, supra note 11, at 153.

⑤⑤ Hogan, supra note 12, at Table 2, at 14.

⑤⑥ Trimble, supra note 30, at 302.

■ 二、饲牛业[57]

尽管讨论亚利桑那州的牛群会让人们想到美国西部的传说，在约翰·福特（John Ford）的西部故事中，牛仔放牧着牛群，但当代饲牛业与浪漫的好莱坞映像完全不同。牛群仍从放养开始，但当体重达350磅～600磅时，就被带进饲牛场。饲牛场把它们养到1 000天～1 200磅，再运送至屠宰场与加工场。[58]后一阶段的增重饲养大约需要130天～180天。[59]

在饲牛场中，牛群被分组，以便于饲料混合与疾病预防。[60]牛群所食用的是能为每头牛增重400磅～700磅的高能量饲料，使它们达到市场所需的重量。[61]除了增重以外，谷物喂养还可以改变牛肉的味道，因为增加了高级牛肉的脂肪含量。纯草料喂养的牛肉，如阿根廷的牛肉，与在美国更普遍的谷物喂养的牛肉相比，脂肪更少，味道也不同。[62]

因此，饲牛场的目的即以最大的效率为牛群增重，同时最小化疾病风险。[63]饲牛场的设计聚焦于通过促进饲料运送与消耗以及处理粪便（下文将详细阐述）的效率，并鼓励牛群进食，来降低成本。例如，很多

---

[57] 本部分参考文献如下：Council for Agricultural Science and Technology (CAST), Waste Management and Utilization in Food Production and Processing (Task Force Report No. 124) (1995); Development, supra note 1; W. C. Fairbank, Manure Management, in The Feedlot (G. B. Thompson & Clayton C. O'Mary, eds. 1983); Joseph P. Harner III & James P. Murphy, Planning Cattle Feedlots, Kansas State University Agricultural Experiment Station and Cooperative Extension Service, MF-2316 Livestock System; Samuel A. Hart, Manure Management, in The Feedlot (Irwin A. Dyer & C. C. C. O'Mary, eds. 1972); Kenneth R. Krause, Cattle Feeding, 1962—89: Location and Feedlot Size (Agricultural Economic Report No. 642, USDA Economic Research Service, Commodity Economics Division); V. E. Mendel & W. J. Clawson, Location, in The Feedlot (Irwin A. Dyer & C. C. C. O'Mary, eds. 1972); Elmer L. Menzie, William J. Hanekamp & George W. Phillips, The Economics of the Cattle Feeding Industry in Arizona (Arizona Experiment Station Technical Bulletin 207, 1973); Donn A. Reimund, J. Rod Martin, and Charles v. Moore, Structural Change in Agriculture: The Experience for Broilers, Fed Cattle, and Processing Vegetables, USDA Technical Bulletin No. 1648 (1981), and Edward Uvacek, Jr., Economics of Feedlots and Financing, in The Feedlot (Irwin A. Dyer & C. C. C. O'Mary, eds. 1972)。

[58] Development, supra note 1, at 12.

[59] Development, supra note 1, at 11.

[60] Kraus, supra note 57, at 12（"feedlots, yards 与 pens 这些词用来描述在封闭的空间内饲养每头牛需要的设施"）。

[61] Kraus, supra note 57, at 1.

[62] See Corby Kummer, Back to Grass, 291 The Atlantic Monthly 138 (May 2003)（反思了草料喂养与谷物喂养之牛肉的不同风味）。

[63] 饲牛场牛群的拥挤意味着一头病牛将很快传染其他牛。为了预防疾病，有些饲牛场管理者为牛群使用抗生素，导致了人们对抗药性的担忧。See KeepAntibioticsWorking.com, http://www.keepantibioticsworking,com/pages/basics/overuse.cfm（最后访问日期为 2003 年 10 月 26 日）。

饲牛场提供 24 小时照明，同时安抚牛群并刺激更多进食。鉴于饲牛场的很多主要成本是混合支出（如土地与建筑）[64]，饲牛场更倾向于尽可能 24 小时运营，并尽可能饲养最大数目的牛群，以分散混合成本。其结果是，运营良好设计完备的饲牛场都饲养了巨量的牛群，在相对狭小的空间内，它们几乎不停地进食、排泄。饲牛场周边居民的印象是，"饲牛场中的牛群被封闭在围栏内；它不停地吃、睡、排泄"[65]。显然，牛群的排泄物造成了一系列潜在问题。

饲牛业在亚利桑那州繁荣发展有几个方面的原因。对于饲牛场而言，该州有很多优势。例如，炎热地区比寒冷地区更便于管理牛群，靠近公路与铁路干线，而亚利桑那州的地理位置正是如此，这对于降低运输成本也很重要。亚利桑那州的其他特点对于修建饲牛场也很有吸引力：平整的地表更有利于饲牛场，因为修建成本更低；较低的地下水位有助于预防地下水污染；雨水与河流的匮乏降低了粪便污染地表水的风险。而且亚利桑那州是主要的干草生产地，饲牛场也更易于获得饲料。不过，亚利桑那州也有对饲育不利的因素。谷物饲料有很大缺口（因为靠近谷物饲料生产地区而得以缓解：新墨西哥州、得克萨斯州西部、俄克拉荷马州、堪萨斯州、内布拉斯加州与科罗拉多州），且距离主要的牛种产地大平原区（Great Plains）相对较远，虽然亚利桑那州的牛群提供了大部分牛种来源。

虽然整个亚利桑那州都有牛群，但饲牛业在地理上非常集中。1964年以前，主要集中于环绕凤凰城的马里科帕镇。然而，1964 年之后，该产业的发展重镇转移至西南的皮纳尔镇（Pinal County），至 1972 年，后者几乎抢占了马里科帕镇在该产业一半的份额，尽管既存的产业仍然得以维续。[66]

达到本案所涉斯珀产业之规模的饲牛场是相对近期才发生的现象。60 年代之前，饲牛场规模相对较小。饲牛业最初是生产玉米之类的经济作物的"传统农民—饲养人"销售其玉米的备选手段。

回溯历史，一名产业评论家如此描述早期饲牛场的修建过程："家庭规模的农民或大块土地投资人……［决定］在特定地点修建特定规模的饲牛场，浇铸几个'混凝土饲养食槽'，加盖围栏、安装汲水设施，不到一个月的时间就可以开始养牛。"[67]

---

[64] Uvacek, supra note 57, at 21（1 万头容量的饲牛场需要投入 37.5 万美元，且每年常规支出超过 2 百万美元）。

[65] Hart, supra note 57, at 169.

[66] Menzie, et al., supra note 57, at 4（"Arizona 传统上最主要的饲牛业聚集地是 Maricopa County。1964 年，超过 70% 的饲牛业集中于此，8.9% 位于 Pinal 及其他乡镇。然而，1964 年之后饲牛业的发展主要集中于 Pinal County。Maricopa 的饲牛业总量并没有明显改变，但在州内总量的占比却下降至 1972 年的 35.3%"）。

[67] Kraus, supra note 57, at 38.

50 年代开始出现新的大型饲牛场，不仅是在亚利桑那州，而是在全美范围内，虽然亚利桑那州的大型饲牛场一直处于引领地位。例如，1962 年亚利桑那州有 189 家饲牛场公司，1972 年降到只有 53 家，原因是"小型饲牛场的大批退出"[68]。其他数据也提供了佐证：容量不足 8 000 头的饲牛场从 1962 年的 171 家降至 1972 年的 27 家[69]，容量在 1 000 头牛以下的饲牛场的市场占有率从 1962 年的 6.3％降至 1970 年的不足 1％。[70]

小型饲牛场不断消失，而大型饲牛场却在增加。容量超过 1.6 万头的饲牛场从 1967 年的 7 家增长到 1972 年的 18 家；1967 年没有一家容量超过 3.2 万头的饲牛场，1972 家则已有 9 家。[71]（这一趋势仍在持续：1970 年容量超过 1.6 万头的饲牛场，供应了超过 70％的亚利桑那州牛群市场，而 1962 年这一比例只有 37％。）[72] 本案所涉饲牛场的养殖规模也在增长，斯珀产业"有时"饲养"超过 3 万头牛"[73]。

大型饲牛场的兴起部分是因为牛肉市场的变革。因为战后人口的增长与人均收入的激增，牛肉的需求在持续增长。例如，牛肉消费量从 1960 年每人 64.2 英磅发展为 1970 年每人 83.9 英磅。[74] 牛肉的零售也主要由超市承担。超市更需要大型饲牛场大量、持续、有质量保障的牛肉供应。联邦肉类检验标准也发挥了作用，加速了地方性小型肉商的退出，并使大型饲牛场的运营更具有优势。

供应方的变化也很重要，因为饲育技术的进步降低了大型饲牛场的成本。50 年代"饲料添加剂、生长刺激剂与液体蛋白质饲料"快速发展，"虫害控制与医药在此期间也快速发展"，导致产生了"不同于既有的饲养方式，可以将更大数量的牛群集中圈养"[75]。由于大型饲牛场更快地采用了技术革新，新的饲育技术又为其带来更多优势。[76] 技术进步替代了人力，"开创了饲牛业规模增长的途径"；而大规模生产又反过来促进了人力的替代，创造了更多效益。其结果是饲牛业转型为"工业化过程"[77]。从家庭农场到工业化饲牛场的转变，还体现在饲牛场从季节性作

---

[68] Menzie, et al., supra note 57, at 3.

[69] Menzie, et al., supra note 57, at 3.

[70] Kraus, supra note 57, at 21.

[71] Menzie, et al., supra note 57, at 3.

[72] Krause, supra note 57, at 21.

[73] Answer, at 20.

[74] Richard J. Crom, Economics of the U. S. Meat Industry, Agricultural Information Bulletin 545 (1988) at 7.

[75] Reimund, et al., supra note 57, at 16.

[76] 以对莫纳菌素钠（Rumensin）的采用为例，它是一种类似抗生素的饲料添加剂，通过"反刍的细菌分解"增加牛肉产量。"早些年饲牛业已经取得了产量上的巨大效益，因为当时的平均日产肉量与每百磅产肉需要的饲料量都有相当的进步。1980 年，57％的饲牛场使用莫纳菌素钠……40％使用荷尔蒙物质促进产肉量。容量超过 500 头的饲牛场中，几乎 90％都使用莫纳菌素钠。配额、杂交与牛群的体重与种类都导致了日均产肉量的提升。"Crom, supra note 74, at 80.

[77] Reinmund, et al., supra note 57, at 19—20.

297

业转变为全年经营。

大量牛群聚集在狭小空间，造成了很多明确的外部效应问题。牛群，尤其是牛群的粪便，臭气熏天。大量的牛群与粪便又导致蚊蝇成群。牛群在肮脏的围栏周围活动又造成了粉尘。所有这些都令周边居民不悦。美国农业部（USDA）的一项研究中保守地描绘道："人们与圈养牲畜的经营，相处并不融洽。"[78]

如上文所述，饲牛场一直将牛群饲养到适于屠宰的重量。牛群的排泄物需要处理。鉴于"每头圈养动物在饲牛场内至少排出 2 吨排泄物，尿、粪的比例大致相当"[79]，这绝不是一个无关紧要的问题。每头牛每天的排泄量有不同的估值，净重从 50 磅[80]至 58 磅[81]/每 1 000 磅的牛肉不等（大约是 0.8 立方米或 6 加仑）。[82]斯珀案中的情形更为糟糕，因为亚利桑那州的气候更炎热，导致了更严重的气味问题。

粪便不仅是臭气的来源：依据 1974 年的数据进行的一项研究发现，美国饲牛业每年的粪便产量是 1.12 亿干吨（dry tons），其中包含 4.1 百万吨氮，1.1 百万吨磷，以及 40 万吨钾[83]，造成了潜在的严重水源污染问题。[84]"在特定条件下，一头 1 000 磅公牛一天的粪便即足以污染 2.4 万加仑水，并耗尽其中的氧气。"[85]此外，"由于并非饲料中所有的成分与能量都可以被消化吸收……粪便可以为苍蝇的幼虫提供营养与能量，并促进有机物的生长，导致严重的臭气问题……"[86]尽管饲牛场周边居民的疾病感染率很低，但是该产业所承认的"由牲畜，可能是其粪便所引发的""寇热、细螺旋体病与结核病（Q-fever, leptospirosis, and tuberculous diseases）"风险，足以令周边居民警惕，即使可以证明这些疾病的发生概率"极小"[87]。粪便"可能含有病原体（包括粪便大肠菌与其他大肠菌群），可能导致饮用水的污染并引发胃肠道疾病"[88]。大规模圈

---

[78]　Mendel & Clawson, supra note 57, at 9.

[79]　Hart, supra note 57, at 162.

[80]　Fairbank, supra note 57, at 197.

[81]　CAST, supra note 57, at 56.

[82]　Fairbank, supra note 57, at 197.

[83]　CAST, supra note 57, at 56.

[84]　"动物粪便中的氮来自大气中大量的氮，经过自然力或人力而形成肥料。这些氮在作物与庄稼中累积。农作物可以作为牲畜的饲料，但大部分被累积的氮被作为饲牛场的废料。对于氮的浪费问题很难处理，因它数量巨大且在作为生产中的经济价值很难与商业化肥相比。"A. E. Erickson, et al., Soil Modification for Denitrification and Phosphate Reduction of Feedlot Waste, EPA - 660/2 - 74 - 057 (1974) at 4 - 5.

[85]　Hart, supra note 57, at 165.

[86]　Hart, supra note 57, at 164.

[87]　Hart, supra note 57, at 166.

[88]　National Resources Defense Council, America's Animal Factories: How States Fail to Prevent Pollution from Livestock Waste (http://www.nrdc.org/water/pollution/factor) at * 3.

养还会排放"氢化硫、氨与甲烷"[89]。这些问题在现实中可大可小,但显然并非周边居民所愿意接受的环境。被告知隔壁的饲牛场正在排放氢化硫、氨与甲烷,而这些是饮用水中潜在的致病源,并且还有常人也可以闻到的臭气,这些肯定不会增加周边居民对饲牛场的容忍度。

最小化问题的产业建议,集中于如何防止饲牛场对较远的居民造成臭气或蚊蝇危害。例如,设计专家推荐在饲牛场周围种地作为缓冲,减少对周边居民的困扰。而且农地也使牲畜粪便有用武之地。另一项建议是,在盛行风向远离居民区的地点选址。然而,一旦饲牛场建成,"首要的臭气控制方式就是保持粪便干燥并尽快清理"[90]。不幸的是,饲牛场主更倾向于"尽可能少地清理",因为压实作用可以减少粪便的总体积——因此"对于饲牛场主而言,减少清理频次的好处是可以最小化成本"[91]。

简而言之,战后亚利桑那州建筑业与人口剧变的同时,饲牛业也发展迅速。随着房地产开发的规模增长,新的开发项目蔓延到凤凰城外原本未开发的土地上,同时饲牛业也开始大规模发展,饲牛场越修越大,并对周边居民造成了越来越多的潜在问题。新的居民并非从亚利桑那州乡村搬到城市的居民,而是从中西部或西部其他城市地区迁入的人口。关于牛仔的浪漫印象也许为他们装饰自己的房屋提供了灵感,但他们通常并不习惯被牛群包围。同时作为房地产开发与饲牛场扩张的中心,这两股势力在马里科帕的冲突不可避免。

■ 三、德尔·韦布[92]

德尔·尤金·韦布的一生是一个典型的霍雷肖·阿尔杰式的故事。1899 年 5 月 17 日,他出生于加利福尼亚州的弗雷斯诺(Fresno)。他从职业棒球手起家,16 岁时作为半职业选手从高中辍学,兼职做建筑工作。"他通常使用化名参加比赛,为了避免激怒姑母们,'她们笃信宗教并不停吵嚷',认为打棒球是'与魔鬼交易'"[93]。1926 年,与另一名本垒板球员的冲撞造成他韧带损伤、肋骨骨折,随后他还"与伤寒引发的高

---

[89] Id. at * 4.

[90] CAST,supra note 57,at 61.

[91] Hart,supra note 57,at 163.

[92] 本部分与接下来两部分的参考文献如下:Margaret Finnerty, Del Webb:A Man, A Company (1991);Sheridan, supra note11;Silver Anniversary, supra note15;Calvin Trillin, A Report At Large:Wake up and Live, The New Yorker (April 4, 1964);and Jack M. Tucker, Sun City:60-plus and Hanging Tough (1985).

[93] Silver Anniversary, supra note15, at 8.

烧作斗争"，导致体重从 204 磅降到 99 磅。[94] 1927 年，在朋友的劝说下他来到干燥的亚利桑那州休养。之后回忆起这段时光时，韦布告诉一名扶轮爱好者（Rotary audience），"（当时）人们以为凤凰城是一片原始的未开化的沙漠，并像地狱一样炎热。很少有铺平的道路，也没有空调。到处都是印第安人，不知道他们如何能够忍受这种气候，除非他们已经适应了沙漠中火炉般的炎热。电扇都很罕见。我们要么睡在房顶，要么睡在院子，用凉水浸湿床单以保持凉爽"[95]。

有一次韦布在旅馆建筑工地获得了一份工作。这份工作结束后，承包商又安排他为一位当地商人安装橱柜与货架。承包商逃离小镇之后，在这位商人的支持下，德尔·E·韦布接管了承包商的工作，并成立了德尔·E·韦布建筑公司。公司发展势头良好，为拉斯维加斯修建旅馆，包括在臭名昭著的悍匪巴格西·西格尔（Bugsy Siegel）的支持下修建弗拉明戈酒店（Flamingo Hotel）。[96]

韦布在商业上取得了巨大成功，1969 年他的个人资产预计超过 1 亿美元。[97] 他成功的部分原因是，它的商业交易有着严密的组织体系，他将建筑商业中的许多方面简化为一套标准流程。[98] 韦布在商业上的成功也可能与他的政治人脉有关。西尔弗（Silver）在传记中奉承他"从富兰克林·D·罗斯福开始，与每一任总统都是好朋友"[99]。韦布也是霍华德·休斯（Howard Hughes）的朋友，一名生意伙伴称这层关系为韦布"带来了超过 10 亿美元的生意"[100]。韦布仍然保持了对棒球的兴趣，1945 年成为纽约洋基队（New York Yankee）的共有人。[101] 1974 年 7 月 4 日，韦布因肺癌去世，他要求将骨灰撒在亚利桑那州。

二战爆发时，德尔·E·韦布建筑公司是亚利桑那州最大的建筑公

---

[94] Silver Anniversary, supra note15, at 8；Sheridan, supra note11, at 269.

[95] Tucker, supra note 92，at 373-374.

[96] Silver Anniversary, supra note 15, at 9. Webb 事后声称，在他得知 Siegel 的所为后曾试图放弃这份工作。Id. 有趣的是，Siegel 在其情妇的公寓被枪杀当晚，似乎正与 Webb 交易。Sheridan, supra note 11，at 270.

[97] Silver Anniversary, supra note 15, at 11.

[98] Finnerty, supra note 92, at 38 - 39（推荐 Webb 高度的标准化与组织性）。

[99] Silver Anniversary, supra note 15, at 11.

[100] Finnerty, supra note 92, at 63.

[101] Silver Anniversary, supra note 15, at 11. 韦布的共有人是被人们形容为"花花公子运动员"的 Topping，以及 Leland Standford McPhail，后者最初在三个共有人中最为活跃。Robinson & Jennison, at 83 - 84. 33 个月之后，McPhail 将它的份额转让给其他共有人。Robinson & Jennison, at 92. NY Yankees 的记录中将 Webb 描述为"一名 Arizona 的建筑商，对赚钱非常有兴趣"，并指出，关于棒球的决定他都留给了共有人。Robinson & Jennison, at 84. 这本书中只有几处略带嘲讽地提到 Webb 留给媒体的印象，暗示他对于 Yankees 的战略调整几乎没有任何影响，远不如之后的拥有者，如 George Steinbrenner. Id. 其他有关 Yankees 的论著也持相同观点。Harvey Frommer, The New York Yankee Encyclopedia (1997) at 253.（"与金钱相比，Webb 更享受拥有 Yankees 的乐趣。但他与［Dan］Topping 作为 Yankees 的拥有者赚得钵满盆满。他们也让［George］Weiss 这样的棒球人员经营并斗志昂扬"）。Webb 对 Yankees 的拥有是一个精明的商业决策：三名发起人 1945 年以 2.8 百万美元购进，1962 年以 1.12 千万美元售予 CBS. Robinson & Jennison, at 83, 163. 受 Webb 公司委托的传记作品中，称他为棒球带来了商业气息。Finnerty, supra note 92, at 48 - 49.

司，是战争带来的由联邦资助的繁荣发展的极大受益者。该公司"除了[一个军事基地]，修建了亚利桑那州所有大型军事基地"[102]。它也在三周之内于亚利桑那州的帕克（Parker）修建了关押日裔美国人的集中营地。[103] 战争结束以后，"韦布与联邦政府的密切关系又为他带来了退伍军人医院、空军基地与导弹发射井等多个订单"[104]。

韦布并未局限于接联邦的订单。战后他在二十多个州修建制造业工厂，"并获得大幅土地用于修建大型购物商场、汽车旅馆与住宅区"[105]。1948 年，他在图森修建的项目普韦布洛山庄（Pueblo Village）首创了一体化社区模式，包括使用框架结构而非传统土坯结构的商店，在融资方面则得到联邦房屋管理局的支持。这个项目也是该公司使用股本融资以承担巨型项目的开端。[106] 1953 年，他在图森附近的桑·曼纽尔（San Manual）为岩浆铜业公司（Magma Copper Co.）修建了一个小镇，在圣地亚哥（San Diego）附近修建了克莱尔蒙特地产开发（Clairemont Estate development）项目。这些项目"教会公司如何在无人区建造社区"[107]。截至 1960 年，韦布公司修建了路克空军基地，威廉姆斯机场（Williams Field），华楚卡堡（Fort Huachuca），多个退伍军人管理医院（Veterans Administration hospitals），洛杉矶的联合石油中心（Union Oil Center），盐湖城（Salt Lake），凤凰城与阿尔布开克（Albuquerque）的政府办公楼，比弗利希尔顿酒店（Beverly Hilton Hotel），凤凰城塔，堪萨斯城市体育场，纽约的世界博览会建筑以及分布在 26 个州的其他项目。[108] 虽然公司规模巨大，但其宣传材料向读者保证，韦布本人亲自参与了公司的所有项目，因为他的"交通工具只有飞机"[109]。

韦布的成功可以部分归因于由联邦资助的凤凰城建筑业大发展，但韦布能在其中占尽优势并不仅仅是因为幸运："没有人比韦布更快意识到这个产业的发展，也没有人更多地参与了该产业的大发展，把亚利桑那州从受压榨的殖民地发展为军事与娱乐重镇。"[110] 随着战后公司对项目股本的投入增长，韦布也意识到需要保护手段对抗建筑业的周期性特征，保障稳定的工作与发展利润以支持未来的运营。分散投资的领域之

[102] Sheridan，supra note 11，at 269.

[103] Finnerty，supra note 92，at 41.

[104] Sheridan，supra note 11，at 270. Webb 非常善于利用人脉，经常不经投标即获得订单。Finnerty，supra note 92，at 107.

[105] Tucker，supra note 92，at 376.

[106] Finnerty，supra note 92，at 112. 在"股本融资"中开发商参与建筑出资，以换取竣工后一定份额的股本。

[107] Finnerty，supra note 92，at 71.

[108] Del E. Webb：American Success Story，Advertising supplement，Arizona Republic (January 1, 1960).

[109] Del E. Webb：American Success Story，Advertising supplement，Arizona Republic (January 1, 1960).

[110] Sheridan，supra note 11，at 270.

一是博彩业，接下来的几十年，韦布在内华达州（Nevada）修建并经营了多个赌场。之后韦布说道，他在咨询 J. 埃德加·胡佛（J. Edgar Hoover）之后涉足该行业，并被鼓励进入博彩业以帮助清理该行业。战后该公司已经与战前完全不同。虽然规模庞大，但战前该公司是一家"人合公司"；至 1960 年它已转变为一个"紧随时代潮流，甚至是引领时代潮流，回应社会与经济变化、多元化经营的开放公司"⑪。1960 年 12 月成为公众公司，3 年后在纽约股票交易所上市。

当一个新的服务于退休人士的开发项目吸引了他的注意时，善于发现机遇的天赋将他引向了太阳城。俄裔迁入者本·施利弗（Ben Schliefer）从纽约搬至亚利桑那逃避严寒，他于 50 年代开始销售不动产。施利弗产生了修建退休社区的想法，并于 1954 年在凤凰城西部一个土地相对便宜的小镇⑫首创了退休社区。⑬ 他将该社区命名为"青年城（Youngtown）"，获得了小小的成功，从而证明了认为退休人士不愿意生活在没有年轻人的社区的传统观念并不正确。⑭

韦布公司受到该创意的启发，开始探索这个方向的可能性。该公司委托华盛顿的城市土地研究所（Urban Land Institute）进行研究。该研究所召集高端开发商在一个度假中心进行了为期三天的研讨后，得出了否定性结论。韦布还花费 1 000 美元向一家凤凰城咨询公司咨询，得到的同样是否定性报告。正如《纽约客（New Yorker）》的一篇报道所总结的，专家们"几乎一致反对老年社区，因为老年人需要维持正常的社会生活，他们群居在一起只会为彼此带来压力"⑮。一名韦布公司的执行经理说道，"当我们开始的时候，几乎没有一个建筑商不认为我当时完全疯了"⑯。然而，该公司继续坚持，认定倡导丰富晚年的退休社区有其市场。通过采访佛罗里达州的退休人士，该公司了解到他们的主要顾虑是违约，因此将守约作为核心卖点。宣传页将此项目的核心归纳为"积极、经济且个性化"⑰。

虽然有人认为韦布的太阳城"复制了青年城的创意与位置"⑱，但太阳城远不是复制品那么简单。在韦布开始调研可能性之时，青年城"只

---

⑪ Finnerty，supra note 92，at 74.

⑫ Metro Arizona，supra note 15，at 68（"Youngtown……是 1954 年首个用于吸引退伍军人的社区设计"）.

⑬ Tucker，supra note 92，at 364（"当 Schliefer 迁入 Arizona 时，Sun City 地区的地价为 400 美元每英亩"）.

⑭ 一名 California 的开发商也率先产生了将 Sun City 居民限于 60 岁以上人口的想法。Silver Anniversary，supra note 15，at 15.

⑮ Trillin，supra note 92，at 120.

⑯ Trillin，supra note 92，at 175.

⑰ Finnerty，supra note 92，at 84.

⑱ Metro Arizona，supra note 15，at 68.

有一堆房屋和一个商店"⑲。韦布接受了为美国老年人设计社区的观念，并开创了一种生活方式。在设计与营销太阳城的过程中，韦布使用了无数创新，使其绝非施利弗项目的大型复制品。正如一名公司管理人员在1964年向《纽约客》的卡尔文·史瑞林（Calvin Thrillin）所讲述的："我们所出售的一直是生活方式。房屋还在其次。"⑳正如韦布的营销概念中所提到的，太阳城提供的高尔夫球场与其他休闲项目，以及广泛的购物选择，使其不同于青年城。

四、选　址

最终成为太阳城的地点，原本是 R. P. 达维（R. P. Davie）的定居地，他是来自威斯康星州马里内特（Marinette, Wisconsin）的"商业冒险家"。他用家乡的名字为此地命名，并开发了一个深井灌溉系统以浇灌数千英亩的土地。小镇发展良好，1912 年起设立了邮局。不幸的是，达维下注种植甜菜，但亚利桑那州的土地并不适于生产甜菜，所以他亏损严重。1920 年，他将该地区以 1 百万美元售予西南棉花公司（Southwest Cotton Co.）——固特异轮胎与橡胶公司的子公司，这个小镇成为固特异公司的地盘。㉑

固特异公司最先开始尝试的是种植"玉立（Yuli）"，一种灌木，其根部可以生产"白色黏性物质，类似合成橡胶"。然而结果并未优于种植甜菜，该公司转而种植棉花。马里内特成为一个充满"劳工与汗水的小镇"，主要由西班牙裔棉花工人组成。㉒ 1936 年，固特异公司又将该地区售予 J. G. 波色威尔公司（J. G. Bosewell Co.），一家棉花种植公司，棉花生产进一步增长。在波色威尔公司的经营下，当地成为"全美最重要的［棉花］种植地之一"㉓。波色威尔公司继续在当地购买土地，从固特异公司与圣达菲铁路（Santa Fe Railroad）处最终汇集了 2 000 英亩土地，从亚利桑那的皮奥利亚（Peoria）一直延伸到路克空军基地。㉔ 然而，50 年代末，波色威尔公司决定退出棉花产业。

与此同时，波色威尔公司周边开始出现饲牛场。1956 年修建了两个

---

⑲　Finnerty, supra note 92, at 83.

⑳　Trillin, supra note 92, at 134.

㉑　Silver Anniversary, supra note 15, at 3.

㉒　Silver Anniversary, supra note 15, at 3.

㉓　Silver Anniversary, supra note 15, at 4.

㉔　Silver Anniversary, supra note 15, at 20.

饲牛场，后来为斯珀工业所有。至 1959 年，后来成为斯珀地产地块的 7 英里之内已经有 25 家饲牛场与乳制品场。在斯珀地产 1959 年的所有权人最初拥有的 35 英亩土地上，饲养了 7 500 至 8 500 头牛。[125] 1960 年，斯珀工业购买了这 35 英亩土地，两年之后，又购买了另外 79 英亩土地，它的地产总面积达 114 英亩。[126]

▌五、太阳城

1959 年，太阳城得以创建的三个必要因素都已具备。首先，韦布对开发退休社区产生兴趣，并开始寻找适于该项目的大片土地。其次，韦布公司的能力与资源都足以支持其进行创新，尽管学术界与商界都不看好该项目。最后，波色威尔积累了可以适应该项目的足够面积的土地，并开始考虑将其出售。因此，当詹姆斯·G·波色威尔 II（James G. Boswell II）——波色威尔公司三个创始人之一，听闻韦布公司有意购买土地时，就向韦布公司发出要约，出售其棉花农场。

詹姆斯告诉韦布公司的一名执行经理、L. C. 雅克布森（L. C. Jacobson），他的农场在凤凰城西侧，面积达 1 万英亩。他们一起实地考察，在返程的路上，詹姆斯提到，他的公司还有另外 1 万英亩地在公路旁。听到这个消息，"雅克布森的巨大兴趣促使他激动地建议双方立刻达成交易。次日凌晨两点，他即在一张发黄的用于法律文书的纸张上草拟了协议的核心内容"[127]。双方均同意分期转让土地，这样韦布公司既可以买到需要的土地，也不必立刻花光所有资金，并使波色威尔可以逐步退出其农业经营。

韦布与波色威尔联手设立了德尔·E·韦布开发公司，修建太阳城。公司初始资本达 10 万美元，韦布与波色威尔持股份额相同。[128] 波色威尔还贷与新公司 60 万美元，韦布实物投资 60 万美元，资本总量达 1.3 百万美元。[129] 他们的目标绝不仅仅是修建一个社区——而是向退休人士营销一种社区体验，正如韦布的广告词中所写道的："一种积极的生活方式！"[130] 他们的目标是为中产阶层的退休人士创建一个社区。太阳城的无线电广告歌，后来还为了喜爱它的居民被做成唱片，也在开发商的钟楼

---

[125] Spur at 182，704.
[126] Spur at 182，704.
[127] Silver Anniversary，supra note 15，at 21.
[128] Silver Anniversary，supra note 15，at 22. 出于税收的原因，Boswell 嗣后减持股份至 49%。Id.
[129] Silver Anniversary，supra note 15，at 23.
[130] Silver Anniversary，supra note 15，at 25. 这是 1959 年 12 月 Arizona Republic 两页专栏广告的主题。

播放，歌中这样总结"积极的生活方式"：

> 清晨起床住在太阳城
>
> 为了积极的生活，
>
> 清晨起床住在太阳城，
>
> 老先生和您的妻子。
>
> 别让退休扫了您的兴。
>
> 太阳城为您带来快乐，这里是天堂小镇。
>
> 清晨起床住在太阳城，
>
> 老先生，您美好的后半生，
>
> 老先生和您的妻子。[131]

为了创造新的生活方式，并抵消相对偏远的地理位置，韦布计划在出售房屋之前先修建大批便利设施。其中包括购物中心、九洞高尔夫球场（最终扩展为十八洞）以及其他休闲设施，这些都在房屋出售前竣工。购物中心设有超市、各类店铺、自助洗衣房、发廊、药店与汽车加油站。经过五个月的赶工，该公司完成了五个样板房、九洞高尔夫球场、游泳池与娱乐中心的建设，1960 年 1 月 1 日，购物中心部分店铺开张。韦布雇佣了全美闻名的庭院设计师设计该项目，免费为每个买受人单独设计不同的庭院景观。首付款很合理，8 500 至 1.13 万美元，面积从 500 至 1 200 平方英尺。[132] 尽管如此，太阳城的位置还是相对偏远。卡尔文·史瑞林这样描述 1964 年从凤凰城驶往此地的路程

> 从凤凰城到太阳城有三十分钟的路程，首先是一片荒凉的汽车旅馆，大多数此前被称为汽车旅店（motor inns），有些则是小木屋和司机旅社（tourist courts）。经过凤凰城郊区的格兰岱尔（Glendale）数英里之后，是大片的苜蓿与棉花，经过皮奥利亚之后，田野连绵不断，之后是一个乏味的农庄，不知为何却称自己为世界玫瑰之都。随后，在高速公路上行驶两三英里之后，终于看到棉花地后的太阳城——四处都是棕榈树。[133]

开盘前的周末，韦布在《亚利桑那共和报（Arizona Republic）》开设了一个多页的副刊，兜售"完全根据规划打造的彻底不同的""积极的'新的生活方式'"。该社区"特意为那些希望积极享受最好年华的人打造"[134]。副刊中精选了"建筑大师"韦布的人生故事[135]，他号召大家"一

---

[131] Quoted in Trillin, supra note 92，at 120.

[132] Del Webb's Retirement Sun City of 1600 Homes Will Open Today，Arizona Republic (January 1，1960) at 2.

[133] Trillin, supra note 92, at 123.

[134] Advertising Supplement，Arizona Republic (January 1，1960). 除了另有注明之外，本段的引文均来自此文献。

[135] Del E. Webb：American Success Story，Advertising supplement，Arizona Republic (January 1，1960).

起……认识这种在美国史无前例的生活方式"。太阳城不仅仅是房产开发。副刊作者向读者保证，它是"前所未有的成就"，"微型都市"，"经过多年对您的偏好的研究"，这里拥有"奢华又实惠的生活所需要的一切，无限的创新与休闲活动"。这里的居民将"享受到您在最好的年华所希望拥有的完全个性化、私密化与自由的生活"。韦布承诺，这个社区"的创建是为了与参与美国成长与发展的人分享成果"。颇具讽刺意味的是，当天的同一份报纸上也刊登了将于下周在市镇进行的第十二届年度亚利桑那州家畜展的广告。[136]

销售太阳城的广告不限于当地。韦布在《时代（Times）》与《新闻周刊（Newsweek）》都刊登了两个版面的广告，经预先商定，全美的专栏作家竞相宣传该项目。该项目一开盘，"美国几乎所有主要杂志、电视台以及数百家报纸的报道使'太阳城'，德尔·E·韦布的'积极退休社区'家喻户晓。他们还称之为：'最著名的'、'一流设计的社区'、'韦布的退休度假社区'"[137]。甚至在开盘一年之后宣传仍在持续。

1960年1月1日开盘当天像是俄克拉荷马州的哄抢：

1960年新年第一天周四上午8点钟一开盘，就发生了哄抢。第一天销售员非常忙碌但人群还不至于像接下来的周五、周六与周日那样蜂拥而至。鉴于首付款只有500美元，购买的风险很低。很多人抵达之后不到一个小时就决定购买。人们为了与坐在狭小办公室地板上的销售员签合同，不得不排队等候数个小时。负责签约的欧文·奇尔德雷斯（Owen Childress）不得不疯狂给韦布的秘书打电话，请求帮助应对等候购买的人群。

销售员手头正式的合同不敷使用，不得不临时使用紧急从商店中购买的已经印字的收条纸。这毫不奇怪，因为超过十万人涌进该地区，迫不及待地想看看新房子……首个周日下午，沿着凤凰城——洛杉矶高速公路干道、美国60—70—89号公路汽车延伸了两英里。[138]

开盘仪式的"特别来宾"包括凤凰城、皮奥利亚与格兰岱尔的要员与市长。开盘后的72小时之内即销售了237座住宅，价款总计2.5百万美元。[139]其中126座的定金，在正式开盘之前已经到账。[140]显然韦布中了大奖。虽然开盘首个周末的买家主要来自亚利桑那州，但也有来自加利

---

⑬⑥ Blake Brophy, Livestock Lives it Up in Phoenix, Arizona Days and Ways, The Republic Magazine (January 3, 1960) at 2.

⑬⑦ Silver Anniversary, supra note 15, at 32.

⑬⑧ Silver Anniversary, supra note 15, at 29-30.

⑬⑨ Tucker, supra note 92, at 13.

⑭⓪ Retirement Village to Open Today, Arizona Republic (January 3, 1960) at 17.

福尼亚、新泽西、俄勒冈、科罗拉多、明尼苏达、密歇根、得克萨斯、爱荷华与新墨西哥州的买家。

韦布公司非常善于营销太阳城。其中一项创新是，假期特价出租公寓，而该地区几乎每年都有 8 000 名游客。[⑪] 广告语令人印象深刻："很多游览过新住宅的太阳城居民，都会记得看哈维·沙罕（Harvey Shahan）编导的电影'亚利桑那与太阳城的故事'，由议员巴里·戈德华特（Barry Goldwater）讲述。"[⑫] 1962 年，一项评选旗帜最多小镇的州内比赛，促使公司发给每个买受人一面旗帜。该公司还组织了一个花园俱乐部，在一个大型花园中耕种、灌溉各种植物，并邀请居民分享收获。

韦布本人对该项目的参与并不像宣传所称的那么多，但这里的新居民"开始将他个人与这些房屋的建设相联系。一个针对潜在客户的重要卖点是太阳城居民的现身说法，'如果你的房子出了任何问题，德尔·韦布都会帮你解决。'"[⑬]。公司以及韦布解决问题的好名声，是该项目取得成功的重要原因之一。

成功继续加速。"最初的预期是在 7 年内卖掉 1 680 栋住宅，但实际上第一年就已经卖出 1 250 栋。"[⑭] 1961 年，韦布将购物中心扩大了一倍，使其成为凤凰城外最大的购物中心。第二期住宅投入了 2.5 千万美元，于 1961 年 1 月开盘，首个周末即吸引来超过 4 万人。[⑮]

太阳城模式迅速在全美风靡。1964 年，韦布开发了另外三个"积极退休"项目，两个在加利福尼亚，一个在佛罗里达。[⑯] 最终该公司开发的此类项目有九个。[⑰] 其他人也跟风进入：1964 年全美一共有超过 250 个退休社区开盘。[⑱] 虽然这对韦布并非没有困扰，但该公司从中获利无限。[⑲] 快速的发展，"积极"生活的主题，以及参与新事物的感受，创造了一个联系紧密的社区。虽然偶尔也会出现小故障[⑳]，但总体而言，韦布还是成功且迅速地创造了一种新的社区模式。

---

⑪　Silver Anniversary，supra note 15，at 76.

⑫　Silver Anniversary，supra note 15，at 76.

⑬　Silver Anniversary，supra note 15，at 13.（"Webb 本人对所有关于 Sun City 之决策的参与，也是故事的一部分"）。

⑭　Silver Anniversary，supra note 15，at 71.

⑮　Silver Anniversary，supra note 15，at 61.

⑯　Silver Anniversary，supra note 15，at 48.

⑰　Kenneth E. Bloom，Come to the Sun：The Economic and Fiscal Effects of Sun City and Sun City West on Maricopa County，Arizona（Masters Thesis，University of Cincinnati，School of Planning 1997）at 5.

⑱　Trillin，supra note 92，at 120.

⑲　转型为公众公司，引发了 1965 年的会计问题，公司资本净值的账面价值被故意降低了一半，公司损失的第一份报告也出了问题。Finnerty，supra note 92，at 123. H. Allen Winter，公司的财务分析师，事后回忆道，"Webb 不得不采取行动，全国巡游安抚投资者；他在为自己的生活奋斗"。Id.

⑳　Silver Anniversary，supra note 15，at 217（问题之一是，首期住宅的契据中没有包括关于应付款的不动产契约，但二期契据中则有，导致了两批居民间关于首期居民未付款的争议）。

很快，太阳城对于亚利桑那州即举足轻重。退休人士带来的资金流入（退休金、社会保障与存款）对经济产生了影响。如果被承认为一级自治组织，按人口计算，太阳城是该州第十八大城市。[150] 太阳城的发展速度远超其他市镇，所贡献的税收是镇内社区平均水平的两倍多。[151] 当然，这些税收同时也带来了一群基本不关心教育的选民，导致与镇内其他地区的冲突。[152]

但是，韦布的成功导致数千居民迁入，其中大多是从城市地区迁到马里科帕镇的郊县地区。这些新居民期待的是"积极的生活方式"，包括露台上的烧烤、高尔夫、游泳和其他户外运动。他们期待德尔·韦布可以解决任何问题——也许并非他本人，但一定很快。然而，天堂的一角居然是牛群粪便的恶臭，乱舞的苍蝇，令他们非常失望。

▆ 六、案　情

周边居民与饲牛场的纠纷，无论在全美范围内还是在亚利桑那州都不是新鲜事。1951 年，《美国法律报告二（American Law Reports 2d）》解释了"牲畜围场的妨害"，收集了全美范围内关于该话题的 47 份意见，并总结道，"一般而言，如果牲畜围场的选址或经营方式对周围居民造成实质上的困扰、不便或不适，后者即有权获得禁制令，要求牲畜围场停止经营，或为过去的经营行为造成的损害进行赔偿，理由是这构成了一项私益妨害"[153]。正如报告中所述，此类案件的争议非常明显。根据案件证据（牲畜围栏是否确实造成了妨害原告财产的恶臭或虫害？），主要的争议在于，市政法是否可以关停牲畜围栏，以及州法是否可以提供优于妨害防止法的救济措施。唯一的抗辩只能是"接受妨害"原则，报告中引用了两个适用此抗辩的判例。[155] 但是该报告中所讨论的饲牛场并非 60 年代的

---

[150]　Metro Arizona, supra note 15，at 68. Sun City 居民大力抵制成立一级自治组织，使 Maricopa County 成为最近的政府单位。Silver Anniversary, supra note 15，at 163.

[151]　Bloom, supra note 147，at 44.

[152]　Sun City 最初处于 Peoria 的学区内，学位供不应求。Sun City 的居民很快占据了该地区的多数，不断投票反对债券发行（1962 至 1974 年间有 17 次）。唯一的例外是 1963 年发行的 21.8 万美元债券。到 1974 年前再未发行，之后的发行以 387 票通过。Silver Anniversary, supra note 15，at 218. 后来将 Sun City 从 Peoria 学区划出，划入未收编的地区，教育税上交给州财政，问题才最终得以解决。

[153]　R. B. Kaman, Stockyard as a Nuisance, 18 A. L. R. 2d 1033，§ 3〔a〕(1951).

[155]　Id. at § 5〔c〕, citing Ashbrook v. Commonwealth, 1 Bush 139, 89 Am. Dec. 616（Ky. 1966）and Ballentine v. Webb, 84 Mich. 38, 47 N. W. 485（1890）（支持抗辩）。之后的版本中增加了 Curry v. Farmers Livestock Market, 343 S. W. 2d 134（Ky. 1961）and Spencer Creek Pollution Control Ass'n v. Organic Fertilizer Co., 264 Or. 557, 505 P. 2d 919（1973）（驳回抗辩）。

当代大型饲牛场。当代饲牛场，出现于五十与六十年代，规模要大得多。

1963 年，韦布公司最接近斯珀地产的几个地块遭受了所谓的"购买抵制"[155]，但直到 1967 年左右，问题才真正开始恶化。靠近斯珀饲牛场的几个地块的所有权人开始向韦布与业主协会（homeowner association）投诉。但他们的选择很有限。作为马里科帕镇未收编区域的居民，只有最低限度的规制斯珀地产的分区规则，并且既有规则均对斯珀地产有利。[157] 契约解决方案可行（韦布可以直接购买斯珀的地产），但是，嗣后的发展显示，韦布与斯珀地产对于谁拥有权利存在争议，而这会影响到谁应当补偿另一方。在此问题解决之前，韦布与斯珀地产之间的交易并不能解决争议。提起妨害防止诉讼，成为周边居民首选的唯一救济可能。亚利桑那州的饲牛场显然很担心妨害防止案件的判决，因为 60 年代已经有数个饲牛场因为此类诉讼的威胁被迫迁址。[158]

业主协会鼓励太阳城的居民针对斯珀地产提起诉讼，并捐献了 1 000 美元支持此诉讼。1967 年年末，诉讼正式提起，请求赔偿总额超过 45 万美元，每个原告的请求额由 1 000 美元至 8 500 美元不等。[159] 居民们声称，"粪便每天都在累积，臭气也没有得到处理，饲牛场每天向空气中排放令人作呕无法忍受的恶臭，随着气流严重影响了周边居民"[160]。

业主协会与韦布都试图通过协议解决问题。业主协会建议饲牛场使用化学方法控制臭气，韦布则提出购买饲牛场的要约。但这些努力都无功而返——毫不奇怪，因为韦布与斯珀地产关于系争法律权利持截然相反的意见。居民们继续提起诉讼，1968 年 6 月，已有 75 名居民向斯珀地产提起诉讼，索赔总额超过 2.1 百万美元。当月炎热的天气又增加了 48 起诉讼，增加的索赔总额超过 2.6 百万美元。[161] 韦布也提起诉讼，主张斯珀地产的饲牛场构成公益妨害。[162] 当时，斯珀地产的饲牛场饲养了 2 万至 3 万头牛。[163] 尽管居民个人提起的诉讼在先，但韦布的诉讼却审理在先。

妨害防止法是普通法对污染的首要回应。将妨害防止法作为污染的

---

[155] Spur, at 182-183，704-705（引自 Webb 公司职员的证言）。

[157] 而 Webb 最初的法律诉请也确实质疑了镇《分区条例》的效力。请见下注。

[158] "1963 年，最早的典型案件是 Tempe 的财产所有权人针对一个饲牛场地产提起的禁制令请求。担心妨害防止案件受到法院审理，饲牛场负担费用将 3 万头牛的经营场所迁址至 Yuma。不久，类似的诉讼威胁至少导致 4 家饲牛场迁址。" Menzie, et al.，supra note 57，at 38.

[159] Silver Anniversary, supra note 15，at 220.

[160] Silver Anniversary, supra note 15，at 221.

[161] Silver Anniversary, supra note 15，at 221.

[162] 该判例经常出现在案例书中的其中一个原因，是它区分了公益妨害与私益妨害。二者的区别在于，妨害造成的损害仅影响到特定的财产所有权人，抑或影响了一般公众。你的狗每天凌晨三点在院中狂吠，可能构成对邻人的私益妨害；而如果你的狗四处游荡并对经过你家门口道路的每个人都吠叫，那么就可能构成公益妨害。

[163] Spur, at 183，705.

救济手段，面临的质疑之一是，它导致了典型的"搭便车"问题，诉请相对较小的个体不大愿意提起诉讼维护权利，尽管提起诉讼可能对整个社会有益。每个居民都可能指望邻居提起诉讼，因为未提起诉讼的居民同样可以从诉讼中得到好处，却不必支付律师费与诉讼成本。其结果是，只有极少的针对污染者的妨害诉讼被提起，尤其是污染范围很广的情形。搭便车问题是授权政府治理污染的首要正当性假说，因为政府可以使用税收资助针对污染者的规制与诉讼。

在本案中，搭便车的问题似乎较少，因为太阳城的居民针对斯珀地产提起诉讼的比例很高。减少太阳城居民搭便车的因素主要有三个。其一，居民们已经组织成立了业主协会。因此合作对抗斯珀地产的成本即得以降低——居民们可以交换信息并分担诉讼的共同费用。其二，居民们习惯于投诉得到迅速处理，并感到有权获得"积极生活方式"应有的环境。经济学研究显示，感到对某种事物有权的人，相比无此感受的人，会认为该事物更有价值。太阳城的居民来到这里就是为了积极的、尤其是户外的生活。而这种感受与对德尔·韦布快速解决问题的名声的期待，使他们认为解决这个问题是保护他们有权维护之事物。鉴于这种高期待，居民们不大可能试图"搭他人的便车"。其三，韦布有大量的声誉资本都仰仗于太阳城的成功——《纽约客》将其描述为"公司市镇的新版本——在此市镇中，只有一家公司对维持居民福祉有经济上的兴趣，以便于吸引更多的居民"[164]。现有居民的推介是重要的卖点，尤其是公司已经收回了全美范围内的媒体竞争，更多的依赖口口相传。韦布必须解决这个问题以保护其投资，这是该公司参与诉讼的原因。

没有任何案情显示该案不是一个明确的妨害防止案件。韦布的起诉书中写道，饲牛场造成了"令人作呕无法容忍的恶臭"[165]。本文调研过程中找到了两位参与人，一位是斯珀地产的代理律师，一位是本案的初审法官，他们最初都不认为该案件有何特别之处。斯珀地产认为自己会胜诉，因为它的饲牛场先修建，且位于传统的郊区，可以适用"接受妨害"抗辩。韦布显然想摆脱这个原则，并试图以公益妨害为由获得胜诉，因为苍蝇与臭气造成了健康问题，而且很有可能他得到了大多数马里科帕镇选民的支持。因此，真正的问题即在于，斯珀产业比韦布先来到此地的时间是否足够长久，可以使陪审团支持斯珀地产，因为饲牛场显然并非太阳城"积极"退休人士的好邻居，尽管双方对于斯珀地产对邻人造成的困扰程度一定会有争议。斯珀地产还自始即坚称，韦布应对除去妨

---

[164] Trillin，supra note 92，at 135.

[165] Complaint，at 8.

害可能产生的所有费用负全责。⑯ 接下来的诉讼几乎没有紧迫感，因为每次向初审法院提出动议，都会等待几个月的时间。⑯

双方自始至终都一贯地坚持自己的主张，并反对对方的意见。对于斯珀地产而言，案情很简单：它先定址于此郊区，从事农牧业，且经过州府审慎的许可。韦布挑起了事端，他试图在此处购买土地，因为价格比市区便宜得多，借此大大增加了韦布的获利，预计达 1.7 千万美元。⑯韦布通过向太阳城的居民虚假陈述，称此处适于积极的户外生活，从而引发了问题。韦布在争端产生中发挥的作用，说明是韦布、而非斯珀地产应当承担土地使用争议造成的经济负担。正如斯珀地产在其上诉状开端所陈述的，问题在于

> "(1) 双方中的哪一方应当为已经产生以及将要产生的损失、损害及费用负责：
>
> (a) 一方在一个区域内从事经营，且是经过亚利桑那州许可的合法经营活动，并与当时其他土地的使用不相冲突，在此之前都是如此，在既有的前提下，没有为任何第三方带来损失或损害，这虽是过去的情形，但在多年之后另一方才来到此区域；
>
> (b) 另一方，明知上述既存条件，仍然为了经济利益通过积极的广告与营销将此地虚假陈述为宜居之地，且与既存的土地使用与条件相协调；……"⑯

斯珀地产以极大的篇幅详尽阐述了它的上诉状，但论据可以归结为一点，即韦布明知该区域此前主要是农业用地，还引诱他的买主迁入该区域。

关于法律上的支持，斯珀地产诉诸两个先例：麦克唐纳诉佩里案（MacDonald v. Perry）⑰ 与迪尔诉埃克塞尔·帕金公司案（Dill v. Excel Parking Co. ）。⑰ 麦克唐纳案中，亚利桑那州最高法院驳回了陪审团的裁决，被告维持着一个灌溉渠，引流凤凰城内一个化粪池中的污水。初审法院错误地指示陪审团：原告享有"绝对的权利"，在其土地使用收益过程中不受臭气的侵扰。斯珀地产对麦克唐纳案的解读是，"任何迁入农业地区者，都有义务接受此区域进行的农业经营以及在合理情形下可期待

---

⑯　Spur 在他最初的答辩状与反诉中要求赔偿，并在整个诉讼过程中都坚持该诉请。

⑯　Petition, Ex Parte, at 7 - 9（描述了诉讼进度）。

⑯　See, e. g., Petition, Ex Parte, at 2（"Webb 承认，WEBB 公司获得这里的大块农业用地支出了 3 百万美元，而如果仅计算土地增值，忽略住宅建设与销售成本，总售价超过 2 千万美元"）。

⑯　Opening Brief of Appellant and Cross-Appellee, at 20 - 21.

⑰　32 Ariz. 39, 255 P. 494 (1927).

⑰　183 Kan. 513, 331 P. 2d 539 (1958).

发生的情形"⑫。在迪尔案中，堪萨斯州最高法院驳回了针对一个饲牛场的永久禁制令，斯珀地产引用了其判决理由："原告选择生活在不受分区制法（zoning law）或限制性不动产契约条款（restrictive covenants）规制、且远离城市发展的地区。在此区域内，原告不应抱怨附近已经存在的合法农业经营，原告也不得一方面自己选择在农业地区建筑房屋，同时又抱怨该地区的农业经营导致其地产价值减损。"⑬

将上述两个先例适用于本案的争点，斯珀地产总结道，

> "在本案中，不可否认的证据是，韦布在进行商业投资的选址时，即明知该地区是农业地区。他明知该地区的玉米地绵延几英里，明知支柱产业饲牛业的存在，包括韦布的前手所有权人所拥有的农业用地即紧邻韦布选址进行城市开发的区域。

> 如果不是因为韦布通过欺骗与误导性的广告引诱数千人购买房屋，并在农业用地的海洋中创造出一个城区，斯珀地产本可以继续与其邻居长久和平共处。基于上文所引用的权威意见，韦布不得向衡平法院要求确认此地适于其赚取商业利润，而在他选址时该区域并非如此。"⑭

斯珀地产还使用了其他法律论证支持其观点，但通篇的关键论据即：韦布引发了争议，是他将城区引入了农地。

韦布从两个方面作出了回应。首先，韦布辩称，他对土地的使用方式与斯珀地产的使用方式同样正当，因为在斯珀地产开始经营之前，青年城已经在开发中。⑮此外，斯珀地产也扩张了经营规模，朝韦布地产的方向扩张。其次，韦布辩称，争点在于，斯珀地产的经营构成了公益妨害，而非在先使用。⑯公益妨害应当由造成妨害的一方消除。否则将赋予斯珀地产继续在此地块进行农业生产的"绝对权利"⑰。至于麦克唐纳案，韦布辩称，则不能适用于本案，因为它所处理的"并非整体处于变革中或已经发生改变的区域的情况"⑱。迪尔案也与本案不同，因为它涉及的是"地广人稀的农业地区"，而本案所涉区域住宅高度密集。⑲

初审法院选任了咨询陪审团（advisory jury）⑳，但后来由于至今仍

---

⑫　Opening Brief of Appellant and Cross-Appellee, at 29.

⑬　Quoted in Opening Brief of Appellant and Cross-Appellee, at 32.

⑭　Opening Brief of Appellant and Cross-Appellee, at 35 - 36.

⑮　See, e. g., Appellee's Answering Brief at 7（"比 Spur 在其现在拥有的地块上饲养牛群早大约 9 个月零 22 天"）.

⑯　See, e. g., Appellee's Answering Brief at 15（将争点"重新表述为""如果地产开发商出售存在公益妨害的区域内的房屋……"）.

⑰　See, e. g., Appellee's Answering Brief at 23.

⑱　Appellee's Answering Brief at 37.

⑲　Webb 在上诉审中一开始所关注的焦点，并没有受到法院的注意：Spur 的经营是否违反了 Maricopa County 的《分区条例》。双方当事人都涉及这一争议，所涉问题是，根据 Arizona 州法，Maricopa County 是否有权限制农业经营。

⑳　关于禁制令的诉讼，一般由法官审理，但法院可以选任咨询陪审团庭审，并向法院提供基于事实的咨询意见。

不明确的原因被合意解散，案件由法官继续审理。初审很激烈，质证进行了 13 天，还有一天用于口头辩论，期间还有数次中间上诉（interme-diate appeals）。1970 年 9 月，高级法院（Superior Court）法官肯尼思·查特温（Kenneth Chatwin）判定饲牛场构成妨害，并判令其于 1970 年 12 月 31 日关停。不过，鉴于斯珀地产提出的多项动议，查特温中止其命令直至 1971 年 2 月，并最终于 1971 年 2 月 19 日公布了最终命令，要求斯珀地产于 1971 年 2 月 28 日之前停止运营。斯珀地产当即向州最高法院申请执行中止，辩称他无法立即将超过 1 万头牛迁离，他会遭受巨大损失。[181] 州最高法院同意了他的申请，裁定暂时中止，并受理了上诉。[182] 在中间上诉过程中，斯珀地产最终同意关停饲牛场，暂缓争议。暂缓审理期间，"斯珀地产认为长期拖延成本极高，而最终的判决可能对自己不利，所以同意搬离，条件是韦布负担费用"[183]。但是韦布并不同意负担全部费用，所以上诉审继续进行。双方的意见与初审时相同。

1972 年，州最高法院公布的判决震惊了所有人。饲牛场无疑构成公益妨害，法院认为公益妨害与私益妨害的区别在于，后者与受影响的人数"范围"相关。[184] 如果妨害造成的损害"很轻微"，适宜的救济就是损害赔偿。青年城的居民，也受到臭气与苍蝇的影响，但比南部的太阳城居民所受影响程度轻微得多，因此"最多……有权要求损害赔偿而非禁制令"[185]。法院认为，同意下级法院关于太阳城居民有权要求禁制令的判决"没有困难"[186]。而且，案件事实也符合本州关于公益妨害的成文法，该法将公益妨害定义为，"在人口聚集区内，任何可能构成苍蝇、老鼠、蚊子或其他携带或传播致病源的害虫之繁殖地的地区或情形"[187]。因此，太阳城的居民有权要求斯珀地产停止经营。

但法院审理的当事方并非以太阳城的居民为原告，而是以韦布公司为原告。由于他正在失去南部的市场份额，所以他代表并将继续代表太阳城居民提起诉讼。但这又引发了另一个问题："德尔·韦布是否必须赔偿斯珀地产？"[188] 法院在分析该问题时首先指出，"然而，在保护公共利益之外，衡平法院也保护合法经营者免受其附近之他人有意的侵害，即使该营业有害"[189]。最终，法院引用了斯珀地产诉诸的先例堪萨斯州最高

[181]　Petition, Ex Parte, at 6.

[182]　Order, 2-24-71.

[183]　Silver Anniversary, supra note 15, at 221.

[184]　Spur, at 183, 705.

[185]　Spur, at 184, 706.

[186]　Spur, at 184, 706.

[187]　Ariz. Rev. Stat. § 36-601 (A) (1).

[188]　Spur, at 184, 706.

[189]　Spur, at 184, 706.

法院的迪尔案⑩,并总结道,如果依此先例,那么,斯珀地产将胜诉而韦布无法获得救济。法院指出,假如案情改变为斯珀地产在一个已经存在的城市的郊区修建饲牛场,之后该城市朝饲牛场方向扩张,那么斯珀地产就必须负担消除妨害的费用。⑪

但没有任何先例与本案案情完全相符。韦布并非此妨害结果的唯一受害者。斯珀地产也无法为"新城市""突然出现并繁荣发展"的意外事件负责。⑫ 斯珀地产必须搬离,不是因为它有过失,而是因为"法院对权利与公共利益的合法适当考量"⑬。韦布的禁制令申请获准,"不是因为韦布没有过失,而是因为被鼓动购买太阳城房屋的居民所遭受的损失"。法院推断道,那么,"要求开发商负责被迫搬离的费用就并非过苛的结果,因为开发商利用了郊区土地的廉价与面积优势"⑭。因此,法院认定,"斯珀地产带来的损害可以预见,韦布将人们吸引至此处居住,他必须向斯珀地产赔偿搬离与关停的合理费用"⑮。法院将此判决意见限于"此类案件,即开发商可预见妨害的存在,仍然将人口吸引到之前的农业或工业区域,导致必须向合法的经营者颁布禁制令,导致后者无从请求救济"⑯。之后法院指令下级法院确定赔偿数额。

在州最高法院判令韦布支付费用的当月,牛群搬离。⑰ 最后由下级法院决定搬离的费用数额。"1974 年,斯珀地产与韦布公司在庭外达成合意,案件终结。和解确定的补偿数额无从得知,但显然,美元战胜了'臭味'。"⑱ 但在居民向斯珀地产提起诉讼的案件审理中,斯珀地产与韦布继续争论韦布对斯珀地产的赔偿责任。⑲

因此,确定法律权利,似乎也使斯珀地产与德尔·韦布一开始无从达成的协议成为可能(法院经常可以发挥这样的作用,关于法律或争议的初步判决通常即足以促成和解)。潜在的买受人与出卖人在市场上相遇,买卖的条件受到其他出卖人与买受人的影响。如果一位土地所有权人试图以高价出卖其地块,那么其他土地所有权人的出价将抢走他的生意。在很多出卖人与很多买受人的相互作用中,土地的市场价得以确立。而本案的问题在于,只有一个买受人韦布,和一个出卖人斯珀地产。如

⑩ Dill v. Excel Parking Company, 183 Kan. 513, 331 P. 2d 539 (Kan. 1958).

⑪ Spur, at 185, 707.

⑫ Spur, at 185, 707.

⑬ Spur, at 186, 708.

⑭ Spur, at 186, 708.

⑮ Spur, at 186, 708.

⑯ Spur, at 186, 708.

⑰ Silver Anniversary, supra note 15, at 222.

⑱ Silver Anniversary, supra note 15, at 222. 牛群粪便引出了很多作家的邪恶面,并产生了很多像这个词一样可怕的双关语。

⑲ Spur Feeding Co v. Superior Court of Maricopa County, Arizona, 109 Az. 105, 505 P. 2d 1377 (1973).

果没有市场竞争，那么他们关于韦布应当支付多少价款使斯珀地产搬离才可以使韦布的土地增值的分歧无法解决。回顾案情，显然斯珀地产愿意出卖，而韦布愿意购买，但争议中的权利并没有市场价，因为权利状态模糊不明。一旦法院澄清了这一点，交易即成为可能。

■ 七、余　波

到底谁赢谁输？在亚利桑那州，斯珀案被视为饲牛业的胜利，一位评论人士指出："德尔·E·韦布诉斯珀产业公司的判决，看来大大增加了本州饲牛业在未来的稳定性。"这个判例意味着，该研究总结道："建筑与开发公司将来必须更慎重地规划投资。因为房地产开发公司现在必须为工业或农业被迫重新选址负担费用，该责任将限制饲牛业地区将来的房产开发项目。"[200] 但实际上，该判例并没有改变土地用途。饲牛场不断从凤凰城迁出："1963 年，该区域有 14 至 16 家容量超过 3 500 头的饲牛场。由于迁址的影响，1971 年凤凰城地区的饲牛场仅剩 8 家。"[201] 西南部皮纳尔镇宽松的分区制规制吸引了一些饲牛场，其他则迁至印第安保留地，因为印第安保留地"没有分区制限制规章，吸引了相当数量的公司"[202]。

有些评论人士批评妨害防止法，担心妨害防止法可能会僵化土地使用模式，妨碍更有效益（即价值）的使用方式。斯珀案说明，基于"逻辑上的必然"，普通法法院有能力找到避免妨害防止法造成短路（short-circuiting）改变的方式。就根本而言，斯珀案是一个关于改变速率的案件。韦布建造太阳城的创新——回顾起来似乎符合逻辑——导致了迅速的人口结构变化，并使斯珀地产负担了极大的成本。斯珀案的判决通过过渡成本的分配，平衡了亚利桑那州从过去向未来的转变。过去不能妨碍未来，但未来必须为它的方式买单。

斯珀案之后的故事，也说明了法院如何在普通法的框架下处理社会变革问题。如果通过检讨法院的书面意见分析斯珀案对妨害防止法的重要性，那么答案是，斯珀案并没有多少直接的影响。之后只有一个亚利桑那州案件以斯珀案为依据解释妨害防止法，虽然有几个判例顺带引用了此案。在军械库园区社区委员会诉圣公会社区服务站案（Armory Park Neighborhood Association v. Episcopal Community Services）[203]，法

---

⑳⓪　Menzie，et al，supra note 57，at 39.

⑳①　Menzie，et al，supra note 57，at 37.

⑳②　Menzie，et al，supra note 57，at 37.

⑳③　148 Arz. 1，712 P. 2d 914 (1985).

院将斯珀案总结为下述权威观点：合法的经营可能构成公益妨害，一项活动可能同时构成公益妨害与私益妨害。因此，教堂在居民区内设立的流浪汉救助站应当关闭。在盐河流域水用户协会诉吉廖岛案（Salt River Valley Water User'Association v. Giglio)[284]，法院驳回了与斯珀案类似的诉请，仅仅以斯珀案的判决理由"在很大程度上限于特定案件事实，无法适用于本案"作为论据。在上诉审法院，斯珀案的命运也没有不同，法院一般性地反对适用此案的判决理由，理由是，它的适用仅限于范围极小的特定案件事实。[285]亚利桑那州之外，只有一个被报道的判决认真分析了斯珀案在理论上的发展，是一个俄亥俄州民事诉讼法院的判决，认为斯珀案不能适用于在审案件，因为亚利桑那州有大片空地。[286]尽管亚利桑那州（与其他州）都将斯珀案的创新谨慎地限于狭窄的范围内，但确定财产权利，被证明对于开发商与饲牛场协商冲突解决方案至关重要。关于法律判决是否重要，最合适的判断并非被之后的判决引用的频率。通过确定法律权利，当事方明晰了各自的法律地位，从而不必诉诸公共架构的干预，即可安排自己的事务。亚利桑那州以及其他州对斯珀案极低的引用频次，也许恰恰反映了它的成功，它成功地使私人安排成为可能。

八、结　语

　　本文伊始即提出了两个问题：亚利桑那州最高法院的普通法推理方式与卡拉布莱斯、梅拉莫德同时期创设相同规则的论文有何不同？以及，法院在斯珀案中对饲牛场与房地产开发冲突的处理有多么精妙？

　　卡拉布莱斯与梅拉莫德1972年的论文中指出，斯珀规则[287]并非"学者研究妨害防止法时会读到的案件"，但仍然"可能是最经常被使用的规则"[288]。不过，他们使用的样本案件，是为了解决环境问题，开发商的房产开发受到限制时，开发商应当得到赔偿。他们论证道，如果没有斯珀规则，"传统学理"将可能导致对妨害损害的奖赏，因为"我们所能想到的检验污染价值的唯一方法，是我们所以为的唯一——项责任规则……至少这很可能是考虑经济效益的法院的态度，它们认为自己只能"判决支

---

　　[284]　13 Arz. 190，549 P. 2d 162 (1985).

　　[285]　See，Brenteson Wholesale，Inc. v. Arizona Public Service Company，166 Ariz. 519，803 P. 2d 930 (App. 1990)；Salt River Project Agricultural Improvement and Power District v. The City of Scottsdale，24 Ariz. App. 254，537 P. 2d 982 (Ariz. Ct. App. 1975).

　　[286]　Prijatel v. Sifco Industries，Inc.，47 Ohio Misc. 31，353 N. E. 2d 923 (Ohio C. P. 1974).

　　[287]　因为他们写文章的时间几乎与 Spur 案是同一时期，所以他们并未称其为"Spur 规则"，而是"第四规则"。

　　[288]　Calabresi and Melamed，supra note 7，at 1117.

持禁制令、妨害损害赔偿或不赔偿。[209] 在妨害防止案件中使用斯珀规则，使法院在传统救济方式之外，多了一项最大化效益或实现可欲分配目标的选择。[210]

亚利桑那州最高法院似乎并未追求效益最大化或可欲的分配目标。至少，即使它有上述追求，也没有体现在其判决意见中。它所做的，是解决了一个非常特别的问题：在太阳城的发展要求斯珀地产搬离的条件下，如何评估斯珀地产之财产权的价值。该法院创造了一项财产权分配模式，使斯珀地产与韦布可以据此协商搬离费用的分担，也使之后的开发商与饲牛场主可以充分预测其权利分配模式，亚利桑那州之后再未出现关于饲牛场与开发商之冲突的诉讼。普通法也许不像法律评论文章那样具有优雅的理论性，但同样解决了问题。一旦财产权分配模式确定，当事方即可据此协商解决方案——科斯定理的完美例证。[211]

该法院对新型饲牛场与太阳城所代表的新型城市之争议所导致的社会冲突的处理有多么精巧？在大多数方面它都做得非常好。饲牛场的位置所引发的问题（苍蝇与臭气）得以解决，造成土地使用冲突的开发商承担了费用，对每个人而言，规则都得以清晰阐释，之后不会再发生此类争议。立法机关或规制机构会如何处理此类问题？没有任何一种方案可以直接强制韦布负担费用，使斯珀地产搬离；更有可能的结果是，制订运营标准减少斯珀地产对周边居民的侵扰，或限制韦布在斯珀地产附近进行开发。鉴于太阳城庞大的选民数量，韦布的经济影响力，以及凤凰城地区宪章政府委员会控制下"商业友好的"政府倾向，在政治竞技中斯珀地产能否获得公平交易的机会？即使它可以获得公平交易的机会，斯珀地产与韦布双方所从事的经营之革新性，也使得立法机关或规制者不太可能深入参与，并消除未来发生冲突的可能。本案说明，妨害防止法在处理快速变革的土地使用模式时，可以发挥合理的作用，包括不久之前发生的意外变革，即使欠缺规制性的解决方案。

[209] Calabresi and Melamed, supra note 7，at 1120.
[210] Calabresi and Melamed, supra note 7，at 1121.
[211] 请参见本书第一篇论文中对科斯定理深入的质疑性探讨。

第14章

尼伯恩希特业主协会诉移民产业储蓄银行案（Neponsit Property Owner's Association v. Emigrant Industrial Savings Bank）

斯图尔特·E·斯特尔克（Stewart E. Sterk）*

＊ 本杰明·N·卡多佐法学院 Mack 教席教授。感谢 Elliot Granden 所做的协助性研究工作。

世纪之交的纽约。洛克威半岛（Rockaway peninsula）正对大西洋。纽约最受欢迎的夏日度假地康尼岛（Coney Island），海滩与各类消遣应有尽有。[1] 这里曾经只是超级富豪的独享度假地，但随着20世纪七八十年代铁路建设的发展，变得更为大众化。[2] 在酒店与旅馆之外，最近也出现了夏日别墅与平层别墅。

不过，大片土地仍待开发，被棚户区居民所占据。这片土地面临着产权纠纷。1872年，联邦政府在此开启了一所救生站（life saving station）。[3] 五年之后，纽约州立法机关通过一项法案，放弃产权于尼伯恩希特地产公司的前手权利人。[4] 1910年，该地块评估价为1.2千万美元，但是联邦政府对土地的占用引发了产权阴云，使实质性的开发无法进行。[5] 联邦政府确实曾承诺将此地块分配给纽约市，后者计划将其作为一个大型海洋公园的建设用地。为了便于将地块让与纽约市，联邦政府提出诉讼以解决产权争议，但产权调查公司的调查结果却导致对联邦政府之诉请的严重质疑。[6] 其结果是，联邦政府提出和解。联邦政府返还了15英亩海滩土地，并放弃了对其余地块的请求。[7] 支持和解的联邦法官查明，在法律上，联邦政府从未获得系争地块的产权。[8] 尼伯恩希特地产公司——受纽约地区最大的地产公司之一不动产联合公司（Realty Associates）支配[9]——终于可以自由开发该地块。

与原本的规划相悖，尼伯恩希特地产公司萌生了新的想法：为何不修建一个高端社区，附海滩权的四季之家？每栋住宅都独一无二，相同的房屋设计不会重复四次以上。[10] 这些住宅都会使用亮色，以符合度假氛围，但建筑材料一定坚固持久。[11] 住宅使用瓦顶，以预防火灾的蔓延[12]，同时包含防海岸空气侵蚀的设计。[13] 道路沿线都是公园。[14] 为了建成高级社区，1911年1月，该地产公司绘制出一幅地图，将地块分为34

---

[1]　Rhoda Amon, The Rockaways, A Paradise for Everyman, at http：//www.lihistory.com/spectown/hist0012.htm.

[2]　Peter Reinharz, "Rockaway Riviera"? *City Journal*, Summer 1999 (volume 9, number 3).

[3]　U.S. Loses Its Fight, Rockaway Wave, August 13, 1910.

[4]　Id.

[5]　Id.

[6]　U.S. Secures land Valued at ＄100,000 and Withdraws its Court Action, New York World, August 11, 1910.

[7]　U.S. Loses Its Fight, Rockaway Wave, August 13, 1910.

[8]　Id.

[9]　A ＄1,500,000 Improvement, Rockaway Wave, September 13, 1910.

[10]　Vincent Seyfried and William Asadorian, Old Rockaway, New York (Dover Publications, 2000) at 93.

[11]　Id.

[12]　Id.

[13]　http：//www.thequeensscene.org/Rockaway.html.

[14]　Id.

个街区，包含 1 600 个被道路网分割的住宅地块。[15] 开发项目的名称——尼伯恩希特——要么就是取自印第安语中的"水中空间"，要么就是当地一名印第安酋长的名字。[16] 剩余的大片海滩地块被命名为"海洋公园"[17]。尼伯恩希特的规划是使住宅地块的买受人取得私人海滩的独占使用权。

但这一新的开发项目使尼伯恩希特地产公司必须面临一些现实的法律问题。首先，地产公司如何可以确保住宅所有权人获得对海滩的独占使用权？这个问题很容易解决，公司保留对海滩的所有权，并为每个住宅所有权人设立独立的海滩使用地役权。

但确保对海滩、道路及其他公共区域的充分维护，则带来了更复杂的法律问题。因为尼伯恩希特地产公司希望为新社区的居民保留独占的海滩使用权，不愿将海滩或道路让与纽约市。但该公司也不愿以自己的费用长期负担维护义务。如果将维护问题留给居民志愿解决，将会造成众所周知的搭便车问题：因为每个居民都可以从任何其他居民的改进或维护行为中获益，因此每个居民都有动机等候其邻人做此工作——这将会同时导致维护不足，以及维护负担分配不公问题。尼伯恩希特地产公司知道，在其他开发项目中，该问题导致公共区域遭忽视或破坏。[18]

尼伯恩希特地产公司的目标是，使每个居民都负担维护义务。但是，一般意义上的契约无法创制此类义务。只有住宅的最初买受者才是开发商的契约相对人。所以，即使尼伯恩希特地产公司可以与所有的住宅买受人达成契约合意，使其负担维护义务，在原始买受人去世或出卖房屋以后，它就没有理由再强制其权利后手履行该义务。

尼伯恩希特地产公司最后选择了另一种方式，在每个地产契据（deed）中都增加了下述条款：

> "乙方（买受方）保证自己及继承人、权利继受人与受让人负担随此契据转让的地产之上由甲方（尼伯恩希特地产公司）确定数额的年费，但是，其继受人与受让人所负担的数额不超过每 20×100 英尺每年 4 美元（＄4.00）。"[19]

尼伯恩希特地产公司希望通过上述"随土地流转"的不动产契约条

<hr/>

[15] Matter of City of New York (Public Beach)，269 N. Y. 64，68，199 N. E. 5，6 (1935).

[16] Seyfried and Asadorian，supra note 10，at 93. 但是，当地历史学家并未发现任何以 Neponsit 为名的首领，且直到此开发项目之后，此地才以 Neponsit 之名为人所知（Letter from Davis Erhardt，Head of Long Island Division，Queens Borough Public Library，dated July 6，1971，引用了之前的 Queens Borough 历史学家 Herbert F. Richard 的观点，on file at Queensborough Public Library）。

[17] Id.

[18] A ＄1，500，000 Improvement，Rockaway Wave，September 13，1910.

[19] Neponsit Property Owner's Association v. Emigrant Industrial Savings Bank，278 N. Y. 248，253 - 54，15 N. E. 2d 793，794 (1938).

款（coventants），不仅约束原始买受人，也约束其继受人与受让人，从而为自己创设一项财产权，而非仅具相对性的契约权利。

几乎同时，全美范围内相当数量的著名高端社区开发商也采取了类似策略。罗兰公园（Roland Park）与马里兰（Maryland）属于最早将住宅所有权人分摊费用（assessments）的约束性条款写入契据的社区。[20] 1910 年，J. C. 尼克尔斯（J. C. Nichols），宣传业主协会观念的领军人物，开始在堪萨斯市（Kansas City）开发被后来者争相效仿的乡村俱乐部社区（Country Club District）。[21] 旧金山的圣弗朗西斯科森林社区（St. Francis Wood）、长岛（Long Island）的肯辛顿社区（Kensington）、纽约皇后区的（New York's Queens County）森林山脉公园社区（Forest Hills Gardens）都是早期使用契据条款使住宅所有权人负担维护费用的社区。[22] 在这些社区中，费用分摊只是广泛使用的限制性契据的部分内容——其他限制还包括将土地用途限于居住、课予建筑限制等——以确保社区可以长久保持吸引力。

尽管如此，在尼伯恩希特地产公司启动开发项目时，私人间的费用分摊协议之法律地位尚不明晰。英国普通法法院承认不动产契约条款"随土地流转"，但仅限于特定情形：当"地产利害关系（privity of estate）"存在于缔约人之间，且契约"指向或关涉（toucher or concerned）"土地。[23] 根据英国法，仅当契约双方为出租人与承租人时才存在"地产利害关系"[24]。不过在塔尔克诉莫克塞案（Tulk v. Moxhay）[25]，英国衡平法院判定，当土地所有权人请求强制执行衡平法上的限制性不动产契约条款时，不以地产利害关系的存在为要——只要负义务的土地所有权人在取得土地时知悉限制的存在。纽约上诉法院在哥伦比亚学院理事会诉林奇案（Trustees of Columbia College v. Lynch）[26] 采纳了塔尔克先例，判决哥伦比亚学院可以要求强制执行限制相邻地块用于商业目的的契据条款。法院写道：

> "无论是谁，只要购买了前手所有权人课予地役权或其他可能

---

[20] See Wehr v. Roland Park Co., 143 Md. 384, 388, 122 A. 363, 365 (1923)（描述了 Roland Park Co. 1898 契据中加入的维护费用条款）；Roland Park Civic League, http：//archives. ubalt. edu/rpcl/intro. htm（讨论了 Roland Park 开发项目的缘起）；Oak Park Homes Association, http：//207. 228. 227. 194/opha/associat. htm（认为业主协会的开创者是 1891 年的 Roland Park 开发项目）。

[21] See Evan McKenzie, *Privatopia* (Yale University Press 1994) at 38 - 43.

[22] See Roland Park Civic League，http：//archives. ubalt. edu/rpcl/intro. htm（讨论了 Roland Park 开发项目的缘起）；Oak Park Homes Association, http：//207. 228. 227. 194/opha/associat. htm（认为业主协会的开创者是 1891 年的 Roland Park 开发项目）。

[23] 这些理论规则产生于 Spencer 案，77 Eng. Rep. 72 (1583)。

[24] Keppell v. Bailey, 39 Eng. Rep. 1042 (1834).

[25] 41 Eng. Rep. 1143 (1848).

[26] 70 N. Y. 440 (1877).

对买受人不利的费用负担之土地，在其知情的前提下，所获得的产权即负担这些地役权、附属义务与费用，而无论产生方式如何。"[27]

不过，这并不意味着纽约法院会一般性地支持不动产契约条款。例如，1909年，尼伯恩希特社区开发前几年，上诉法院驳回了因邻居以自己的费用修建界墙而要求土地所有权人向邻居支付500美元的契据条款。[28]上诉法院从未援引哥伦比亚学院理事会诉林奇案，并总结称，原始协议——虽然存在明确要求拘束"受让人"的文句——并未在契约方之间创设地产利害关系。[29]因而，不动产契约条款对继受人没有约束力。关于法学理论的阐述已经足够了（至少目前如此）。足以说明，当尼伯恩希特地产公司在单个地块的契据中插入不动产契约条款时，这些不动产契约条款的法律地位尚不明晰。当然，不动产契约条款对地块的原始买受人有约束力，甚至权利后手也会认为支付费用份额是可承受的，如果以较小的花费即可避免明显的产权阴影（请注意，费用份额只有每20英尺每年4美元。）

在尼伯恩希特社区的开发与营销过程中，确保海滩与道路具有吸引力并得到良好的维护，对尼伯恩希特地产公司而言有其经济利益。但显然，永久维护道路与海滩对于尼伯恩希特地产公司而言并无利益。因此，尼伯恩希特地产公司在每个地产契据中都规定，收取年费的权利可以让与"以后可能组织成立的业主协会。如果成立了业主协会，那么本条款规定的费用数额应当向该协会支付"[30]。此外，该地产公司规定了契据条款的终期——1940年1月31日——以限制土地所有权人可能因契据条款负担的经济责任总额。[31]

一、业主协会的成立与海滩的征收（condemnation）

正如契据条款所预计的，尼伯恩希特地产公司确实组织成立了业主协会——尼伯恩希特地产业主协会。业主协会的注册证书（certificate of incorporation）中载明了其目标。这些目标中首要的是，"维护洛克威海岸的尼伯恩希特社区……使其保持高度私密、妥善维护的郊区住宅社区

---

⑦ Id. at 450.

⑧ Crawford v. Krollpfeiffer, 195 N. Y. 185, 88 N. E. 29 (1909).

⑨ Id.

⑩ Neponsit Property Owner's Association v. Emigrant Industrial Savings Bank, 278 N. Y. 248, 253, 15 N. E. 2d 793, 794 (1938).

㉛ Id. at 253, 15 N. E. 2d 793, 795.

属性"[32]。此外，业主协会的目的还在于，"取得并支配可能被契据或其他方式授予的上述财产的权利份额，包括海岸，并使用这些财产……以最有利于尼伯恩希特业主利益的方式"[33]。业主协会章程授予"所有登记在册的尼伯恩希特地产的业主"会员身份。[34]

1920年1月13日，尼伯恩希特地产公司将海岸土地——海洋公园——之上的权利让与业主协会，其上负担了为所有尼伯恩希特业主利益而设定的地役权，业主有"使用海滩进行游泳以及其他休闲活动的权利，但不得基于商业目的进行使用"[35]。尼伯恩希特地产公司所预想的基本成功实现。实际上，1919年8月16日，尼伯恩希特社区的地块已全部售罄。[36]

再来看看纽约的情形。为了扩张皇后区的公共海滩，该市启动了一项意在取得海滩公园的征收程序。然而，该市试图仅支付象征性的补偿即取得这片海滩。该市辩称，鉴于业主协会作为该土地的所有权人，并没有遭受地产权益损失，因为这片海滩"受到地役权的严重限制，以至于所有权人无法进行任何收益性使用"[37]。上述理由说服了纽约中间上诉法院（New York's intermediate appellate court），该法院仅判给该海滩土地的"未知所有权人"6美分！[38]

业主协会向上诉法院提起上诉。州高等法院（the state's high court）驳回了中间上诉法院的裁决，未采信纽约市的理由，并认定业主协会实质代表的是地役权人。因而，法院认为："征收土地为业主协会造成的损害，即该业主协会为登记在册的会员之利益使用土地所获的价值。"[39] 最终，该市不得不补偿业主协会88 162.80美元。[40]

尼伯恩希特案进展过程中，上述征收产生了重大影响。首先，在纽约市征收海洋公园时，业主协会无能为力。纽约市已经承担了该社区的街道维护。当纽约市承担了海岸的维护义务之后，有些居民开始质疑，业主协会如何使用其收取的维护费用。[41]

---

[32]　Matter of City of New York (Public Beach), 269 N. Y. 64, 72, 199 N. E. 5, 8 (1935).

[33]　Id.

[34]　Id.

[35]　Id. at 67 - 68, 199 N. E. at 5.

[36]　Seyfried and Asadorian, supra note 10, at 94.

[37]　Id. at 67 - 68, 199 N. E. at 7.

[38]　Id. at 67 - 68, 199 N. E. at 5.

[39]　Id. at 67 - 68, 199 N. E. at 9.

[40]　Matter of City of New York (Public Beach), 288 App. Div. 455, 17 N. Y. S. 2d 2 (1940).

[41]　See, e. g. Appellant's Brief to the Court of Appeals, Neponsit Property Owner's Association v. Emigrant Industrial Savings Bank (278 N. Y. 248, 15 N. E. 2d 793) at 13: "受让人，Neponsit Property Owner's Association，只是个别 Neponsit 的业主向 Neponsit Beach 的所有业主收取费用的阴谋。尽管名义上是会员组织，但实际上这些人为自己支付工资，而街道、道路、公园、海岸与污水等维护与处理工作，却由 New York City Department of Sanitation and the Park Department 承担。"

其次，征收补偿费用进了业主协会的保险箱，从而引发了这些资金应当如何分配的问题。业主协会的处境始料未及：不是从会员处收取费用，而是必须向会员支付征收补偿份额。这同样导致了不确定性：从未支付维护费用的会员是否同样有权获得征收补偿份额？[42]

最后，征收海岸土地权利，剥夺了业主协会的所有权，产生了（下文将述及）执行契据条款的理论障碍。

二、诉讼进程

尼伯恩希特案的起因，是 1917 年 6 月 25 日尼伯恩希特地产公司向罗伯特·奥尔德嫩·戴伊尔与夏洛特·英格拉姆·戴伊尔夫妇（Robert Oldner Deyer and Charlotte Ingram Deyer）转让 5 个 20×100 英尺地块的契据。[43] 契据中包括的不动产契约条款要求支付年费，可向受让人业主协会支付，支付日期为每年 5 月的第一天，年费收取权附带"对土地的留置权（lien），且在全额支付之前留置权持续存在"。[44] 直至 1920 年，戴伊尔夫妇每年都按时向尼伯恩希特地产公司支付年费。但同年——1920 年——尼伯恩希特地产公司将其权利让与业主协会，戴伊尔夫妇停止支付年费。[45] 不过，业主协会没有采取任何催收措施。

1935 年 2 月，在戴伊尔地块的抵押物变卖中，移民产业储蓄银行获得系争地块的所有权。[46] 调查契据（referee's deed）——与银行权利链中所有其他介入契据（intervening deed）相同——列举道，它受此前登记的契据之不动产契约条款与限制性条款的约束。但是，尽管受到业主协会的请求，移民银行并没有支付当期或往期的年费。[47] 之后，1937 年 7 月，业主协会提起诉讼，请求判决确认它对系争地产享有 340 美元并附利息的年费收取权（17 年的年费总额），并判令变卖系争地产，以价款实现业主协会的留置权。[48]

---

[42] See Matter of City of New York (Public Beach)，258 App. Div. 455，458 N. Y. S. 2d 2，4（1940）（初审法院判令 the Association 在分配征收补偿之前，扣留应向自己支付的维护费用，得到上诉法院的支持）。

[43] Neponsit Property Owner's Association v. Emigrant Industrial Savings Bank，278 N. Y. 248，253，15 N. E. 2d 793，794（1938）.

[44] Id.

[45] Respondent's Brief to the Court of Appeals, Neponsit Property Owner's Association v. Emigrant Industrial Savings Bank（278 N. Y. 248，15 N. E. 2d 793）[以下简称 Respondent's Brief]，at 5。

[46] Complaint，Neponsit Property Owner's Association v. Emigrant Industrial Savings Bank,（Point "Sixth"）.

[47] Id.（Point "Eighth"）.

[48] Id.（Complaint Verified July 8，1937）.

移民银行的答辩状列出了一系列抗辩。第一，移民银行辩称业主协会于 1920—1937 年间未提供任何维护服务。[49] 第二，移民银行辩称至少从 1926 年起，业主协会即不再是任何尼伯恩希特社区道路、公园、海滩与排水管道的所有权人。[50] 第三，移民银行辩称，纽约市拥有系争公共区域，并以维护该公共区域的目的征税且负担维护义务。[51] 第四，业主协会 17 年后才行使留置权，已经构成了失权（waiver）与弃权（abandonment）。[52] 第五，移民银行还请求废止不动产契约条款，因为该社区的条件已经发生变化[53]，并辩称，不动产契约条款违反公共政策，因为业主协会并没有从市政获得维护公共区域的授权。[54] 第六，《反欺诈法》也不支持此不动产契约条款的执行，因为移民银行与其权利前手都不曾签署创设该不动产契约条款的契据（一般而言仅出卖人而非买受人签署契据）。[55] 因此，移民银行请求法院判决驳回诉请。

1937 年，案情发生了反转。在移民银行的答辩状被宣誓证实后，《纽约法律期刊（New York Law Journal）》报道了移民银行请求驳回诉请的动议被驳回。[56] 移民银行的动议被驳回并不奇怪；就在 6 个月之前，上诉分庭在业主协会起诉迟延所有权人的案件中，作出了不利于所有权人的判决。[57] 本案判决也不应该令人感到惊奇，因为上诉分庭遵从了自己的判例（尽管以当代标准考量，上诉分庭在受理上诉之后不到五个月即作出判决，着实使人震惊！）。[58]

■ 三、尼伯恩希特案的终审

移民银行就上诉分庭对初审法院的维持判决，向纽约上诉法院，即纽约州最高审判机构提起上诉。纽约上诉法院也依据第一印象确定争点：该法院并未处理业主协会要求土地所有权人分摊费用的权限问题。

---

[49] Answer，Neponsit Property Owner's Association v. Emigrant Industrial Savings Bank，(Point "Fourth").

[50] Id. (Point "Fifth").

[51] Id. (Point "Eighth").

[52] Id. (Point "Tenth").

[53] Id. (Point "Seventeenth").

[54] Id. (Point "Twenty-Second").

[55] Id. (Point "Twenty-Third").

[56] *New York Law Journal*，August 26，1937.

[57] Neponsit Property Owner's Association v. Mayer，250 App. Div. 738，294 N. Y. S. 735 (1937).

[58] Neponsit Property Owner's Association v. Emigrant Industrial Savings Bank，252 App. Div. 876，300 N. Y. Supp. 1341 (1937).

（一）移民银行诉讼摘要

在寻求业主支付分摊费用的过程中，业主协会获得了来自意外来源的帮助：移民产业储蓄银行的律师。移民银行的上诉摘要在 8 页短纸的篇幅内讨论了法律问题。[59] 其中大多数内容是对之前主张断章取义的引用。[60] 摘要中只提出了一个值得关注的论点，但并不足以支持移民银行的主张。

移民银行提出的值得关注的论点是，由于业主协会并非为了不动产契约条款所确定之目的而所有土地，因而没有理由要求业主履行。[61] 移民银行认为这属于"地产利害关系"问题。而当代的很多财产法教师会将其归列为其他问题：如果不动产契约条款的权益被"总体"支配，那么限制性不动产契约条款对于利益继受人是否具有约束力？[62] 当然，业主协会确实从前所有权人尼伯恩希特地产公司处继受了土地权益；尤其是，业主协会继受了海岸土地的地产权益。是纽约市的征收程序，而非尼伯恩希特地产公司或该业主协会自己提起的诉讼，剥夺了业主协会的地产权益。

为什么有规则将不动产契约条款的效力限于地产权利人之间？移民银行的摘要中完全未提及该规则。然而，一般而言，限制非土地所有权人提出不动产契约条款的履行请求，确有其理由。随着时间的经过，不动产契约的一方或双方当事人可能会认为契约有必要修改或废止。如果权利方与义务方是相邻的所有权人，那么无论何时需要调整契约内容，他们都可以找到对方重新磋商。与之相对，如果不动产契约的原始权利方可以将其权益移转于对土地不享有所有权的实体，那么随着时间的推移就有可能很难确定该实体的所在。该实体甚至有可能完全停止运营。那么，就很难就不动产契约进行修改或废止的磋商。[63] 即使作为义务方的土地所有权人知道不动产契约条款无法执行，它仍然可能构成产权阴影，从而可能消解潜在买受人对附负担土地的兴趣。

但上述将不动产契约效力限于地产权益享有人之间的理由，在尼伯恩希特案中并无说服力。首先，业主协会的成员仅限于该社区的土地所有权人。因而，业主协会与附负担土地所有权人失联的风险并不存在；

---

⑤⑨　Appellant's Brief at 6 - 13.

⑥⓪　Id.

⑥①　Id. at 6 - 11.

⑥②　See, e. g. Joseph William Singer, Introduction to Property 250 - 51（2001）；Roger A. Cunningham, William B. Stoebuck, and Dale A. Whitman, The Law of Property 494（2000）.

⑥③　See Susan F. French, "Servitudes Reform and the New Restatement of Property: Creation Doctrines and Structural Simplification", 73 *Cornell L. Rev.* 928，945 - 46（1988）.

土地所有权人团体既业主协会。业主协会在其摘要中反复强调了这一点，一开始即以"毫无疑问"已经支付了分摊费用的业主有权要求移民银行履行不动产契约条款义务为其假定前提。[64] 之后，业主协会指出，该诉讼的提起，系"应尼伯恩希特业主的要求，他们中的任何人均有权以自己的名义为相同请求"[65]。

其次，尼伯恩希特案所涉分摊费用的不动产契约条款有时间限制。依其条款，不动产契约将于 1940 年届满。因而，它成为过时的障碍的风险即大为降低；尼伯恩希特案判决之后两年之内，土地所有权人即不再受分摊费用义务的约束。

（二）业主协会诉讼摘要

另外两项执行不动产契约的潜在障碍并非由移民银行提出，而是体现在业主协会律师的摘要中。也许是担心纽约上诉法院可能自己提出这些争点，业主协会的律师首先提出可能对己方委托人不利的理论，再阐述为何这些理论并不能妨碍不动产契约条款的执行。尤其是，业主协会的诉讼摘要中提到了"指向并关涉"规则[66]——该术语并未出现在移民银行的诉讼摘要中。此外，业主协会承认纽约法院拒绝强制执行"积极性或肯定性不动产契约条款"[67]。

1. 指向并关涉

英国 1583 年判决的斯潘塞（Spencer）案[68]，首创了执行不动产契约条款的指向并关涉要求。在斯潘塞案中，承租人为自己及遗嘱执行人设立了一项不动产契约条款，规定承租人、其遗嘱执行人、财产管理人或受让人，应当在承租土地上修建一堵砖墙。在斯潘塞案当时，针对受让人执行邻人之间创设的不动产契约条款是不可想象的；当时主流的地产利害关系概念仅在不动产契约的原始创设人为出租人与承租人时，才允许针对继受人的执行。但斯潘塞案审理法院认为，仅地产利害关系还不足以允许针对契约当事人的权益继受人执行不动产契约条款。而只有在不动产契约条款指向或关涉土地时，才能针对权利后手执行。

19 世纪中叶，纽约法院适用指向并关涉原则，以允许租赁权受让人避免他们前手所负担的承租义务。多尔夫诉怀特案（Dolph v. White）[69]

64　　Respondent's Brief at 10.

65　　Id. at 10 - 11.

66　　Id. at 6.

67　　Id.

68　　77 Eng. Rep. 72 (1583).

69　　12 N. Y. 296 (1855).

展示了该原则的适用。杰里迈亚·怀特（Jeremiah White）与斯蒂文森（Stevenson）向吉尔伯特（Gilbert）签发了一张100美元的本票。当时，怀特拥有一个锯木厂。随后，怀特将其锯木厂租赁于斯蒂文森与他人。该租约的部分对价是，斯蒂文森同意支付他与怀特之前签发的本票金额。斯蒂文森嗣后将其租赁权让与萨缪尔·怀特（Samuel White）。但该本票未获支付，吉尔伯特的受让人多尔夫针对萨缪尔·怀特提起诉讼，要求后者支付本票金额。纽约上诉法院认定，萨缪尔·怀特并不负担不动产契约所规定的义务，法院区分了支付本票（法院认为具有"从属性"）的契约条款与支付租金的不动产契约条款，后者随土地流转。而支付本票的契约并未指向或关涉土地，所以萨缪尔·怀特仅在他本人承诺支付本票时才负担此义务；前手承租人的对人性契约履行义务并不随租赁权的让与而流转。

纽约上诉法院于1855年审结多尔夫诉怀特案。在随后的83年中，法院从未诉诸——甚至从未提及——指向并关涉原则。法院从未在出租人—承租人关系之外的任何领域将该原则适用于不动产契约条款。但有几个上诉分庭的判例讨论了该原则[70]，在其中一个判例中——劳伦斯·帕克地产诉克莱顿案（Lawrence Park Realty v. Crichton）[71]——第二分庭认定，支付适当份额的维持费用之不动产契约条款指向并关涉土地。业主协会的律师一定认为在摘要中提出该原则并不会对己方不利，并辩称分摊费用的不动产契约条款符合该原则的要求。

2. 禁止肯定性不动产契约条款的执行

尽管在尼伯恩希特案发生前的几十年内，纽约法院的裁判文书中几乎不曾出现"指向并关涉"，但这些法院却经常讨论并有时适用另一项限制不动产契约"随土地流转"的原则：肯定性不动产契约条款不能约束权益继受人。[72] 首要的，即1913年判决的米勒诉克利里案（Miller v. Clary）。[73] 菲尼克斯·米勒斯（Phoenix Mills）承诺，自己及继受人，将建造轮轴以为周边土地所有权人供应电力。米勒、周边土地所有权人的权益继受人，针对获得米勒斯财产的克利里提起诉讼，要求执行不动

---

[70] Buffalo Academy of Sacred Heart v. Boehm Bros., Inc., 241 App. Div. 578, 272 N. Y. Supp. 578 (1934); St. Regis Restaurant, Inc. v. Powers., 219 App. Div. 321, 219 N. Y. Supp. 684 (1927); Lawrence Park Realty v. Crichton, 218 App. Div. 374, 218 N. Y. Supp. 278 (1926); Rhinelander Real Estate Co. v. Cammeyer. 216 App. Div. 299, 214 N. Y. Supp. 284 (1926); Storandt v. Vogel & Binder Co., 140 App. Div. 671, 125 N. Y. Supp. 568 (1910); Munro v. Syracuse, L. S. & N. R. Co., 128 App. Div. 388, 112 N. Y. Supp. 938 (1908).

[71] 218 App. Div. 374, 218 N. Y. Supp. 278 (1926).

[72] See, e.g., Morgan Lake Co. v. N. Y., N. H. & Hart. RR Co., 262 N. Y. 234, 186 N. E. 685 (1933); Greenfarb v. R. S. K. Realty Corp., 256 N. Y. 130, 175 N. E. 649 (1931); Crawford v. Krollpfeiffer, 195 N. Y. 185, 88 N. E. 29 (1909); Sebald v. Mulholland, 155 N. Y. 455, 50 N. E. 260 (1898).

[73] 210 N. Y. 127, 103 N. E. 1114 (1913).

产契约条款。纽约上诉法院认定该不动产契约条款不可强制执行，适用的是英国法规则：不得针对权益继受人执行"肯定性或积极性"不动产契约条款。法院承认该原则无论在英国法还是纽约法上都存在例外，但米勒诉克利里案并非例外规则的适用情形。

什么是肯定性不动产契约条款？在米勒诉克利里案中，纽约上诉法院写道，肯定性不动产契约条款，"强制契约方不仅须服从使用财产的特定限制，而且强制他为需役地所有权人的利益为某种行为"[74]。该定义为业主协会制造了困难。尽管尼伯恩希特地产公司课予的有些契据不动产契约条款，如土地使用限于独户住宅，属于限制性不动产契约条款，但分摊费用不动产契约条款却并非如此。后者要求土地所有权人"为某种行为"——支付年费。除非业主协会可以说服法院认定该不动产契约条款不构成肯定性不动产契约，或属于纽约法上禁止不动产契约条款的例外情形，否则业主协会就可能遇到麻烦。

业主协会诉讼摘要中大量援引先例——但并非纽约上诉法院的先例。相反，业主协会引用了两个当时的上诉分庭新近判决的处理分摊费用不动产契约条款的判例，其中之一还涉及业主协会针对另一个拒不履行的业主提起的要求执行不动产契约条款的诉讼。[75] 业主协会使用大量篇幅引用了另一个上诉分庭的观点，该法院强调将分摊费用视为肯定性不动产契约条款：

> "将使被告可以获得原告、契据让与人依据契据不动产契约条款可以获得的利益，同时不必支付费用……获得因为位置位于公园并基于这些权利及其从属权益而获得的土地财产增值。"[76]

业主协会还援引了一项支持分摊费用不动产契约条款的初审法院判例[77]，并以强调系争不动产契约条款与上述判例的相似性作结。[78]

尽管业主协会在纽约上诉法院的审理中获得胜诉，但它对禁止肯定性不动产契约条款的处理，以及分摊费用不动产契约条款属于该禁止规则之例外的论证，本可以更有力。针对土地所有权人执行肯定性不动产契约条款的问题存在于两个方面。首先，肯定性不动产契约条款，与限制性不动产契约条款一样，也可能随着时间经过而过时，从而留下后手

---

[74] Id. at 132，103 N. E. at 1115.

[75] Neponsit Property Owner's Assn v. Mayer，250 App. Div. 738，294 N. Y. S. 735 (1937)；Lawrence Park Realty Co. v. Crichton，218 App. Div. 374，218 N. Y. Supp. 278 (1926).

[76] Lawrence Park Realty Co. v. Crichton，218 App. Div. 374，218 N. Y. Supp. at 278.

[77] Kennilwood Owners Association v. Jaybro Realty & Development, Inc.，156 Misc. 604，281 N. Y. S. 541 (1935).

[78] Respondent's Brief at 8.

土地所有权人绝不会同意的义务性产权负担。[79] 其次，与限制性不动产契约条款不同，肯定性不动产契约条款，对于实现土地所有权人的共同目的而言通常并不必要。米勒诉克利里案就是典型。意欲安排轮轴修建与维持的土地所有权人，即使不通过为后手所有权人设定土地负担，也可以很容易实现其目的。土地所有权人完全可以从市场上购买轮轴制造商与维护商的服务；而同意在自己的土地上修建轮轴的土地所有权人也不会因提供这些服务获得特别利益。

因此，纽约法院拒绝执行大多数肯定性不动产契约条款，因为这些契约条款为产权附加了限制，但对于实现土地所有权人的目的却并不必要。相反，限制性不动产契约条款对于实现土地所有权人的目的完全必要。如果某住宅所有权人希望确保他的邻居仅以独户住宅的方式使用土地，那么他获得保障的唯一方式，就是从他的邻居中获得可约束后者继承人与受让人的承诺。[80] 而来自城市另一端的土地所有权人的承诺并不能实现他的目的。据此，限制性不动产契约条款所提供的权益，并不能从原始市场中获得。因此，纽约法院支持限制性不动产契约条款的强制执行。

如果结合尼伯恩希特地产公司的承诺予以考量，即这些费用将用于维护公共设施，那么，尼伯恩希特案所涉的分摊费用不动产契约条款之目的，就在于避免妨碍公共设施维护的搭便车问题。假如有业主可以不必支付费用仍然从其邻居所支付的费用中获益，那么谁还会支付费用？为了防止搭便车，尼伯恩希特地产公司不得不以分摊费用不动产契约条款，约束所有公共设施的受益方——该社区的所有业主，及其权益继受者。而如果该契约条款无法执行，那么上述目标即无法实现。因而，在此意义上，分摊费用不动产契约条款与纽约法院通常会支持执行的限制性不动产契约条款有其相似性。

3. 衡平法上的执行

在论证分摊费用不动产契约条款符合所有强制执行的要件之后，业主协会对冲了自己的赌注。业主协会辩称，即使移民银行的"技术性抗辩"，即该不动产契约条款"不能随土地流转"，可以成立，至少它在衡平法上仍可执行。[81] 业主协会明确强调了对移民银行权益的限制，与移民银行"即使不构成实际通知，也构成拟制通知"的行为相结合，符合业主协会与移民银行前手、尼伯恩希特地产公司所订立的不动产契约条款。"在此情形下"，业主协会辩称，"即使为了陌生的受让人的利益，衡

---

⑦⑨ See, e. g. Stewart E. Sterk, "Freedom from Freedom of Contract: The Enduring Value of Servitude Restrictions", 70 *Iowa L. Rev.* 615, 619 - 20, 648 (1985).

⑧⓪ Id. at 646 - 47.

⑧① Respondent's Brief at 11.

平法院也会执行该不动产契约条款"⑧。之后，业主协会援引了四个纽约上诉法院的判例，首先是哥伦比亚学院理事会诉林奇案（Trustees of Columbia College v. Lynch），在此案中，法院首次采纳了普通法上不可执行的不动产契约条款在衡平法上仍可能执行的规则。⑧

但业主协会所援引的判例所涉均为限制性不动产契约条款，而非分摊费用或其他的肯定性义务。当然，业主协会并未强调其间差别。相反，业主协会指出，它所主张的并非针对移民银行的金钱判决，而只是主张执行移民银行取得地产权利时已经存在的费用支付义务。⑧

（三）法院的观点

纽约上诉法院维持了上诉分庭的判决，支持了业主协会的诉请。审判庭全体法官意见一致、欧文·莱曼（Irving Lehman）法官执笔的判决书中，开篇即指出，尼伯恩希特地产公司有以分摊费用不动产契约条款约束后手业主的明确意图。正如莱曼法官所言，"不动产契约条款的措词无法做其他意义的解读"⑧。但莱曼法官也承认，仅意图本身不足以允许一项不动产契约条款"随土地流转"。他总结了三项"古老的不动产契约条款要素"：（1）使不动产契约条款随土地流转的意图；（2）不动产契约条款必须"'指向'或'关涉'它随之流转的土地"；（3）当事人间具有地产利害关系。⑧ 然而，这些要素却并非来自纽约法院的判例（请注意纽约上诉法院在超过 80 年的时间里不曾诉诸指向并关涉原则），而是引自克拉克（Klark）教授当时新近发表的关于随土地流转的不动产契约条款与权益的论著。⑧

这一新发现的对"指向并关涉"原则的关注，使莱曼法官可以低调处理分摊费用不动产契约条款的肯定性方面。法院并未采纳肯定性不动产契约条款不得随土地流转的明确规则，转而考量指向并关涉原则的限制，并认为后者"含义太模糊以至于意义有限"⑧。系争不动产契约条款是否具有肯定性，成为考量它是否指向或关涉土地的因素之一，但法院

---

⑧　Id. at 12.

⑧　Vogeler v. Alwyn Improvement Corp.，247 N. Y. 131，159 N. E. 886；247 N. Y. 131，159 N. E. 886（1928）Equitable Life Assurance Society v. Brennan，148 N. Y. 661，43 N. E. 173；148 N. Y. 661，43 N. E. 173（1896）；Hodge v. Sloan，107 N. Y. 244，17 N. E. 335；107 N. Y. 244，17 N. E. 335（1887）；Trustees of Columbia College v. Lynch，70 N. Y. 440（1877）.

⑧　Respondent's Brief，at 19.

⑧　278 N. Y. 248 at 254，15 N. E. 2d at 795.

⑧　Id. at 255，15 N. E. 2d 793 at 795.

⑧　Charles E. Clark，Real Covenants and Other Interests Which "Run with Land"（1929）.

⑧　278 N. Y. 248 at 256，15 N. E. 2d at 795.

在数个论点中都特地拒绝对此问题的形式主义考量进路；对于莱曼法官而言，不动产契约条款的约束力不应取决于技术性的区分。

法院阐明如何认定特定不动产契约条款是否指向或关涉的努力，由于法院无法解释（或表达）该原则的正当性，而无法令人满意。实际上，在论证中，法院似乎认为指向并关涉原则很大程度上是意图问题（而在判决开篇，它即强调仅意图本身并不足以认定一项不动产契约条款指向或关涉土地）！[89]

至于尼伯恩希特案所涉不动产契约条款，法院强调了使用公共设施的地役权与业主负担支付公共设施维护费用义务之间的密切关联。正如莱曼法官所言："显然，任何将该不动产契约条款从'指向'或'关涉'土地之不动产契约类型中排除的界分或界定，都是基于形式考量，而非实质考量。"[90]

处理了指向或关涉要求之后，法院转向移民银行的首要论据：业主协会没有要求执行分摊费用不动产契约条款的权利，因为它不拥有该社区任何地块的所有权。法院将此争点归为地产利害关系争议，并承认没有任何关于地产利害关系的界定标准可以涵括业主协会与移民银行的关系——很大程度上是因为业主协会并不拥有其让与人此前的所有权。法院承认，衡平法院已经放弃了地产利害关系要求，但同时指出，此前以衡平法地役权名义执行的不动产契约条款仅限于限制性不动产契约条款，而非尼伯恩希特案所涉的分摊费用义务。[91] 不过，法院仍然认定，业主协会可以要求执行系争分摊费用不动产契约条款，因为业主协会具有尼伯恩希特社区业主的代理或代表的身份——而后者拥有社区地块的所有权。至于指向并关涉原则，法院总结道："如果不是以形式，而是以实质考量的话，在原告与被告间存在地产利害关系。"[92]

四、余　波

纽约上诉法院的判决对尼伯恩希特社区究竟产生了何等影响？几乎没有。洛克威半岛当地的报纸甚至都没有报道该判决——当时至少有三家报社。

---

[89]　因此，法院写道："……关注不动产契约条款的意图与实质努力而非其形式，显然，可以合理认为该契约条款指向并关涉被告的土地，其中设定的负担应随土地流转。"Id. at 259, 15 N. E. 2d at 797.

[90]　Id. at 260, 15 N. E. 2d at 797.

[91]　Id. at 261, 15 N. E. 2d at 798.

[92]　Id. at 262, 15 N. E. 2d at 798.

也许有人推测，这反映了当地对法律问题的关注缺位。但上述猜度并不符合实际。当地的报社报道了一系列法律争议，包括与尼伯恩希特社区业主协会直接相关的案件。

首先，这些报社报道了业主协会的努力——通过诉讼——阻止将独户住宅改建为双户住宅。[93] 相当数量的业主由于受到经济萧条的影响，寻求通过租金收入来缓解经济压力，从而违反了契据不动产契约条款的规定。而可适用的分区制规则——而非契据不动产契约条款——允许在该区域修建双户住宅。但是，业主协会及其多数成员，承认希望维持尼伯恩希特社区独户住宅的属性。[94] 在契据限制届满之后，业主协会发起了一场成功的运动，使纽约市重新将尼伯恩希特社区划为仅允许独户住宅的社区。当地主流报纸报道了这一运动，也报道了在新的分区制规则生效之前，为了防止业主进行改建而提起的诉讼。[95]

其次，报纸文章也报道了关于海岸土地征收补偿费用的分配争议。[96]争议的焦点是，距离海岸更近的业主是否应当获得更高份额，抑或应当与其他业主获得相同份额。尽管其中一篇报道提到业主协会主席认为，没有向业主协会缴纳年费的业主，份额应当相应减少，但媒体讨论并没有关注这一点。[97]

当地媒体对本案的沉默说明了什么？首先，业主协会提起的关于分配征收补偿费用的诉讼掩饰了本案争议。如果征收补偿问题是诉讼动机，那么当地媒体将焦点集中于此也是理所应当。

那么，为何业主协会提起本案诉讼，为何移民银行予以对抗？经过三级法院审判的诉讼标的额，仅仅只有 340 美元附加利息。与银行虚弱的辩护相一致的解释是，银行希望确立分摊费用不动产契约条款可以执行的原则。在大萧条时期，移民银行与其他银行必须就大量按揭地产行使抵押权，其中有些受制于分摊费用不动产契约条款。如果向潜在买受人确保这些地产可以得到维护，那么可能会提升其市场价值。因此，确

---

[93] See Restrictions Now on Trial, Rockaway Wave, June 22, 1939（讨论针对修建双户住宅的 Neponsit 业主的案件初审）；Restrictions at Neponsit are Upheld, Rockaway Wave, June 29, 1939（讨论法官针对双户住宅发布的禁制令）；see also G-Zone Rests in City Plan, Rockaway Wave, June 8, 1939。

[94] 1939 年，Neponsit 超过 60%的业主签名请愿，要求市政将该社区限制为独户住宅社区。5%的业主签名请愿，反对重新进行区划规制。Restrictions at Neponsit are Upheld, Rockaway Wave, June 29, 1939.

[95] See id.；see also G-Zone Approved by Estimate Board, Rockaway Wave, July 20, 1939.（详细报道了遭到某些社区业主反对的重新划区如何得以实现，并指出区划改变是由土地使用限制届满而引发的，并报道了有些业主开始以违反契据限制的方式使用土地，但这种使用方式并不违反当时的分区制规则。）

[96] See Neponsit Owners, With $ 88,000 Melon, Ask Court How to Cut It, Rockaway Wave, May 25, 1939；Court Trial of Neponsit Award Opens, Rockaway Wave, June 1, 1939；Ocean Front Owners Win First Share in Neponsit Beach Award, Rockaway Wave, June 29, 1939；Bank Appeals From Court's Award Order, Rockaway Wave, August 31, 1939.

[97] Court Trial of Neponsit Award Opens, Rockaway Wave, June 1, 1939.

立分摊费用不动产契约条款可执行的原则，很可能符合移民银行的利益。就此而言，尼伯恩希特案很可能是一个引人注目的测试案件。鉴于年费数额的"限定"，以及终期即将届满，纽约上诉法院不太可能认定分摊费用不动产契约条款的执行对业主构成不确定的繁重负担。如果移民银行希望确立分摊费用可执行的一般规则，那么尼伯恩希特案无疑是一个恰当的开端。尽管上述推论很有挑衅性，但几乎没有证据证明这一猜想（也没有证据可以推翻它）。

另一项猜想是，本案诉讼是业主协会与异见业主之间的报复性竞赛。报纸的报道显示，异见业主不满在他们陷于经济困难时，仍坚持维持该社区的高标准。[98] 无疑，海岸土地征收之后，业主协会有限的功能进一步加剧了双方的紧张关系。尽管"报复性竞赛"的推测可以解释某些业主协会提起的要求执行分摊费用不动产契约条款的诉讼，但似乎无法解释它针对银行提起的诉讼。

因此，尼伯恩希特案背后的动机至今仍然是个谜团。我们可以确定的只是，即使在不动产契约条款届满之后，该社区仍然极富吸引力。[99] 20世纪四五十年代，这里是很多法官与政治家的住所（包括两位纽约市市长）；很多朱迪·贾兰特（Judy Garland）之类的名流与萨姆·利文森（Sam Levenson）之类的娱乐明星也住在尼伯恩希特。[100] 还可以确知的是，尼伯恩希特地产业主协会至今仍很活跃，即使失去了1940年届满的财政角色。[101]

五、尼伯恩希特案的遗产

为何在尼伯恩希特案审结之后超过 60 年间，它仍然是财产法案例教

---

⑱　在业主协会与 Neponsit 业主就是否应改变区划，将该社区限于独户住宅的竞争中，业主协会主席曾言道："少部分居民发起了针对禁止多户住宅的运动，贬抑 Neponsit 的标准。" 5％的业主签名请愿，反对重新进行区划规制，有些业主开始以违反契据限制的方式使用土地，引发了诉讼. Restrictions at Neponsit are Upheld, Rockaway Wave, June 29, 1939.

⑲　See, e. g., Out Here Doubt Springs Eternal; Another Decade, Another Plan for Redeveloping the Rockaways, New York Times, February 4, 2002, Page B1（将 Neponsit 价值百万美元的地产与 Rockaway peninsula 另一端的衰败相对比）; About New York, New York Times, July 24, 1985, Page B1（讨论有关 Neponsit 的停车场争议，5 月 15 至 9 月 30 之间禁止在路边停车，使非该社区居民很难进入海滩）; Belle Harbor and Neponsit Protect Seashore Oasis, New York Sunday News, March 21, 1971（讨论市政征收海岸土地之后引发的持续不满）.

⑳　Seyfried and Asadorian, supra note 10, at 94.

㉑　See, e. g., Neponsit Residents Frown on Park Plan, New York Daily News, November 6, 1998, Suburban Section, Page 2.［详细报道了关于业主协会主席重新开发 Neponsit Health Care Center 计划的评论（居民更倾向于附带海滩公园或医院的独户住宅社区）］。

材中的重要判例？部分原因是由于法院对古老原则的重述与适用，使尼伯恩希特案非常适于教学目的。不过，尼伯恩希特案经受时间考验且日渐增强的重要性，同样反映了纽约上诉法院在审理该案件时不曾预见到的社会、经济与法律发展。

正如上文所述，1911年尼伯恩希特地产公司在地产契据中附加分摊费用不动产契约条款时，这类契约的可执行性并不明晰。随后的35年，情况也没有发生改观。纽约的几个下级法院执行了分摊费用不动产契约条款。[102] 1923年，马里兰的一个判例驳回了异见业主寻求规避先锋性的罗兰公园社区所设定的分摊费用义务的请求。[103] 但上述这些判例均未概括性处理尼伯恩希特案所提出的理论问题。而在其他地区则无此类判例。

先例的缺乏，在一定程度上反映了设定分摊费用不动产契约条款的典型社区并不多见。一些富有想象力的大型社区开发商，支持以分担费用不动产契约条款，作为保障富有业主获得高于市政愿意提供的公共服务标准的服务之工具。查尔斯·阿舍（Charles Asher），新泽西雷德朋（Radburn）的开发商，即为适例。阿舍将"通过契约管理"视为发展独立社区的机制，包括住宅性使用与非住宅性使用。[104]

然而，1938年尼伯恩希特案判决时，美国的郊区城市化进程仍处于早期阶段。20世纪20年代开始的郊区发展，在大萧条时期受到很大的冲击。[105] 此外，很多早期的开发项目是购买单独的地块用于修建独户住宅。大型项目很难获得资金支持。

不过，就在尼伯恩希特案发生之前几年，罗斯福总统与国会催生了联邦房屋管理局（Federal Housing Administration，FHA），其项目与政策大大促进了大型开发项目的发展。首先，联邦房屋管理局的抵押贷款保险项目促进了开发商与买受人双方的融资能力。[106] 其次，联邦房屋管理局的政策也促进了公共设施的建设，并鼓励使用限制性契据条款。[107]

随着第二次世界大战后郊区开发的发展，对于新兴社区而言，公共设施与业主协会很常见。而公共设施与业主协会的成效，很大程度上取

---

[102] Lawrence Park Realty Co. v. Crichton, 218 App. Div. 374, 218 N. Y. Supp. 278 (1926); Kennilwood Owners Association v. Jaybro Realty & Development, Inc., 156 Misc. 604, 281 N. Y. S. 541 (1935).

[103] Wehr v. Roland Park Company, 143 Md. 384, 122 A. 363 (1923).

[104] See Charles S. Asher, "The Extra-Municipal Administration of Radburn", *National Municipal Review*, July 1929, at 412; Charles S. Asher, "How Can a Section of a Town Get What it is Prepared to Pay for?", *The American City*, June 1929 at 98.

[105] 1920年至1929年，美国新建住宅超过700万套；20世纪30年代新建住宅跌至270万套。Evan McKenzie, *Privatopia* (Yale University Press 1994) at 56 - 57.

[106] Marc A. Weiss and John W. Watts, Community Builders and Community Associations: The Role of Real Estate Developers in Private Residential Governance, in Residential Community Associations: Private Governments in the Intergovernmental System (Advisory Committee on Intergovernmental Relations 1989) at 99 - 100.

[107] Id. at 100.

决于分摊费用不动产契约条款的可执行性。正是尼伯恩希特案使开发商与业主确信，此类不动产契约条款确实可以执行。

1960年，郊区土地变得稀缺且昂贵。[108] 因此，开发商开始寻求增加住宅密度的方式。[109] 为此，国会于1961年使抵押贷款保险同样可适用于单元公寓的买受人。[110] 当时，有些建筑物区分所有权（condominiums）以普通法为基础设立，但因其并没有经济上的重要性，没有在任何一个州获得制定法认可。但经过国会6年的推动，全美50个州均通过制定法认可了建筑物区分所有权。[111] 建筑物区分所有权要求业主协会维护公共区域，新的制定法均规定分摊费用条款具有可执行性。建筑物区分所有权与其他形式的共益项目迅速发展。1962年，全美只有不到500个住宅业主协会；到1973年，即激增至1.5万个。[112]

于此30年间，业主协会遍布全美。尼伯恩希特案则是首个将此类协会置于坚实的法律基础之上的判例。就建筑物区分所有权而言，尼伯恩希特案阐明的普通法规则已经被全美的制定法规范取代，但对于大量建筑物区分所有架构之外的业主协会而言，尼伯恩希特案仍持续发挥着影响力。

业主协会的爆炸式发展，自然引发了另一个值得思考的问题：假如尼伯恩希特案的判决不同，业主协会的发展是否还会是这般景象？就下述理论而言，答案是肯定的：鉴于对共益社区的市场需要，即使尼伯恩希特案的判决不同，也会被制定法所推翻，从而导致与过去60年相同的发展模式。似乎还有可能的是，假如纽约上诉法院拒绝执行分摊费用不动产契约条款，那么开发商很可能会设计出其他的制度提供并维持公共设施。我们确定可知的只是，尼伯恩希特案的判决对于现实中的住宅市场发展具有关键意义，共益社区发挥了核心作用。

[108] McKenzie, supra note 105，at 81.

[109] Id.

[110] Id. at 95.

[111] McKenzie, supra note 105，at 95.

[112] Weiss and Watt，supra note 106，at 100.

第15章

欧几里得镇诉安布勒地产公司案（Village of Euclid v. Ambler Realty Co.）

大卫·考里斯（David Callies）

"分区制与斯图兹勇士汽车（Stutz Bearcat）、地下酒吧一起兴起。F. 斯科特·菲茨杰拉德（F. Scott Fitzgerald）与林迪舞（Lindy Hop）也是同一时代的产物。但二十世纪所有这些现象中，只有分区制在下一个时代仍可存活。"

——理查德·F·巴布科克：《分区游戏（Richard F. Babcock，*The Zoning Game*）》，第 3 页。

"美国分区制法领域的标志性判例是欧几里得镇诉安布勒地产公司案。"

——西摩·托尔：《分区制下的美国（Seymour Toll，*Zoned American*）》，第 213 页。

引　言

分区制是美国土地使用规制的基础，而欧几里得镇案则是分区制的试金石。分区制关乎大多数美国人的利益，但如果没有欧几里得镇案，就没有分区制。同时诋毁二者是很流行的做法。据说，分区制是一项古老的旧制度，相关文献中充斥着欣然的安魂曲。欧几里得镇案则被认为是保守法院判决的保守判例，为了维护住宅区的现状，并将少数族群排除在外。虽然上述主张含有真实成分，但更多的是离谱的断言。分区制仍然健全的存在，在多年被忽视之后，仍在稳健发展。[①] 与批评者的认知不同，地方分区制从未真正衰落。城市——大多数人生活工作的地方，因此也是土地使用判决最直接影响人们生活方式的地方——从未放弃分区制，分区制仍保留了很多欧几里得镇案中所显示的属性。当联邦与州政府成功地推进了一系列区域性与全州性的土地使用规制制度，以处理区域土地使用争议时[②]，确实增加了土地使用规制的层次，但并未取代分区制。

欧几里得镇案在新近评论人士处的遭遇稍好一些。它作为执行魅力郊区环境规划的工具之意义，迷失在对其支持者与反对者之秘密的——

---

① Clifford L. Weaver and Richard F. Babcock, *City Zoning：The Once and Future Frontier*, Washington, D. C.：Planners Press, American Planning Association, 1979.

② 对这些制度的评论请参见 Fred P. Bosselman and David L. Callies, The Quiet Revolution in Land Use Controls (1972)；Peter A Buchsbaum and Larry J. Smith, eds., State and Regional Comprehensive Planning, Chicago, IL：The Association, 1993；Eric Damien Kelly, Managing Community Growth (1993)；Cullingworth, J. Barry, Planning in the USA, 1997；John DeGrove and Deborah Milnes, The New Frontier for Land Policy：Planning and Growth Management in the States (1992)；Healy, Robert G., Land Use and the States, Baltimore：Johns Hopkins University Press, 1976。

实际上是潜在的——动机的评论之中。③ 确实有很多证据显示，欧几里得镇案审理法院维护了分区制的功能：维持系争居民区免于成为公寓建筑。但该判决还有其他方面的价值，包括美学、规划与经济稳定。本文将关注该判例的这些方面。不过，首先有必要检视欧几里得镇案之前的分区制，再检视欧几里得镇案本身。

■ 一、欧几里得镇案的背景：分区制、规划与美丽城市

如果确如巴布科克所言，20世纪20年代分区制兴起，那么它在19世纪后半叶即形成雏形，尽管它的前身早于美国的建立。④ 然而，在1920年纽约市执行城市规划时，分区制才被作为土地使用规制方法。很多历史评论中都对此有所回顾，其中包括西摩·托尔：《分区制下的美国》，以及查理斯·哈尔（Charles Haar）与杰罗尔德·凯登（Jerold Kayden）主编的《分区制与美国梦（*Zoning and American Dream*）》。以下是对此历史的简单概括。

分区制是执行规划的工具之一：城市规划、整体规划、开发规划与总体规划。"具有法律效力的规划"⑤ 描述了很多当下的土地使用规制理论与学理的特征，但它不过是最终发展为《分区条例（zoning ordinance）》的早期土地使用规制支持者之想法的投射。它的有争议的起源是埃比尼泽·霍华德（Ebenezer Howard）在其《明天的花园城市（*Garden Cities in Tomorrow*）》⑥ 中推广的英国"花园城市"观念，核心是以包裹效应（off-parcel effect）区分土地使用目的。因此，居民区将与商业区相互分离。正如下文将谈到的，居民区嗣后又被区分为独户住宅区与复合住宅区，导致了很值得玩味的结果。

很多有关此类分区规划的早期争论都发生在纽约。一系列事件与人物的偶然汇合，催生了批评性报告，在此基础上产生了首个市政《分区

---

③ See, e. g., Richard H. Chused, "Symposium on the Seventy-Fifth Anniversary of Village of Euclid v. Ambler Realty Co.: Euclid's Historical Imagery", 51 *Case Western Res. L. Rev.* 597 (2001).

④ See, e. g., Fred P. Bosselman, David L. Callies and John Banta, The Taking Issue: a study of the constitutional limits of governmental authority to regulate the use of privately-owned land without paying compensation to the owners, 1973.

⑤ Fasano v. Board of County Commissioners of Washington County, 264 Or. 574, 507 P. 2d 23 (1973); Lum Yip Kee, Ltd. v. City and County of Honolulu, 70 Haw. 179, 767 P. 2d 815 (1989); J. DiMento, The Consistency Doctrine and the Limits of Planning (1980).

⑥ Ebenezer Howard, Tomorrow: A Peaceful Path to Real Reform; republished as Garden Cities of Tomorrow, 1965.

条例》。至少可以争辩的是，假如没有上述偶然汇合，没有《分区条例》，可能就不会有欧几里得镇案——也就几乎没有市政分区。这些事件包括：摩天大楼的增加（部分是因为电梯技术的完善）与纽约市 19 世纪晚期典型的土地使用方式大杂烩，以及世纪之交不久改革派从臭名昭著的坦慕尼协会（Tammany Hall）获得权力。关键人物则是爱德华·巴西特（Edward Bassett）与詹姆斯·梅岑鲍姆（James Metzenbaum），前者刚在德国经历了大开眼界的旅程（从城市规划角度），在参加全美城市规划论坛（National Conference on City Planning）之后，被任命为建筑高度委员会（Heights of Building Commission）委员，后者来自克利夫兰（Cleveland），极力维护欧几里得镇的《分区条例》，对分区制投入了极大的热情。[7]

事件之一，是建筑高度委员会 1913 年的报告。为了避免第五大街多个街区的凋敝，1913 年的报告指出，这里被放大的问题在全市范围内都存在，因此需要全市性的解决方案：不同的土地用途无法共处，而高层建筑的不断扩张，加重了街道的负担，并引发拥堵与采光问题，这些都不利于纽约市民的健康与安全。该报告为之后的《分区条例》"划定了蓝图"，与芝加哥、费城与波士顿零星的限制楼层高度的努力不同，它会遭遇阻碍，尤其是以不同的土地用途分区。使用政治权力，以及委员会从未澄清的模糊规划所造成的不合理区分，都潜在地隐含着争议。[8]

随即发生的事件是，纽约市立法机构通过的一项法案（1914 年）修正了纽约的许可制度、获得了分区的权力，以及建筑分区与限制委员会（Commission on Building Districts and Restrictions）的设立，巴西特任主席。以 1913 年建筑高度委员会的报告为基础，新的委员会开始着手规划解决方案，在经过公开听证与广泛宣传之后，该方案于 1916 年成为法律。根据具有法律效力的规划地图纽约市被划分为不同的区域。每个区域都有一系列的使用目的要求、高度与面积限制。土地用途"金字塔"最顶端的是住宅区，最底端的则是"非受限"地区。根据不同区划的土地用途，共有五种高度限制。面积限制则以码数等为标准。新的规制体系没有包含的土地用途被定性为"不合规"，但并不必要予以废置。一个上诉委员会被授权，在疑难情形下，可避开《分区条例》的僵硬表述，对其予以变通解释。[9]

与上述发展类似的，是 1922 年胡佛委员会（Hoover Commission）《州分区规划授权标准法案（Standard State Zoning Enabling Act）》草案

---

⑦　Seymour I. Toll, *Zoned American*, New York: Grossmann Publishers, 1969, pp. 144 - 150.

⑧　Toll, supra note 7, at 160 - 171; see also Charles M. Haar & Jerald S. Kayden, *Zoning and the American Dream*, Chicago, IL: Planners Press (1989).

⑨　Toll, supra note 7, at 172 - 188.

的公布，1926 年，它最终以《市政可据以采纳分区制的州分区规划授权标准法（A Standard State Zoning Act Under Which Municipalities May Adopt Zoning Regulations）》之名得以颁行，在分区制观念的关键节点提供了有益的助力。随着美国人口向城区的迁徙（城市与高档近郊社区），20 世纪 20 年代在改革与保护不动产价值的浪潮中，大多数都市都采纳了分区制。而分区制与城市规划的密切关系及其目的反而被忽略。但 1913 年纽约报告中最初预见的法律问题仍然存在，不久，分区制就在法庭上受到攻击。欧几里得镇案的法律基础不久即得以奠定。⑩

■ 二、欧几里得镇诉安布勒地产公司：案件肇始

在很多方面欧几里得镇都并非典型的美国乡镇。该镇 1903 年成立，位于克利夫兰西向，伊利湖（Lake Erie）沿岸，长方形，面积约 16 平方英里，人口约 1 万。克利夫兰南侧是欧几里得镇大街，在 19 世纪晚期作为富人街与豪宅区，以其绿树成荫的豪宅而闻名。北侧是两条铁路——尼克尔·普拉特路与湖滨路（the Nickel Plate and the Lake Shore），圣克莱尔大道与湖滨大道（St. Claire Avenue and Lake Shore Boulevard）。欧几里得镇大道是克利夫兰的主干道。1911 年，克利夫兰的安布勒地产公司开始购买位于欧几里得镇大道与尼克尔·普拉特路之间的 68 英亩空闲农地，以备将来的工业发展所需，这种农地在当时的欧几里得镇非常普遍。⑪

另一方面，1922 年，欧几里得镇镇长任命了一个分区制委员会，调研《分区条例》的可行性，成员包括克利夫兰律师、欧几里得镇大街的居民詹姆斯·梅岑鲍姆，他后来撰写了一些有关分区制法方面的论文。委员会关键的资料来源就是 1913 年的纽约报告及据此产生的《分区条例》。同年，该镇以《纽约分区条例》为蓝本通过了其首个《分区条例》：土地用途、建筑高度与面积限制。当然，不同区域的土地用途——从 U-1 区的独户住宅居民区到 U-6 区的非受限工业区——成为欧几里得镇案判决的争点。安布勒的 68 英亩地块中，位于欧几里得镇大道沿街的 150 英尺深的地块被归为 U-2 区（独户住宅与复合住宅），紧接着的 40 英尺深的地块被归为 U-3 区（单元公寓），其余背靠尼克尔·普拉特路

---

⑩　Toll，supra note 7，at 189 - 210.

⑪　Toll，supra note 7，at 214 - 215.

的地块则被归为 U-6 区。⑫ 安布勒声称，这导致每英亩土地价值从 1 万美元跌至 2 500 美元，损失计数十万美元。

诉讼几乎立刻于联邦地方法院启动。宪法上的论据是，《分区条例》违反了《联邦宪法第十四修正案》，未经正当法律程序剥夺了安布勒的财产。梅岑鲍姆是欧几里得镇的代理人。案件进程的大部分是证人证言的预审报告，涉及用途分类对安布勒土地价值的影响（很大程度上无法反驳）、分区制的目的，以及欧几里得镇的目标：维护美学特征（被一致认定不在分区制的法律权限之内）或保护居民免受不当工业侵扰，保护其健康与安全。

最终，法院认为《分区条例》以违宪的方式剥夺了安布勒的财产，援引当时新近的判例宾夕法尼亚煤矿公司诉马洪案（Pennsylvania Coal Co. v. Mahon）⑬，认定管制权——通过分区制——不侵犯私人财产权而追求其目的所应遵守的界限被逾越。请注意，于此霍姆斯法官写出了与规制性征收（regulatory takings）概念相伴的近乎不朽的文句："一般规则至少是，如果财产规制达到特定程度，如果规制过度，将被视为征收。"⑭ 正如早期分区制的支持者对其合宪性的担忧，"这是程度问题"⑮。对联邦地方法院而言，分区制管制过度；规制程度与对私人财产的影响过大。正如梅岑鲍姆在他的论文中写道的，"被广泛承认的是，本案的败诉，将导致随后的《分区条例》完全失败，就像推翻了多米诺骨牌"⑯。基于这一被广泛承认的观点，欧几里得镇向联邦最高法院提起上诉。显然，分区制进入赛场。

1926 年 1 月，联邦最高法院对本案进行了第一次庭审。以梅岑鲍姆为代理人的欧几里得镇的上诉摘要篇幅达 142 页，大部分内容是陈述全美范围内对分区制的采纳，对胡佛委员会的《分区规划授权示范法》的援引，以及纽约分区制委员会对其《分区条例》的合宪性论证（《欧几里得镇分区条例》是后者的翻版）。实际上，1913 年与 1916 年的两份纽约报告都在口头辩论前被送至法院。但不幸的是，分区制的全国性并非安布勒的代理律师说服法院首先审理的争点。本案争点毋宁在于，《分区条例》对安布勒 68 英亩地块的影响。据此，有理由期待与宾夕法尼亚煤矿公司案类似的判决结果，在后者，霍姆斯法官所关注的焦点并非煤矿公司的地下挖掘所导致的一般性沉陷，而是"一个私人住宅案件"⑰。因

---

⑫　Toll，supra note 7，at 216.

⑬　Pennsylvania Coal Co. v. Mahon，260 U. S. 393（1922）and Toll，supra note 7，at 220 - 224.

⑭　260 U. S. 393（1922）at 415.

⑮　Id. at 416.

⑯　James Metzenbaum, The Law of Zoning, 1955, p. 111.

⑰　260 U. S. 393（1922）at 420.

此，分区制理念无法与经济进步相抗衡，不应导致与经济进步相挂钩的私人财产价值的减损。口头辩论对欧几里得镇非常不利——以至于梅岑鲍姆申请就对方在口头答辩阶段的陈述提交一份答复摘要！他的申请最终获准。[18]

口头辩论后，梅岑鲍姆提交了数份答复摘要，由法院予以宣读。其中一份由艾尔弗雷德·贝特曼（Alfred Bettman）代表不同规划组织与协会提交。他向法院提示了很多全美范围内支持分区制理念的判例——11 个州的最高法院的判例[19]，并强调了，当时一直未引起关注的分区制的规划依据使其不同于其他形式的土地使用公共管制与妨害防止法，分区制并非如传闻所言以后者为依据。美学方面的健康与安全论证，也许是欧几里得镇分区制独有的特征：将单元公寓与商业从独户住宅区剥离。于此，纽约报告中关于安全、健康、未成年人抚养等方面的论证大有助益。[20] 法院重新审理了该案。

其余的就是历史。欧几里得镇案至少面对安布勒地产公司提出的基于《联邦宪法第十四修正案》的挑战，维护了分区制理论。下文是对该案的检视，及其对美国土地使用规制之重要性的预言。

■ 三、欧几里得镇诉安布勒地产公司：判决结论

欧几里得镇案的判决认定，该镇的《分区条例》"就其总体范围与主导特征而言……是有效力的权力行使"[21]。显然，法院已经改变了它最初对分区制违宪的认定。从判决的措词本身，可以清晰地看出贝特曼的答复摘要发挥了作用。确实，也只有参照答复摘要才能理解法院对单元公寓的处理与批评——而这并非安布勒地产公司所提议的用途，也非其论据：

> "至于单元公寓住宅，会极大地妨碍独户住宅区的发展，有时甚至会导致对私人住宅区的整体破坏；在私人住宅区，单元公寓住宅通常只是寄生物，攫取该地区的住宅属性所创造的公共空间与优美环境。而且，一栋单元公寓住宅的侵入会带来更多的类似住宅，它

⑱　Toll，supra note 7，at 231 - 237.

⑲　Massachusetts，California，Minnesota，Ohio，Illinois，Oregon，Rhode Island，New York，Wisconsin，Lousiana and Kanasa. See Bettman，City and Regional Planning Papers，at 166.

⑳　Toll，supra note 7，at 238 - 241；Brief in EuclId. Village Zoning Case，in Part II，Briefs，from Bettman，City and Regional Planning Papers（Comey，ed.）(1946) pp. 157 et seq.

㉑　Village of Euclid v. Ambler Realty Co.，272 U. S. 365，397 (1926).

们的高度与密度将会妨碍空气的自由流通，并阻断原本可以照射到低矮房屋的光线，与之相伴的交通拥挤与商业密集还会导致噪音问题，从而妨碍私人住宅区居民的健康，并剥夺他们的孩子在更可欲的环境中于安静开放的空间嬉戏的可能——直至它作为可欲的私人住宅区的属性被毁灭殆尽。因此，单元公寓建筑，也许在其他条件下不仅不被反对甚至还被高度期盼，于此却非常接近妨害。"[22]

也许这段文字既解释了本案的判决结论，也概括了法官的多数意见，但也导致了一些对此判决非常尖锐的批评：通过支持主要被用于从假定的富人住宅区排除多户住宅与商业用途的规制性安排，来确认其排斥属性。（辞藻华丽的文句描绘了单元公寓的弊端以及对安静与开放空间的需求，假如法院能在半个世纪之后重访分区制，一定会赞美"这个安静的地方，庭院宽敞、人口稀少……重视家庭、关注青年，平静隐居的恩赐与清新的空气使它成为人们的庇护所"。）[23] 但是如果欧几里得镇只是一大片空地中一块大约 68 英尺的空地，因为部分被划为住宅区与商业区，而非安布勒所倾向的工业用途，从而导致价值减损数十万美元，为什么法院要离题讨论单元公寓侵入独户住宅区的弊端？

当然，答案在于贝特曼的答复摘要及其对纽约 1913 年与 1916 年报告的援引。在上引文字之前，法院先讨论了高度限制与建筑材料限制，并认为关于这方面的法律与法规"没有明显的差异"[24]。但这也并没有对贝特曼及其团队造成困难。根据法院的推断，争点在于区划用途。法院从论证工业用途与住宅用途的分离开始，并同样认为"不难"支持管制权，"因为它的行使效果是扭转工业侵入进程，如果不予扭转的话，可能导致对居民的公共妨害，而扭转的方向就是消除这些侵害"[25]。事实上，法院完全可以就此打住，因为事实上这是它所面临的所有素材。

但法院没有。相反，它继续探讨"从独户住宅区排除单元公寓住宅、商业建筑、零售店的《分区条例》条款……所处理的严重问题……"[26] 法院指出，州法院的判决"数量众多且相互冲突……但支持管制权的数量大大超出驳回它的数量……而且显然多数观点被采纳的趋势仍在增强"[27]。贝特曼又得一分，因为在他的答复摘要中列举了大量相关判例。同样是因为贝特曼的答复摘要，法院才诉诸强调高层建筑弊端的 1913 年与 1916 年纽约报告，严厉指责高层建筑，并最终支持了广义的分区制观

---

[22] Id. at 394.

[23] Village of Belle Terre v. Boraas, 416 U. S. 1, 9 (1974).

[24] 272 U. S. at 388.

[25] Id. at 390.

[26] Id. at 390.

[27] Id. at 390.

念，而非将其狭义适用于安布勒地块：

> "由于委员会的影响，分区制问题受到很多关注，委员会的调研结论体现在其全面的报告中。这些报告显然经过反复的严谨论证，并达成统一意见，即区分居民、商业与工业建筑将更利于为每个区域提供符合其特征与密度的适当条件；有利于增进家庭生活的安全性与私密性，通过减少上述功能对住宅区的侵扰而带来的交通问题，大大避免交通事故的发生概率（尤其是对孩子），减少噪音与其他导致人口密集失序的条件，保留更适于抚养孩子的环境，等等。"[28]

就这样：法院被说服一般性地支持分区制，尤其是脆弱的区划用途分类，依据是梅岑鲍姆与贝特曼向它提交的纽约报告，最终的驱动是贝特曼精湛的答复摘要。

四、欧几里得镇案的启示：欧几里得镇案造成了什么影响？

在讨论欧几里得镇案对土地使用规划与管制的影响之前，让我们先分析一下本案判决对当时以及当下的欧几里得镇产生了何等影响。首先，很多欧几里得镇大道沿街的地块——包括安布勒的地块——仍然空置。显然，欧几里得镇的民众希望在克利夫兰之外、本镇之内继续发展高端住宅。但事实并未如愿。不过，无论是否因为分区制，欧几里得镇确实开始繁荣，至少根据梅岑鲍姆（当然很难是无利害关系的评论者）的表述是如此：

> 与分区制反对者的预期不同，欧几里得镇的发展并未受到妨碍。相反，它的发展速度据说是 1940 至 1950 年间该地区所有市镇中最快的发展速度之一；人口突破了 4.2 万。它吸引了全球知名的工业公司于此建立示范工厂、行政大楼与园林景观。随之而来的，是同一年代最快的住宅增长速度。美丽的单元公寓、优质的学校、新型当代警署与消防站、大量新建教堂。它的不动产税评估值超过 1 亿美元。人们相信，《分区条例》——较早颁行——在此几乎无与伦比的发展进程中发挥了重要作用，因为：家庭免受工厂与商业的侵扰而得到安全；大型工业工厂有足够的空间容纳其工厂建筑；零

---

[28] Id. at 394.

售商业位于有利位置。欧几里得镇代表着秩序井然——良好的市政总务：家庭与家庭在一起；商业与商业在一起；工厂与工厂在一起。谨慎规划适时颁布的《分区条例》规定了每种用途的每种类型。[29]

第二次世界大战时期，通用汽车公司（General Motors Corporation）在安布勒地块上修建了生产飞机引擎与降落装置的"战时工厂"，为此面积达百万平方英尺的工厂，欧几里得镇重新划区。战后，通用汽车公司于此生产车身，之后是汽车内饰，直到 1994 年工厂关停，从 20 世纪 70 年代开始的与其他工业工厂的合并，导致欧几里得镇付出了大约 7 000 个工作岗位的代价。该地区剩余的大部分都是住宅（高层公寓与平房）与商业混合区，工业基地分散其间。欧几里得镇 5 万居民中半数的住处是租屋，很多是老人，半数人口是低收入人群。[30]

五、分区制

欧几里得镇案的首要价值，当然是在简单的《建筑建设与高度限制条例》之外，通过规划位置与区分私人财产的土地用途，确立了本地的土地使用规制模式。虽然有意见认为，分区制的失败可能会将美国的土地使用规制推向更优势的新方向[31]，但无异议的是，在本案判决之前，分区制是地方土地使用规制的有效方式，而在本案判决之后，则成为主导的土地使用规制方式。1930 年，当时的 48 个州中有 47 个通过了《分区制授权法》，第 48 个州的法院则根据美国商务部的调查将宪法的住宅规则条款解释为授权规则。这些调查报告显示，同年，981 个市镇颁布了《分区条例》。[32]

实际上，欧几里得镇式的分区制仍然是当今地方政府规制土地使用的主要方法，尽管未必与《欧几里得镇分区条例》或其蓝本、纽约分区制的模式完全一致。无论名称是《土地使用法典》、《分区条例》、《总体修正案》或其他，大多数地方政府都将其下辖土地分割为不同区域。但是，与按照高度、用途与地域（辖区内的用地红线，如防洪目的、悬崖或历史性建筑与区域的维护）划分不同，大多数《分区条例》为每一个区划规定了不同的高度、区域，以及停车场等一系列规则。区划种类也

---

[29] Metzenbaum, The Law of Zoning, (1955) at 60–61.

[30] Knack, Return to Euclid, Planning Magazine (Nov. 1996) at 5–6.

[31] Larry Gerckens, for example in Knack, supra, at page 8.

[32] See Haar, Charles Monroe, *Land Use Planning*, Boston: Brown, 1959, p. 165.

大为增加，远远超过《欧几里得镇分区条例》中典型的 6 种类型，大多数条例包含 20 个或更多的区划种类，它们不仅根据使用强度对住宅、商业与工业区进行了进一步的划分（例如，r-1 大面积独户住宅，r-2 中等面积独户住宅，r-3 复合住宅，r-4 中等密度公寓，r-5 高密度公寓），还增加了区划种类，如批发市场、仓储、农业、公共空间、研究机构与办公机构等。此外，很多此类区划具有"排斥性"，因此很多商业区与工业区完全禁止建设住宅，此与欧几里得镇不同，欧几里得镇分区制金字塔底端的密集用途地区允许所有或大多数其"上层"的密集度更低的用途。[33] 对分区制的质疑、大量的研究与论文[34]，都无法否认，创新性的地方土地使用规制技术，如绩效分区制（performance zoning），相较于标准的以土地用途为基础的《欧几里得镇分区条例》，并无实质性的进步，除了某些情形下的工业区。

■ 六、排斥性与保护美国家庭

如果认为分区制并不意味着排斥性，自某种意义而言，当然是对历史与现实的无视。土地用途的区分自其定义而言即具有排斥性，正如梅岑鲍姆在其诉讼摘要中明确引用的表述："家庭与家庭在一起；商业与商业在一起；工厂与工厂在一起。"[35] 实际上，在欧几里得镇案之前更有名的支持早期分区制的判决中，加利福尼亚州最高法院即写道：

> 除了上述所有支持将分区制作为整体规划之一部分的合宪性论证以外，我们认为可以明智且确定地认为，住宅分区的正当性归根结底在于保护美国家庭的公民与社会价值。住宅区的设立是为了公共福祉，因为它可以促进并维续美国家庭。不言自明的是，此之公共福祉与一个国家的存续，都取决于公民的品性与能力。而人的品性与能力在很大程度上取决于其居住环境。家庭及其固有的影响力正是优秀公民的根基，任何有利于确立并促进家庭及家庭生活的因素，无疑都不仅有利于促进社区生活，也有利于促进国家整体的生活。[36]

好吧！这一判例并非唯一的例证。据贝特曼所言，在欧几里得镇案

---

[33]　J. F. Garner and David L. Callies, "Planning Law in England and Wales and in the United States", 1 *Ango-Amer. L. Rev.* 292 (1972).

[34]　E. g. Lane Kendig Performance Zoning, Washington, DC: Planners Press, 1980.

[35]　Metzenbaum, supra note 29, at 60.

[36]　Miller v. Board of Public Works, 195 Cal. 477, 234 P. 381, 387 (1925).

之前支持分区制的 11 个州的最高法院的判决中，"每个判决都支持创设排斥性的住宅区，并排除非妨害性的工业与商业，其中很多判决支持创设排斥性的独户住宅区，排除公寓住宅"[37]。

由此可能导致以人种与阶层为基础的隔离与排斥，这当然是分区制早期支持者的担忧。土地使用规制使很多评论人士更加担心，在"城市人口对中产阶层树立的藩篱被破除之时，土地使用规制创设的不同的住宅区安排，可能强化阶层分化"[38]。

短期内，分区制经常被用做种族排斥与经济排斥的工具。正如一位欧几里得镇案的当代评论家所言：

> 城市规划与分区制专家倾向于向他们的顾客承诺，新的规制方式将保护他们远离"'不受欢迎的邻居'。实际上，所有论证分区制保护财产价值的理由都将变得毫无意义，除非它们暗示这一因素对财产价值的重要影响。高度限制、街道宽度或开阔空间都无法防止一个社区的地产价值减损，除非它们同时可以将黑人、日本人、亚美尼亚人或其他不受本地人欢迎的人种排除在外"[39]。

亚特兰大一位著名的分区制顾问，主张制定一部将居民区区分为白人区、有色人种区与未定区三种类型的《分区条例》，理由是，"种族分区……是按照事实本身处理问题的常识性方法"[40]。该顾问也主张分区制可能实现的经济上的阶层分化。联邦最高法院在布坎南诉沃雷案（Buchanan v. Warley）[41] 反对以种族分区的判决中，支持了将房屋出卖于黑人买受人的契约权利，虽然圣路易斯的分区限制规定，该地区仅限于白人居民，此判例之后，居民分区的问题就限于经济歧视问题。

如果少数族群无法负担在特定社区生活的费用，可能不是因为种族歧视本身，而是因为财富的固有限制。因此，在 20 世纪 40 年代与 50 年代，地方政府开始鼓吹维持社区属性与控制（人口）增长的重要性，不断增加最小房屋面积、最小平台面积、最小地块规模方面的要求。[42] 随着住宅要求日渐严苛，以低收入与中等收入负担房屋也就更难实现。"排斥性分区"的效果是，分区制可能导致以经济、社会与种族标准分割人群变得更为普遍。尽管如此，大多数法院仍然认为，这些条例是公共福

---

[37] Bettman，City and Regional Planning Papers，at 166.

[38] Toll，supra note 7，at 260.

[39] Toll，supra note 7，at 261 - 262，quoting Lasker.

[40] Toll，supra note 7，at 262.

[41] Buchanan v. Warley，245 U. S. 60，38 S. Ct. 16 (1917).

[42] Lionshead Lake，Inc. v. Township of Wayne，10 N. J. 165，89 A. 2d 693 (1952)（最小房屋面积）；City of Dallas v. Lively，161 S. W. 2d 895 (Tex. 1942)（最小平台面积）；Caruthers v. Board of Adjustment，290 S. W. 2d 340 (Tex. 1956)（最小地块规模）。

祉性管制权的合法行使，尤其是在西北部，当地的法官因经常引用"田园风光的安静与优美"[43]及"舒适住宅"[44]的价值而闻名。在新泽西，以此为依据，州法院支持了 5 英亩的最小土地面积限制。[45]下文将展示"美丽城市"的规划与分区制的（永久）属性之间的冲突激化过程。

颇具讽刺意味的是，正是新泽西最高法院在后来的标志性判例南伯灵顿县全美有色人种协进会诉月桂山镇案（Southern Burlington County NAACP v. Township of Mount Laurel)[46]，给了排斥性分区策略以致命一击。在月桂山镇，超过一半的区域被限于独户住宅用途，最小土地面积为 1.5 英亩、1 英亩或 3 英亩。当地居住的以黑人居多的贫民所期望的"花园公寓"与复合住宅被命令禁止。[47]新泽西最高法院首先分析认为，州的管制权必须促进一般公共福祉，并符合州宪法的标准。[48]因为住宅是"人类最基本的需求"之一，提供住宅是公共福祉最核心的要素之一，因此州及其下辖县镇应当促进住宅供应。[49]此外，该法院还认为，《新泽西州宪法》比《联邦宪法》的相应部分更为严格，前者也要求地方政府为贫民提供平等的与符合实质正当程序的住宅保护。[50]而月桂山镇的《分区条例》不符合上述任何要求，且州的利益，即征收财产税以保证县镇政府与教育支出，不足以越过这些宪法性限制，免除上述宪法义务。[51]

最终，新泽西最高法院为所有像月桂山镇这样的发展中的县镇课予了一项义务：

> "在其土地使用规划中肯定性的……为住宅的种类多样性与选择性，规划并提供合理的机会，包括……低价与适价住宅，以满足希望居住在此的不同类别的人的需求、意愿与资源需要。"[52]

据此，发展中的市镇必须"尽所有合理的努力以鼓励并便利""低价与适价房屋"的"合理份额"[53]。上述观念后来被 1985 年《新泽西公平住宅法（New Jersey Fair Housing Act）》所采纳。[54]

---

[43] Simon v. Town of Needham, 311 Mass. 560, 42 N. E. 2d 516, 518 (1942).

[44] Flora Realty & Investment Co. v. City of Ladue, 362 Mo. 1025, 246 S. W. 2d 771 (1952).

[45] Fisher v. Township of Bedminster, 11 N. J. 194, 93 A. 2d 378 (1952).

[46] 67 N. J. 151, 336 A. 2d 713 (1975).

[47] David L. Kirp, Our Town: Race, Housing, and the Soul of Suburbia, 2. (1995).

[48] South Burlinton County NAACP v. Township of Mount Laurel, 67 N. J. 151, 336 A. 2d 713, 725 (1975).

[49] Id. at 727.

[50] Id. at 725.

[51] Id. at 731.

[52] Id. at 728（斜体为原文格式）。

[53] Id.

[54] N. J. Stat. Ann. 52: 27D-311 to 329 (2001). 请与联邦 Fair Housing Act, 42 U. S. C. A. § 3601 对比；它于 1968 年颁行，并在 Acevedo v. Nassau County, 500 F. 2d 1078 (2d Cir. 1974) 案中得到解释；Smith v. Town of Clarkton, 682 F. 2d 1055 (4th Cir. 1982); Jaimes v. Toledo Metropolitan Housing Authority, 758 F. 2d 1086 (6th Cir. 1985)。

月桂山镇案之后，几个其他州的法院也将它们的州宪法解释为要求在区域范围内提供可负担的住宅。[55] 另一些州则采取了不同的进路，采纳"囊括性"分区制以替代长期以来的排斥性分区制；既有自愿性的也有强制性的，有的附带激励机制，有的则没有。[56] 一个极佳的例证是《加利福尼亚州密度奖励法（California's Density Bonus Statute）》，其中规定，如果开发商的规划为低收入、极低收入与老年人预留了一定比例的房屋，那么它们即可自动获得奖励。[57] 根据其规定，应当使囊括性单元房的外观设计与周围非囊括性房屋的外观一致，以保证低收入居民免受否则可能遭受的区别对待或污辱。[58]

因此，在有些法院与立法已经承认了提供适价房屋的必要性时，仍有些法院继续采取不干涉地方《分区条例》的进路，尤其是如下文所展示的，在当地市镇极力主张维续家庭与社区及"美丽城市"之处。

七、分区制与美丽城市的规划

请注意，分区制早期的正当化理由之一，是贯彻计划与规划，以促进城市的可塑性与魅力。这是联邦最高法院在欧几里得镇案中早期论据的促因，此类规划所追求的美丽城市刺激了马西特等早期分区制支持者。

不过，计划与规划很快就被撇到一边，直到进入 20 世纪晚期。20 世纪 20 年代，分散的分区制蔓延，且经常不会诉诸任何计划或规划，如果有的话，也是在事后。[59] 实际上，《分区条例》经常被等同于规划。因此，在科泽思尼克诉蒙哥马利镇案（Kozesnik v. Township of Montgomery）[60]，法院认定，分区制与整体规划相符合的成文法要求，因《分区条例》本身得以满足。但在 80 年代，在一系列鼓吹规划相对于分区之独立性的判决中，规划获得其独立地位。

也许其中最著名的，即法萨诺诉华盛顿镇委员会案（Fasano v. Board of County Commissioners of Washington County）[61]，法院认定，

---

[55]　Berenson v. Town of New Castle, 67 A. D. 2d 506, 415 N. Y. S. 2d 669 (1979)（法院不支持以《分区条例》排斥复合住宅，但也驳回了具体的"公平份额"比例主张）；Surrick v. Zoning Hearing Board of Upper Province, 476 Pa. 182, 382 A. 2d 105, 108 (1977)（法院不支持排斥复合住宅的《分区条例》）。

[56]　89 Calif. L. Rev. 1847, 1857 (Dec. 2001)。

[57]　Id. at 1860.

[58]　Id. at 1878.

[59]　Toll, supra note 7, at 258 - 261.

[60]　24 N. J. 154, 131 A. 2d 1 (1957).

[61]　264 Or. 574, 507 P. 2d 23 (1973).

根据《分区条例》对土地的重新分类，必须与立法机关在授权法中的规定一致：与镇整体规划一致。另一在法院表述与对整体规划之广义使用方面都具有代表性且值得援引的，是夏威夷的林业基诉火奴鲁鲁案（Lum Yip Kee v. City and County of Honolulu）[62]：

> 林业基并未显示"低密度公寓"不符合整体规划。市政委员会的调查结果是，开发规划修正案与镇整体规划的目标与政策相符。

加利福尼亚州的判例法也同样要求，分区制应当与规划相符。根据社区行动组诉卡拉维拉斯镇案（Neighborhood Action Group v. County of Calaveras）[63]，整体规划的效力级别高于地方政府的土地使用规制。

> 可将其适宜地类推为所有未来土地开发的宪法……整体规划之下是分区制规则，规制地理位置与土地用途。分区制规则必须与整体规划保持一致。因此，由分区制规则所规定的有条件的使用许可的有效性，即（衍生性地）取决于整体规划与成文法标准的一致性。

同理，纽约法院同样认定，分区制必须符合整体规划。在尤代尔诉哈斯案（Udell v. Haas）[64]，法院推翻了与立法所采取的整体规划不一致的《分区条例》，并写道：

> 分区制很容易退化为如"管制权"般护身符式的术语，从而为各种对土地所有权的独断侵入提供借口。为了避免上述情势发生，我们的法院必须要求地方分区机构真正遵守分区制"与整体规划相一致"的法律命令。

上述要求被全美的判例法与成文法所采纳。在韦布诉吉尔特内案（Webb v. Giltner）[65]，爱荷华一家法院驳回了重新分区，因其与成文法所规定的与整体规划相一致的要求不符，并写道：

> 如果一个市镇制订了成文的整体规划，我们支持《爱荷华法典（Iowa Code）》第 358A.5 条要求（分区制"与整体规划相一致"）的考量，《分区条例》的设计应当促进有针对性的规划目标。而委员会没有考虑到"整体规划"。

整体规划是《分区条例》及其修正案的指导方针与形成基础。德克萨斯一家法院在梅休诉森尼维尔案（Mayhew v. Sunnyvale）[66] 中写道，

---

[62] Lum Yip Kee, Ltd. v. City & County of Honolulu, 70 Haw. 179, 767 P. 2d 815, 823 (1989).

[63] Neighborhood Action Group v. County of Calaveras, 156 Cal. App. 3d 1176, 1183, 203 Cal. Rptr. 401 (1984).

[64] Udell v. Haas, 21 N. Y. 2d 463, 470, 288 N. Y. S. 2d 888, 235 N. E. 2d 897 (1968).

[65] Webb v. Giltner, 468 N. W. 2d 838, 841 (Iowa 1991).

[66] Mayhew v. Sunnyvale, 774 S. W. 2d 284 (Tex. 1989).

依据第 1011C 条,"法律很明确,根据成文法命令,被采纳的整体规划必须作为此后分区制修正的基础",并援引了此前法尔市诉蒂皮特案(City of Pharr v. Tippitt)[67] 的判决:

> 对现行法的遵行,禁止不仅不遵守既存《分区条例》,也不遵守条例所采纳之长期整体规划与图景的市镇行为。

通常,不曾考虑整体规划或与整体规划不符的分区,将导致点状或分散的分区,正如法院在法尔市案中所认定的,点状分区是"分散的分区,规划性分区的对立面"[68]。

实际上,分区制的支持者在以妨害防止作为分区制的基础时,自始即在某种意义上维持了一种精神分裂式的态度。一方面,妨害防止构成了一个有益的类推,增加了说服法院支持分区制的筹码。另一方面,分区制如果要取得完全的胜利,又必须超过妨害防止的范围。贝特曼在他的论文中意识到这一紧张关系,在解释一个早期联邦最高法院的判例时支持了上述观点:

> [欧几里得镇案] 的法院意见中大量使用了"妨害"这一术语,并诉诸普通法上的妨害防止,并且法院似乎认为有必要将管制权与妨害概念相联系,甚至过分地认为,单元公寓建筑在独户住宅区类似于一种妨害,不过法院仍然没有将管制权的范围视同阻止或避免妨害的权利,并明确指出,"诉诸"妨害防止法"并不是为了规制目的,而是为了类推确定管制权的范围"。这是对培根诉沃克案(Bacon v. Walker),204 U. S. 311(1907)所确立的原则的温和肯认,即管制权"不限于预防攻击、无秩序或不卫生。它的范围可扩展至处理州内所有可为居民带来最大福祉的既存条件"。

尽管如此,分区制的"美丽城市"面向,无论是否与整体规划相联系,当然都存在于后欧几里得镇时期,尤其是在联邦法院层面。不必寻找其他论据,只需看看 1954 年联邦最高法院伯曼诉帕克案(Berman v. Parker)[69] 著名的国家征用权与美学判决,以及沉默半个世纪之后 [欧几里得镇案与尼卡塔沃诉剑桥案(Nectow v. Cambridge)之后],在1974 年论证诡异的贝尔特尔乡诉博拉斯案(Village of Belle Terre v. Boraas)[70] 时对土地使用规制的重新争论。

自理论角度而言,伯曼诉帕克案也许是最不寻常的判例。几乎所

---

⑥⑦ City of Pharr v. Tippitt, 616 S. W. 2d 173, 176 - 77 (Tex. 1981).

⑥⑧ Id. at 177.

⑥⑨ Berman v. Parker, 348 U. S. 26, 75 S. Ct. 98 (1954).

⑦⑩ Village of Belle Terre v. Boraas, 416 U. S. 1 (1974).

有诉诸分区制的美学目的之判例都援引了此案，当然此判决注意到了如何处理分区制问题。但它毋宁是一个国家征用权判例，支持以下观点：法院不应调查确定《联邦宪法第五修正案》（及其公正补偿条款）为了避免政府主权单元滥用权力而要求公共目的的立法动机。这一观点最初限于以案件事实为基础的城市改造案件（哥伦比亚改造机构根据改造规划对闲置商业用地的征收），但与国家征收权相比，法院意见对"管制权可适用于市政事务"的明确背书，在文义上对分区制更可适用：

> "悲惨且不名誉的居住条件可能比散布疾病、犯罪与不道德更可怕［贝特曼与梅岑鲍姆的论调！］。它们还可能窒息人们的精神，将人的生存状况降到牲畜的级别。它们可能使生存变成几乎无法容忍的负担。它们可能是丑陋的痛，剥夺社区魅力的枯萎病，使其背离人的需求。恶劣的居住环境可能毁灭一个社区，正如开放的下水道可能毁灭一个河流……公共福祉的概念广泛且丰富。它所代表的价值既包括精神也包括物质，既包括经济也包括美学。立法机构有权决定社区应当是健康且美丽的，宽敞且干净的，均衡且安全的。在本案中，国会与其授权机构的决定考虑了广泛的价值因素。我们没有权力对其予以评判。如果哥伦比亚特区的政府机构认定国家的首都应当卫生且美丽，那么《联邦宪法第五修正案》就不构成反对理由。"⑦

伯尔曼案 20 年后，在一个分区制判例中，联邦最高法院表达了与自欧几里得镇案与尼卡塔沃案首次审查土地使用管制起使用了半个世纪的原则几乎相同的原则。在贝尔特尔乡诉博拉斯案⑫，该法院支持了将独户住宅居民限于最多两人的《分区条例》，无论这两个人是否有血缘或婚姻关系，试图规制大学生住宅的"郊区"因素。这一次，该法院对出于美学目的使用管制权的审查，与在伯尔曼案中的表述大体一致，再次以对复合住宅的欧几里得镇案式的攻击开始，但这次的攻击对象不限于无处不在（且高耸入云）的公寓建筑，而是所有种类的复合住宅：

> "宽敞住宅、友好住宅的政体面临着都市问题。有限空间内的人口过多；车辆过多、交通不畅；到处是停车场；噪音与拥堵并存。而庭院宽敞、人口适宜、机动车受限的安静空间，才是符合家庭需要的土地使用项目的合法导向。在上述伯尔曼诉帕克案中，该目标得到准许。管制权不限于清理污物、臭气与不健康的地区。它有权

---

⑦ Berman, 348 U. S. at 32.

⑫ 416 U. S. 1 (1974).

安排关注家庭、注重青年的区域，安静的环境与清新的空气使该区域成为人们的庇护所。"[73]

联邦下级法院与州法院受到此形势的鼓舞，并在联邦最高法院的引领下，认定美丽城市的号角等同于住宅机会。因此，20 世纪 70 年代中期，第九上诉巡回法院在两个案件中认定的 1 英亩最小地块面积与严格的人口增长管制即部分基于美学考量，认为在宪法上不必考虑特定社区是否存在歧视性住宅。在伊巴拉诉洛斯阿尔托斯山市案（Ybarra v. City of Los Altos Hills）[74]，法院认为，保护城镇的田园风光为独户住宅区的 1 英亩最小地块面积限制提供了正当性。尽管法院明确意识到，这些限制实际上会阻止贫民住在洛斯阿尔托斯山市，但仍然认为，《分区条例》与合法的政府利益有理性关联——维护城镇的田园风光——因此与《联邦宪法第十四修正案》的平等保护要求不冲突。在索诺玛县建筑业协会诉佩特卢马市案（Construction Industry Association of Sonoma County v. City of Petaluma）[75]，第九上诉巡回法院虽然认定，《人口增长限制条例》不仅会严重限制佩特卢马的住宅供应，而且此类条例可以轻易"影响整个地区的住宅需求与住宅资源"。尽管如此，法院还是以伯尔曼案与贝尔特尔案为依据，认定"城市维护其小城镇属性的利益，以及避免无限制的快速增长，属于广义的'公共福祉'"。值得注意的是，在这两个判例中，第九上诉巡回法院的观点都以基于美学目的、地方性的详细整体规划构成地方分区制的基础为依据。以整体规划为依据，仍然是支持地方土地使用规制的标志性理由——尤其是分区制——为了构成公共福祉的"美丽城市"的目的，包括历史维护目的。[76] 不仅如此，即使没有整体规划，各州法院也总是支持土地使用的美学或历史维护性限制。[77]

总而言之，结论几乎不可避免的是，当事态严重时，即当分区制之保护住宅区与魅力城郊、小城镇属性的目的，与分区制的排斥性面向相冲突时，前者轻而易举地获得胜利。欧几里得镇式的分区制仍然活跃。

[73]　Village of Belle Terre, 416 U. S. at 9; See, e. g. , Charles M. Haar and Micheal Allan Wolf, "Euclid Lives: The Survival of Progressive Jurisprudence", 115 *Harv. L. Rev.* 2158 (June 2002); Richard H. Chused, "Euclid's Historical Imagery", 51 *Case W. Res. L. Rev.* 597 (Summer 2001).

[74]　503 F. 2d 250 (9th Cir. 1974).

[75]　522 F. 2d 897 (9th Cir. 1975).

[76]　See, e. g. , A-S-P Association v. City of Raleigh, 298 N. C. 207, 258 S. E. 2d 444 (1979); Reid v. Architectural Board of Review of City of Cleveland Heights, 119 Ohio App. 67, 192 N. E. 2d 74 (1963).

[77]　See, e. g. , New York v. Stover, 12 N. Y. 2d 462, 240 N. Y. S. 2d 734, 191 N. E. 2d 272 (1963) and State ex rel. Stoyanoff v. Berkeley, 458 S. W. 2d 305 (Mo. 1970).

■ 八、保护财产价值的分区制

分区制的合法性在于管制权：政府管理民众健康、安全与福祉（曾经还包括道德）的权力。即使在欧几里得镇案之前，法院对此概念的解释也包括经济福祉，更明确地说，维护财产价值。[78] 当下，"保护财产价值是合法的政府利益，属于广义的管制权范畴"[79]。

20世纪90年代自始至终都以保护财产价值为维护住宅区属性的《分区条例》的另一个正当化理由。2001年，肯塔基州（Kentucky）上诉法院支持了分区制管理机构拒绝许可在住宅区建造活动房以保护财产价值的合理行为。[80] 1997年，科罗拉多州（Colorado）地方法院支持了数个城市的《分区条例》，"市政官员审查了各种条例的目的之后，包括与住宅的兼容性，以及维护固定房屋的计税基础与财产市场价值"[81]，禁止在任何住宅区建造活动房。

各法院在支持规制成人娱乐场所选址的《分区条例》时，也考虑了周边住宅的财产价值。明尼苏达州罗彻斯特市（Rochester，Minnesota）在规划局发布了《成人娱乐场所：土地使用与法律视角（Adult Entertainment：Land Use and Legal Perspectives）》报告后[82]，颁布了一项《分区条例》，禁止在住宅区、教堂、学校、青少年康乐设施或其他成人娱乐场所750英尺范围内设立成人娱乐场所。上述报告列举了成人娱乐产业的不良副作用，包括拉低周边不动产在商业与住宅方面的财产价值：

> "商业区成人娱乐场所的集中或在住宅区、交通、公园或教堂附近设立成人娱乐场所，都可能导致财产价值的贬值及商业交易的减量，并进而消减市政的税收收入，从而对市民的经济福祉产生不利影响。"[83]

1992年，罗彻斯特市公布了两个违反通知，警告一个成人书店店主违反了条例，在罗彻斯特公共图书馆、一个青少年康乐场所，750英尺

---

[78] See Saier v. Joy，198 Mich. 295，164 N. W. 507（1971），颁布禁制令，禁止被告在居民区开设殡仪馆。

[79] Texas Manufactured Housing Ass'n v. City of Nederland，101 F. 3d 1095，1105（5th Cir. 1996）. See also McCollum v. City of Berea，53 S. W. 3d 106（Ky. App. 2000）and Harrison v. Upper Merion Township Zoning Board of Adjustment，45 Pa. D. & C. 2d 452（1968）.

[80] City of Berea，53 S. W. 3d at 112.

[81] Id.，citing Colorado Manufactured Housing Ass'n v. City of Salida，977 F. Supp. 1080（D. Colo. 1997）.

[82] ILQ Investment，Inc. v. City of Rocherster，25 F. 3d 1413，1415 - 16（8th Cir. 1994）.

[83] Id. at 1417.

的范围内经营成人娱乐业。[84] 书店店主异议称，该条例违反了《联邦宪法第一修正案》与正当程序。第八巡回法院驳回了下级法院禁止执行条例的初步禁制令，认定该条例服务于实质的政府利益，可降低成人娱乐业的负面影响：犯罪率的增长、地产价值的贬损与流浪人员的增加。[85]

与之类似，2002年第十一巡回法院支持了阿拉巴马州亨茨维尔分区调整委员会（Huntsville，Alabama Board of Zoning Adjustment）拒绝为美国电塔公司（American Tower）颁布例外许可的决定，该公司希望在一个住宅区建造无线通信塔。[86] 法院认为，委员会有充分的实质性证据支持其决定，包括当地一名房地产经纪人的证词，她声称，通信塔的建造将使她丧失自己在该区域之地产的潜在买受人。[87]

上述两个判例都意在保护财产价值，分区制被用于通过维护住宅区的中产阶层属性维护财产价值。因为学生租客导致的噪音增加、聚会、停车空间的紧缺及未成年人饮酒问题，宾夕法尼亚州的劳尔梅里恩镇（Lower Merion Township，Pennsylvania）通过了一项禁止将住宅区房屋租给三人以上的学生群体的条例。[88] 居民还担心房产投资商"买下房产租给学生，抬高房产价格，使中产阶层家庭无力承担当地的房产市场价格，从而改变该社区的属性"[89]。地方法院支持了条例，尽管这对地产所有权人造成了不利，且对被校内宿舍吓跑的学生造成了不便。[90]

▌九、结　论

如果欧几里得镇案的判决结论有所不同——正如联邦最高法院最初打算作出的判决——今天当地的土地使用规制一定完全不同。当然，"排斥性的"住宅区可能无法维续，与之相伴的分区制与当地《分区条例》亦然。如果没有分区制，那么可能出现怎样的替代性行政措施？为什么要担心合宪性问题？它与整体规划的关系如何？可能有些地方政府会保留某些种类的以妨害防止为依托的规制，或许是流行于有些工业区内所谓的社区"性能"多样性。不动产契约的使用将更加重要，或许公益社区更快地变得更加流行。

---

[84] Id. at 1415.

[85] Id. at 1417.

[86] American Tower LP v. City of Hunstville，295 F. 3d 1203，1206 (11th Cir. 2002).

[87] Id. at 1208.

[88] Smith v. Lower Merion Township，1992 WL 112247 (E. D. Pa. 1992).

[89] Id.

[90] Id.

然而，随着原则上对地方分区制的支持，《分区条例》成为——并仍然是——地方土地使用规制的主要方式。《土地分割法典（subdivision codes）》重要性的凸显（尤其是无处不在的开发许可所需要的捐税与条件），选择性的全州范围的规制，只是它在特定领域之重要性的附属表现。正是《分区条例》首次以值得重视的方式将规划与土地使用规制相联系，将规划的贯彻作为法则，虽然嗣后上述关联可能更多地体现为与土地分割及土地开发法典之间的关联。虽然欧几里得镇式的分区制标准确实导致了一定程度的排斥性，但是，即使没有分区制，更过分的排斥形式也会找到其他的表现方式。概括而言，地方分区制很好地服务了政府——及其市民。再一次强调，正如理查德·巴布科克对分区制的经典评论所言：

　　　　"F. 斯科特·菲茨杰拉德与林迪舞也是同一时代的产物。但二十世纪所有这些现象中，只有分区制在下一个时代仍可存活。"

　　对于此后的至少一代人而言，事实确实如此。

作者简介

维基·比恩（Vicki Been）自 1990 年起任教于纽约大学法学院，目前是 Elihu Root 法学教席教授。她教授的课程包括：土地使用规制、财产法、州与地方政府，指导的研讨课包括：征收（用）条款、环境正义、土地使用与环境法实证研究。她还参与讲授跨学科课程：郊区事务的法律、经济与政治分析。比恩教授是"不动产与郊区政策富尔曼（Furman）研究中心"主任，该研究中心主要关注土地使用规制与房地产问题。比恩教授于 1978 年以优异的成绩从科罗拉多州立大学获得学士学位，于 1983 年以 Root-Tilden 奖学金获得者的身份从纽约大学法学院获得法学博士学位（J. D.）。毕业之后，比恩教授分别于 1983 年 8 月至 1984 年 7 月担任联邦地方法院纽约南部法院 Edward Weinfeld 法官的书记员，1984 年 8 月至 1985 年 8 月担任联邦最高法院 Harry Blackmun 法官的书记员。在纽约市 Debevoise & Plimpton 律师事务所担任受雇律师一年之后，他成为华盛顿独立律师办公室 Iran/Contra 的协理律师。1988 年 8 月她受雇成为纽瓦克罗格斯大学法学院的副教授。比恩教授有大量关于《联邦宪法第五修正案》合理补偿条款、环境正义、"智慧"增长、囊括性分区、影响费用以及其他土地使用论题的作品，且是 *Land Use Control：Cases and Materials*（with Robert C. Ellickson）（2005，Aspen Law & Business）一书的合著者。

帕特·A·凯恩（Pat A. Cain）是圣塔克拉拉大学 Inez Mabie 杰出教授，爱荷华大学 Aliber Family 荣休法学教授。凯恩教授的教学与学术兴趣包括：联邦税制、遗嘱与不动产、财产法、女权法律理论、同性恋法律问题。她曾任美国法律教师协会主席，并是美国法律研究会成员。近期出版物包括：*Rainbow Rights：The Role of Lawyers and Courts in the Lesbian and Gay Civil Rights Movement*（Westview Press 2000），*Sexuality Law*（California Academic Press 2005）（with Arthur S. Leonard），以及一系列关于税法、女权法律理论与未婚情侣权益的论文。凯恩教授感谢爱荷华大学法学院学生 Annette Stewart 与 Jim Burgess（2004 级）对本书论文的研究协助工作，并感谢爱荷华大学的同事 Lea Vander Velde 与 Nancy Jones 对论文草稿的批评。

大卫·考里斯（David Callies）是夏威夷大学 William S. Richardson 法学院 Benjamin A. Kudo 法学教席教授，他讲授土地使用、州与地方政府、不动产方面的课程。他曾于德尔堡大学、密歇根大学法学院（J. D.）与诺丁汉大学（L. L. M.）就学，并是剑桥大学克莱尔学院的终身成员。他曾任夏威夷律师协会不动产与金融服务分会主席；美国律师协会州与地方政府法分会主席；国际律师协会亚太论坛主席、学术论坛成员、顾问成员；美国法律研究会（ALI）成员；美国注册规划师协会（FAICP）会员。他还是年刊 *Land Use and Environmental Law Review* 的主编之一（with Dan Tarlock）。他的著作包括：*Bargaining for Development：A Handbook on Development Agreements，Annexation Agreements，Land Development Conditions and Vested Rights*（with Curtin and Tappendorf）（ELI，2003）；*Taking Land：Compulsory Purchase and Land Use Regulation in the Asia-Pacific*（with Kotaka）（U. H. Press，2002）；*Property and the Public Interest*（with Hylton，Mandelker and Franzese）（Lexis Law Publishing，2d ed.，2003）；*Preserving Paradise：Why Regulation Won't Work*（Univ. Of Hawaii Press，1994）；*Regulation Paradise：Land Use Controls In Hawaii*（Univ. Of Hawaii Press，1984）以及（with Robert Freilich and Tom Roberts），*Cases and Materials on Land Use*（West，5th ed.，2008）。他的著作 *Land Use Controls in the United States* 近期已于京都与上海出版。考里斯教授感谢他的研究助理 Josh Medeiros，Tricia Nakamatsu 与 Summer Kupau 对欧几里得镇案案情背景研究的大力协助。

理查德·H·彻斯特（Richard H. Chused），从事法学教育四十多年，目前是纽约法律学院法学教授。他出版了大量论著讨论财产法及其历史、美国历史中的性别与法律、法学院对女性与少数族群的雇佣、保留与待遇问题。他的代表作包括具有创见的跨学科教科书 *Cases，Materials and Problems in Property*（1999），第一学年学生的财产法读物 *A Property Anthology*（2d Ed.1997），19 世纪前半叶的离婚历史 *Private Acts in Public Places：A Social History of Divorce in the Formative Era of American Family Law*（1994），1983 至 1992 年间发表的四篇影响广泛的关于已婚女性财产权历史的系列论文，近期发表的关于 Euclid v. Ambler 的历史回顾 "Euclid's Historical Imagery"，51 *Case Western Res. L. Rev.* 597（2001），以及关于纽约出租人—承租人法院的历史回顾 "Landlord-Tenant Court in New York City at the Turn of the Nineteenth Century"，in Willibald Steinmetz（ed.），*Private Law and Social Inequality in the Industrial Age*（2000）。彻斯特教授还是美国历史学会成员、美国历史学家协会成员、美国法史学会成员与美国法律教育协会（SALT）成员。他曾于 1982 至 1994 年间任美国法律教育协会理事会理事，并多年担任该协会网站 www. saltlaw. org 的网站管理员。他还对美国建筑学有持久的兴趣，并长久参与犹太教的生活与伦理。

在彻斯特教授写作本书论文的过程中，很多参与者都贡献了时间与知识。乔治城大学法学院 2004 级学生 Katherine Emig 担任了研究助理。Gene Fleming，Esq.，Florence Wagman Roisman 教授，Monroe Freedman 教授，Myron Moskowitz 教授，尊贵的 Patricia Wald，Charles Duncan，Esq. 与 Richard Cotton，Esq. 均就他们在 Javins 案中的作用提供了信息。Florence Roisman 与 Gene Fleming，以及彻斯特教授的同事 Dan Ernst，Sheryll Cashin，Lisa Heinzerling 与 Bill Vukowich 还慷慨地对论文草稿提出意见。2002 年彻斯特教授在法学院周会报告论文时，也得到很多同事的指正。最后，乔治城大学法学院 2002 年允许彻斯特教授暑期在该校写作，并提供资金助对 Javins 案的资料收集工作。彻斯特教授向以上所有人的贡献致谢。

苏珊·弗伦奇（Susan French）1975 年加入加利福尼亚大学戴维斯分校法学院之前，曾于西雅图、华盛顿从事律师职业八年。自 1989 年起她加入加利福尼亚大学洛杉矶分校法学院，讲授财产法、遗嘱与信托法、业主协会法与土地使用法。她毕业于斯坦福大学与华盛顿大学法学院。基于她 1982 年的论文 "Toward a Modern Law of Servitudes: Reweaving the Ancient Strands", 55 *So. Cal. L. Rev.* 1261，她成为《财产法重述（第三次）》地役权部分（2000 年）的报告人。除了地役权与《财产法重述》方面的大量论文，弗伦奇教授的论文还涉及任命权 "Exercise of General Powers of Appointment: Should Intent to Exercise Be Inferred From a General Disposition of Property?" 1979 *Duke L. J.* 747，永续权 "Perpetuities: Three Essays in Honor of My Father", 65 *Wash. L. Rev.* 101（1990），失效与维续 "Imposing a General Survival Requirement on Beneficiaries of Future Interests: Solving the Problems Caused by the Death of a Beneficairy Before the Time Set for Distribution", 27 *Ariz. L. Rev.* 801（1985）, "Antilapse Statues Are Blunt Instruments: A Blueprint for Reform", 37 *Hast. L. J.* 335（1985）, "Application of Antilapse Statutes to Appointments Made by Will", 53 *Wash. L. Rev.* 405（1978），共益社区居民权的保护 "The Constitution of a Private Residential Government Should Include a Bill of Rights", 27 *Wake Forest L. Rev.* 345（1992）。她与 Gerald Korngold 及 Lea Vandervelde 合著了畅销的经典教科书 Casner & Leach Property casebook，并与 Wayne S. Hyatt 合著了一本业主协会法方面的案例教材。她是美国法律研究会（ALI）的成员，是《财产法重述（第三次）》的顾问，Donative Transfers.

弗伦奇教授感谢 Michael Gruen, Victor Muskin 与 Paul S. Whitby 与她一同讨论格伦案。如果没有他们的帮助，这篇论文将非常无趣！

理查德·亥姆霍茨（Richard Helmholz）目前任职于芝加哥大学法学院，是 Ruth Wyatt Rosenson Distinguished Service 教席教授。他是 *Fundamental of Property Law* (Lexis 1999)（with Barlow Burke and Ann M. Burkhart）与 *Itinera Fiduciae: Trust and Treuhand in Historical Perspective* (Duncker & Humblot 1998)（with Reinhard Zimmermann）的主编。他最新的著作是 *Volume One in Oxford History of the Laws of England* (Oxford UP 2004)，研究宗教裁判权的历史。他是美国法律研究会成员，美国艺术与科学学会成员，英国国家学术院通信成员。

杰拉尔德·科恩戈尔德（Gerald Korngold）是纽约法律学院法学教授，麻省剑桥大学林肯土地政策研究所访问学者。此前他曾任凯斯西储大学法学院院长及 Everett D. and Eugenia S. McCurdy 教席教授。他著有三部专著：*Real Estate Transactions: Cases and Materials on Land Transfer, Development and Finance* (Foundation Press, 4th edition, 2002)（with Paul Goldstein）；*Cases and Text on Property* (Aspen, 5th edition, 2004)（with A. James Casner, W. Barton Leach, Susan F. French, and Lea Vander Velde）；*Private Land Use Arrangements: Easements, Real Covenants, and Equitable Servitudes* (Juris Publishing, 2nd edition, 2004)。他的论文包括 "Solving the Contentious Issues of Private Conservation Easements: Promoting Flexibility for the Future and Engaging the Public Land Use Process", 2007 *Utah L. Rev.* 1039; "Resolving the Intergenerational Conflicts in Real Property Law: Preserving Free Markets and Personal Autonomy for Future Generations", 56 *American U. L. Rev.* 1525 – 1578 (2007); "The Emergence of Privat Land-Use Controls in Large-Scale Subdivisions: The Companion Story to Village of Euclid v. Ambler Realty Co.", 51 *Case Western Reserve L. Rev.* 617 (2001); "Whatever Happened to Landlord-Tenant Law?", 77 *Nebraska L. Rev.* 703 (1998); "Enforcement of Restrictions by Homeowners Associations: Balancing Individual Rights and Community Interests", 13 *Colloqui: Cornell J. of Planning & Urban Issues* 71 (1998); "Seller's Damages from a Defaulting Buyer of Realty: The Influence of the Uniform Land Transactions Act on the Courts", 20 *Nova L. Rev.* 1069 – 1089 (1996); "Resolving the Flaws of Residential Servitudes Associations: For Reformation Not Termination", 1990 *Wisconsin L. Rev.* 513 – 535; "Single Family Use Covenants: For Achieving a Balance Between Traditonal Family Life and Individual Autonomy", 22 *U. C. Davis L. Rev.* 951 – 990 (1989); "For Unifying Servitudes and Defeasible Fees: Property Law's Functional Equivalents", 66 *Texas L. Rev.* 533 – 576 (1988); and "Privatly Held Conservation Servitudes: A Policy Analysis in the Context of In Gross Real Covenants and Easement", 62 *Texas L. Rev.* 433 – 495 (1984)。科恩戈尔德教授是美国法律研究会成员、美国不动产律师协会成员，并是《财产法重述（第三次）》地役权部分的顾问。

麦克赛尔·梅尔曼（Maxwell Mehlmann）是凯斯西储大学法学院 Arthur E. Petersilge 教席教授，法律与医学研究中心主任，以及凯斯西储大学医学院生物医学伦理教授。1975 年于耶鲁法学院获得法学博士学位（J. D.），并分别从瑞德学院与牛津大学（入学时获得 Rhodes 奖学金）获得学士学位。在 1984 年加入凯斯西储大学之前，他曾于华盛顿的 Arnold & Porter 律师事务所担任律师。除了大量论文以外，梅尔曼教授还是第一本有关基因与法律问题之案例教材的合著者，由 West 出版；*Wondergenes: Genetic Enhancement and the Future of Society* （Indiana University Press 2003）的作者；*Access to the Genome: The Challenge to Equality* 的合著者（with Jeffery Botkin MD）（Georgetown University Press 1988）；并与 Tom Murray 一起主编 *Encyclopedia of Ethical, Legal and Policy Issues in Biotechnology*。

安德鲁·莫里斯（Andrew Morriss）是伊利诺伊大学厄本那香槟分校 H. Ross & Helen Workman 教席法学与商学教授，政府与公共事务研究所教授。他还是蒙大拿州波兹曼自由市场环境研究中心高级研究员，乔治梅森大学莫卡特斯中心高级学者。莫里斯教授于麻省理工学院获得经济学博士学位，并于得克萨斯大学奥斯汀分校获得法律与公共政策学位。此外，莫里斯教授还长期任教于危地马拉弗朗西斯科马热昆大学。他发表了大量有关普通法财产权理论对环境保护的作用之论著，包括："Quartering Species: The 'Living Constitution,' The Third Amendment, and the Endangered Species Act (with Richard L. Stroup)", 30 *Environmental Law* 769 – 810 (2000) 与 "The Technologies of Property Rights: Choice Among Alternative Solutions to Tragedies of the Commons (with Bruce Yandle)", 28 *Ecology Law Quarterly* 123 – 168 (2001)。他还与 Roger E. Meiners 一起主编了 *The Common Law and the Environment* (Rowman & Littlefield, 2000)。他主讲财产法、商事组织与一系列研讨课。其他研究旨趣则包括 19 世纪美国法典编纂论战的历史与理论、次佳原理、私法体系、经验法学与经济学。莫里斯教授还是由 Foundation for Economic Education 出版的 Ideas on Liberty 的常任作者,发表的文章涉及游乐场财产权、哈利波特、野狗拘留场与网络空间。他了解有关饲牛业的一手资料,这也正是斯珀工业案的主要特征,他了解它们的气味,因为他也拥有一些牛、马、狗与猫,他的夫人是一名兽医。过去他曾在饲牛场附近生活,但他的牛养在得克萨斯州,远离他生活的伊利诺伊州。他感谢 Jared Oakes 出色的研究助理工作,以及 Jonathan Adler, Carol Akers, DVM, Tom Bogart, Gerry Korngold, Roger Meiner 与 Bruce Yandle 的批评指正。

卡罗尔·罗斯 (Carol Rose) 是亚利桑那大学水与自然资源法 Ashby Lohse 教席教授,耶鲁大学法学院法律与组织 Gordon Bradford Tweedy 教席教授 (Emer.)。她毕业于安提亚克学院,于康奈尔大学获得历史学博士学位,于芝加哥大学获得法学博士学位 (J. D.)。她的教学与研究领域为财产法历史与理论、环境法及资源问题。她是 *Property and Persuasion* (1994) 的作者,*Perspectives on Property Law* (3rd ed. 2002) 的合著者 (with Robert Ellickson and Bruce Ackerman)。她最新的论文包括: "Big Roads, Big Rights: Varieties of Public Infrastructure and Their Impact on Environmental Resources", 50 *Ariz. L. Rev.* 409 (2008) 与 "The Moral Subject of Property, Symposium on the Morality of law", 48 *Wm. & Mary. L. Rev.* 1897 (2007)。此外,她的论文还包括 "Whither Commodification?", *In Rethinking Commodification* (2005); "Romans, Roads, and Romantic Creators: Traditions of Public Property in the Information Age", 66 *L. And Contemp. Prob.* 89 (2003); "Scientific Innovation and Environmental Protection", 32 *Envtl. L.* 755 (2002); "Canons of Property Talk, or, Blackston's Anxiety", 108 *Yale L. J.* 601 (1999); "The Several Futures of Property: Of Cyberspace and Folk Tales, Emission Trades and Ecosystems", 83 *Minn. L. Rev.* 129 (1998); "The Shadow of The Cathedral", 106 *Yale L. J.* 2175 (1997); "Property as the Keystone Right?", 71 *Notre Dame L. Rev.* 329 (1996); "Women and Property", 78 *Va. L. Rev.* 421 (1992); "Rethinking Environmental Controls", 1991 *Duke L. J.* 1; "Energy and Efficiency in the Realignment of Common-Law Water Rights", 19 *J. Legal Stud.* 261 (1990); "Crystals and Mud in Property Law", 40 *Stan. L. Rev.* 577 (1988); "The Comedy of the Commons", 53 *U. Chi. L. Rev.* 73 (1985); "Mahon Reconstructed: Why the Takings Issue is Still a Muddle", 57 *So. Cal. L. Rev.* 561 (1984)。罗斯教授是美国法律研究会《财产法重述》(地役权) 的顾问,Foundation Press 编辑委员会成员,*Land Use and Environmental Law Journal*

编辑委员会成员，美国艺术与科学学会成员。

罗斯教授尤其要感谢 Michael Soules 与 Chris Stevens 有价值的研究助理工作，以及耶鲁法学院与北加利福尼亚大学法学院工作坊参与者对本书论文草稿的有益评论。

彼得·萨尔西驰（Peter Salsich）是圣路易斯大学法学院 McDonnell Professor of Junstic in American Society 教席教授。他是公共政策研究院的合聘教授，也是美国不动产律师协会的成员。他曾任 *ABA Journal of Affordable Housing and Community Development Law* 编辑，ABA 流浪与贫困人员委员会主席，美国律师协会不动产、遗嘱与信托法分会成员，ABA 保障性住房与社区发展法管理委员会成员。他是美国规划协会、美国法学院联盟、密苏里律师与圣路易斯都会律师协会成员。他于 1959 年自圣母大学获得学士学位，于 1965 年自圣路易斯大学获得法学博士学位（J. D.）。

萨尔西驰教授是密苏里住房开发委员会首任主席，曾任西密苏里法律服务公司董事会董事与基督教建筑公司董事会董事。他是 *Missouri Landlord-Tenant Relationship* 的作者，*Land Use Regulation*，*Property law*，*State and Local Government in a Dederal System* 的合著者，*State and Local Taxation and Finance in a Nutshell* 的合著者。他还曾参与编写案例教科书中有关房屋法的章节，写过有关州与地方政府财政方面的论文。他曾发表过大量论文，且在联邦、州与地方层面都积极参与 CLE 项目。他曾获 Thompson and Mitchell faculty 奖学金，学生律师协会年度最受欢迎教师奖。他讲授财产法、土地使用法、法律职业、不动产交易、州与地方政府，以及房屋法课程。

萨尔西驰教授感谢 Maureen Lober 投入时间与他讨论洛伯案。他也感谢研究助理圣路易斯大学法学院 2004 级法学博士（J. D.）Kevin Etzkorn 与 Brian Nolan 的出色工作。

A. W. 布赖恩·辛普森（A. W. Brian Simpson）是密歇根大学法学院 Charles F. & Edith J. Clyne 教席教授，讲授财产法、英国法制史课程，并主持人权与法律理论方面的研讨课；新近的研讨课名称是市场的边界。在加入密歇根大学之前，他曾于牛津大学、坎特伯恩大学、哈利法克斯大学、加纳大学与芝加哥大学任教。他出版的著作包括：*Cannibalism and the Common Law*，*Leading Cases in the Common Law* 与 *Human Rights and the End of Empire*。他是美国艺术与科学学会成员，英国国家学术院成员，且是王室荣誉法律顾问。

詹姆斯·C·史密斯（James C. Smith）是佐治亚大学 John Ryry Marin 教席法学教授。他目前主讲财产法、不动产交易、担保交易与其他高年级课程。他在威斯康星州沃基肖（Waukesha）长大，1974 年毕业于圣奥拉夫学院，主修数学与历史学。1977 年于得克萨斯大学法学院毕业后，为洛杉矶联邦上诉法院第九巡回法院 Walter Ely 法官担任书记员。之后，在得克萨斯州休斯敦的 Baker Botts 律师事务所从业四年，专业是商业不动产。1982 年他离开律师行业从事教育。1982 至 1984 年曾任俄亥俄州立大学法学院教授。他的五本著作分别是：*Property: Cases and Materials*（Aspen, 2d ed. 2008）(with Ed Larson, John Nagle and John Kidwell)；*Real Estate Transactions: Problems, Cases, and Materials*（Aspen, 3d ed. 2007 with Robin Malloy）；

Federal Taxation of Real Estate（Law Journal Press 2007；original edition 1985 with Allan Samansky）；*Neighboring Property Owners*（Shepard's McGraw-Hill 1988 and annual supplements by West）；以及 *Friedman on Contracts and Conveyances of Real Property*（7th ed. Practising Law Institute 2008）。他新近的论文包括："The Law of Yards"，33 *Ecology L. Q.* 203（2006）；"The Problem of Social Cost in a Genetically Modified Age，" 58 *Hastings Law Journal* 87（2006）（with Paul Heald）；"Family Life and Moral Character" 与 "Status，Rules and the Enslavement of the House-Elves" in "Harry Potter and the Law，" 12 *Texas Wesleyan Law Review* 431，466（2005）；以及书评 "Joshua Getzler，A History of Water Rights at Common Law（2004）"；24 *Law & History Review* 220（2006）。史密斯教授是美国律师协会成员与得克萨斯律师协会成员。他曾四次参加波士顿马拉松比赛。

杰弗里·埃文斯·斯泰克（Jeffrey Evans Stake）是印第安纳大学布鲁明顿法学院 Robert A. Lucas 法学教席教授，他于 1985 年起任教于此，主讲财产法、遗嘱与信托、土地使用规制等课程。斯泰克教授 1975 年于伊利诺伊大学获得学士学位，1981 年于乔治城大学法学院获得法学博士学位（J. D.）。毕业之后，斯泰克法官曾任联邦索赔法院 Honorable Oscar H. Davis 法官的书记员。1982 至 1985 年，曾任华盛顿 Covington & Burling 律师事务所受雇律师，期间他撰写了 D. C. Right to Overnight Shelter，并成功地通过诉讼为流浪人员争取到投票权登记。斯泰克教授是法律进化分析学会（SEAL）现任主席与创始副主席；并是中西部法与经济学会（MLEA）的创始人之一。他的作品包括："Darwin，Donations，and the Illusion of Dead Hand Control"，64 *Tulane L. Rev.* 705 – 781（1990）；"Evolution of Rules in a Common Law System：Differential Litigation of the Fee Tail and Other Perpetuities"，32 *Florida St. L. Rev.* 401 – 424（2005）；The Property "Instinct"，359 Philosophical Transations of the Royal Society B 1763 – 1774（2004）；"The Uneasy Case for Adverse Possession"，89 *Georgetown L. J.* 2419 – 2474（2001）；以及 "Toward an Economic Understanding of Touch and Concern"，1988 *Duke L. J.* 925 – 974（1988）。他还将经济学、心理学与进化论应用于公正补偿条款、婚姻、联邦宪法第一修正案、评级、职业满意与顺位确定。斯泰克教授感谢 Andrew Effinger 与 McKinney Austion 的研究助理工作，感谢 Christoper Stake，Robert Stake 与 Don Gjerdingen 的有益评论。他同时感谢印第安纳大学布鲁明顿法学院对其研究的资助。

斯图尔特·斯特尔克（Stewart Sterk）是本杰明·N·卡多佐法学院 Mack 教席教授，主讲财产法。他关于地役权法方面的论文包括："Minority Protection in Residential Private Governments"，77 *B. U. L. Rev.* 273（1997），"Foresight and the Law of Servitudes"，73 *Cornell L. Rev.* 956（1988），以及 "Freedom from Freedom of Contract：The Enduring Value of Servitude Restrictions"，70 *Iowa L. Rev.* 615（1985）。斯特尔克教授也是《财产法重述（第三次）》（地役权）的顾问。

斯特尔克教授其他与财产法及土地使用相关的研究成果包括："Property Rules，

Liability Rules and Uncertainty about Property Rights", 106 *Mich. L. Rev.* 1285 (2008); "The Demise of Federal Takings Litigation", 48 *Wm. & Mary L. Rev.* 251 (2006); "The Federalist Dimension of Regulatory Takings Jurisprudence", 114 *Yale L. J.* 203 （2004）; "Restraints on Alienation of Human Capital", 79 *Virginia L. Rev.* 383 (1993); "Competition Among Municipalities as a Constraints on Land Use Exactions", 45 *Vanderbilt L. Rev.* 831 (1922); "Nollan，Henry George，and Exactions", 88 *Columbia L. Rev.* 1731 (1988)，以及 "Neighbors in American Land Law", 87 *Columbia L. Rev.* 55 (1987)。他还参与主编了一本著名的信托与不动产案例教科书（with Joel C. Dobris and Melanie B. Leslie）。Elliot Gardner 为本论文的准备提供了有价值的研究协助。

图书在版编目（CIP）数据

权利的边界：美国财产法经典案例故事／（美）科
恩戈尔德，（美）莫里斯编；吴香香译. —北京：中国
人民大学出版社，2015.7
　　ISBN 978-7-300-21676-8

　　Ⅰ.①权…　Ⅱ.①科…②莫…③吴…　Ⅲ.①财产权-
案例-美国　Ⅳ.①D971.23

　　中国版本图书馆 CIP 数据核字（2015）第 163229 号

权利的边界

——美国财产法经典案例故事

［美］杰拉尔德·科恩戈尔德（Gerald Korngold）
［美］安德鲁·P·莫里斯（Andrew P. Morriss）　　　编

吴香香　译

Quanli de Bianjie

出版发行	中国人民大学出版社	
社　　址	北京中关村大街 31 号	**邮政编码**　100080
电　　话	010 - 62511242（总编室）	010 - 62511770（质管部）
	010 - 82501766（邮购部）	010 - 62514148（门市部）
	010 - 62515195（发行公司）	010 - 62515275（盗版举报）
网　　址	http：//www. crup. com. cn	
	http：//www. ttrnet. com（人大教研网）	
经　　销	新华书店	
印　　刷	三河市汇鑫印务有限公司	
规　　格	185 mm×260 mm　16 开本	**版　　次**　2015 年 8 月第 1 版
印　　张	24 插页 2	**印　　次**　2015 年 8 月第 1 次印刷
字　　数	504 000	**定　　价**　58. 00 元